Das kartellrechtliche Konzept der wirtschaftlichen Einheit unter besonderer Berücksichtigung von Gemeinschaftsunternehmen

Europäische Hochschulschriften Recht

European University Studies in Law

Publications Universitaires Européennes de Droit

Band/ Volume **6105**

Deborah Xenia Daase

Das kartellrechtliche Konzept der wirtschaftlichen Einheit unter besonderer Berücksichtigung von Gemeinschaftsunternehmen

PETER LANG

Bibliografische Information der Deutschen Nationalbibliothek
Die Deutsche Nationalbibliothek verzeichnet diese Publikation in der Deutschen Nationalbibliografie; detaillierte bibliografische Daten sind im Internet über http://dnb.d-nb.de abrufbar.

Zugl.: Hamburg, Univ., Diss., 2018

Gedruckt auf alterungsbeständigem, säurefreiem Papier.
Druck und Bindung: CPI books GmbH, Leck

D 18
ISSN 0531-7312
ISBN 978-3-631-78890-5 (Print)
E-ISBN 978-3-631-79678-8 (E-PDF)
E-ISBN 978-3-631-79679-5 (EPUB)
E-ISBN 978-3-631-79680-1 (MOBI)
DOI 10.3726/15923

Peter Lang – Berlin · Bern · Bruxelles · New York · Oxford · Warszawa · Wien

Diese Publikation wurde begutachtet.

www.peterlang.com

Vorwort

Die vorliegende Arbeit wurde im Sommersemester 2018 von der Fakultät für Rechtswissenschaften der Universität Hamburg als Dissertation angenommen. Literatur und Rechtsprechung wurden bis Februar 2018 berücksichtigt.

Mein besonderer Dank gilt meinem Doktorvater Prof. Dr. Peter Behrens für die ausgezeichnete Betreuung meines Promotionsvorhabens und insbesondere für seine konstruktiven Anmerkungen und Hinweise. Bedanken möchte ich mich auch bei Herrn Prof. Dr. Dr. h.c. Marian Paschke für die zügige Erstellung des Zweitgutachtens.

Ein ganz besonderer Dank gilt zudem meinen Eltern, die mich auf meinem bisherigen Lebensweg mit allen Kräften unterstützt, gefördert und gefordert haben, wodurch sie mir die Basis für meine persönliche und berufliche Entwicklung ermöglichten.

Mein herzlichster Dank gilt meinem Mann, Hans-Christoph Daase, für das unermüdliche sorgfältige Korrekturlesen der Arbeit, das Vorbringen von Argumenten aus der Perspektive eines „Nichtjuristen" sowie für seine immer während vorbehaltlose Unterstützung in jeglicher erdenklicher Hinsicht. Ihm ist diese Arbeit gewidmet.

Hamburg, April 2019 *Deborah Daase*

Inhaltsverzeichnis

Abkürzungsverzeichnis

a.A.	anderer Ansicht
a.F.	alte Fassung
ABl.	Amtsblatt der Europäischen Union
Abs.	Absatz
AEUV	Vertrag über die Arbeitsweise der Europäischen Union
AktG	Aktiengesetz
Alt.	Alternative
Art.	Artikel
Aufl.	Auflage
AWD des BB	Außenwirtschaftsdienst des Betriebs-Beraters
BB	Betriebsberater
Bd.	Band
BKartA	Bundeskartellamt
bzw.	beziehungsweise
ca.	circa
CB	Compliance-Berater
CCZ	Corporate Compliance Zeitschrift
DB	Der Betrieb
ders.	derselbe
dies.	Dieselben
EBOR	European Business Organization Law Review
ECLR	European Competition Law Review
EG	Europäische Gemeinschaft
EGMR	Europäischer Gerichtshof für Menschenrechte
EGKS	Europäische Gemeinschaft für Kohle und Stahl
EGKSV	Vertrag über die Gründung der Europäischen Gemeinschaft für Kohle und Stahl
Einl.	Einleitung
Entsch.	Entscheidung
EU	Europäische Union
EuG	Gericht der Europäischen Union
EuGH	Europäischer Gerichtshof
EuR	Europarecht
EuZW	Europäische Zeitschrift für Wirtschaftsrecht

EWG	Vertrag zur Gründung der Europäischen Wirtschaftsgemeinschaft
EWR	Europäischer Wirtschaftsraum
EWS	Europäisches Wirtschaftds- und Steuerrecht
EZB	Europäische Zentralbank
f.	folgende Seite
ff.	folgende Seiten
FKVO	Fusionskontrollverordnung
FK	Frankfurter Kommentar
Fn.	Fußnote
FS	Festschrift
GA	Generalanwalt/-wältin
gem.	gemäß
GmBHG	Gesetz betreffend die Gesellschaften mit beschränkter Haftung
GPR	Zeitschrift für Gemeinschaftsprivatrecht
GRCh	Charta der Grundrechte der Europäischen Union
grds.	grundsätzlich
GRUR	Zeitschrift für gewerblichen Rechtsschutz und Urheberrecht
GWB	Gesetz gegen Wettbewerbsbeschränkungen
GWR	Gesellschafts- und Wirtschaftsrecht
Hrsg./hrsg.	Herausgeber/herausgegeben
i.Ü.	im Übrigen
i.S.v.	im Sinne von
i.V.m.	in Verbindung mit
i.w.S.	im weiteren Sinne
JA	Juristische Ausbildung
JECLaP	Journal of European Competition Law & Practice
JuS	Juristische Schulung
KOMM.	Kommission der Europäischen Union
Konzern	Der Konzern
KSzW	Kölnerschrift zum Wirtschaftsrecht
lit.	Buchstabe
m. Anm.	mit Anmerkungen (en)
MünchKomm	Münchener Kommentar
NJW	Neue Juristische Wochenzeitschrift
No.	number
Nr.	Nummer

NZG	Neue Zeitschrift für Gesellschaftsrecht
NZKart	Neue Zeitschrift für Kartellrecht
ÖZK	Österreichische Zeitschrift für Kartellrecht
Rn.	Randnummer(n)
Rs.	Rechtsache
S.	Seite
sog.	sogenannte(r)
Tz.	Textziffer
u.a.	unter anderem(n); und andere4
UAbschn.	Unterabschnitt
Urt.	Urteil
v.	vom
verb.	RS verbundene Rechtssachen
VerbStrG-E	Entwurf für ein Verbandsstrafgesetzbuch
vgl.	vergleiche
VO 1/2003	Verordnung (EG) Nr. 1/2003 vom 16.12.2002 zur Durchführung der in den Artikeln 81 und 82 des Vertrags niedergelegten Wettbewerbsregeln
Vorb.	Vorbemerkung
WettbR.	Wettbewerbsrecht
wistra	Zeitschrift für Wirtschafts- und Steuerstrafrecht
World Competition	World Competition: Law and Economis Review
WRP	Wirtschaft in Recht und Praxis
WuW	Wirtschaft und Wettbewerb
WuW/E	Wirtschaft und Wettbewerb (Entscheidungssammlung)
z.B.	zum Beispiel
ZEuP	Zeitschrift für Europäisches Privatrecht
ZHR	Zeitschrift für das gesamte Handelsrecht und Wirtschaftsrecht
ZIP	Zeitschrift für Wirtschaftsrecht
ZWeR	Zeitschrift für Wettbewerbsrecht

Im Übrigen wird auf das „Abkürzungsverzeichnis der Rechtssprache" von Hildebert Kirchner, 8.Aufl., Berlin 2015, verwiesen.

Einführung

§ 1 Problemstellung und Zielsetzung der Arbeit

Eine geläufige Redensart im Volksmund lautet: „Eltern haften für ihre Kinder". Häufig auch bei Kartellrechtsfällen zugrunde gelegt,[1] kann diese Bestimmung jedoch nicht unproblematisch bejaht werden.[2] In den letzten Jahren hatten sich die Unionsorgane[3] wiederholt mit der Frage zu beschäftigen, unter welchen Voraussetzungen Bußgelder gegen ein an einem Kartell beteiligtes Gemeinschaftsunternehmen auch an seine Muttergesellschaften adressiert werden können.[4] Der EuGH hatte im Jahre 2013 mit den Entscheidungen in den parallelen Rechtssachen *DuPont* und *Dow* die bußgeldrechtliche Verantwortung der Muttergesellschaften eines paritätischen Gemeinschaftsunternehmens bestätigt, da zwischen diesen Gesellschaften eine wirtschaftliche Einheit bestand.[5] Es handelt sich um die ersten Urteile des Gerichtshofes zur Haftung der Muttergesellschaften für Kartellrechtsverstöße eines Gemeinschaftsunternehmens.[6] Gleichwohl bekräftigt der EuGH damit eine Linie, die das EuG bereits in mehreren vorhergehenden Entscheidungen eingeschlagen hatte.[7]

Die bußgeldrechtliche Verantwortung der Muttergesellschaft(en) für die Kartellrechtsverstöße des Tochters- bzw. Gemeinschaftsunternehmens kann Implikationen von beachtlichem Ausmaß mit sich bringen.[8] Zum einen hängt von der Einbeziehung bzw. Nichteinbeziehung der jeweiligen Muttergesellschaften nicht selten die Höhe der Geldbußen für die Kartellrechtsverstöße ab.[9] Im Interesse

---

1 Vgl. auch GA *Kokott*, Schlussanträge v. 12.1.2012, Rs. C-628/10, ECLI:EU:C:2012:11, Tz. 1 – Alliance One International („AOI").

2 *Aberle*, Sanktionsdurchgriff und wirtschaftliche Einheit, S. 1.

3 Unter diesem Begriff sind die Unionsgerichte, nämlich das EuG und der EuGH sowie die Europäische Kommission, erfasst.

4 *Ahrens*, EuZW 2013, 899.

5 vgl. EuGH, Urt. v. 26.9.2013, Rs. C-172/12 P, ECLI:EU:C:2013:601 – EI du Pont de Nemours/Kommission („DuPont") und Urt. v. 26.9.2013, Rs. C-179/12 P, ECLI:EU:C:2013:605 – Dow Chemical Company/Kommission („Dow").

6 EuGH: Zur Haftung der Muttergesellschaften für Kartellverstöße eines Gemeinschaftsunternehmens, NZKart 2013, 504.

7 *Ahrens*, EuZW 2013, 899 f.

8 Zu den finanziellen Implikationen siehe insbesondere Teil II § 1; vgl. ferner *Brettel/Thomas*, ZWeR 2009, 25, 26.

9 Vgl. die umsatzbezogene Bußgeldbemessung nach Art. 23 Abs. 2 VO Nr. 1/2003.

der Kartellbeteiligten liegt es, eine möglichst geringe Berechnungsgrundlage zugrunde zu legen. Zum anderen tangiert die Unternehmensverantwortung die Außenwirkung des Unternehmens. Die Teilnahme an einem Hardcore-Kartell kann zu einem Reputationsverlust für das Unternehmen führen. Insbesondere das Vertrauen der Vertragspartner auf vertikaler Ebene sowie der Verbraucher zu dem Unternehmen kann dadurch erheblich geschwächt werden oder gar gänzlich verwirkt sein. Ferner besteht die Gefahr, von der Vergabe öffentlicher Aufträge ausgeschlossen zu werden. Das Bundesministerium für Wirtschaft und Energie (BMWi) hat im Jahre 2016 einen Referentenentwurf zur Einführung eines sogenannten *„Wettbewerbsregisters"* vorgelegt.[10] Ende Juli 2017 ist das Gesetz zur Einführung des Wettbewerbsregisters sodann in Kraft getreten. Unternehmen, die sich nicht an wettbewerbsrechtliche Vorschriften halten, sollen von der Vergabe öffentlicher Aufträge ausgeschlossen werden. Das Wettbewerbsregister, in das die Kartellrechtssünder aufgenommen werden sollen, kann folglich öffentlichen Auftraggebern künftig als Informationsquelle dienen, um über etwaige Ausschlüsse vom Vergabeverfahren entscheiden zu können. Schließlich besteht das potenzielle Risiko, dass privatrechtliche Kartellschadensersatzansprüche gegen die Unternehmen geltend gemacht werden.[11]

Neben der grundsätzlichen Abschreckungswirkung vor der Begehung neuer Kartellrechtsverstöße ist es wiederum den Wettbewerbsbehörden ein Anliegen, die Finanzkraft der gesamten in einem Kartell involvierten unternehmerischen Einheit angemessen zu berücksichtigen.[12] Zudem soll die Wahrscheinlichkeit erhöht werden, dass für die Zahlung der Geldbuße ein solventer Schuldner zur Verfügung steht, unabhängig von etwaigen Vermögensverschiebungen und Umstrukturierungen innerhalb des betroffenen Konzerns.[13] Die Gefahr, sich Bußgeld-Zahlungsverpflichtungen zu entziehen, indem der Konzern umstrukturiert wird, zeigt auf deutscher, kartellrechtlicher Ebene der Fall des Wurstkonzerns

---

10 Siehe dazu auch die Mitteilung in der WuW 2017, 212, WuW1232569 und im Betrieb 2017, M14, DB1237222; *Schnitzler*, Legal Tribune Online 2017.

11 Siehe dazu Teil III dieser Arbeit.

12 *Kokott/Dittert*, WuW 2012, 670, 671. Siehe zudem Ausführungen von *Blome*, Rechtsträgerprinzip und Wirtschaftliche Einheit, S. 125 ff. Zur Abschreckung vor Zuwiderhandlungen gegen Art. 101, 102 AEUV durch Bebußung siehe 4. Erwägungsgrund der Bußgeldleitlinien der Kommission, ABl. 2006, C 210/02.

13 Vgl. dazu GA *Kokott*, Schlussanträge v. 3.7.2007, Rs. C-280/06, ECLI:EU:C:2007:404, Tz. 73 – ETI; Schlussanträge v. 23.4.2009, Rs. C-97/08, ECLI:EU:C:2009:262, Tz. 42f. – Akzo Nobel; Schlussanträge v. 12.1.2012, Rs. C-628/10, ECLI:EU:C:2012:11, Tz. 1 – AOI.

„Zur Mühlen“ aus dem Jahre 2014.[14] Die am Wurstkartell beteiligten Tochtergesellschaften des Konzerns – die Böklunder Plumrose GmbH & Co. KG und die Könecke Fleischwarenfabrik GmbH & Co. KG – sind durch Abspaltung und Verlagerung der Masse in neue Gesellschaften nunmehr nicht mehr existent. Auf diesem Wege konnten sie sich mangels entsprechender gesetzlicher Grundlagen im Gesetz gegen Wettbewerbsbeschränkungen (GWB) der Bußgeldhaftung entziehen. Der deutsche Gesetzgeber hat auf diese sogenannte „Wurstlücke“ im Rahmen der 9. GWB-Novelle inzwischen reagiert.[15] Die im Juni 2017 in Kraft getretene Gesetzesänderung führte eine unternehmensgerichtete Sanktion ein, um das Gesetz an das europäische Kartellrecht anzugleichen.

Der Kernaspekt der Unternehmensverantwortung ist das Konzept der wirtschaftlichen Einheit – seit Langem eines der zentralen Streitthemen im europäischen Wettbewerbsrecht. Es hat seinen Ursprung in der Entscheidungspraxis der Europäischen Kommission der 1970er-Jahre, erfuhr im Nachgang Billigung durch die europäischen Gerichte und ist mittlerweile ein fester Bestandteil der europäischen Rechtspraxis.[16] Gleichwohl stellt die wirtschaftliche Einheit keinesfalls ein feststehendes Konzept dar. Es wurde vielmehr zur Lösung unterschiedlichster kartellrechtlicher Fragen unter Beachtung der wirtschaftlichen Realitäten entwickelt.[17] Viele Aspekte sind weiterhin klärungsbedürftig – nicht zuletzt auch im Hinblick auf das Gemeinschaftsunternehmen.[18]

So wird die wirtschaftliche Einheit zunächst zur Bestimmung des Adressaten der Wettbewerbsregeln, namentlich die Art. 101, 102 AEUV, herangezogen (sog. *Normadressat*). Gegenstand des gemeinschaftlichen Wettbewerbsrechts ist grundsätzlich das „Unternehmen“.[19] Der Unternehmensbegriff des europäischen Kartellrechts wird im Sinne einer eine wirtschaftliche Tätigkeit ausübenden

---

14 Vgl. BKartA, Pressemitteilung vom 15.07.2014 und 19.10.2016.

15 Siehe zur 9. GWB Novelle *Klumpe/Thiede*, BB, 2016, 3011 ff.; *Könen*, NZKart 2017, 15. ff.

16 Siehe dazu Ausführungen zur Entwicklung der wirtschaftlichen Einheit in der Gemeinschaftspraxis Teil 1 § 1 II 2 lit. b.

17 So auch *Aberle*, Sanktionsdurchgriff und wirtschaftliche Einheit, S. 16.

18 Vgl. die Auseinandersetzungen mit der Problematik durch u. a. *Aberle*, Sanktionsdurchgriff und wirtschaftliche Einheit; *Ackermann*, ZweR 2010, 329 ff.; *ders.*, ZweR 2012, 3 ff.; *Ahrens*, EuZW 2013, 899 ff.; *Brettel/Thomas*, Compliance und Unternehmensverantwortlichkeit, *Heinrich*, Wirtschaftliche Haftungseinheit; *Kersting*, WuW 2014, 1156 ff.; *Kling*, ZWeR 2011, 169 ff.; *Stender*, Kartellgeldbußen; *Thomas*, KSzW 2011, 10, 10 ff.

19 KOMM., Entsch. v. 5.12.2007, Tz. 402 – Chloropren-Kautschuk.

Einheit verstanden.[20] Nach ständiger Rechtsprechung kann ein Unternehmen aus mehreren natürlichen oder juristischen Personen im Sinne einer wirtschaftlichen Einheit bestehen, wobei die einzelnen Rechtsträger gemeinsam ein einziges Unternehmen im Sinne der Art. 101, 102 AEUV bilden.[21] Erhebliche Rechtsunsicherheit besteht jedoch immer noch im Hinblick auf die erforderlichen Voraussetzungen zur Begründung der Normadressatenstellung der Muttergesellschaften in den unterschiedlichen Gesellschaftsgruppen. Als wesentliche Bestandteile des heutigen Wirtschaftslebens sind verbundene Unternehmen und im Speziellen Gemeinschaftsunternehmen[22] in einer Vielzahl von Variationen ausgestaltet, bzw. es treten ständig neue Erscheinungen hinzu. Es liegt daher ein dynamischer Prozess vor, der sich auch in Bezug auf Rechtsfragen auswirkt und eine ständige Anpassung an neue Entwicklungen fordert.

Überdies kann nach ständiger Rechtsprechung der Gemeinschaftsgerichte die Europäische Kommission Bußgelder wegen Verstößen gegen Art. 101, 102 AEUV in der Folge nicht nur an die am Verstoß direkt beteiligte juristische Person adressieren, sondern ferner an alle juristischen Personen, sofern sie zusammen mit der direkt beteiligten juristischen Person eine „wirtschaftliche Einheit" bilden (sog. *Bußgeldadressat*).[23] Es gibt zahlreiche Stimmen, die die Sanktionspraxis kritisieren. Insbesondere wird die Frage aufgeworfen, ob die Haftung der

---

20 Vgl. u. a. EuGH, Urt. v. 23.4.91, Rs. C-41/90, ECLI:EU:C:1989:337, Tz. 21 – Höfner und Elser; Urt. v. 10.1.2006, Rs. C-222/04, ECLI:EU:C:2006:8, Tz. 107 – Cassa di Risparmio di Firenze. Ferner *Hengst*, in: Langen/Bunte, Art. 101 AEUV, Rn. 30.

21 Vgl. u. a. EuGH, Urt. v. 28.6.2000, verb. Rs. C-189/02 P u. a., ECLI:EU:C:2001:420, Tz. 113 – Dansk Rorindustri u. a.; Urt. v. 14.12.2006, Rs. C-217/05, ECLI:EU:C:2006:784, Tz. 40 – Confederación Espanola de Empresarios de Estaciones de Servicio (CEEES); Urt. v. 10.9.2009, Rs. C-97/08 P, ECLI:EU:C:2009:536, Tz. 55 – Akzo Nobel; Urt. v. 20.01.2011, Rs. C-90/09 P, ECLI:EU:C:2011:21, Tz. 34 ff. – General Química u. a.; Urt. v. 29.9.2011, Rs. C-521/09 P, ECLI:EU:C:2011:620, Tz. 53 – Elf Aquintaine; Urt. v. 19.07.2012, Rs. C-628/10 P, ECLI:EU:C:2012:479, Tz. 42 – Alliance One International („AOI").

22 Gemeinschaftsunternehmen gehören in der Wirtschaftspraxis zu den wichtigsten Organisationsformen für Unternehmensverbindungen. Etwa fünfzig Prozent der Entscheidungen der Europäischen Kommission im Bereich der Zusammenschlusskontrolle haben die Gründung eines Gemeinschaftsunternehmens zum Gegenstand. Vgl. XXXIII. Wettbewerbsbericht 2003, Schaubild 5 nach Tz. 364 (45%); XXXIV. Wettbewerbsbericht 2004, Schaubild 5 nach Tz. 292 (42%), XXXV. Wettbewerbsbericht 2005, Schaubild 5 nach Tz. 403 (40%). Siehe auch *Böni/Wassmer*, WuW 2014, S. 681, 681.

23 *Ahrens*, EuZW 2013, 899.

Muttergesellschaft, allein basierend auf einem Beherrschungsverhältnis, nicht gegen grundlegende Prinzipien der Europäischen Union verstoße.

Schließlich ist auch das Kartellzivilrecht unter der Fragestellung, ob das europäische Konzept der wirtschaftlichen Einheit unter der Umsetzung der Richtlinie 2014/104/EU für Schadensersatzklagen[24] auch im nationalen Recht Anwendung findet, von Relevanz. Kartellrechtlich begründete Schadensersatzansprüche spielen in der Praxis eine immer größer werdende Rolle, insbesondere geltend gemacht in Form sogenannter „Follow-on-Klagen". Darunter sind Klagen zu verstehen, die vor Zivilgerichten im Anschluss an Bußgeldentscheidungen erhoben werden.

Ziel dieser Arbeit ist die nähere Untersuchung der Fragestellung, unter welchen Voraussetzungen eine wirtschaftliche Einheit, insbesondere zwischen den Muttergesellschaften und einem Gemeinschaftsunternehmen, vorliegt und welche Auswirkungen die Anwendung dieses „Konzepts" mit sich bringt. Durch Strukturieren und Erstellen einer Übersicht einer problemspezifischen Auswahl von Gerichts- und Verwaltungsentscheidungen soll die bisherige Rechtsprechung aufgearbeitet werden. Ferner soll eine Auseinandersetzung mit der Problemstellung stattfinden, um in der Folge konkrete Lösungsansätze für noch offene Fragen zu entwickeln und Perspektiven aufzuzeigen. Die Zielsetzung ist nicht die Formulierung eines rein auf geltendem Recht beruhenden, dogmatischen Ansatzes, der die gängige Praxis der Kartellbehörden und Gerichte außer Acht ließe und damit praktisch wertlos wäre. Vielmehr soll ein Ausgleich zwischen Theorie und Praxis gefunden werden. Die Praxis dient dabei als Ausgangspunkt der Untersuchung und für die Erarbeitung eines dogmatischen Fundaments.

§ 2 Begrenzung des Untersuchungsgegenstandes

Die Untersuchung konzentriert sich inhaltlich auf das europäische Kartellrecht als Teilgebiet des Wettbewerbsrechts sowie die angrenzenden Regelungen des Sanktionsrechts.

Innerhalb des so definierten Untersuchungsgegenstandes liegt der Fokus auf dem Unternehmensbegriff und der Fragestellung, unter welchen Voraussetzungen Gesellschaftsgruppen eine wirtschaftliche Einheit bilden. Von besonderem

---

24 Richtlinie 2014/104 EU des Europäischen Parlaments und Rates vom 26.November 2014 für Schadensersatzklagen nach einzelstaatlichem Recht wegen Zuwiderhandlungen gegen wettbewerbsrechtliche Bestimmungen der Mitgliedstaaten und der Europäischen Union, ABl. 2014 L 349.

Interesse ist diese Fokussierung in Bezug auf die Adressatenstellung der Muttergesellschaften eines Gemeinschaftsunternehmens im Rahmen der Anwendung der Wettbewerbsregeln sowie in Bezug auf die Bußgeldsanktionierung und privaten Kartellschadensersatzklagen.

Kein Gegenstand dieser Untersuchung ist das Konzept der wirtschaftlichen Einheit außerhalb des Kartellrechts in Bezug auf die Anwendung der Gruppenfreistellungsverordnungen und des Handelsvertreters. Überdies wird auch das sogenannte Konzernprivileg nicht behandelt.

§ 3 Gang der Untersuchung

Die Arbeit gliedert sich in drei Teile. Gegenstand des 1. Teils ist die Untersuchung des Unternehmens als Normadressat im Sinne der Art. 101, 102 AEUV und dessen unterschiedliche Ausprägungen im Hinblick auf verbundene Unternehmen anhand der europäischen Spruchpraxis. In § 1 wird zunächst der dem Konzept der wirtschaftlichen Einheit zugrunde gelegte kartellrechtlich funktionale Unternehmensbegriff näher betrachtet. Gegenstand sind insbesondere die Begriffsentwicklung in der Praxis der Unionsorgane sowie die einzelnen Voraussetzungen des Unternehmensbegriffs. In diesem Zusammenhang findet bereits eine grundlegende Auseinandersetzung mit dem Kriterium der wirtschaftlichen Einheit statt, das für die weitere Untersuchung von zentralem Belang ist, durch Aufzeigen seiner Entwicklung in der Spruchpraxis. Der Hauptteil des 1. Teils folgt sodann in § 2. In diesem Abschnitt wird untersucht, unter welchen Voraussetzungen einzelne Gesellschaftsgruppen eine wirtschaftliche Einheit bilden. Die Gesellschaftsgruppen sind untergliedert in Alleingesellschafter, Gemeinschaftsunternehmen und Schwestergesellschaften.

In Teil 2 geht es um die bußgeldrechtliche Verantwortlichkeit in den Gesellschaftsgruppen, insbesondere wiederum im Hinblick auf die Muttergesellschaft. Es wird zunächst in § 1 wieder der Unternehmensbegriff, dieses Mal im Hinblick auf die Bußgeldhaftung, erörtert. Danach erfolgt eine Auseinandersetzung mit den Haftungsvoraussetzungen (§ 2) und der Fragestellung, ob das Haftungskonzept der wirtschaftlichen Einheit mit rechtsstaatlichen Grundsätzen vereinbar ist. Schließlich werden in Bezug auf die gesamtschuldnerische Haftung das Auswahlermessen der Europäischen Kommission sowie der gesamtschuldnerische Innenausgleich kurz beleuchtet.

Der 3. Teil der Arbeit behandelt die wirtschaftliche Einheit im Rahmen der zivilrechtlichen Haftung für Schadensersatzansprüche aus dem Kartelldeliktsrecht. Kern der Ausführungen ist die Frage der Übernahme des europäischen

Unternehmensbegriffs und somit des Konzepts der wirtschaftlichen Einheit im Wege der Umsetzung der EU-Richtlinie in das nationale Recht.

Die Bearbeitung schließt mit einer Zusammenfassung der Ergebnisse, einem kurzen Gesamtfazit zum Untersuchungsgegenstand und einem wettbewerbspolitischen Lösungsansatz.

Erster Teil: Das Konzept der wirtschaftlichen Einheit – die Gesellschaftsgruppen als Normadressat

Schwerpunkt des ersten Teils ist die Fragestellung, wer als Normadressat der Wettbewerbsverbote in Betracht kommt.

Im europäischen Kartellrecht richten sich die Vorschriften, namentlich Art. 101, 102 AEUV sowie Art. 106 AEUV, nicht an bestimmte Rechtssubjekte, sondern ausschließlich an Unternehmen[25] als Normadressaten.[26] Es lässt sich insofern auch vom Täterunternehmen sprechen, da der Unternehmensbegriff determiniert, wer Täter eines Verstoßes gegen die europäischen Wettbewerbsregeln sein kann.[27]

Die Wettbewerbsregeln richten sich an jede wirtschaftliche Einheit, die jeweils „eine einheitliche Organisation persönlicher, materieller und immaterieller Mittel" darstellt, die „dauerhaft einen bestimmten wirtschaftlichen Zweck verfolgt" und die daher an einem Wettbewerbsverstoß beteiligt sein kann.[28] Folglich kann sich ein Unternehmen im Sinne der Art. 101, 102 AEUV als eine wirtschaftliche Einheit aus mehreren Gesellschaften bzw. Gesellschaftsgruppen zusammensetzen. Im Umkehrschluss bedeutet dies: Wenn Gesellschaften eine wirtschaftliche Einheit und in der Folge ein Unternehmen im Sinne der Art. 101, 102 bilden, dann sind sie bei einem Verstoß gegen die Wettbewerbsregeln mögliche Täter und folglich Normadressaten.

---

25 Sowie an Unternehmensvereinigungen, die jedoch nicht Gegenstand der weiteren Untersuchung sind und daher im Folgenden unberücksichtigt bleiben.

26 *Behrens*, FS Kirchner, S. 455; *ders.*, Europäisches Marktöffnungs- und Wettbewerbsrecht, Rn. 800; *Mügge*, Der Begriff des Unternehmens, S. 102 f.; *Mestmäcker/Schweitzer*, § 9 Rn. 1.

27 Diesen Begriff benutzen beispielsweise *Aberle*, Sanktionsdurchgriff und wirtschaftliche Einheit, S. 80; *Heinichen*, Unternehmensbegriff und Haftungsnachfolge, S. 35; *Papakiriakou*, Unternehmensstrafrecht, S. 153 ff. Siehe zur Täterschaft auch die Ausführungen von *Blome*, Rechtsträgerprinzip und Wirtschaftliche Einheit, S. 122 ff., 129 ff.

28 Siehe etwa EuG, Urt. v. 17.12.1991, Rs. T-6/89, ECLI:EU:T:1991:74, Tz. 235 – Enichem Anic; Urt. v. 10.03.1992, Rs. T-11/89, ECLI:EU:T:1992:33, Tz. 311 – Shell; Urt. v. 14.5.1998, Rs. T-352/94, ECLI:EU:T:1998:103, Tz. 87 – Mo Och Domsjö; Urt. v. 27.6.2006, Rs. T-43/02, ECLI:EU:T:2006:270, Tz. 125 – Jungbunzlauer; Urt. v. 12.12.2007, T-112/05, ECLI:EU:T:2007:381, Tz. 57 – Akzo Nobel. Siehe ferner *Behrens*, Europäisches Marktöffnungs- und Wettbewerbsrecht, Rn. 805.

Im Folgenden werden zunächst zur Schaffung eines grundsätzlichen Verständnisses die Entwicklung und Voraussetzungen des Unternehmensbegriffs dargestellt. Danach wird anhand der europäischen Spruchpraxis untersucht, inwiefern das Konzept der wirtschaftlichen Einheit auf unterschiedliche Gesellschaftsgruppen Anwendung findet.

§ 1 Der kartellrechtlich funktionale Unternehmensbegriff, Art. 101, 102 AEUV

Da sich die Wettbewerbsregeln ausschließlich an Unternehmen richten und der Unternehmensbegriff weitgehend den Anwendungsbereich des europäischen Kartellrechts festlegt, kommt dem Begriff des Unternehmens eine zentrale Bedeutung zu.[29] Dabei beinhalten weder das primäre noch das sekundäre Unionsrecht eine feste Definition des Unternehmensbegriffs, vielmehr wird er der Auslegung durch die Rechtsprechung überlassen.[30]

Der Unternehmensbegriff soll dem wettbewerbspolitischen Ziel Rechnung tragen, die Einheit des Marktes und die Funktionalität des Wettbewerbs umfassend zu gewährleisten.[31] Daher wird der Begriff des Unternehmens regelmäßig sehr weit gefasst und stellt im Ergebnis nur eine niedrige Hürde dar.[32] Auch verbietet sich einhergehend mit der Funktion ein Rückgriff auf – u. U. variierende – Begriffsbestimmungen in den Kartellgesetzen der Mitgliedstaaten und damit auch des deutschen Rechts.[33] Geboten ist vielmehr gegenüber dem Recht der einzelnen Mitgliedstaaten eine autonome Begriffsbestimmung.[34]

I. Entwicklung des Unternehmensbegriffs

Da der kartellrechtliche Unternehmensbegriff nicht gesetzlich definiert, sondern von den Unionsorganen entwickelt worden ist, wird im Folgenden die Entwicklung des Begriffs näher dargestellt.

---

29 *Emmerich*, Kartellrecht, S. 26 Rn. 24; *Hengst*, in Langen/Bunte, Art. 101 AEUV, Rn. 7; *Mügge*, Der Begriff des Unternehmens, S. 103.

30 *Heinrich*, Wirtschaftliche Haftungseinheit, S. 26; *König/Schreiber*, S. 14.

31 *Mestmäcker/Schweitzer*, § 9 Rn. 6, so auch *Hengst*, in Langen/Bunte, 101 AEUV, Rn. 5.

32 *Gleiss/Hirsch*, Art. 85 Rn. 3, 6; *Korah*, EC competition law and practice, S. 40.

33 KOMM., Entsch. v. 23.4.1986, ABl. EG 1986 Nr. L 230, 1, Tz. 32 – Polypropylen; so auch *Heinrich*, Wirtschaftliche Haftungseinheit, S. 26; *Hengst*, in Langen/Bunte, Art. 101 AEUV, Rn. 6; *Gippini-Fournier/Mojzesowicz*, in L/M/R, Art. 81 Abs. 1, Rn. 38; *Roth/Ackermann*, in FK, Art. 81 Abs. 1 EG – Grundfragen, Rn. 29.

34 *Ebenda.*

1. *Der institutionelle Unternehmensbegriff*

Entwickelt wurde der wettbewerbsrechtliche Unternehmensbegriff zuerst in den Entscheidungen der Hohen Behörde des EGKS-Vertrags und der zugehörigen Rechtsprechung des EuGH.[35] In den sog. *Schrotturteilen* definierte der Gerichtshof das Unternehmen als *„eine einheitliche, einem selbstständigen Rechtssubjekt zugeordnete Zusammenfassung personeller, materieller und immaterieller Faktoren, mit welcher auf Dauer ein bestimmter wirtschaftlicher Zweck verfolgt wird"*[36]. Dieser Definition wurde augenscheinlich ein institutionelles Verständnis zugrunde gelegt. Sie knüpfte zum einen an die Organisation und die Dauer der wirtschaftlichen Tätigkeit an[37] sowie zum anderen an die juristische Selbstständigkeit. Die Gründung einer neuen juristischen Person führte unter diesem Verständnis immer auch zur Entstehung eines eigenständigen Unternehmens im Sinne der Wettbewerbsregeln des EGKS-Vertrags.[38]

Bereits in der zeitlich vorherigen Entscheidung *SNUPAT* hatte der Gerichtshof entschieden, dass lediglich auf die juristische Selbständigkeit abzustellen ist.[39] Der Unternehmensbegriff im Sinne des EGKS-Vertrags deckt sich mit dem Rechtsbegriff der natürlichen und juristischen Person des mitgliedstaatlichen Rechts, da die Träger gemeinschaftsrechtlicher Rechte und Pflichten bezeichnet werden sollen.[40] Träger von Rechten und Pflichten können jedoch nur anerkannte Rechtssubjekte sein.[41] Mehrere Gesellschaften, d. h. mehrere juristische Personen, können folglich *„selbst bei einem bis ins letzte durchgeführten*

35 *Mügge*, Der Begriff des Unternehmens, S. 105, 108, *Mestmäcker/Schweitzer*, § 9 Rn. 11.

36 EuGH, Urt. v. 13.7.1962, verb. Rs. C-17/61 u. a., ECLI:EU:C:1962:30, 687– Klöckner Werke AG und Hoesch AG; Urt. v. 13.7.1962, Rs. C-19/61, ECLI:EU:C:1962:31, 750 – Mannesmann. In den sog. Schrotturteilen ging es um die Frage, ob bei Austauschbeziehungen zwischen Mutter- und Tochtergesellschaft eine besondere Art der Besteuerung durch die Ausgleichskasse erfolgen könne. Dies bejahte der Gerichtshof im Hinblick darauf, dass Mutter- und Tochtergesellschaft zwei selbstständige Unternehmen seien.

37 *Schröter*, in von der Groeben/Schwarze/Hatje, Vorb. Art. 101 bis 105, Rn. 42.

38 EuGH, Urt. v. 13.7.1962, verb. Rs. C-17/61 u. a., ECLI:EU:C:1962:30, 687 – Klöckner Werke AG und Hoesch AG; Urt. v. 13.7.1962, Rs. C-19/61, ECLI:EU:C:1962:31, 750 – Mannesmann.

39 EuGH, Urt. v. 22.3.1961, verb. Rs. C-42/59 u.a, ECLI:EU:C:1961:5, 117– SNUPAT.

40 Nach dem damals gültigen Art. 80 EGKSV (Vertrag über die Gründung der Europäischen Gemeinschaft für Kohle und Stahl) waren diejenigen Unternehmen, die innerhalb im Vertrag genannter Gebiete *„eine Produktionstätigkeit auf dem Gebiet von Kohle und Stahl ausüben"*.

41 EuGH, Urt. v. 22.3.1961, verb. Rs. C-42/59 u. a., ECLI:EU:C:1961:5, 164 f. – SNUPAT.

wirtschaftlichen Zusammenschluss nicht ein einziges Unternehmen im Sinne des Vertrages bilden"[42]. Für die Annahme eines einheitlichen Unternehmens bedarf es vielmehr einer entsprechenden ausdrücklichen Regelung im Vertragstext. Da eine solche Regelung aber nicht existiert, darf sich nicht einfach über die rechtliche Eigenständigkeit der Gesellschaften als Handlungssubjekte mit eigener Rechtspersönlichkeit hinweggesetzt werden. Andernfalls wäre eine Identifizierung einzelner Unternehmen häufig unmöglich, wenn der Unternehmensbegriff nicht an die Rechtspersönlichkeiten des mitgliedstaatlichen Rechts geknüpft, sondern auf eine vertraglich nicht vorgesehene Einheit mehrerer Gesellschaften abgestellt wird. Hinzu kommt, dass die (bewusste) Wahl der Rechtsform zweier juristischer Personen nicht in einer Fallkonstellation eine Rolle spielen soll, während sie in einer anderen Konstellation außer Betracht bleibt.[43]

Die institutionelle Interpretation des Unternehmensbegriffs wurde seitens des Gerichtshofs zunächst auch auf die Wettbewerbsregeln des 1958 in Kraft getretenen EWG-Vertrags angewendet.[44]

2. *Die Entwicklung des funktionalen Unternehmensbegriffs*

Anfangs war es die Europäische Kommission, die zur Definition des Unternehmens im Rahmen der EWG-Wettbewerbsregeln verstärkt wirtschaftliche Kriterien heranzog.[45] Ansätze der wirtschaftlichen Sichtweise lassen sich bereits in der Entscheidung *Internationales Chininkartell* vom 16.7.1969 entdecken.[46] Die Europäische Kommission fasste unter der Bezeichnung „Boehringer" die gemeinsam an einem Kartell beteiligte Konzerngesellschaft C. F. Boehringer und ihre Tochtergesellschaft Vereinigte Chininfabriken Zimmer zusammen. Die beiden Konzerngesellschaften wurden lediglich als „ein" Beteiligter der wettbewerbswidrigen Vereinbarungen im Sinne des Art. 85 EWG behandelt.[47] Die Europäische Kommission ging dabei jedoch nicht näher auf die Konzernstruktur ein.[48]

---

42 *Ebenda*, Leitsatz 8.

43 *Ebenda*, S. 164 f.

44 *Heinichen*, Unternehmensbegriff und Haftungsnachfolge, S. 37, vgl. auch *Dannecker/Fischer-Frisch*, Das EG-Kartellrecht in der Bußgeldpraxis, S. 253.

45 *Heinichen*, Unternehmensbegriff und Haftungsnachfolge, S. 37.

46 *Ebenda.*

47 KOMM., Entsch. v. 16.07.1969, ABl. EG 1969 Nr. L 192, 5, 6 – Internationales Chininkartell. Vergleichbares gilt für die Gesellschaften, die in der Entscheidung unter dem Namen „Nedchem" am Chininkartell beteiligt waren.

48 Siehe auch *Hamann*, Unternehmen als Täter, S. 36.

Um die Durchsetzbarkeit der Bußgeldentscheidungen auch über exterritorialen Grenzen hinweg zu ermöglichen, nahm die Europäische Kommission in ihrer Entscheidung Farbstoffe vom 24.7.1969 an, dass eine Zustellung nicht notwendigerweise an die an der Zuwiderhandlung beteiligten Muttergesellschaften erfolgen müsse. Vielmehr könne die Entscheidung bei Beteiligung einer außerhalb der Gemeinschaft ansässigen Muttergesellschaft auch an deren innergemeinschaftliche Tochtergesellschaft zugestellt werden. Die von der Muttergesellschaft kontrollierte Tochtergesellschaft sei in diesem Falle dem „Machtbereich" der Ersteren zuzurechnen.[49]

In der Entscheidung *Continental Can* vom 9.12.1971 rechnete die Europäische Kommission bei der Prüfung einer marktbeherrschenden Stellung die Marktanteile der Tochtergesellschaften der Konzernmutter Continental Can zu, da diese die Kontrolle über Erstere ausgeübt habe.[50] Andernfalls wäre nicht genügend berücksichtigt worden, dass die Gesellschaften durch ein Konzernverhältnis und die sich daraus ergebenden Koordinierungsmöglichkeiten miteinander verbunden gewesen seien und nicht unabhängig voneinander am Markt agiert hätten.[51]

In der nur wenige Tage später ergangenen Entscheidung *Zoja/CSC* fasste die Europäische Kommission die Commercial Solvents Corporation (CSC) und deren 51%ige Tochtergesellschaft Instituto Chemioterapico Italiano (ICI) als eine wirtschaftliche Einheit zusammen.[52] CSC, Monopolistin für Aminobutanol, habe als Muttergesellschaft auf die Geschäftsführung der ICI ständig bestimmenden Einfluss ausüben können. Letztere hatte dem kleinen Pharmahersteller Zoja die Belieferung mit dem für seine Produktion notwendigen Aminobutanol verweigert, nachdem Fusionsverhandlungen mit Zoja gescheitert waren. Die Geldbuße wegen des Missbrauchs einer marktbeherrschenden Stellung wurde an beide Gesellschaften als „ein" Unternehmen im Sinne des Art. 86 EWG unter

---

49 KOMM., Entsch. v. 24.07.1969, ABl. EG 1969 Nr. L 195, 11, 16 – Farbstoffe. Siehe hierzu auch *Dannecker/Fischer-Fritsch*, Das EG-Kartellrecht in der Bußgeldpraxis, S. 26 f.; *Papakiriakou*, Unternehmensstrafrecht, S. 210 f. Bei nicht nachweisbaren Weisungen der ausländischen Muttergesellschaft an ihre Tochtergesellschaft bzw. wenn Letztere innerstaatlich überhaupt nicht existiert, stellt die Europäische Kommission auf das sog. Auswirkungsprinzip ab. Erstmals in der *Zellstoff*-Entscheidung vom 26.3.1985, ABl. L 85, S. 15.

50 KOMM., Entsch. v. 9.12.1971, ABl. EG 1972 Nr. L 7, 25, 35, 37 – Continental Can. Ähnlicher Fall siehe auch KOMM., Entsch. v. 22.12.1987, ABl. EG 1987 Nr. L 65, 19, Tz. 54 – Eurofix-Bauco/Hilti.

51 *Heinichen*, Unternehmensbegriff und Haftungsnachfolge, S. 38.

52 KOMM., Entsch. v. 14.12.1972, ABl. EG 1972 Nr. L 299, 54 – Zoja/CSC.

der Bezeichnung „CSC-ICI-Gruppe" adressiert. Damit sagte sich die Europäische Kommission erstmals vollständig vom institutionellen Begriffsverständnis des EuGH los.[53]

Ähnlich hatte auch der EuGH in seinem *ICI*-Urteil vom 14.7.1972 argumentiert. Er hielt die Zurechnung wettbewerbswidrigen Verhaltens zwischen zwei Konzerngesellschaften für zulässig.[54] Dabei beließ es der EuGH jedoch bei einer Verhaltenszurechnung und nahm kein einheitliches Unternehmen im Sinne des Art. 85 EWG an.[55]

In seinem *Hydrotherm*-Urteil vom 12.7.1984 näherte sich dann auch der Gerichtshof dem funktionalen Begriffsverständnis der Europäischen Kommission an.[56] Laut ihm sind Unternehmen bestehende wirtschaftliche Einheiten, selbst wenn sie sich rechtlich aus mehreren natürlichen oder juristischen Personen zusammensetzen.[57] Der EuGH verzichtete zum ersten Mal auf die Voraussetzung der rechtlichen Selbstständigkeit des involvierten Unternehmens.[58]

---

53 *Heinichen*, Unternehmensbegriff und Haftungsnachfolge, S. 39. Der Autor führt ferner aus, dass bei einer institutionellen Betrachtungsweise der Tatbestand des Art. 86 EWG nicht erfüllt gewesen wäre. Die hier agierende Tochtergesellschaft ICI sei nicht marktbeherrschend gewesen, während die marktbeherrschende Muttergesellschaft CSC gegenüber Zoja nicht aufgetreten sei.

54 EuGH, Urt. v. 14.7.1972, Rs. C-48/69, ECLI:EU:C:1972:70, Tz. 132/135 – ICI. Auch in späteren Entscheidungen erfolgte seitens des Gerichtshofs eine vergleichbare Zurechnung wettbewerbswidrigen Verhaltens, so z. B. in EuGH, Urt. v. 25.10.1983, Rs. C-107/82, ECLI:EU:C:1983:293, Tz. 49 f. – AEG Telefunken; Urt. v. 16.11.2000, Rs. C-294/98 P, ECLI:EU:C:2000:632, Tz. 27 – Metsä Serla u. a. Siehe zu dem Urteil auch *Heinrich*, Wirtschaftliche Haftungseinheit, S. 38f.

55 *Heinichen*, Unternehmensbegriff und Haftungsnachfolge, S. 39. Dem Autor zufolge wird dieses im Urteil durch die Formulierung „*Einheit des Marktverhaltens*" deutlich. Vgl. ferner EuGH, Urt. v. 6.3.1974, verb. Rs. C-6/73 u. a., ECLI:EU:C:1974:18, Tz. 41 – ICI/CSC, im Gegensatz zur Europäischen Kommission spricht der EuGH nicht von „*ein- und dasselbe Unternehmen*", sondern nur von „*ein- und dieselbe wirtschaftliche Einheit*".

56 *Heinichen*, Unternehmensbegriff und Haftungsnachfolge, S. 40; *Heinrich*, Wirtschaftliche Haftungseinheit, S. 45 ff.

57 EuGH, Urt. v. 12.7.1984, Rs. C-170/83, ECLI:EU:C:1984:271, Tz. 11 und 12 – Hydrotherm.

58 *Heinichen*, Unternehmensbegriff und Haftungsnachfolge, S. 40. Nach dem Autor ist das Urteil jedoch nicht verallgemeinerungsfähig, es sollte lediglich der persönliche Anwendungsbereich der Gruppenfreistellungsverordnung für Alleinvertriebsvereinbarungen eröffnet werden. Dieses würde auch aus der Urteilsformulierung „*im Hinblick auf den jeweiligen Vertragsgegenstand*" deutlich. Bei dem „*Vertragsgegenstand*" handele es sich um die zu beurteilende Alleinvertriebsvereinbarung. Vgl. dazu ferner *Pohlmann*,

In der *Polypropylen*-Entscheidung vom 23.4.1986 grenzte wiederum die Europäische Kommission ganz klar den Unternehmensbegriff im Rahmen der EWG-Wettbewerbsregeln von dem Begriffsverständnis im Gesellschafts- oder Steuerrecht ab. Eine Rechtspersönlichkeit ist nicht notwendig, vielmehr kann es eine jede wirtschaftliche Einheit sein, die aus einer Muttergesellschaft und ihren Tochtergesellschaften besteht.[59]

Gemäß dem EuGH in seinem Urteil *Höfner u. Elsner*-Urteil vom 23.4.1991 ist unter einem Unternehmen *„jede eine wirtschaftliche Tätigkeit ausübende Einheit, unabhängig von ihrer Rechtsform und der Art ihrer Finanzierung*“[60] zu verstehen. Diese Definition des kartellrechtlichen Unternehmensbegriffs ist mittlerweile ständige Rechtsprechung und findet sich in einer Vielzahl weiterer höchstrichterlicher Entscheidungen.[61] Nach dem EuGH ist eine bestimmte Rechtsform keine Voraussetzung des Unternehmensbegriffes der Art. 85, 86 EWG. Im Verfahren wurde jedoch die Rechtsfähigkeit der zu beurteilenden Körperschaft öffentlichen Rechts nicht bestritten. Dem Urteil kann daher keine Aussage dahingehend entnommen werden, ob die Rechtsfähigkeit grundsätzlich für den Begriff des Unternehmens nicht erforderlich ist.[62]

Der Unternehmensverbund im Europäischen Kartellrecht, S. 38 ff. Zu Recht weist *Pohlmann* darauf hin, dass die Entscheidung einen inneren Widerspruch enthalte. Der Gerichtshof verwendet keinen einheitlichen Unternehmensbegriff. Zunächst werden die Gesellschaften als ein Unternehmen bezeichnet, dann bilden diese als jeweils *„mehrere rechtlich selbstständige Unternehmen*“ eine wirtschaftliche Einheit.

59 KOMM., Entsch. v. 23.4.1986, ABl. EG 1986 Nr. L 230, 1, Tz. 99 – Polypropylen. Vgl. auch KOMM., Entsch. v. 21.12.1988, ABl. EG 1989 Nr. L 74, 1, Tz. 42 ff. – PVC.

60 EuGH, Urt. v. 23.4.1991, Rs. C-41/90, ECLI:EU:C:1989:337, Tz. 21 – Höfner und Elsner.

61 So zum Beispiel: EuGH, Urt. v. 17.2.1993, verb. Rs. C-159/91 u. a., ECLI:EU:C:1993:63, Tz. 17 – Poucet und Pistre; Urt. v. 19.1.1994, Rs. C-364/92, ECLI:EU:C:1994:7, Tz. 18 – SAT Fluggesellschaft/Eurocontrol; Urt. v. 16.11.1995, Rs. C-244/94, ECLI:EU:C:1995:392, Tz. 14 – Federation Francaise des Societes de Assurance u. a. (FFSA); Urt. v. 11.12.1997, Rs. C-55/96, ECLI:EU:C:1997:603, Tz. 21 – Job Centre II; Urt. v. 21.9.1999, Rs. C-67/96, ECLI:EU:C:1999:430, Tz. 77 – Albany; Urt. v. 19.02.2002, Rs. C-309/99, ECLI:EU:C:2002:98, Tz. 46 – Wouters; Urt. v. 10.1.2006, Rs. C-222/04, ECLI:EU:C:2006:8, Tz. 107 – Cassa di Risparmio di Firenze; Urt. v. 16.3.2004, verb. Rs. C-264/01 u. a., ECLI:EU:C:2004:150, Tz. 46 – AOK-Bundesverband u. a.; Urt. v. 11.7.2006, Rs. C-205/03 P, ECLI:EU:C:2006:453, Tz. 25 – FENIN; Urt. v. 11.12.2007, Rs. C-280/06, ECLI:EU:C:2007:775, Tz. 38 – ETI; Urt. v. 1.7.2008, Rs. C-49/07, ECLI:EU:C:2008:376, Tz. 21 – MOTOE; Urt. v. 5.3. 2009, Rs. C-350/07, ECLI:EU:C:2009:127, Tz. 34 – Kattner Stahlbau.

62 *Heinichen*, Unternehmensbegriff und Haftungsnachfolge, S. 41; a.A. *Schröter*, in von der Groeben/Schwarze/Hatje, Vorb. zu Art. 81 ff. EG, Rn. 27.

Das EuG griff die Definition des Gerichtshofes in seinem *Shell*-Urteil vom 10.3.1992 zunächst auf, ließ jedoch von dem Erfordernis des selbstständigen Rechtssubjekts ab. Unternehmen sind wirtschaftliche Einheiten, die jeweils in einer einheitlichen Organisation personeller, materieller oder immaterieller Mittel bestehen, dauerhaft einen bestimmten wirtschaftlichen Zweck verfolgen und an einer Zuwiderhandlung gegen die EWG-Wettbewerbsregeln beteiligt sein können.[63] Dementsprechend stellten dem EuG zufolge mehrere Gesellschaften des Shell-Konzerns ein einziges Unternehmen im Sinne des Art. 85 Abs. 1 EWG-Vertrag dar.[64]

Die Europäische Kommission wies in ihrer *Karton*-Entscheidung vom 13.7.1994 ausdrücklich darauf hin, dass der für die EWG-Wettbewerbsregeln geltende Unternehmensbegriff *„nicht mit dem Begriff der rechtsfähigen Gesellschaft mit gesonderter Rechtspersönlichkeit“*[65] deckungsgleich ist. Auch bei Vorliegen ganzer *„Firmengruppen, bestehend aus der Muttergesellschaft und ihren direkten oder indirekten Tochtergesellschaften“* sowie *„Teilkonzerne oder Unternehmensbereiche, die von Unterholding-Gesellschaften oder deren Tochtergesellschaften gegründet wurden“*, kann ein Unternehmen angenommen werden.[66]

---

63 EuG, Urt. v. 10.3.1992, Rs. T-11/89, ECLI:EU:T:1992:33, Tz. 311 – Shell. In der Rechtsprechung des EuG findet diese wirtschaftliche Interpretation des Unternehmensbegriffs bis heute Anwendung, so z.B.: EuG, Urt. 14.5.1998, Rs. T-352/94, ECLI:EU:T:1998:103, Tz. 87 ff. – Mo Och Domsjö; Urt. v. 11.3.1999, Rs. T-137/94, ECLI:EU:T:1999:46, Tz. 90 – Arbed; Urt. v. 20.3.2002, Rs. T-9/99, ECLI:EU:T:2002:70; Tz. 66 – HFB; Urt. v. 11.12.2003, Rs. T-66/99, ECLI:EU:T:2003:337, Tz. 121ff. – Minoan Lines; Urt. v. 29.4.2004, verb. Rs. T-236/01 u. a., ECLI:EU:T:2004:118, Tz. 281 – Tokai Carbon u. a.; Urt. v. 17.9.2005, Rs. T-325/01, ECLI:EU:T:2005:322, Tz. 85 – DaimlerChrysler; Urt. v. 12.12.2007, Rs. T-112/05, ECLI:EU:T:2007:381, Tz. 57 f. – Akzo Nobel; Urt. v. 8.7.2008, Rs. T-52/03, ECLI:EU:T:2008:253, Tz. 340 f. – Knauf; Urt. v. 31.3.2009, Rs. T-405/06, ECLI:EU:T:2009:90, Tz. 87 – Arcelor Mittal; Urt. v. 30.4.2009, Rs. T-12/03, ECLI:EU:T:2009:130, Tz. 47 – Itochu; Urt. v. 30.9.2009, Rs. T-175/05, ECLI:EU:T:2009:369, Tz. 88f. – Akzo Nobel.

64 *Ebenda*, Rn. 312.

65 *Heinichen*, Unternehmensbegriff und Haftungseinheit, S. 42.

66 KOMM., Entsch., v. 13.7.1994, ABl. EG 1994 Nr. L 243, 1, Tz. 140 ff. – Karton. Vgl. auch KOMM., Entsch., v. 27.11.2002, Tz. 492 – Gipsplatten; Entsch. v. 27.11.2002, ABl. EG 2004 Nr. L 38, 18, Tz. 203 – Methylglukamin; Entsch. v. 17.12.2002, Tz. 420 – Graphitspezialerzeugnisse; Entsch. v. 3.12.2003, Tz. 255 – Elektronische und mechanische Kohlenstoff- und Graphitprodukte; Entsch. v. 16.12.2003, Tz. 234 – Industrierohre; Entsch. v. 3.9.2004, Tz. 543 – Kupferinstallationsrohre; Entsch. v. 19.1.2005, Tz. 217 – Monochloressigsäure; Entsch. v. 30.11.2005, Tz. 577 – Industrielle Sackverpackungen; Entsch. v. 3.5.2006, Tz. 371 – Wasserstoffperoxid.

Dieses begründete die Europäische Kommission damit, dass es sich in der Kartonindustrie bei vielen der großen Firmen um branchenübergreifende Forstprodukt-Konzerne mit der komplizierten Unternehmens- und Managementstruktur handelt. Augenscheinlich sollte die Adressatenstellung für die Mitteilung der Beschwerdepunkte vereinfacht werden.[67]

Schließlich hat die Europäische Kommission in ihrer *Vitamine*-Entscheidung vom 22.11.2001 den vom EuG in seinem *Shell*-Urteil entwickelten Unternehmensbegriff übernommen und verwendet diesen seitdem in ihrer beständigen Bußgeldpraxis.[68]

---

67 *Ebenda.*

68 KOMM, Entsch. v. 22.11.2001, ABl. EG 2003 Nr. L 6, 1, Tz. 636 – Vitamine. Vgl. ferner KOMM., Entsch. v. 30.10.2002, ABl. EG 2005 Nr. L 200, 92, Tz. 185 - Kunstauktionshäuser; Entsch. v. 9.12.2004, Tz. 168 – Cholinchlorid; Entsch. v. 31.5.2006, Tz. 246 ff. – Methacrylate; Entsch. v. 13.9.2006, Tz. 189 – Niederländisches Bitumenkartell; Entsch. v. 29.11.2006, Tz. 333 ff. – Synthetikkautschuk; Entsch. v. 18.4.2007, Tz. 394 ff. – Niederländischer Biermarkt; Entsch. v. 20.11.2007, Tz. 153 ff. – Videobänder; Entsch. v. 28.11.2007, Tz. 385 ff. – Flachglas; Entsch. v. 11.3.2008, Tz. 383 ff. – Internationale Umzugsdienste; Entsch. v. 1.10.2008, Tz. 329 ff. – Kerzenwachse; Entsch. v. 15.10.2008, Tz. 361 ff. –Bananen; Entsch. v. 12.11.2008, Tz. 540 – Autoglas; Entsch. v. 28.1.2009, Tz. 323 ff. – Marineschläuche; Entsch. v. 22.7.2009, Tz. 205 f. – Calciumcarbid. So auch *Heinichen*, Unternehmensbegriff und Haftungsnachfolge, S. 42 f. Der Autor weist in Fn. 60 neben den oben genannten Entscheidungen darauf hin, dass die Europäische Kommission teilweise auch eine Formulierung wähle, die mehr dem Sprachgebrauch des EuGH seit dem *Hydrotherm*-Urteil gleiche und Unternehmen als wirtschaftliche Einheiten bezeichne, unabhängig von ihrer Rechtsform und der Art ihrer Finanzierung. Siehe zum Beispiel: KOMM., Entsch. v. 2.7.2002, ABl. EG 2003 Nr. L 255, 1, Tz. 229 – Methionin; Entsch. v. 27.11.2002, Tz. 492 – Gipsplatten; Entsch. v. 27.11.2002, ABl. EG 2004 Nr. L 38, 18, Tz. 203 – Methylglukamin; Entsch. v. 17.12.2002, Tz. 420 – Graphitspezialerzeugnisse; Entsch. v. 3.12.2003, Tz. 255 – Elektrotechnische und mechanische Kohlenstoff- und Graphitprodukte; Entsch. v. 19.1.2005, Tz. 217 – Monochloressigsäure; Entsch. v. 3.5.2006, Tz. 371 – Wasserstoffperoxid; Entsch. v. 7.10.2009, Tz. 175 – Leistungstransformatoren. Die Europäische Kommission benutzt zum Teil auch eine Abwandlung der Definition des Shell-Urteils, so *Heinichen* in Fn. 60. In ihrer Entscheidung v. 7.6.2000, ABl. EG 2001 Nr. L 152, 24, Tz. 442 – Aminosäuren handelt es sich nach der Europäischen Kommission bei Unternehmen um *„wirtschaftliche Einheiten* [...], *die aus einer einheitlichen Struktur persönlicher, greifbarer und nicht greifbarer Elemente bestehen, die ein bestimmtes wirtschaftliches Ziel langfristig verfolgen, und zur Begehung einer Zuwiderhandlung der in dieser Vorschrift beschriebenen Art beitragen können"*.

In der Entscheidung *Aristrain* vom 2.10.2003 brachte der EuGH zum Ausdruck, dass über das Merkmal der eigenen Rechtspersönlichkeit nicht leichtfertig und schrankenlos hinweggesehen werden darf.[69] Den Schwesterunternehmen Siderúrgica Aristrain Madrid SL und Siderúrgica Aristrain Olaberría SL[70] war seitens der Europäischen Kommission die Beteiligung an verschiedenen Wettbewerbsverstößen vorgeworfen worden. Beide Unternehmen gehörten zu dem spanischen Stahlkonzern Aristrain, dessen Aktien sich im Besitz der Familie Aristrain befinden. Die Europäische Kommission hatte in diesem Fall keine juristische Person ermitteln können, die an der Spitze des Konzerns stand,[71] und setzte wegen des Vorliegens einer wirtschaftlichen Einheit zwischen den beiden Schwesterunternehmen eine Geldbuße lediglich gegen AristrainMadrid fest.[72] Der EuGH folgte nicht der Ansicht der Europäischen Kommission[73]. Nach ihm handelt es sich bei den Schwestergesellschaften *„um*

69 EuGH, Urt. v. 2.10.2003, Rs. C-196/99, ECLI:EU:C:2003:529 – Aristrain; vgl. auch *Steinle*, EWS 2004, 118ff.

70 Im Folgenden genannt: AristrainMadrid und AristrainOlaberría.

71 Vgl. EuG, Urt. v. 11.3.1999, Rs. T-156/94, ECLI:EU:T:2004:261, Tz. 138 – Aristrain.

72 Vgl. KOMM, Entsch. v. 14.2.1994, ABl. EG 1994 Nr. L 116, 1 (54), Tz. 323 – Stahlträger. Die Europäische Kommission erklärte hierzu, dass die Entscheidung zwar nur gegen AristrainMadrid festgesetzt worden sei, diese aber zugleich dem Verhalten des Schwesterunternehmens Rechnung trage. Bei der Berechnung der Höhe des Bußgeldes wurde jedoch dann auch der Umsatz der AristrainOlaberría mitberücksichtigt. Dieses Vorgehen wurde seitens der Europäischen Kommission nicht weiter begründet.

73 Und ferner nicht dem EuG, vgl. Urt. v. 11.3.1999, Rs. T-156/94, ECLI:EU:T:2004:261, Tz. 135 ff. – Aristrain. Das EuG verwies zunächst darauf, dass der Aristrain-Konzern mit seinen Tochtergesellschaften in gleichem Umfang an den Zuwiderhandlungen teilgenommen habe. Eine nähere Unterscheidung zwischen den einzelnen Konzernmitgliedern hinsichtlich des Grads der individuellen Beteiligung an den Verstößen sei nicht möglich gewesen. Könne ferner wegen der familienorientierten Zusammensetzung des Konzerns und der Streuung des Aktienbesitzes keine juristische Person ermittelt werden, die zum Zeitpunkt der Zuwiderhandlungen an der Spitze gestanden hätte, sei die Europäische Kommission berechtigt, beide Tochtergesellschaften gemeinsam für die Handlungen des Konzerns gesamtschuldnerisch haftbar zu machen. Dabei habe die Europäische Kommission bzgl. der Höhe des Bußgeldes keinen Rechtsfehler begangen, sondern vielmehr auf einen Mitschuldner verzichtet. Auch die GA *Stix-Hackl* betrachtete die beiden Schwestergesellschaften unter Berufung auf das Konzept der wirtschaftlichen Einheit als ein „Unternehmen“ i. S. des Wettbewerbsrechts, vgl. GA *Stax-Hackl*, Schlussanträge v. 26.9.2002. Rs. C-196/99, ECLI:EU:C:2002:537, Tz. 108 ff. – Aristrain. Siehe auch *Steinle*, EWS 2004, 118, 119 f.

zwei eigenständige Gesellschaften", die mangels besonderer Umstände jeweils nur für ihre „*eigenen Handlungen*" haften.[74]

In seinem *Dansk-Rorindustri*-Urteil vom 28.6.2005 befürwortete der EuGH jedoch schließlich ausdrücklich die wirtschaftliche Interpretation des Unternehmensbegriffs.[75] In einem *Obiter Dictum* bestätigte der Gerichtshof die Unabhängigkeit des Unternehmensbegriffs der Art. 81, 82 EG von der rechtlichen Selbstständigkeit des Unternehmens.[76] Der Rüge der Rechtsmittelführerin, das Gericht erster Instanz habe fälschlicherweise ihr Vorbringen zurückgewiesen, wonach „*ein Unternehmen im Sinne der Wettbewerbsbestimmungen des Vertrages zwangsläufig eine eigene Rechtspersönlichkeit haben müsse*"[77], trat der EuGH entgegen. Er hob hervor, dass eine eigene Rechtspersönlichkeit der betreffenden wirtschaftlichen Einheit keine Voraussetzung des Unternehmensbegriffs im Sinne der Wettbewerbsbestimmungen ist.[78] Diese wirtschaftliche Interpretation des Begriffs beschränkt sich zudem nicht auf die Sachverhalte, auf denen die Urteile *Hydrotherm* und *Höfner/Elser* beruhen. Sondern es handelt sich vielmehr um eine „*allgemein geltende Auslegung*"[79]. Der EuGH schloss sich damit

---

74 EuGH, Urt. v. 2.10.2003, Rs. C-196/99, ECLI:EU:C:2003:529, Tz. 95 – Aristrain. Siehe zu dieser Rechtssache auch die Ausführungen von *Heinrich*, Wirtschaftliche Haftungseinheit, S. 54 ff.

75 Vgl. auch *Heinichen*, Unternehmensbegriff und Haftungsnachfolge, S. 43.

76 *Ebenda.*

77 EuGH, Urt. v. 28.6.2005, verb. Rs. C-189/02 P u. a., ECLI:EU:C:2001:420, Tz. 105 – Dansk Rorindustri u. a. Vgl. auch EuG, Urt. v. 20.3.2002, Rs. T-9/99, ECLI:EU:T:2002:70, Tz. 66 – HFB.

78 EuGH, Urt. v. 28.6.2005, verb. Rs. C-189/02 P u. a., ECLI:EU:C:2001:420, Tz. 113 – Dansk Rorindustri u. a. Ebenso EuGH, Urt. v. 14.12.2006, Rs. C-217/05, ECLI:EU:C:2006:784, Tz. 40 – CEEES; Urt. v. 10.9.2009, Rs. C-97/08 P, ECLI:EU:C:2009:536, Tz. 55 – Akzo Nobel.

79 EuGH, Urt. v. 28.6.2005, verb. Rs. C-189/02 P u. a., ECLI:EU:C:2001:420, Tz. 113 – Dansk Rorindustri u. a. Ebenso *Heinichen*, Unternehmensbegriff und Haftungsnachfolge, S. 44. Der Autor weist in Fn. 63 zu Recht darauf hin, dass das Urteil – anscheinend – in sich nicht ganz schlüssig ist: In Tz. 113 würde unter Verweis auf die Urteile Hydrotherm und Höfner/Elser davon gesprochen werden, dass mehrere Gesellschafter einer wirtschaftlichen Einheit ein Unternehmen im Sinne des Art. 81 EG bilden. Wenige Absätze später (Tz. 117 f.) hieße es jedoch, dass wettbewerbswidriges Verhalten eines Unternehmens einem anderen Unternehmen der gleichen wirtschaftlichen Einheit zugerechnet werden könne. Das Erfordernis einer solchen Zurechnung zwischen Unternehmen bestehe aber nur dann, wenn jedes Rechtssubjekt ein eigenständiges Unternehmen im kartellrechtlichen Sinne bilden würde. Dieser scheinbare Widerspruch lasse sich allerdings insofern auflösen, als Konzerngesellschaften,

der Europäischen Kommission und dem EuG bei der Zugrundelegung einer wirtschaftlicheren Sichtweise des Unternehmensbegriffs an.[80]

3. *Stellungnahme zum Verhältnis der beiden Begrifflichkeiten*

Der funktionale und institutionelle Unternehmensbegriff schließen sich nicht *per se* gegenseitig aus.[81] Vielmehr ergänzt der institutionelle Unternehmensbegriff den funktionalen um die der Tätigkeit zugrunde liegende organisatorische Struktur, wenn es im Einzelfall zur Erfassung des wettbewerbsbeschränkenden Sachverhalts notwendig ist.[82]

Eine schematische Übertragung des institutionellen Unternehmensbegriffes in das europäische Kartellrecht ist allerdings nicht sinnvoll,[83] denn den europäischen Gemeinschaftsverträgen liegt kein einheitlicher Unternehmensbegriff zugrunde. Um die Funktionalität des Wettbewerbs trotzdem zu gewährleisten, ist die Zugrundelegung eines funktionalen Verständnisses zu bevorzugen.[84]

4. *Das Rechtsfähigkeitserfordernis als konstitutiver Bestandteil des Unternehmensbegriffs*

Die vorangestellte Darstellung der Entscheidungspraxis hat gezeigt, dass dem Unternehmensbegriff seitens der Unionsorgane ein wirtschaftliches Verständnis

---

ungeachtet ihrer Zugehörigkeit zu einer wirtschaftlichen Einheit und damit einem Unternehmens im Sinne der Art. 101, 102 AEUV, ihrerseits nicht ihre Unternehmenseigenschaft verlören. Übertragen werden könne dieses auch auf zeitlich spätere Entscheidungen des Gerichtshofs, in denen er im Zusammenhang mit dem Konzept der wirtschaftlichen Einheit von einer Zurechnung des wettbewerbswidrigen Verhaltens zwischen Unternehmen spreche (z. B. EuGH, Urt. v. 24.9.2009, verb. Rs. C-125/07 P u. a., ECLI:EU:C:2009:576, Tz. 80 – Erste Group Bank u. a.).

80 EuGH, Urt. v. 14.12.2006, Rs. C-217/05, ECLI:EU:C:2006:784, Tz. 39 ff. – CEEES; Urt. v. 10.09.2009, Rs. C-97/08 P, ECLI:EU:C:2009:536, Tz. 54 ff. – Akzo Nobel; Urt. v. 1.7.2010, Rs. C-407/08 P, ECLI:EU:C:2010:389, Tz. 64 – Knauf Gips; *GA Mazák*, Schlussanträge v. 11.2.2010, Rs. C-407/08 P, ECLI:EU:C:2010:70, Tz. 80 – Knauf Gips. Ebenso *Heinichen*, Unternehmensbegriff und Haftungsnachfolge, S. 44; *Heinrich*, Wirtschaftliche Haftungseinheit, S. 55 ff.; *Roth/Ackermann*, in FK, Art. 81 Abs. 1 EG (Grundfragen) Rn. 28; a.A. *Hagen*, Der Unternehmensverbund, S. 90.

81 Mestmäcker/Schweizer, § 9, Rn. 13.

82 *Ebenda*. Kritisch zum institutionellen Unternehmensbegriff *Roth/Ackermann*, in FK, Art. 81 Abs. 1 EG, Rn. 32.

83 So etwa auch *Mügge*, Der Unternehmensbegriff, S. 109.

84 Siehe dazu Teil 1, §1 I. 4. b).

zugrunde gelegt wird. Eine eigene Rechtspersönlichkeit ist für die Annahme eines Unternehmens im Sinne der Art. 101, 102 AEUV daher nach dieser Auffassung gerade keine Voraussetzung.

In der Literatur wird diese Ansicht nicht unbedingt geteilt. Vielmehr ist der Verzicht auf die rechtliche Selbständigkeit wiederholt beanstandet worden.[85] Im Folgenden soll zu dieser Kontroverse Stellung genommen werden.

a. Meinungsstand

In der Literatur gibt es vor allem drei Ansichten, die zu dieser Frage vertreten werden.

Unter den Befürwortern der Rechtsfähigkeit als konstitutiver Bestandteil des Unternehmensbegriffs wird vor allem darauf abgestellt, dass Rechtspflichten nur für rechtsfähige Subjekte gälten und folglich nur ein rechtsfähiges Subjekt gegen die Wettbewerbsregeln verstoßen kann.[86] Allein so sind sachgerechte Lösungen erzielbar. Unterstützt wird die Betonung der rechtlichen Selbstständigkeit im Bereich der deutschsprachigen Literatur unter Umständen durch Art. 1 des Protokolls Nr. 22 zum EWR Vertrag, der in der deutschen Textfassung als Unternehmen „jedes Rechtssubjekt" begreift, das eine kommerzielle oder wirtschaftliche Tätigkeit ausübt. Dagegen spricht der englische Text sehr viel unspezifischer von *„any entity carrying out activities of a commercial or economic natur"*.

Zudem wird kritisiert, dass im materiellen Kartellrecht nach Ansicht der Unionsorgane keine Rechtsfähigkeit erforderlich ist. Dieses steht im Gegensatz zum Kartellverfahrensrecht, indem Sanktionen für Kartellrechtsverstöße nur bei rechtsfähigen Subjekten vollstreckt werden können. Insofern werden unterschiedliche Voraussetzungen der Begriffsbestimmung des Unternehmens im materiellen Kartellrecht und Kartellverfahrensrecht zugrunde gelegt und führen somit zu terminologischer Unschärfe und weiter zu Rechtsunsicherheit.

Eine zweite Ansicht vertritt die Meinung, dass unter Unternehmen der Unternehmensträger zu sehen ist, der nicht rechtsfähig zu sein braucht, sondern nur

---

85 Nachweise folgen zugleich.

86 *Aberle*, Sanktionsdurchgriff und wirtschaftliche Einheit, S. 30 ff., 81; *Pohlmann*, Der Unternehmensverbund, S. 42, 50; *Steinle*, EWS 2004, S. 118, 121 f.; *Stockenhuber*, in Grabitz/Hilf, Art. 101 AEUV, Rn. 52; *Thomas*, Unternehmensverantwortlichkeit, S. 46. Ähnlich *Leo*, Kartellrundschau, S. 11, 17, ein Unternehmen soll selbst Träger von Rechten und Pflichten sein, Rechtsfähigkeit würde jedoch nur seitens des Betreibers des Unternehmens verlangt werden. Grds. bejahend z. B. *Goyder*, EC Competition Law, S. 74; *Bellamy/Child*, Rn. 2.003; *Huber*, AWD des BB 1969, S. 429, 430; *Zäch*, Europäisches Wirtschaftsrecht, S. 283 f.

imstande sein muss, in seiner Gesamtheit Träger von Rechten und Pflichten zu sein.[87]

Diesen Meinungen steht eine dritte Position gegenüber, nach der die Rechtsfähigkeit keine zwingende Voraussetzung des Unternehmensbegriffs ist,[88] sondern allein im Rahmen der Rechtsdurchsetzung gefordert wird. Denn hinter dem Unternehmensbegriff verbirgt sich ein Zweckbegriff, dessen Inhalt nach der *ratio* der Gesetze, die ihn verwenden, jeweils neu bestimmt werden muss.[89] Nur auf diese Art und Weise kann, trotz der unterschiedlichen Rechtsordnungen der jeweiligen Mitgliedstaaten, eine einheitliche Anwendung der Wettbewerbsregeln überall in der Gemeinschaft gewährleistet werden.[90] Demzufolge werden Rechtsklarheit und Rechtssicherheit gerade durch das nicht zwingende Rechtsfähigkeitserfordernis geschaffen.

b. Würdigung

Den soeben dargelegten Meinungen ist gemein, dass grundsätzlich nach sprachlicher und juristischer Klarheit sowie Rechtssicherheit gestrebt wird.

Die Vertreter der erst- und zweitgenannten Meinung stören sich einerseits an dem Aspekt, dass hinsichtlich der Rechtsfähigkeit im materiellen Kartellrecht und Kartellverfahrensrecht unterschiedliche Erfordernisse bestehen, obwohl es

---

87 *Pohlmann*, Der Unternehmensverbund, S. 49; *Potrafke*, Kartellrechtswidrigkeit konzerninterner Vereinbarungen, S. 178 f., 181 ff.; allgemeiner *Goyder*, EC Competition Law, S. 74; ähnlich auch *Karl*, Der Zusammenschlussbegriff, S. 76 f.: Auf die Rechtsfähigkeit komme es nicht an, jedoch darauf, ob die betreffende wirtschaftliche Einheit nach nationalem Recht einen solchen Organisationsgrad aufweise, dass sie Träger von Rechten und Pflichten sein könne. *Buntschek*, Konzernprivileg, S. 95, spricht vom *„unternehmerischen Planträger"*. Hinter diesem Begriff verbirgt sich derjenige Rechtsträger, der aus eigenem Recht über den Einsatz von Produktionsfaktoren am Markt entscheiden könne.

88 GA *Slynn*, Schlussanträge vom 2.10.1984, Rs. C-123/83, ECLI:EU:C:1984:300, 392, 395 ff. – BNIC/Clair. Siehe ferner *Emmerich*, in Immenga/Mestmäcker, Art. 81 I, A, Rn. 9 f.; *Furse*, Competition Law, S. 33 ff.; *Gippini-Fournier/Mojzesowicz*, in L/M/R, Art. 81 I Rn. 39; *Gleiss/Hirsch*, Art. 85 I Rn. 47; *Grill*, in Lenz/Borchardt, Vorb. Art. 101–106, Rn. 34; *Harms*, in: FS Hartmann, S. 165, 177 f.; *Hengst*, in: *Langen/Bunte*, Kartellkommentar, Bd. 2, Art. 101 Rn. 6; *Kellerbauer/Weber*, EuZW 2011, S. 666; *Kersting*, Der Konzern 2011, S. 445, 448 f.; *Lange*, WuW 2002, S. 953, 954 f.; *Mestmäcker/Schweitzer*, Europäisches Wettbewerbsrecht, § 9 Rn. 14; *Odudu*, Cambrige Yearbook of European Legal Studies 2004, S. 212; *Theurer*, Geldbußen, S. 141.

89 *Harms*, Konzerne, S. 92; *derselbe* in: FS Hartmann, S. 165, 177 f.

90 *Säcker/Hermann*, in: MünchKomm, EU WettbR, Einl. Rn. 1636.

sich immer um ein „Unternehmen“ handelt, und andererseits daran, dass auch ein Konstrukt aus wirtschaftlichen Akteuren, ohne als solches rechtsfähig zu sein, gegen Wettbewerbsregeln verstoßen können soll. Diese Ansichten sind insoweit nachvollziehbar, als die Sichtweise der europäischen Spruchpraxis im Kontrast zum deutschen Recht steht, nach dem nur Rechtspersönlichkeiten Täter sein und zur Verantwortung gezogen werden können. Die Vertreter der erst- und zweitgenannten Meinung verlangen nach einem konsistenteren Ansatz mit festen Kriterien und leiten daraus eine höhere Rechtssicherheit ab.

Dem Gesetzeswortlaut der Art. 101, 102 AEUV ist jedoch kein Rechtsfähigkeitserfordernis zu entnehmen, spricht dieser doch weder von einer „Gesellschaft“ noch von einer „juristischen Person“, sondern nur von einem Unternehmen.

Dem Argument, mangels Rechtsfähigkeit sei überhaupt kein Wettbewerbsverstoß möglich, kann entgegengesetzt werden, dass auch ein nicht rechtsfähiges Unternehmen tatsächlich abgestimmtes Verhalten praktizieren kann, z. B. in Form von *Gentlemen's Agreements*.[91] Es ist weder Art. 101 AEUV zu entnehmen, noch erscheint es geboten, dass ein Unternehmen alle im Absatz 1 aufgezählten Verhaltensweisen praktizieren können muss.[92] Schließlich kann als ausreichend erachtet werden, dass einzelne Teile des Unternehmens, nämlich die rechtsfähigen Gesellschaften im Unternehmensverbund, Verhaltensweisen praktizieren, für die eine Rechtsfähigkeit notwendig ist, z. B. das Abschließen von Verträgen.[93] In diesem Fall ließe sich dieses Verhalten gegebenenfalls dem Unternehmen als Ganzem zurechnen.[94]

Auch dem Argument, um genügend Rechtsklarheit und in der Folge Rechtssicherheit zu schaffen, müsse die Rechtsfähigkeit des Unternehmens einheitlich, d. h. nicht nur im Kartellverfahrensrecht, sondern auch im materiellen Recht, ein konstitutiver Bestandteil sein, kann nicht entsprochen werden.

Bei der Bestimmung des Adressaten ist „Klarheit“ zwar erstrebenswert, darf hier jedoch nicht ausschließlich Beachtung finden. In der Regel ist der

---

91 *Haberkorn*, NJW 1960, S. 86, 87; *Menz*, Wirtschaftliche Einheit und Kartellverbot, S. 67, 108. Unter einem sogenannten *Gentlemen's Agreement* wird im Kartellrecht eine Vereinbarung zwischen Unternehmen erfasst, die ein bestimmtes Marktverhalten an den Tag legen. Dabei entfaltet diese Willensübereinkunft zwar keine rechtliche, wohl aber eine tatsächliche Bindungswirkung, vgl. auch *Grützner/Jakob*, in: Grützner/Jakob, Compliance von A–Z, lit. G, Gentlemen's Agreement.

92 *Menz*, Wirtschaftliche Einheit und Kartellverbot, S. 67.

93 *Funck*, Konzerneinheit und Kartellverbot, S. 114 f.

94 *Menz*, Wirtschaftliche Einheit und Kartellverbot, S. 67.

Normadressat gleich dem Entscheidungsadressaten. Den typischen Fall jedoch zum normativen Grundsatz zu erheben, birgt die große Gefahr, der Realität nicht gerecht zu werden.[95] Denn alleine die „Anwendung“ kann keine inhaltliche Rechtfertigung einer These ersetzen, und die Merkmale typischer Fälle liefern zwar Indizien, bilden jedoch noch keine sicheren Abgrenzungskriterien für Grenzfälle.[96]

Zuzustimmen ist dem Einwand, dass wenn das Unternehmen und der Unternehmensträger nicht getrennt betrachtet werden, dies zu einem einheitlichen Unternehmensbegriff im materiellen Kartell- und Kartellverfahrensrecht führt.[97] Es ist allerdings kein zwingendes Argument, da der Unternehmensbegriff in unterschiedlichen Regelungen autonom zu bestimmen und entsprechend wandelbar ist.[98] Er kann bereits in zwei verschiedenen Rechtsnormen, erst recht aber in zwei Teilbereichen eines Rechtsgebiets, in diesem Fall des Wettbewerbsrechts, unterschiedliche Bedeutungen haben.[99] Die Auslegung des Begriffs hat sich zunächst an den inhaltlichen Erfordernissen der jeweiligen Norm und nur untergeordnet an dem Ziel eines möglichst einheitlichen Begriffsverständnisses zu orientieren.[100] Sinn und Zweck der Wettbewerbsregeln ist der Schutz des freien Wettbewerbs. Daher müssen diese ungeachtet des Rechtssubjekts, dem die Rechte und Pflichten zuzuordnen sind, vielmehr anhand funktionaler Kriterien diejenigen Einheiten erfassen, die auf dem Markt auftreten und eine (potenzielle) Gefahr für den unverfälschten Wettbewerb darstellen.[101] Zudem missbilligt das Wettbewerbsrecht nicht nur solche Wettbewerbsverstöße, deren Sanktionen auch durchsetzbar sind.[102] Dem Unternehmensbegriff im materiellen Kartellrecht im Vergleich zum Kartellverfahrensrecht unterschiedliche

95 *Ebenda*, S. 67; *Harms*, Konzerne, S. 95; *Weiß*, Unternehmensbegriff, S. 125.

96 *Menz*, Wirtschaftliche Einheit und Kartellverbot, S. 66 f.

97 *Pohlmann*, Der Unternehmensverbund, S. 50; *Stockenhuber*, in Grabitz/Hilf, Art. 81 EGV Rn. 52. Vgl. auch *Menz*, Wirtschaftliche Einheit und Kartellverbot, S. 108.

98 *Menz*, Wirtschaftliche Einheit und Kartellverbot, S. 108; a. A. *Huber*, AWD des BB 1969, S. 429, 430, dieser spricht von einem Verlust der juristischen Substanz und juristischer Brauchbarkeit, sofern der Unternehmensbegriff von der juristischen Person des Unternehmensträgers abgelöst werde.

99 *Ebenda*.

100 *Ebenda*.

101 So auch *Weiß*, Unternehmensbegriff, S. 125.

102 *Ebenda*, S. 124.

Voraussetzungen zugrunde zu legen, ist daher möglich. Entscheidend ist die sachliche Gebotenheit.[103]

Etwas anderes lässt sich auch nicht unter Berücksichtigung der deutschen Textfassung des Art. 1 des Protokolls Nr. 22 zum EWR Vertrag annehmen. Der EuGH hat den Begriff stets übereinstimmend mit bestehenden Übersetzungsalternativen, ohne Berücksichtigung der Rechtsform, nur als „Einheit" verstanden.[104]

Gegen die Rechtsfähigkeit als einem konstitutiven Bestandteil des Unternehmensbegriffs spricht aber vor allem, dass auf europarechtlicher Ebene kein einheitliches Gesellschaftsrecht existiert. Es besteht immer eine Notwendigkeit des Rückgriffs auf die jeweilige nationale Rechtsordnung. Ein solcher Rückgriff birgt allerdings die Gefahr, dass identische Sachverhalte unterschiedlich behandelt werden, da die nach nationalem Recht vorzunehmende Prüfung der Rechtsfähigkeit zu divergierenden Ergebnissen führen

---

103 Zu den unterschiedlichen Begriffsbestimmungen des Unternehmens durch die Europäische Kommission, vgl. *Gleiss/Hirsch*, Art. 85, Rn. 11 f.

104 EuGH, Urt. v. 12.7.1984, Rs. C-170/83, ECLI:EU:C:1984:271, Tz. 11 - Hydrotherm; Urt. v. 23.4.1991, Rs. C-41/90, ECLI:EU:C:1989:337, Tz. 21 - Höfner und Elser; Urt. v. 17.2.1993, verb. Rs. C-159/91 u. a., ECLI:EU:C:1993:63, Tz. 17 - Poucet und Pistre; Urt. v. 19.1.1994, Rs. C-364/92, ECLI:EU:C:1994:7, Tz. 18 - SAT Fluggesellschaft/Eurocontrol; Urt. v. 16.11.1995, Rs. C-244/94, ECLI:EU:C:1995:392, Tz. 14 - Fédération francaise des sociétés d'assurance u. a.; Urt. v. 11.12.1997, Rs. C-55/96, ECLI:EU:C:1997:603, Tz. 21 - Job Centre II; Urt. v. 25.10.2001, Rs. C-475/99, ECLI:EU:C:2001:577, Tz. 19 - Ambulanz Glöckner; Urt. v. 22.1.2002, Rs. C-218/00, ECLI:EU:C:2002:36, Tz. 22 - Cisal/INAIL; Urt. v. 19.2.2002, Rs. C-309/99, ECLI:EU:C:2002:98, Tz. 46 - Wouters; Urt. v. 24.10.2002, Rs. C-82/01 P, ECLI:EU:C:2002:617, Tz. 79 - Aéroports de Paris; Urt. v. 16.3.2004, verb. Rs. C-264/01 u. a., ECLI:EU:C:2004:150, Tz. 46 - AOK-Bundesverband u. a.; Urt. v. 28.6.2005, verb. Rs. C-189/02 P u. a., ECLI:EU:C:2001:420, Tz. 105 - Dansk Rorindustri u.a; Urt. v. 10.1.2006, Rs. C-222/04, ECLI:EU:C:2006:8, Tz. 107 - Cassa di Risparmio di Firenze u. a.; Urt. v. 11.7.2006, Rs. C-205/03 P, ECLI:EU:C:2006:453, Tz. 25 - FENIN; Urt. v. 14.12.2006, Rs. C-217/05, ECLI:EU:C:2006:784, Tz. 39 - CEEES; Urt. v. 11.12.2007, Rs. C-280/06, ECLI:EU:C:2007:775, Tz. 38 - ETI u. a.; Urt. v. 5.3.2009, Rs. C-350/07, ECLI:EU:C:2009:127, Tz. 34 - Kattner Stahlbau. Vgl. ferner *Reichert*, Festbeiträge und Europäisches Kartellrecht, S. 127 f., der unter Berufung auf das Black's Law Dictionary die genaue Übersetzung von *„entity"* nicht in dem Begriff *„Rechtssubjekt"*, sondern eher in dem Begriff *„Einheit"* sieht. Zustimmend auch *Weiß*, Unternehmensbegriff, S. 122.

kann.[105] Die Folge wäre daher eine uneinheitliche Anwendung des Wettbewerbsrechts.

Darüber hinaus droht die Umgehung der Wettbewerbsverbote, wenn zum Beispiel verbundene Unternehmen es durch eine entsprechende rechtliche Gestaltung in der Hand hätten, über die Anwendbarkeit der Wettbewerbsregeln zu entscheiden.[106]

Die europäische Spruchpraxis bzw. die dritte Ansicht sind daher vorzugswürdig. Bei der Rechtsfähigkeit handelt es sich nicht um einen konstitutiven Bestandteil des Unternehmensbegriffs.

II. Voraussetzungen des kartellrechtlichen funktionalen Unternehmensbegriffs

Die Unionsorgane interpretieren den Unternehmensbegriff übereinstimmend wirtschaftlich. Danach handelt es sich bei einem Unternehmen im Sinne der Art. 101, 102 AEUV um *„jede eine wirtschaftliche Tätigkeit ausübende Einheit, unabhängig von ihrer Rechtsform und Art der Finanzierung"*. Im Folgenden werden die einzelnen Unternehmensvoraussetzungen – das Kriterium der wirtschaftlichen Betätigung sowie das Kriterium der wirtschaftlichen Einheit – näher betrachtet.

1. Kriterium der wirtschaftlichen Betätigung

Das Vorliegen eines Unternehmens hängt insbesondere davon ab, ob die Ausübung einer wirtschaftlichen Tätigkeit erfolgt.[107] Für den Anwendungsbereich der Wettbewerbsverbote kommt somit der unternehmerischen bzw. wirtschaftlichen Tätigkeit eine zentrale Bedeutung zu, insbesondere in Form einer negativen Abgrenzung zum privaten und hoheitlichen Handeln sowie der Tätigkeit in einem abhängigen Beschäftigungsverhältnis.[108] Als wirtschaftliche Tätigkeit

---

105 Diese Gefahr sehen auch *Karl*, Der Zusammenschlussbegriff, S. 76; *Menz*, Wirtschaftliche Einheit und Kartellverbot, S. 109, *Protafke*, Kartellrechtswidrigkeit konzerninterner Vereinbarungen, S. 178.

106 *Menz*, Wirtschaftliche Einheit und Kartellverbot, S. 68, 109.

107 So verhält es sich auch im Rahmen der Definition des Unternehmens im Art. 1 des Protokolls 22 zum EWR-Abkommen. Danach ist ein Unternehmen *„jedes Rechtssubjekt, das eine kommerzielle oder wirtschaftliche Tätigkeit ausübt"*. Vgl. auch *Bornkamm*, FS Hirsch, S. 231, 233.

108 *Behrens*, Europäisches Marktöffnungs- und Wettbewerbsrecht, Rn. 808 ff.; *Bornkamm*, FS Hirsch, S. 231, 233; *Emmerich*, § 3, Rn. 29, *Gleiss/Hirsch*, Art. 85, Rn. 13. *Säcker/Hermann*, in MünchKomm EU WettbR, Einl., Rn. 1600.

ist jede Tätigkeit anzusehen, *„die darin besteht, Güter oder Dienstleistungen auf einem bestimmten Markt anzubieten“*[109].

Wesentlich für den wirtschaftlichen und damit unternehmerischen Charakter einer Tätigkeit ist nach ständiger Rechtsprechung der Unionsgerichte allein die Teilnahme am Wirtschaftsverkehr, nicht jedoch die weiteren Zwecke, die damit verfolgt werden.[110] Unbeachtlich ist insbesondere die Absicht der Gewinnerzielung.[111] Unternehmerisch handeln kann eine Einheit auch dann, wenn sie primär soziale Zwecke verfolgt.[112] Ferner muss die unternehmerische Tätigkeit von einer gewissen Dauer sein.[113]

Probleme ergeben sich aus dem Begriffsverständnis heraus vorzugsweise für marktferne Tätigkeiten[114] und für die Beurteilung der bloßen Nachfrage nach wirtschaftlichen Gütern oder gewerblichen Leistungen[115].

---

109 EuGH, Urt. v. 11.7.2006, Rs. C-205/03, ECLI:EU:C:2006:453, Tz. 25 - FENIN. Zuvor definierte der Gerichthof eine wirtschaftliche Tätigkeit als *„selbstständige Tätigkeit in der Erzeugung oder Verteilung wirtschaftlicher Güter oder gewerblicher Leistungen“*, EuGH, Urt. v. 17.2.1993, verb. Rs. C-159/91 u. a., ECLI:EU:C:1993:63, Tz. 17 - Poucet und Pistre; Urt. v. 18.6.1998, Rs. C-35/96, ECLI:EU:C:1998:303, Tz. 36 - CNSD; Urt. v. 19.2. 2002, Rs. C-309/99, ECLI:EU:C:2002:98, Tz. 47 - Wouters; Urt. v. 10.1.2006, Rs. C-222/04, ECLI:EU:C:2006:8, Tz. 108 - Casssa di Risparmio di Firenze. Vgl. auch *Emmerich*, in Immenga/Mestmäcker, Art. 101 AEUV, Rn. 15.

110 EuG, 12.12.2006, Rs. T-155/04, ECLI:EU:T:2006:387, Tz. 68 - SELEX; insoweit bestätigt vom EuGH, Urt. v. 26.3.2009, Rs. C-113/07, ECLI:EU:C:2009:191, Tz. 94 ff. - SELEX. Vgl. ferner *Gippini-Fournier/Mojzesowicz*, in L/M/R, Art. 81 Abs. 1 EG, Rn. 40; *Mestmäcker/Schweitzer*, § 9 Rn. 32.

111 *Ebenda*. Vgl. auch *Gleiss/Hirsch*, Art. 85, Rn. 22; *Hengst*, in Langen/Bunte, Art. 101 AEUV, Rn. 8; *Säcker/Hermann*, in MünchKomm EU WettbR, Einl., Rn 1603. *Benicke*, EWS 1997, S. 373, 376, ist sogar der Ansicht, dass die Leistungen nicht einmal gegen Entgelt angeboten werden müssten, maßgeblich sei vielmehr, dass diese Art der Leistung in (potenzieller) Konkurrenz zu solchen wirtschaftlich Tätigen erbracht werden würde. A.A. *Gleiss/Hirsch*, Art. 85, Rn. 15.

112 EuGH, Urt. v. 25.10.2001, Rs. C-475/99, ECLI:EU:C:2001:577, Tz. 21 - Ambulanz Glöckner. Vgl. ferner *Mestmäcker/Schweitzer*, § 9 Rn. 32.

113 EuGH, Urt. v. 13.7.1962, Rs. C-17/61 u. a., ECLI:EU:C:1962:30, 687 - Klöckner Werke AG und Hoesch AG; *Hengst*, in Langen/Bunte, Art. 101 AEUV, Rn. 8.

114 Zum Beispiel Lobbytätigkeiten von Verbänden, Ausübung von Hoheitsgewalt seitens des Staates und Aktivitäten rein sportlicher oder kultureller Art. Zu beachten ist, dass die wirtschaftlichen Aspekte solcher Tätigkeiten (insb. die Vermarktung von sportlichen und kulturellen Veranstaltungen) sehr wohl von den Wettbewerbsregeln erfasst werden.

115 Vgl. EuGH, Urt. v. 11.7.2006, Rs. C-205/03, ECLI:EU:C:2006:453, Tz. 26 - FENIN. *Emmerich*, § 3, Rn. 30; *ders.*, in: Immenga/Mestmäcker, Art. 101, Rn. 17; *Hengst*,

2. *Kriterium der wirtschaftlichen Einheit*

Der Unternehmensbegriff des Unionskartellrechts wird im Sinne einer eine wirtschaftliche Tätigkeit ausübenden *Einheit* verstanden.[116] Nach ständiger Rechtsprechung kann ein Unternehmen aus mehreren natürlichen oder juristischen Personen im Sinne einer wirtschaftlichen Einheit bestehen, wobei die einzelnen Rechtsträger gemeinsam ein einziges Unternehmen im Sinne der Art. 101, 102 AEUV bilden.[117]

Als weiteres Kriterium des kartellrechtlichen Unternehmensbegriffs hat das Konzept der wirtschaftlichen Einheit im europäischen Kartellrecht eine zentrale Bedeutung erlangt. Als „Konzept" häufig umschrieben, darf jedoch nicht der Eindruck erweckt werden, es gäbe ein festes Konzept, das auf diverse Fragestellungen im Zusammenhang mit dem Unternehmensbegriff bzw. den Wettbewerbsregeln immer gleich anwendbar ist.[118] Die wirtschaftliche Einheit wird vielmehr zur Lösung unterschiedlicher kartellrechtlicher Fragen und als Begründungsansatz für die Folgen und Auswirkungen, die damit einhergehen, herangezogen.[119]

Mangels gesetzlicher Definition hat sich in der Spruchpraxis sowohl die Definition des Begriffs der wirtschaftlichen Einheit als auch deren Verwendung entwickelt. Im Folgenden sollen durch die Darstellung der Entwicklung des Konzepts der wirtschaftlichen Einheit in der Kommissions- und Rechtsprechungspraxis dieses näher erläutert werden.

---

in: Langen/Bunte, Art. 101 AEUV, Rn. 8 ff.; *Säcker/Hermann*, in: MünchKomm EU WettbR, Einl. Rn. 1600. Kritik am Ausschluss der reinen Nachfragetätigkeit äußern vor allem *Bornkamm*, FS Hirsch, S. 232 ff.; *Roth*, FS Bechthold, S. 393, 402 f.

116 Vgl. u. a. EuGH, Urt. v. 23.4.91, Rs. C-41/90, ECLI:EU:C:1989:337, Tz. 21 – Höfner und Elser; Urt. v. 10.1.2006, Rs. C-222/04, ECLI:EU:C:2006:8, Tz. 107 – Cassa di Risparmio di Firenze. Ferner *Hengst*, in: Langen/Bunte, Art. 101 AEUV, Rn. 30.

117 Vgl. u. a. EuGH, Urt. v. 28.6.2005, verb. Rs. C-189/02 P u. a., ECLI:EU:C:2001:420, Tz. 113 – Dansk Rorindustri u. a.; Urt. v. 14.12.2006, Rs. C-217/05, ECLI:EU:C:2006:784, Tz. 40 – CEEES; Urt. v. 10.9.2009, Rs. C-97/08 P, ECLI:EU:C:2009:536, Tz. 55 – Akzo Nobel; Urt. v. 20.01.2011, Rs. C-90/09 P, ECLI:EU:C:2011:21, Tz. 34 ff. – General Química u. a.; Urt. v. 29.9.2011, Rs. C-521/09 P, ECLI:EU:C:2011:620, Tz. 53 – Elf Aquintaine; Urt. v. 19.07.2012, Rs. C-628/10 P, ECLI:EU:C:2012:479, Tz. 42 – AOI.

118 So auch *Aberle*, Sanktionsdurchgriff und wirtschaftliche Einheit, S. 16.

119 *Ebenda*. Vgl. auch *Heinichen*, Unternehmensbegriff und Haftungsnachfolge S. 81.

a. Definition der wirtschaftlichen Einheit

Eine wirtschaftliche Einheit liegt vor, wenn die Muttergesellschaft die Möglichkeit besitzt, bestimmenden Einfluss auf die Tochtergesellschaft auszuüben, und eine tatsächliche Einflussnahme auch erfolgt.[120]

Das Vorliegen eines bestimmenden Einflusses ist insbesondere dann anzunehmen, wenn *„die Tochtergesellschaft trotz eigener Rechtspersönlichkeit ihr Marktverhalten nicht autonom bestimmt, sondern im Wesentlichen Weisungen der Muttergesellschaft befolgt* [...], *und zwar vor allem wegen der wirtschaftlichen, organisatorischen und rechtlichen Bindungen, die die beiden Rechtssubjekte verbinden*"[121].

Hierfür ist nicht erforderlich, dass die Muttergesellschaft der Tochtergesellschaft konkrete Weisungen erteilt hat. Es genügt, dass sie das Marktverhalten ihrer Tochtergesellschaft im Allgemeinen in maßgeblicher Weise beeinflusst.[122] Dies kann sich aus der Inhaberschaft eines Mehrheitsanteils am Gesellschaftskapital der Tochtergesellschaft,[123] ggf. auch aus der Inhaberschaft eines mit beherrschendem Einfluss verbundenen Minderheitsanteils[124] sowie aus personellen

---

120 Siehe auch *Kokott/Dittert*, WuW 2012, 670, 673; *Mestmäcker/Schweitzer*, § 9 Rn. 17.

121 EuGH, Urt. v. 10.9.2009, Rs. C-97/08 P, ECLI:EU:C:2009:536, Tz. 58 – Akzo Nobel. Übereinstimmend EuGH, Urt. v. 19.7.2012, verb. Rs. C-628/10 P u. 17/11 P, ECLI:EU:C:2012:479, Tz. 43 – AOI.; Urt. v. 8.5.2013, Rs. C-508/11 P, ECLI:EU:C:2013:289, Tz. 46 – ENI; Urt. v. 11.7.2013, Rs. C-440/11 P, ECLI:EU:C:2013:514, Tz. 37 – Stichting Administratiekantoor Portielje.

122 Siehe EuGH, Urt. v. 10.9.2009, Rs. C-97/08 P, ECLI:EU:C:2009:536, Tz. 58 – Akzo Nobel; Urt. v. 20.1.2011, Rs. C-90/09 P, ECLI:EU:C:2011:21, Tz. 37f. – General Química; Urt. v. 29.9.2011, Rs. C-521/09 P, ECLI:EU:C:2011:620, Tz. 54f. – Elf Aquitaine. Vgl. ferner *Behrens*, FS Kirchner, S. 456 f.; *Kokott/Dittert*, WuW 2012, 670, 672f.; *Mestmäcker/Schweitzer*, § 9 Rn. 17.

123 EuG, Urt. v. 12.7.2011, Rs. T-132/07, ECLI:EU:T:2011:344, Tz. 182 – Fuji Electric System.

124 EuG, Urt. v. 12.7.2011, Rs. T-132/07, ECLI:EU:T:2011:344, Tz. 182 – Fuji Electric System: Eine Minderheitsbeteiligung kann *„einer Muttergesellschaft ermöglichen, tatsächlich einen bestimmenden Einfluss auf das Marktverhalten ihrer Tochtergesellschaft auszuüben, wenn die Muttergesellschaft über Rechte verfügt, die über die Rechte hinausgehen, die üblicherweise Minderheitsaktionären zum Schutz ihrer finanziellen Interessen gewährt werden, und die bei einer Prüfung nach der Methode des Bündels übereinstimmender Indizien rechtlicher und wirtschaftlicher Natur geeignet sind, den Nachweis dafür zu erbringen, dass ein bestimmender Einfluss auf das Marktverhalten der Tochtergesellschaft ausgeübt wird"*.

Verflechtungen bzw. aus einem Recht ergeben, einen bestimmenden Einfluss auf die Zusammensetzung der Organe des Unternehmens auszuüben.[125]

Die Beurteilung einer möglichen fehlenden Autonomie über das eigene Marktverhalten der Tochtergesellschaft ist dabei anhand einer Gesamtbetrachtung aller organisatorischen, wirtschaftlichen und rechtlichen Beziehungen zwischen den Gesellschaften, die zu einer wirtschaftlichen Einheit zusammengefasst werden sollen, vorzunehmen.[126]

Als Voraussetzung für das Vorliegen einer „wirtschaftlichen Einheit" betrachten die Gemeinschaftsorgane demzufolge vornehmlich die fehlende Autonomie und Weisungsabhängigkeit zwischen den betreffenden Gesellschaften.[127]

b. Die Entwicklung der wirtschaftlichen Einheit in der Gemeinschaftspraxis

aa. Europäische Kommission

Zunächst argumentierte die Europäische Kommission in ihrer Entscheidung *Christiani & Nielsen* vom 18.6.1969 mit der wirtschaftlichen Einheit zur Begründung der Nichtanwendbarkeit des Kartellverbots im Konzerninnenverhältnis.[128] Aufgrund der Annahme einer wirtschaftlichen Einheit zwischen der Mutter- und deren 100%igen Tochtergesellschaft, wurden Absprachen zwischen den beiden Gesellschaften nicht vom Kartellverbot des Art. 85 EWG erfasst. Zuvor hatten die Christiani & Nielsen A/S und deren niederländische Tochtergesellschaft

---

125 EuGH, Urt. v. 11.7.2013, Rs. C-440/11 P, ECLI:EU:C:2013:514, Tz. 37 – Stichting Administratiekantoor Portielje. Siehe auch *Buntschek*, Konzernprivileg, S. 99; *Hamann*, Unternehmen als Täter, S. 83; *Jones*, 8 Eur. Comp. J. 2012, S. 301, 310ff.; *Koch*, ZHR 2007, S. 554, 557; *Lessenich*, Unternehmensbegriff, S. 101 ff.; *Lipowsky*, Zurechnung von Wettbewerbsverstößen, S. 116 ff.; *Mestmäcker/Schweitzer*, § 9 Rn. 17; *Papakiriakou*, Unternehmensstrafrecht, S. 174 ff.; *Ransiek*, Unternehmensstrafrecht, S. 332; *Rütsch*, Strafrechtlicher Durchgriff, S. 47; *Theurer*, Geldbußen, S. 142 f.; *Tiedemann*, NJW 1993, 23, 30.

126 EuGH, Urt. v. 16.11.2000, Rs. C-294/98 P, ECLI:EU:C:2000:632, Tz. 27 – Metsä-Serla u. a.; Urt. v. 2.10.2003, Rs. C-196/99 P, ECLI:EU:C:2003:529, Tz. 96 – Aristrain; Urt. v. 28.6.2005, verb. Rs. C-189/02 P u. a., ECLI:EU:C:2001:420, Tz. 117 – Dansk Rorindustri u. a; Urt. v. 11.12.2007, Rs. C-280/06, ECLI:EU:C:2007:775, Tz. 49 – ETI; Urt. v. 10.9.2009, C-97/08 P, ECLI:EU:C:2009:536, Tz. 58, 74 – Akzo Nobel; Urt. v. 1.7. 2010, Rs. C-407/08 P, ECLI:EU:C:2010:389, Tz. 65 ff., 100 – Knauf; GA *Kokott*, Schlussanträge v. 23.4.2009, Rs. C-97/08 P, ECLI:EU:C:2009:262, Tz. 91 – Akzo Nobel.

127 *Buntschek*, Konzernprivileg, S. 99.

128 KOMM., Entsch. v. 18.06.1969, ABl. EG 1969 Nr. L 165, 14 – Christiani & Nielsen.

Christiani & Nielsen N.V. Verträge geschlossen, in denen die Zusammenarbeit geregelt und Märkte aufgeteilt worden sind.[129]

Kurze Zeit später verwendete die Europäische Kommission die wirtschaftliche Einheit in ihrer Entscheidung *Farbstoffe* vom 24.7.1969, um die Zustellung an die in der EU ansässigen Tochtergesellschaften auswärtiger Konzerne zu ermöglichen.[130] Die wesentlichen europäischen Farbstoffhersteller hatten ihre Preise auf den einzelnen nationalen Märkten jeweils gleichförmig und beinahe gleichzeitig erhöht. Eine Anweisung zur Preiserhöhung an die Tochtergesellschaften folgte daraufhin. Verantwortliche Täter waren nach Ansicht der Europäischen Kommission ausschließlich die Muttergesellschaften, da abgestimmte Verhaltensweisen zwischen den Tochterunternehmen nicht nachgewiesen werden konnten. Mit der wirtschaftlichen Einheit wurde nur zur Vermeidung von Zustellungsproblemen argumentiert und nicht zur Begründung der Zurechnung rechtswidrigen Verhaltens.[131]

In der Entscheidung *Continental Can* vom 9.12.1971 rechnete die Europäische Kommission der Muttergesellschaft Marktanteile der Töchterunternehmen zu und bejahte den Missbrauch einer marktbeherrschenden Stellung.[132] Der Continental Can Company, einer führenden Herstellerin von Metallverpackungen, gehörten u. a. 85,8 % des Kapitals der Schmalbach-Lubeca-Werke AG. Diese Anteile übertrug sie auf ihre neu gegründete 100%ige Tochtergesellschaft Europemballage Corp. Die Europäische Kommission rechnete jedoch der Continental Can das Verhalten beider Unternehmen zu, da sie als Alleingesellschafterin der Europemballage Corp. beide Unternehmen kontrolliere.[133] Auf Grund

---

129 *Ebenda*, S. 12 ff.

130 KOMM., Entsch. v. 24.7.1969, ABl. EG 1969 Nr. L 195, 11, 16 – Farbstoffe. Siehe dazu auch S. 17; *Hamann*, Unternehmen als Täter, S. 37 f.

131 Der Gerichtshof bestätigte in seinem Urteil vom 14.7.1972, Rs. C-48/69, ECLI:EU:C:1972:70 die Entscheidung der Europäischen Kommission im Ergebnis. Im Gegensatz zur Europäischen Kommission sah er jedoch Kartellverstöße nur in den seitens der Tochtergesellschaften vorgenommenen Preiserhöhungen. Da die abgestimmten Verhaltensweisen zwischen den Muttergesellschaften erfolgten, die jedoch nicht die Preiserhöhungen durchführten, rechnete der EuGH das Verhalten der Tochtergesellschaften diesen zu. Begründet wurde diese Annahme mit der Befolgung wesentlicher Weisungen der Muttergesellschaften im Hinblick auf das Marktverhalten der jeweiligen Tochtergesellschaft und deren daraus zu schließende fehlende Autonomie. Vgl. auch *de Bronett*, EWS 2012, S. 113, 114; *Hamann*, Unternehmen als Täter, S. 38.

132 KOMM., Entsch. v. 9.12.1971, ABl. EG 1972 L 7, S. 25, 35, 37 – Continental Can. Siehe auch S. 13.

133 *Ebenda*, S. 35, 37.

der Kontrolle war eine wirtschaftliche Einheit gegeben, und eine Zurechnung konnte erfolgen.[134] Letztendlich war jedoch nicht die wirtschaftliche Einheit, sondern nur Continental Can Adressatin der Entscheidung.

In ihren Entscheidungen in den darauffolgenden Jahren variierte die Europäische Kommission häufig in den Formulierungen und den Rechtsfolgen in Bezug auf die wirtschaftliche Einheit. Eine klare Argumentationslinie ist nicht erkennbar, und teilweise erscheinen die Feststellungen eher inkonsequent bzw. missverständlich.

Wurde in der Entscheidung *Zoja/ICI* vom 14.12.1972 die gesamtschuldnerische Geldbuße gegen beide, einzeln aufgeführte Gesellschaften verhängt,[135] setzte die Europäische Kommission im Verfahren *Hoffmann La Roche* vom 9.6.1976 gegen die Gruppe als Gesamtheit eine Geldbuße fest.[136] Eine gesamtschuldnerische Haftung folgte jedoch nicht daraus, adressiert wurde die Entscheidung nur an die Konzernmutter. Der Konzern Hoffmann-La Roche hatte für eine Reihe synthetisch hergestellter Vitamine eine marktbeherrschende Stellung inne, die er durch Allein- und Vorzugbelieferung an einen ausgewählten Kreis von Kunden missbrauchte.[137] Neben der Muttergesellschaft handhabten auch zahlreiche Tochtergesellschaften nach Aufforderung der Ersteren diese Praxis.

In der Entscheidung *Hugin/Liptons* vom 18.12.1977 sah die Europäische Kommission in dem Hugin-Konzern zwar eine wirtschaftliche Einheit und ein Unternehmen im Sinne des Art. 86 EWG, jedoch differenzierte sie in ihren Feststellungen nicht nur nach den einzelnen Wettbewerbsverstößen, sondern ferner gesondert nach den jeweils involvierten Konzernunternehmen Hugin AB und Hugin Ltd.[138] Das schwedische Unternehmen Hugin Kassaregister AB, Hersteller von Registrierkassen, und dessen Tochtergesellschaft Hugin Ltd. hatten sich geweigert, die Liptons Ltd., eine kleine Firma, die Registrierkassen verkaufte, wartete und reparierte, mit Ersatzteilen zu beliefern. Zum einen zwischen den einzelnen Konzernunternehmen zu unterscheiden und zum anderen nicht

---

134 Vgl. *Hamann*, Unternehmen als Täter, S. 80.

135 KOMM., Entsch. v. 14.12.1972, ABl. EG 1972 Nr. L 299, 54, 57 – Zoja/CSC. Die Europäische Kommission unterschied nicht zwischen dem Willen und den Handlungen der CSC und denen der ICI. Vielmehr seien die beiden Gesellschaften im Hinblick auf die Anwendung des Art. 86 EWG als ein und dasselbe Unternehmen oder ein und dieselbe wirtschaftliche Einheit zu behandeln. Siehe ferner dazu S. 17 f.

136 KOMM., Entsch. v. 9.6.1976, ABl. 1976 L 223, S. 27 – Hoffmann La Roche.

137 *Hamann*, Unternehmen als Täter, S. 46.

138 KOMM., Entsch. v. 8.12.1977, ABl. 1978 L 22, S. 23, 30 – Hugin-Liptons.

durchgängig auf die wirtschaftliche Einheit als ein Unternehmen abzustellen, erscheint insoweit inkonsequent und widersprüchlich.[139]

Die 100%igen Tochtergesellschaften der Johnson & Johnson Inc. verstoßen im Fall *Johnson & Johnson* vom 25.11.1980 gegen das Wettbewerbsrecht, indem sie mit Wissen und Billigung der Muttergesellschaft Parallelimporte eines Diagnostikums zum Schwangerschaftsnachweis (Gravisindex) verhinderten.[140] Die Europäische Kommission bejahte die Abhängigkeit zwischen der Mutter- und den Tochtergesellschaften. Die Letzteren unterlagen der allgemeinen Weisungsbefugnis der Muttergesellschaft, und diese wiederum hatte Kenntnis von deren Geschäftspolitik und billigte diese. Obwohl augenscheinlich alle Voraussetzungen für eine wirtschaftliche Einheit vorlagen, wurde diese an keiner Stelle in der Entscheidung erwähnt. Vielmehr wurden die Feststellungen für jede Gesellschaft gesondert getroffen. Im Übrigen wurde der Johnson & Johnson Inc. nicht eine aktive Beteiligung zum Vorwurf gemacht, sondern vielmehr das Nichteinschreiten trotz Kenntnis der Sach- und Rechtslage und der sich daraus ergebenen Pflicht zum Einschreiten.[141]

Die größtenteils von Tochtergesellschaften begangenen Wettbewerbsverstöße wurden der Muttergesellschaft in der Entscheidung *AEG* vom 6.1.1982 zugerechnet.[142] Der AEG-Konzern praktizierte überwiegend durch die Tochtergesellschaften ein an sich zulässiges selektives Vertriebssystem in unzulässiger Art und

139 Vgl. auch KOMM., Entsch. v. 12.12.1978, ABl. 1979 L 16, S. 9, 14, 16 – Kawasaki: Trotz Annahme einer wirtschaftlichen Einheit und des Vorliegens eines Unternehmens im Sinne von Art. 85 EWG traf die Europäische Kommission gesondert und ausschließlich Feststellungen für die beiden in den Kartellverstoß involvierten Schwestergesellschaften. Auf die Muttergesellschaft wurde nicht weiter eingegangen. Adressaten der Entscheidungen waren auch nur die beiden Schwestergesellschaften. Nicht deutlich wird in der Entscheidung, unter welchen Voraussetzungen die Annahme einer wirtschaftlichen Einheit stattgefunden hat, insbesondere wenn bedacht wird, dass zwischen zwei gleichgeordneten Schwestergesellschaften keine Kontroll- und Weisungsbefugnisse bestehen. Ähnlich auch KOMM., Entsch. v. 5.9.1979, ABl. 1979 L 286, S. 32 – BP-Kemi/DDSF; Entsch. v. 14.12.1979, ABl. 1979 L 60, S. 21 – Pioneer.

140 KOMM., Entsch. v. 25.11.1980, ABl. 1980 L 377, S. 16, 25f. – Johnson & Johnson.

141 Vgl. auch KOMM., Entsch. v. 27.11.1981, ABl. 1982 L 94, S. 7 – Moet et Chandon.

142 KOMM., Entsch. v. 6.1.1982, ABl. 1982 L 117, S. 15 – AEG. Vgl. ferner KOMM., Entsch. v. 6.8.1984, ABl. 1984 L 220, S. 27, Tz. 83 – Zink Producer Group, dort sprach die Europäische Kommission sodann ausdrücklich von Zurechnung, und der Begriff der wirtschaftlichen Einheit wurde explizit aufgegriffen. Dabei rechtfertige das Vorliegen der wirtschaftlichen Einheit die Zurechnung von Handlungen der Tochtergesellschaften an die Muttergesellschaften.

Weise. Die Europäische Kommission begründete die Zurechnung mit der sich daraus ergebenden Rechtsfolge einer ausschließlich der Muttergesellschaft auferlegten Geldbuße damit, dass die Muttergesellschaft im Rahmen der Vertriebsverträge selbst Vertragspartnerin gewesen ist oder diese in ihrem Namen und für ihre Rechnung geschlossen worden sind. Zudem hat die Muttergesellschaft im Einzelfall durch Weisungen in den Vertrieb eingegriffen. Im darauffolgenden Verfahren vor dem EuGH wurde sodann der Begriff der wirtschaftlichen Einheit wieder herangezogen.[143] Der EuGH stellte auf die Möglichkeit der Einflussnahme seitens der Muttergesellschaft auf die Vertriebs- und Preispolitik der Tochtergesellschaften und der tatsächlichen Ausübung des Einflusses ab.

In der darauffolgenden Zeit wendete sich die Europäische Kommission immer mehr von dem „Zurechnungs-Modell" ab und sah die wirtschaftliche Einheit als Adressatin der Wettbewerbsverstöße an. Tendenzen zeigten sich schon in der Entscheidung *Peroxyd-Produkte* vom 23.11.1984.[144] Nach Ansicht der Europäischen Kommission entfällt die Unternehmenseigenschaft im Sinne von Art. 85, 86 EWG und sodann die Täterqualität, falls eine juristische Person bzw. eine Gruppe von juristischen Personen nicht in der Lage ist, wirtschaftlich unternehmerische Entscheidungen autonom zu treffen.[145] Täter in diesem Sinne sind vielmehr die herrschenden Gesellschaften. Im diesem Fall trafen mehrere Chemieunternehmen Marktaufteilungsvereinbarungen für Wasserstoffperoxyd sowie für die Derivate Natriumperborat und Persulfat. Zwei der beteiligten Unternehmen, Solvay und Laporte, waren auf dem Markt für Peroxyde über eine Gruppe von Gesellschaften, die „Interox" genannt wurde, tätig, die sie gemeinsam beherrschten und kontrollierten. Die sogenannte Interox-Gruppe besaß jedoch weder eine eigene Holdinggesellschaft, einen eigenen Verwaltungsrat noch einen Direktor und so gut wie kein eigenes Personal. Die Geschäftsleitung erfolgte über einen Ausschuss ohne formelle Leitungsbefugnis, für den Solvay und Laporte zu gleichen Anteilen Direktoren stellten sowie über eine gemeinsame sogenannte Interox-Koordinationsgruppe.[146] Nach Ansicht der Europäischen Kommission ist die Interox-Gruppe kein selbstständiges Unternehmen, da sie als eine Art Handlungsmedium der Muttergesellschaften nicht autonom ist. Die Gesellschaften handelten entsprechend den Weisungen der

143 EuGH, Urt. v. 25.10.1983, Rs. C-107/82, ECLI:EU:C:1983:293 – AEG Telefunken.
144 KOMM., Entsch. v. 23.11.1984, ABl. 1985 L 35, S. 1 – Peroxyd-Produkte.
145 *Ebenda*, S. 14.
146 *Ebenda*, S. 2.

Muttergesellschaften, die die wesentlichen Entscheidungen trafen, Tätigkeiten koordinierten und Gewinne teilten.

Die Hinwendung zur Annahme einer Täterschaft der wirtschaftlichen Einheit bestätigte sich in der Entscheidung *John Deere* vom 14.12.1984.[147] Nach Ansicht der Europäischen Kommission ist bei Feststellung einer wirtschaftlichen Einheit, diese Adressatin der Wettbewerbsverbote und dient nicht lediglich als Zurechnungsvoraussetzung. Erst für die Zustellung und Vollstreckung ist eine bestimmte juristische Person zu ermitteln. Im Grunde knüpfte hier die Europäische Kommission an das Konzept an, das bereits der Entscheidung Hoffmann La Roche vom 9.6.1976 unausgesprochen zugrunde lag.[148] Deer and Company (USA) war in Europa durch zwei Niederlassungen sowie zwei Tochtergesellschaften vertreten, die einem stellvertretenden Vorsitzenden der Deer and Company unterstanden. Um das unterschiedliche Preisniveau in den verschiedenen Ländern des gemeinsamen Marktes aufrechtzuerhalten, enthielten Verträge mit unabhängigen Händlern Exportverbote. Die Europäische Kommission bezog ihre Feststellungen auf den Deer-Konzern, gegen den eine Geldbuße festgesetzt wurde. Die fehlende Autonomie wurde vor allem an der hierarchisch gegliederten Personalstruktur aufgezeigt. Adressatin der Entscheidung war die Deer and Company.

Im Fall *ECS/AKZO* vom 14.12.1985 stellte die Europäische Kommission bereits bei der Beschreibung der Unternehmen klar: *„In den Gründen bedeutet AKZO die aus AKZO Chemie BV und ihren Tochtergesellschaften bestehende Wirtschaftseinheit.“*[149] Die AKZO Chemie BV und deren 100%ige Tochtergesellschaft AKZO Chemie UK Ltd. hatten versucht, einen kleineren Wettbewerber vom Markt für organische Peroxide zu verdrängen. Es wurden systematisch Angebote unter dem Selbstkostenpreis erstellt. Ungeachtet der privatrechtlich selbstständigen Rechtspersönlichkeiten von Mutter- und Tochtergesellschaften ist der Begriff des Unternehmens, so die Europäische Kommission, in den Art. 85 und 86 EWG nicht durch eine strenge Anwendung der Doktrin der Rechtspersönlichkeit begrenzt.[150] Daher hat AKZO insgesamt eine marktbeherrschende Stellung missbraucht. Die Geldbuße wurde gegen die gesamte Wirtschaftseinheit festgesetzt, Entscheidungsadressatin war die AKZO Chemie BV.

---

147 KOMM., Entsch. v. 14.12.1984 ABl. 1985 L 35, S. 58 – John Deere.

148 *Hamann*, Unternehmen als Täter, S. 82.

149 KOMM., Entsch. v. 14.12.1985, ABl. 1985 EG L 374, 1, 2, Fn. 2 – ECS/AKZO.

150 *Ebenda*, Tz. 90.

Mit der Entscheidung *Polypropylen* vom 23.4.1986 knüpfte die Europäische Kommission an die Rechtsausführungen im Fall ECS/AKZO Chemie an. Der Begriff des Unternehmens wird im EWGV nicht definiert, er kann sich aber auf jede Einheit beziehen, die gewerblich tätig ist, und im Fall juristischer Personen eine Mutter- und Tochtergesellschaft oder die von diesen gebildete wirtschaftliche Einheit betreffen.[151] Während des Bestehens eines Kartells zwischen europäischen Herstellern von Polypropylen von Mitte 1977 bis Ende 1983 hielten an dem beteiligten norwegischen Polypropylenhersteller IS-Norpolefin die Unternehmen Norsk Hydro, Statoil und Saga Petrokjemi Anteile zu je einem Drittel. Die Geschäftsführung lag jedoch bei Saga Petrokjemi. Nachdem das gesamte Kapital der Saga Petrokjemi im Jahre 1982 von der Gesellschaft Saga Petroleum übernommen worden war, wurde dieses nur ein Jahr später von der Letzteren an Statoil verkauft. Die Europäische Kommission stellte zunächst fest, dass für den Wettbewerbsverstoß gegen Art. 85 EWG nicht IS Norpolefin, sondern aufgrund der Management- und Marketingfunktion Saga Petrokjemi verantwortlich ist.[152] Die Europäische Kommission kam zu diesem Schluss, obwohl Saga Petrikjemi lediglich mit 3 3% am Kapital beteiligt war. Ferner besteht die Saga Petrokjemi auch nach dem Verlust der Rechtspersönlichkeit als Unternehmen fort, entscheidend ist insoweit die wirtschaftliche und funktionelle Kontinuität. Saga Petrokjemi war von Statoil als wirtschaftliche Funktionseinheit beibehalten worden. Organisation, Personal und Geschäftstätigkeit waren im Wesentlichen unverändert geblieben. Entscheidungsadressat war jedoch Statoil, da zur Durchsetzung der Entscheidung die Notwendigkeit besteht eine Einheit mit Rechtspersönlichkeit zu ermitteln.[153]

bb. EuGH

Der Gerichtshof bestätigte in der Rechtssache *ICI* vom 14.7.1972 die Entscheidung *Farbstoffe*[154] der Europäischen Kommission im Ergebnis. Im Gegensatz zur Europäischen Kommission sah er jedoch Kartellrechtsverstöße nur in den seitens der Tochtergesellschaften vorgenommenen Preiserhöhungen. Da die abgestimmten Verhaltensweisen zwischen den Muttergesellschaften erfolgten, die

151 KOMM., Entsch. v. 23.4.1986, ABl. EG 1986 Nr. L 230, 1, Tz. 99 – Polypropylen. Vgl. ferner KOMM., Entsch. v. 21.12.1988, ABl. EG 1989 L 74, 1 – PVC; Entsch. v. 21.12.1988, ABl. EG 1989 L 74, 21 – LDPE; Entsch. v. 2.8.1989, ABl. EG 1989 L 260, 1 – Betonstahlmatten.

152 *Ebenda*, Tz. 99.

153 *Ebenda*, Tz. 101.

154 KOMM., Entsch. v. 24.7.1969, ABl. EG 1969 Nr. L 195, 11 – Farbstoffe. Siehe auch S. 13.

jedoch nicht die Preiserhöhungen durchführten, rechnete der EuGH das Verhalten der Tochtergesellschaften diesen zu. Voraussetzung für die Zurechnung ist, dass die Tochtergesellschaft ihr Marktverhalten nicht autonom bestimmt hat, sondern im Wesentlichen den Weisungen der Muttergesellschaft gefolgt ist.[155] Die sich aus der Verschiedenheit der Rechtspersönlichkeit ergebene formelle Trennung zwischen Mutter- und Tochtergesellschaft kann nicht verhindern, dass ihr Verhalten auf dem Markt für die Anwendung der Wettbewerbsregeln als Einheit angesehen wird.[156] Unter diesen Umständen wird das „Verhalten auf dem Markt" von Mutter- und Tochtergesellschaft als „Einheit" betrachtet.[157]

In seinem Urteil *ICI/CSC* vom 6.3.1974 stellte der EuGH hinsichtlich einer wirtschaftlichen Einheit zwischen Mutter- und Tochtergesellschaft klar, dass diese nicht strukturell besteht, sondern nur jeweils im Hinblick auf ein gemeinsames einheitliches Verhalten in bestimmten wirtschaftlichen Beziehungen.[158]

Den Begriff der wirtschaftlichen Einheit benutzte der EuGH in der Sache *Centrafarm* vom 31.10.1974, um die Wirkung der Beziehung zwischen Mutter- und Tochtergesellschaft in Bezug auf die Anwendbarkeit des Art. 85 EWG näher zu beschreiben. Danach ist Art. 85 EWG bei Unternehmen, die eine wirtschaftliche Einheit bilden, nicht anwendbar.[159]

Dass nicht nur eine wirtschaftliche Einheit zwischen Mutter- und Tochtergesellschaft bestehen kann, wird in der Entscheidung *Suiker Unie* vom 16.12.1975 deutlich. Nach Ansicht des Gerichtshofs kann auch eine wirtschaftliche Einheit zwischen Auftraggeber und weisungsgebundenem Absatzmittler, der als eingegliedertes Hilfsorgan des Geschäftsherrn gesehen wird, bestehen.[160] Die Beziehung ist vergleichbar mit einer Beziehung zwischen einer Mutter- und ihrer weisungsabhängigen Tochtergesellschaft.

---

155 EuGH, Urt. v. 14.7.1972, Rs. C-48/69, ECLI:EU:C:1972:70, Tz. 132/135 – ICI. Vgl. auch EuGH, Urt. v. 14.7.1972, Rs. C-52/69, ECLI:EU:C:1972:73, Tz. 44 – Geigy; Urt. v. 21.2.1973, Rs. C-6/72, ECLI:EU:C:1975:50, Tz. 15 – Continental Can. Siehe zudem *de Bronett*, EWS 2012, S. 113, 114; *Hamann*, Unternehmen als Täter, S. 38.

156 EuGH, Urt. v. 14.7.1972, Rs. C-48/69, ECLI:EU:C:1972:70, Tz. 136/141 – ICI.

157 Vgl. *de Bronett*, EWS 2012, S. 113, 114.

158 EuGH, Urt. v. 6.3.1974, Rs. C-6/73, ECLI:EU:C:1974:18, Tz. 37, 41 – ICI/CSC. Vgl. ferner *de Bronett*, EWS 2012, S. 113, 115.

159 EuGH, Urt. v. 31.10.1974, Rs. C-15/74, ECLI:EU:C:1974:114, Tz. 41 – Centrafarm. Vgl. auch EuGH, Urt. v. 4.5.1988, Rs. C-30/87, ECLI:EU:C:1988:225, Tz. 19 – Bodson/Pompes Funèbres.

160 EuGH, Urt. v. 16.12.1975, verb. Rs. C-40/73 u. a., ECLI:EU:C:1975:174, Tz. 478/481 – Suiker Unie u. a.

Eine wirtschaftliche Einheit zwischen einer weisungsbefugten Muttergesellschaft und einer weisungsabhängigen Tochtergesellschaft bestand laut EuGH in der Rechtssache *BMW Belgium* vom 12.7.1979 jedoch nicht, wenn die Tochtergesellschaft die Weisungen der Muttergesellschaft nicht auf dem Markt umsetzt, sondern vielmehr eigene Interessen verfolgt.[161]

In Bezug auf die sogenannte Intra Group Conspiracy Doctrine[162] brachte der EuGH in seinem Urteil *Hydrotherm* vom 17.7.1984 den Begriff der wirtschaftlichen Einheit zum ersten Mal mit dem Begriff „Unternehmen" in Verbindung.[163] In der Sache *Höfner u. Elsner* vom 23.4.1991 verwendete der EuGH den Begriff „Einheit" sodann im Zusammenhang mit dem Unternehmensbegriff.[164] Jedoch ersetzte der EuGH lediglich im Begriff „Unternehmen" das Merkmal „Person" (jede wirtschaftlich tätige Person) durch das Merkmal „Einheit" (jede wirtschaftliche Einheit), da es sich bei einer öffentlich-rechtliche Anstalt eben nicht um eine „Person" handelt.[165] Dem Urteil lässt sich insbesondere nicht die Aussage entnehmen, dass ein „Unternehmen" eine „wirtschaftliche Einheit" ist.

Eine Vermischung des Unternehmensbegriffs mit dem Begriff der wirtschaftlichen Einheit unterlief dem EuGH in der Sache *Dansk Rorindustri* vom 28.6.2005. Diese dem Urteil zu entnehmende Gleichstellung von der „eine wirtschaftliche Tätigkeit ausübende[n] Einheit" (Unternehmen) mit „wirtschaftlicher Einheit" steht im Widerspruch zu einer 30-jährigen Rechtsprechung des EuGH.[166] Denn als „wirtschaftliche Einheit" galten zwei oder mehrere Unternehmen, die sich auf dem Markt einheitlich verhielten. Durch den Verweis auf das *HFB*-Urteil des EuG[167] wird deutlich, woher der Gerichtshof seine Anregung zu seiner „neuen" Auslegung erhalten hat.

161 EuGH, Urt. v. 12.7.1979, verb. Rs. C-32/78 u. a., ECLI:EU:C:1979:191, Tz. 24 f. – BMW Belgium u. a.

162 Seitens des EuGH hergestellte Verbindung der Nichtanwendbarkeit der europäischen Kartellverbote auf das Verhältnis von Überordnung und Unterordnung, wie es bei Mutter- und Tochtergesellschaften innerhalb Unternehmensgruppen oftmals der Fall ist; vgl. *de Bronett*, EWS 2012, S. 113, 114.

163 EuGH, Urt. v. 12.7.1984, Rs. C-170/83, ECLI:EU:C:1984:271, Tz. 11, 12 – Hydrotherm. Siehe auch S. 15.

164 EuGH, Urt. v. 23.4.1991, Rs. C-41/90, ECLI:EU:C:1989:337, Tz. 21 – Höfner und Elsner. Siehe auch S. 15 f.

165 Vgl. *de Bronett*, EWS 2012, 113, 117.

166 EuGH, Urt. v. 28.6.2005, verb. Rs. C-189/02 P u. a., ECLI:EU:C:2001:420, Tz. 112, 113 – Dansk Rorindustri u. a. Vgl. auch *de Bronett*, EWS 2012, 113, 118.

167 EuG, Urt. v. 20.3.2002, Rs. T-9/99, ECLI:EU:T:2002:70, Tz. 54 – HFB. Der EuG definiert wiederholt den Begriff des Unternehmens als *„wirtschaftliche Einheiten, die*

Den endgültigen Bruch des EuGH mit seiner circa 30-jährigen Rechtsprechung stellte die Rechtsache *Akzo Nobel* vom 10.9.2009 dar. Auch hier verwendete der Gerichtshof die Begriffe „Unternehmen“ und „wirtschaftliche Einheit“ als Synonyme.[168] Der EuGH stellte in seinem Urteil klar, dass im Falle eines Verstoßes gegen die Wettbewerbsregeln durch die wirtschaftliche Einheit diese nach dem Grundsatz der persönlichen Verantwortlichkeit für diese Zuwiderhandlung einzustehen hat. Die Haftung der Muttergesellschaft für ein wettbewerbswidriges Verhalten der Tochtergesellschaft ergibt sich als Teil des „Unternehmens“/ der „wirtschaftlichen Einheit“, das/die die Zuwiderhandlung begangen hat.[169] Insbesondere bedarf es nicht mehr eines bezüglich der Zuwiderhandlung[170] bestimmenden Einflusses der Muttergesellschaft auf die Geschäftspolitik der Tochtergesellschaft, sondern es genügt bereits „eine“ im Sinne von „irgendeine“ Einflussnahme auf das Marktverhalten.[171]

---

jeweils in einer einheitlichen Organisation persönlicher, materieller und immaterieller Mittel bestehen, mit der dauerhaft ein bestimmter wirtschaftlicher Zweck verfolgt wird und die an einer Zuwiderhandlung im Sinne dieser Vorschrift [Art. 85 Abs. 1 EWG] beteiligt sein kann“. Siehe auch EuG, Urt. v. 10.3.1992, Rs. T-11/89, ECLI:EU:T:1992:33, Tz. 311 – Shell; Urt. v. 14.5.1998, Rs. T-352/94, ECLI:EU:T:1998:103, Tz. 87 – Mo och Domsjö.

168 EuGH, Urt. v. 10.9.2009, Rs. C-97/08 P, ECLI:EU:C:2009:536, Tz. 54 ff. – Akzo Nobel. Die Verwendung der Begriffe als Synonyme geschah bereits in der Rs. *Dansk Rorindustri*, siehe Fn. 76. Vgl. ferner EuG, Urt. v. 30.9.2003, Rs. T-203/01, ECLI:EU:T:2003:250, Tz. 290 – Michelin; Urt. v. 12.12.2007, Rs. T-112/05, ECLI:EU:T:2007:381, Tz. 58 – Akzo Nobel.

169 Siehe auch *de Bronett*, EWS 2012, 113, 121.

170 Beziehungsweise des auf den Geschäftsbereich, in dem die Zuwiderhandlung stattgefunden hat, gerichteten Einflusses seitens der Muttergesellschaft, vgl. EuGH, Urt. v. 14.7.1972, Rs. C-48/69, ECLI:EU:C:1972:70, Tz. 136/141 („Preispolitik“) – ICI; Urt. v. 25.10.1983, Rs. C-107/82, ECLI:EU:C:1983:293, Tz. 50 („Vertriebs- und Preispolitik“) – AEG-Telefunken. So auch *Voet van Vormizeele*, WuW 2010, 1008, 1012.

171 EuGH, Urt. v. 10.9.2009, Rs. C-97/08 P, ECLI:EU:C:2009:536, Tz. 74 – Akzo Nobel: Zu berücksichtigen seien „*sämtliche im Zusammenhang mit ihren [der Tochtergesellschaft] wirtschaftlichen, organisatorischen und rechtlichen Verbindungen zur Muttergesellschaft relevanten Gesichtspunkte, die von Fall zu Fall variieren und daher nicht abschließend aufgezählt werden können*“; vgl. ferner GA *Kokott*, Schlussanträge v. 23.4.2009, Rs. C-97/08 P, ECLI:EU:C:2009:262, Tz. 3, 92 – Akzo Nobel; *de Bronett*, EWS 2012, 113, 122.

c. *Zusammenfassung*

Neben der wirtschaftlichen Betätigung ist die wirtschaftliche Einheit ein weiteres Kriterium des Unternehmensbegriffs. Eine wirtschaftliche Einheit liegt vor, wenn die Muttergesellschaft die Möglichkeit besitzt, bestimmenden Einfluss auf die Tochtergesellschaft auszuüben, und eine tatsächliche Einflussnahme auch erfolgt.[172]

Als Voraussetzung des kartellrechtlichen Unternehmensbegriffs hat das Konzept der wirtschaftlichen Einheit eine zentrale Bedeutung erlangt. Die Gerichtsbarkeit und Europäische Kommission entwickelten das Konzept einerseits, um Wettbewerbsbeschränkungen innerhalb eines Konzerns von der Geltung der Wettbewerbsregeln auszunehmen (sog. Konzernprivileg), und andererseits, um bei Zuwiderhandlungen einzelner Konzernunternehmen die Konzernspitze bebußen zu können (sog. Konzernhaftung).[173] In konzernrechtlichen Fallgestaltungen ist insbesondere für die Europäische Kommission eine weitere Funktion der wirtschaftlichen Einheit, nämlich die Möglichkeit der extraterritorialen Durchsetzung des EU-Kartellrechts, relevant.[174] Denn im Kartellverfahrensrecht kann dadurch ein innerhalb der Europäischen Union ansässiges Tochterunternehmen als Zustellungsadressat für Untersagungsverfügungen und Bußgeldentscheidungen gegen ein in einem Drittland ansässiges Mutterunternehmen dienen.[175]

Schließlich spielt das Bestehen einer wirtschaftlichen Einheit unter dem Gesichtspunkt der Unternehmenskontinuität eine zentrale Rolle für die Zurechnung von Verstößen nach Unternehmensumstrukturierungen, d. h. bei Auflösung, Teilung und Nachfolge von Unternehmen.[176]

§ 2 Die Anwendung des Konzepts der wirtschaftlichen Einheit auf Gesellschaftsgruppen

Im Folgenden wird die Anwendung des Konzepts der wirtschaftlichen Einheit auf Gesellschaftsgruppen untersucht.

---

172 Siehe auch *Kokott/Dittert*, WuW 2012, 670, 673; *Mestmäcker/Schweitzer*, § 9 Rn. 17.

173 *Hengst*, in Langen/Bunte, Art. 101 AEUV, Rn. 34; vgl. ferner *Aberle*, Sanktionsdurchgriff und wirtschaftliche Einheit, S. 17 ff.; *Ackermann*, ZWeR 2010, S. 329, 344; *Heinrich*, Wirtschaftliche Haftungseinheit, S. 33; *Kersting*, Der Konzern 2011, S. 445, 446; *Roth/Ackermann*, in: FK, Art. 81 EG, Rn. 119.

174 *Kling*, ZWeR 2011, 169, 171.

175 *Roth/Ackermann*, in: FK, Art. 81 EG, Rn. 108, 111.

176 *Hengst*, in: Langen/Bunte, Art. 101 AEUV, Rn. 34.

Der wesentliche Aspekt für die Begründung einer wirtschaftlichen Einheit, die bestimmende Einflussnahme, kann auf unterschiedliche Weise erfolgen. Nach Ansicht des EuGH können sogar mehrere Umstände gemeinsam ausreichen, um eine bestimmende Einflussnahme und damit eine wirtschaftliche Einheit zu indizieren, selbst wenn sie für sich alleine nicht genügen:

> *„Das Bestehen einer wirtschaftlichen Einheit kann demnach aus einem Bündel übereinstimmender Umstände hergeleitet werden, auch wenn keiner dieser Umstände für sich allein genügt, um das Bestehen einer solchen Einheit zu belegen."*[177]

Die möglichen Adressatenkonstellationen werden dabei mittels einer Auswahl problemspezifischer Entscheidungspraxis der Unionsorgane differenziert betrachtet. Es wird hauptsächlich näher auf die Leitungs- bzw. Einflussmöglichkeiten eingegangen, die als Voraussetzung für das Bestehen einer wirtschaftlichen Einheit dienen können.

I. Konstellation A: Muttergesellschaft und 100%ige Tochtergesellschaft

1. Problemstellung

In seinem Urteil *ICI* vom 14.07.1972 entschied der EuGH, dass einer Muttergesellschaft „aufgrund der Einheit des Konzerns" das wettbewerbswidrige Verhalten ihrer Tochter zugerechnet werden kann.[178] Es stellt sich daher die Frage, ob sich daraus die Schlussfolgerung ziehen lässt: ein Konzern bzw. ein Unternehmensverbund bildet auch zugleich eine wirtschaftliche Einheit.

Tatsächlich liegen den Entscheidungen zum Konzept der wirtschaftlichen Einheit überwiegend Sachverhalte verbundener Unternehmen mit einem Über-/Unterordnungsverhältnis zugrunde. Es handelt sich dabei um den klassischen Fall der sogenannten *Parental Liability*.[179] Dieses lässt sich insbesondere damit

---

177 EuGH, Urt. v. 1.7.2010, Rs. C-407/08, ECLI:EU:C:2010:389, Tz. 65 – Knauf Gips; Urt. v. 26.9.2013, verb. Rs. C-172/12 P u. a., ECLI:EU:C:2013:601, Tz. 41, 43 – DuPont.

178 EuGH, Urt. v. 14.7.1972, C-48/69, ECLI:EU:C:1972:70, Tz. 132/135 – ICI. In der englischsprachigen Fassung wird hier von *„Unity of the Group"*, also Unternehmensgruppe, gesprochen, vgl. Tz. 135. Dieses zeigt einmal mehr, dass der Begriff „Konzern" nicht zu eng gesehen werden darf.

179 Siehe dazu insbesondere auch Teil 2 dieser Arbeit. Überdies vgl. u. a. EuGH, Urt. v. 14.7.1972, Rs. C-48/69, ECLI:EU:C:1972:70, Tz. 132/135 – ICI; Urt. v. 25.10.1983, Rs. C-107/82, ECLI:EU:C:1983:293 – AEG Telefunken; Urt. v. 16.11.2000, Rs. C-286/98, ECLI:EU:C:2000:630 – Stora Kopparbergs Bergslags; Urt. v. 10.9.2009, Rs. C-97/08, ECLI:EU:C:2009:536 – Akzo Nobel; EuG, Urt. v. 15.9.2005, Rs. T-325/01, ECLI:EU:T:2005:322 – DaimlerChrylser AG; Urt. v. 26.4.2007, verb. Rs. T-109/02

erklären, dass verbundene Unternehmen dadurch gekennzeichnet sind, dass sie mehrere (Tochter-)Gesellschaften unter einheitlicher Leitung, normalerweise derjenigen einer Holding oder Muttergesellschaft, zusammenfassen.[180]

Es kann jedoch nicht der Grundsatz abgeleitet werden, dass jeder Unternehmensverbund/-gruppe auch zugleich eine wirtschaftliche Einheit bildet. Vielmehr muss jeder Unternehmensverbund die Voraussetzungen der wirtschaftlichen Einheit erfüllen, deren Vorliegen von Einzelfall zu Einzelfall immer wieder neu überprüft werden muss.[181]

In der Kommissionsentscheidung *Karton* vom 13.7.1994 heißt es, in großen Firmengruppen kann je nach den Umständen jede der folgenden Einheiten als ein Unternehmen gelten: „*die Mutter- oder Holdinggesellschaft der Gruppe, die ganze Firmengruppe, bestehend aus Muttergesellschaft und ihren direkten und indirekten Tochtergesellschaften; Zwischenholdings; von den Unterholding-Gesellschaften oder deren Tochtergesellschaften gegründete Teilkonzernen und Unternehmensbereiche*" sowie „*die individuellen Tochtergesellschaften*".[182]

Die Analyse der Rechtsprechung mit Bezug zu verbundenen Unternehmen im Wettbewerbsrecht zeigt, dass die am häufigsten vorkommende Adressatenkonstellation eine Muttergesellschaft und ihre 100%ige Tochtergesellschaft umfasst.[183] Vorwiegend besteht eine unmittelbare Verbindung zwischen den

---

u. a., ECLI:EU:T:2007:115 – Bolloré SA u. a.; Urt. v. 27.10.2010, Rs. T-24/05, ECLI:EU:T:2010:453 – AOI. Auch die Europäische Kommission hat wiederholt Konzerne als wirtschaftliche Einheit bzw. folgend als Unternehmen anerkannt, beispielsweise KOMM., Entsch. v. 14.12.1972, ABl. 1972 Nr. L 299, S. 51, 54 – Zoja/CSC-ICI; Entsch. v. 17.12.1975, ABl. 1976 Nr. L 95, S. 1, 11 – Chiquita; Entsch. v. 8.12.1977, ABl. 1978 Nr. L 22, S. 23,30 – Hugin/Liptons; Entsch. v. 20.12.1977, ABl. 1978 Nr. L 50, S. 16,23 – The Distillers Company; Entsch. v. 12.12.1978, Abl. 1979 Nr. L 16, S. 9,14, Tz. 42 – Kawasaki; Entsch. v. 16.12.1985, ABl. 1985 Nr. L 376, S. 21, 25 Tz. 51 – Sperry New Holland; Entsch. v. 22.12.1987, ABl. 1988 Nr. L 65, S. 19,30 Tz. 54 – Eurofix-Bauco/Hilti; Entsch. v. 21.12.1988, ABl. 1989 N. L 43, S. 27, 39 Rn. 82 – Decca Navigator System; Entsch. v. 21.12.1988, ABl. 1989 Nr. L 74, S. 1, 14 Rn. 42 – PVC; Entsch. v. 21.12.1988, ABl. 1989 Nr. L 74, S. 21, 35 Rn. 49 – LDPE; Entsch. v. 22.6.1993, ABl. 1993 Nr. L 272, S. 28, 39 Tz. 94 – Zera/Montedison. Siehe ferner *Aberle*, Sanktionsdurchgriff und wirtschaftliche Einheit, S. 45.

180 *Schröter*, in von der Groeben/Schwarze/Hatje, Vorb. Art. 101 bis 105, Rndr. 51.

181 Vgl. *Emmerich*, in Immenga/Mestmäcker, Art. 101 Abs. 1 AEUV, Rn. 43.

182 KOMM., Entsch. v. 13.7.1994, Abl. 1994 L 243 S. 1,45, Tz. 140 – Karton; ähnlich v. 2.7.2002, Abl. 2003 L 255, S. 1,18, Tz. 230 – Methionin; v. 21.10.1998, Abl. 1999 L 24, S. 1,57, Tz. 154 a. E. – Fernwärmetechnik-Kartell.

183 Vgl. EuGH, Urt. v. 14.7.1972, Rs. C-48/69, ECLI:EU:C:1972:70, Tz. 132/135 – ICI; Urt. v. 25.10.1983, Rs. C-107/82, ECLI:EU:C:1983:293 – AEG Telefunken; Urt.

beiden Unternehmen. Daneben sind jedoch auch mittelbare Beziehungen denkbar, beispielsweise im Rahmen eines dreistufigen Beteiligungsverhältnisses zwischen Mutter, Tochter und Enkelin, wenn also die Muttergesellschaft M1 100 % Kapital an der Muttergesellschaft M2 (Zwischengesellschaft) hält, die wiederum zu 100 % Anteile an der Tochtergesellschaft T besitzt.[184]

Die Anwendbarkeit des Konzepts der wirtschaftlichen Einheit auf diese Gesellschaftsgruppe gilt es im Folgenden näher zu betrachten.

2. *Muss die Muttergesellschaft selbst eine Unternehmensqualität aufweisen?*

Im Rahmen der wirtschaftlichen Einheit stellt sich die Frage, ob es erforderlich ist, dass die Muttergesellschaft selbst eine eigene wirtschaftliche Tätigkeit ausübt.

In der Rechtsache *Stichting Portielje* vom 16.6.2011 verneinte das EuG die Zurechnung des kartellrechtswidrigen Verhaltens der Tochtergesellschaft gegenüber der Muttergesellschaft wegen der fehlenden Unternehmenseigenschaft. Bei der Muttergesellschaft handelte es sich um eine Familienstiftung, die mangels Ausübung einer wirtschaftlichen Tätigkeit selbst kein Unternehmen im Sinne von Art. 101 AEUV darstellte. Der Begriff der wirtschaftlichen Einheit, der mehrere verschiedene Rechtspersönlichkeiten umfassen kann, ist eingeführt worden, um die Zurechnung des Verhaltens zwischen Personen zu ermöglichen, und nicht zur Begründung der Unternehmenseigenschaft der Muttergesellschaft.[185]

Dieses Urteil wurde seitens des EuGH jedoch mit der Begründung aufgehoben, dass einer rechtlichen Einheit die Verantwortung für das Verhalten einer anderen rechtlichen Einheit auferlegt werden kann, sofern diese ihr Marktverhalten nicht autonom bestimmt. Es ist unerheblich, ob die Muttergesellschaft die Rechtsform einer Stiftung und nicht einer Gesellschaft innehabt und ob sie

---

v. 16.11.2000, Rs. C-286/98, ECLI:EU:C:2000:630 – Stora Kopparbergs Bergslags; Urt. v. 10.9.2009, Rs. C-97/08, ECLI:EU:C:2009:536 – Akzo Nobel; EuG, Urt. v. 15.9.2005, Rs. T-325/01, ECLI:EU:T:2005:322 – DaimlerChrylser AG; Urt. 26.4.2007, verb. Rs. T-109/02 u. a., ECLI:EU:T:2007:115 – Bolloré SA u. a; Urt. v. 27.10.2010, Rs. T- 24/05, ECLI:EU:T:2010:453 – AOI. Vgl. auch *Kokott/Dittert*, WuW 2012, S. 670.

184 EuGH, Urt. v. 20.1.2011, Rs. C-90/09 P, ECLI:EU:C:2011:21, Tz. 87 f. – General Química; Siehe auch GA *Mazák*, Schlussanträge v. 14.9.2010, Rs. C-90/90 P, ECLI:EU:C:1991:182, Tz. 62 – General Química u. a.

185 EuG, Urt. v. 16.6.2011, Rs. T-209/08, ECLI:EU:T:2011:287, Tz. 41 f. – Stichting Administratiekantoor Portielje.

bereits selbst für sich genommen dem Begriff des Unternehmens i. S. v. Art. 101 AEUV entspricht.[186] Ausschlaggebend ist allein,

> *„dass alle rechtlichen Einheiten […] zusammen mit der Einrichtung, deren unmittelbare Beteiligung an der Zuwiderhandlung erwiesen ist […] ein einziges Unternehmen im Sinne von Art. 81 EG darstellen. Insoweit ist […] die tatsächliche Ausübung eines bestimmenden Einflusses auf die Zuwiderhandelnde durch die übergeordnete Einrichtung maßgeblich."*[187]

3. *Bestimmender Einfluss*

a. *Fehlende Autonomie, das Marktverhalten selbst bestimmen zu können*

Kern des Konzepts der wirtschaftlichen Einheit ist das Unvermögen zumeist der Tochtergesellschaft, über ihr Marktverhalten selbstständig zu bestimmen. Grund für deren fehlende wirtschaftliche Autonomie ist die Abhängigkeit von der Muttergesellschaft.

Aus Sicht der Muttergesellschaft besitzt letztere die Fähigkeit, die Tochtergesellschaft zu beherrschen, indem sie deren Willensbildung und Geschäftsführung beeinflusst.[188]

b. *Bezugspunkt der fehlenden Entscheidungsautonomie*

aa. Ansicht der Unionsorgane

Fraglich ist, was den Bezugspunkt für die fehlende Autonomie der Tochtergesellschaft darstellt. Ist diese bedingt durch die Einflussnahme der Muttergesellschaft auf ein konkretes wettbewerbswidriges Verhalten der Tochtergesellschaft, oder reicht es aus, dass die Tochtergesellschaft grundsätzlich ihr Marktverhalten nicht selbst bestimmen kann?

Nach nunmehr übereinstimmender Auffassung der Unionsorgane bedarf es zur Bejahung eines Entscheidungsdefizits keiner Einflussnahme der Muttergesellschaft auf das konkrete wettbewerbswidrige Verhalten der jeweiligen Tochtergesellschaft. So ist es nicht erforderlich, dass eine Anstiftung der

---

186 EuGH, Urt. v. 11.7.2013, Rs. C-440/11 P, ECLI:EU:C:2013:514, Tz. 42 f. – Stichting Administratiekantoor Portielje. Siehe auch GA *Kokott*, Schlussanträge v. 29.11.2012, Rs. C-440/11 P, ECLI:EU:C:2012:763, Tz. 29 ff. – Stichting Administratiekantoor Portielje; *Solek/Wartinger*, Journal of European Competition Law&Practice Vol. 6 No. 2, 2015, 73, 76.

187 *Ebenda*, Tz. 44.

188 *Gleiss/Hirsch*, Art. 85 Rn. 194 und 195; *Menz*, Wirtschaftliche Einheit und Kartellverbot, S. 325.

Tochtergesellschaft zur Beteiligung an der Zuwiderhandlung seitens der Muttergesellschaft vorliegt oder dass letztere die Tochtergesellschaft bei der Zuwiderhandlung zumindest unterstützte (Behilfe).[189] Ebenfalls wird keinerlei Kenntnis oder fahrlässige Unkenntnis der Muttergesellschaft von der Zuwiderhandlung vorausgesetzt.[190] Schließlich bedarf es auch nicht einer Einflussnahme auf das Marktverhalten der Tochtergesellschaft im engeren operativen Sinne.[191] Vielmehr können Gesellschaften bereits zu einer wirtschaftlichen Einheit zusammengefasst werden, wenn sie bei der Gesamtbetrachtung aller zwischen ihnen bestehenden organisatorischen, wirtschaftlichen und rechtlichen Bindungen am Markt wie eine Einheit auftreten.[192]

---

189 Siehe Argumentation der Europäischen Kommission in EuG, Urt. v. 12.12.2007, Rs. T-112/05, ECLI:EU:T:2007:381, Tz. 47 – Akzo Nobel. Vgl. auch EuG, Urt. v. 30.4.2009, Rs. T-12/03, ECLI:EU:T:2009:130, Tz. 58 – Itochu; KOMM., Entsch. v. 13.9.2006, Tz. 199 – Niederländisches Bitumenkartell; Entsch. v. 29.11.2006, Tz. 355 – Synthetikkautschuk; Entsch. v. 28.11.2007, Tz. 423 – Flachglas; Entsch. v. 11.6.2008, Tz. 370 – Natriumchlorat; Ent. v. 1.10.2008, Tz. 369, 439, 581 – Kerzenwachse; Entsch. v. 12.11.2008, Tz. 578 – Autoglas; Ent. v. 22.7.2009, Tz. 224 – Calciumcarbid.

190 EuG, Urt. v. 30.4.2009, Rs. T-12/03, ECLI:EU:T:2009:130, Tz. 58 – Itochu; KOMM., Entsch. v. 13.9.2006, Tz. 199 – Niederländisches Bitumenkartell; Entsch. v. 24.1.2007, Tz. 370 – Gasisolierte Schaltanlagen; Entsch. v. 28.11.2007, Tz. 423 – Flachglas; Entsch. v. 12.11.2008, Tz. 578 – Autoglas.

191 EuGH, Urt. v. 10.9.2009, Rs. C-97/08 P, ECLI:EU:C:2009:536, Tz. 73 – Akzo Nobel; EuG, Urt. v. 12.12.2007, Rs. T-112/05, ECLI:EU:T:2007:381, Tz. 47 – Akzo Nobel.

192 EuGH, Urt. v. 16.11.2000, Rs. C-294/98 P, ECLI:EU:C:2000:632, Tz. 27 – Metsä Serla u. a.; Urt. v. 2.10.2003, Rs. C-196/99 P, ECLI:EU:C:2003:529, Tz. 96 – Aristrain; Urt. v. 28.6.2005, verb. Rs. C-189/02 P u. a., ECLI:EU:C:2001:420, Tz. 117 – Dansk Rorindustri u. a.; Urt. v. 11.12.2007, Rs. C-280/06, ECLI:EU:C:2007:775, Tz. 49 – ETI; Urt. v. 10.9.2009, Rs. C-97/08 P, ECLI:EU:C:2009:536, Tz. 58, 74 – Akzo Nobel; EuG, Urt. v. 27.9.2006, Rs. T-314/01, ECLI:EU:T:2006:266, Tz. 135 – Avebe; Urt. v. 27.9.2006, Rs. T-330/01, ECLI:EU:T:2006:269, Tz. 83 – Akzo Nobel; KOMM., Entsch. v. 1.10.2008, Tz. 334 – Kerzenwachse. Beispielsweise könne sich, nach Ansicht der GA *Kokott*, die Einflussnahme der Muttergesellschaft auf deren Tochtergesellschaft in Bezug auf Unternehmensstrategie, Betriebspolitik, Betriebspläne, Investitionen, Kapazitäten, Finanzausstattung, Humanressourcen und Rechtsangelegenheiten mittelbar auf das Marktverhalten der Tochtergesellschaft sowie die gesamte Unternehmensgruppe auswirken. Ferner impliziere selbst die bloße Zugehörigkeit zum Konzern einen Einfluss hinsichtlich der Auswahl der Personen, mit denen die Tochtergesellschaft im Wettbewerb stehe. Vgl. GA *Kokott*, Schlussanträge v. 23.4.2009, Rs. C-97/08 P, ECLI:EU:C:2009:262, Tz. 91 f. – Akzo Nobel.

Die insbesondere seit der *Akzo-Nobel*-Rechtsprechung vertretene Auffassung des EuGH, dass der Bezugspunkt des Autonomiedefizits nicht das konkrete Marktverhalten, sondern vielmehr die allgemeine Geschäftspolitik der Tochtergesellschaft ist, stellt einen Bruch mit der früheren Auffassung des EuGH dar. Zuvor vertrat der Gerichtshof, dass die wirtschaftliche Einheit zwischen Mutter- und Tochtergesellschaft nicht strukturell bestehe, sondern nur jeweils im Hinblick auf ein gemeinsames einheitliches Verhalten in bestimmten wirtschaftlichen Beziehungen.[193] Entscheidend war, dass eine Kausalität des Handelns der Muttergesellschaft für das Handeln der Tochtergesellschaft oder zumindest eine Komplementarität beider Verhalten vorlag. Der Einfluss seitens der Muttergesellschaft musste folglich auf den Geschäftsbereich, in dem die Zuwiderhandlung stattgefunden hat, gerichtet sein, beispielsweise auf die Vertriebs- und Preispolitik der Tochtergesellschaft.[194]

bb. Würdigung

Im Idealfall sind eindeutige Anhaltspunkte dafür zu finden, dass die Muttergesellschaft das wettbewerbswidrige Marktverhalten ihrer Tochtergesellschaft durch konkrete Weisungen beeinflusst hat.

Allerdings zur Begründung des Entscheidungsdefizits eine Anstiftungshandlung oder Beihilfe der Muttergesellschaft in Bezug auf den jeweiligen Kartellrechtsverstoß der Tochtergesellschaft zu fordern, wäre zu eng.[195] In der Praxis werden häufig keine direkten Weisungen an die Tochtergesellschaft erfolgt sein bzw. lassen sich zumindest nicht nachweisen.[196] Dafür spricht auch, dass in einem Unternehmensverbund, wie im Falle eines Konzerns, in der Regel gemeinsame Leitinteressen existieren, die von allen Konzerngesellschaften berücksichtigt werden. Infolgedessen liegt es sowohl im Interesse der Tochter- als auch im Interesse der Muttergesellschaft, dass erstere einen wirtschaftlichen Erfolg vorweisen kann. Davon ausgehend ist somit auch eine indirekte Lenkung der Tochtergesellschaft denkbar, die möglicherweise in einem wettbewerbswidrigen Verhalten derselben mündet. Das Autonomiedefizit an den konkreten Kartellrechtsverstoß

---

193 EuGH, Urt. v. 6.3.1974, Rs. C-6/73, ECLI:EU:C:1974:18, Tz. 37, 41 – ICI/CSC; Urt. v. 14.12.2006, Rs. C-217/05 P, ECLI:EU:C:2006:784, Tz. 40 – CEEES/Kommission. Vgl. ferner *de Bronett*, EWS 2012, S. 113, 115.

194 Vgl. EuGH, Urt. v. 14.7.1972, Rs. C-48/69, ECLI:EU:C:1972:70, Tz. 136/141 („Preispolitik") – ICI; EuGH, Urt. v. 25.10.1983, Rs. C-107/82, ECLI:EU:C:1983:293, Tz. 50 („Vertriebs- und Preispolitik") – AEG-Telefunken.

195 A. A. *Heinichen*, Unternehmensbegriff und Haftungsnachfolge, S. 104.

196 Vgl. auch *Kokott/Dittert*, WuW 2012, 670, 673.

anzuknüpfen, würde bedeuten, dass dieses nur in den seltensten Fällen der Muttergesellschaft zugerechnet werden kann.

Für den Ansatz, alle strukturellen Verbindungen zwischen Mutter- und Tochtergesellschaft zugrunde zu legen, spricht eine effiziente Durchsetzung der Wettbewerbsregeln.[197]

Wünschenswert wäre zwar im Hinblick auf den Bezugspunkt des Autonomiedefizits, an dieser Stelle mit zu berücksichtigen, dass es sich um eine Einheit handelt, die als solche einen Kartellrechtsverstoß begangen hat. Denn die wirtschaftliche Einheit kann in Bezug auf ihre Zusammensetzung je nach Fall, Zweck und Rechtsgebiet erheblich divergieren.[198] Ferner ist im Hinblick auf die fehlende Autonomie der Tochtergesellschaft keine direkte Anweisung der Muttergesellschaft zur Begehung eines Kartellrechtsverstoßes notwendig. Dieses muss im Umkehrschluss aber nicht zwingend bedeuten, dass das kartellwidrige Verhalten der Tochtergesellschaft gänzlich unberücksichtigt bleiben muss. Neben der Gesamtbetrachtung aller strukturellen Verbindungen könnte daher darauf abgestellt werden, dass der Einfluss seitens der Muttergesellschaft auch explizit auf den Geschäftsbereich, in dem die Zuwiderhandlung stattgefunden hat, gerichtet gewesen ist, beispielsweise auf die Vertriebs- und Preispolitik der Tochtergesellschaft.

Allerdings sind Konzernstrukturen häufig sehr komplex gestaltet, und zu viele Faktoren, die grundsätzlich strukturell bedingt sind, können sich am Ende auf ein spezifisches Verhalten der Tochtergesellschaft in einem Geschäftsbereich auswirken. Es muss daher ausreichend sein, dass die Tochtergesellschaft ein potenzielles Handlungsinstrument der Muttergesellschaft darstellt. Wenn die Gesellschaften bei der Gesamtbetrachtung aller zwischen ihnen bestehenden organisatorischen, wirtschaftlichen und rechtlichen Bindungen am Markt wie eine Einheit auftreten, ist anzunehmen, dass auch in dem Geschäftsbereich, der mit dem Kartellrechtsverstoß in Verbindung steht, keine Autonomie der Tochtergesellschaft gegenüber der Muttergesellschaft besteht. Insofern stellt der Ansatz, diesen Geschäftsbereich als relevanten Bezugspunkt für das Autonomiedefizit zu wählen, am Ende lediglich einen engeren Bemessungsmaßstab dar, der in der Praxis regelmäßig nicht zu einem unterschiedlichen Ergebnis führt.

Darüber hinaus spricht für die Zugrundelegung sämtlicher struktureller Verbindungen zwischen Mutter- und Tochtergesellschaft, dass der Wettbewerbsverstoß im Außenverhältnis zuvörderst als ein solcher des Unternehmensverbunds

---

197 Siehe auch *Kokott/Dittert*, WuW 2012, 670, 673.

198 *Ebenda*, S. 333.

erscheint.[199] Denn um eine Gesellschaft für das Verhalten einer anderen Gesellschaft desselben Unternehmensverbunds einstehen zu lassen, muss es aus Sicht eines Außenstehenden gleichwertig sein, ob der Unternehmensverbund durch die eine oder die andere Gesellschaft agiert. Damit eine weitgehende Gleichbehandlung mit einem Einheitsunternehmen gerechtfertigt ist, bedarf es demzufolge mehr als der Komplementarität eines an den spezifischen Wettbewerbsverstoß angelehnten Verhaltens. Eine umfängliche Abhängigkeit zwischen den Gesellschaften, begründet auf allen organisatorischen, wirtschaftlichen und rechtlichen Beziehungen, wird diesem Gedanken am ehesten gerecht.

4. *Möglichkeiten der Ausübung eines bestimmenden Einflusses*

Zur Begründung einer wirtschaftlichen Einheit zwischen den entsprechenden Gesellschaften muss die Muttergesellschaft zunächst die Möglichkeit besitzen, bestimmenden Einfluss auf die Tochtergesellschaft auszuüben.

a. *Einflussmöglichkeiten durch strukturelle Verflechtungen*

Strukturelle Verflechtungen zwischen einzelnen Gesellschaften bilden nach Auffassung der Unionsorgane eine erste wichtige Gruppe von Indizien, die auf die Existenz einer wirtschaftlichen Einheit hindeuten.[200]

aa. Einflussmöglichkeit durch eine kapitalmäßige Verbundenheit

Nach überwiegend vertretener Ansicht ist zunächst eine Kapitalbeteiligung ein wichtiges Indiz bis hin sogar zu einer erforderlichen Bedingung zur Begründung einer wirtschaftlichen Einheit.[201]

---

199 Vgl. auch *Menz*, Wirtschaftliche Einheit und Kartellverbot, S. 120.

200 *Heinichen*, Unternehmensbegriff und Haftungsnachfolge, S. 89. Siehe dazu auch *Blome*, Rechtsträgerprinzip und Wirtschaftliche Einheit, S. 156 ff.

201 *Böse*, Strafen und Sanktionen, S. 192; *Dannecker/Biermann*, in: Immenga/Mestmäcker, Vorb. zu Art. 23 f. VO 1/2003, Rn. 90; *Engelsing/Schneider*, in: MünchKomm EU WettbR, Art. 23 VO 1/2003, Rn. 41; *Hackel*, Konzerndimensionales Kartellrecht, S. 190 f.; *Hamann*, Unternehmen als Täter, S. 197; *Papakiriakou*, Unternehmensstrafrecht, S. 175 ff.; *Rütsch*, Strafrechtlicher Durchgriff, S. 53; a. A. *Aberle*, Sanktionsdurchgriff und wirtschaftliche Einheit, S. 60, siehe auch Fn. 209. *Dannecker/Fischer-Fritsch*, EG-Kartellrecht in der Bußgeldpraxis, S. 274 f. und *Lessenich*, Unternehmensbegriff, S. 102 nehmen im Ergebnis lediglich eine Indizwirkung an.

Aufgrund der Kapitalbeteiligung an einer Gesellschaft, hält die beteiligte Gesellschaft in Höhe ihrer Beteiligung entsprechend Stimmrechte.[202] Diese sind wiederrum für die Willensbildung der Gesellschaft relevant.[203] Denn die von den Gesellschaftern in den Angelegenheiten der Gesellschaft zu treffenden Bestimmungen erfolgen durch Beschlussfassung nach der Mehrheit der abgegebenen Stimmen in der Haupt- oder Gesellschafterversammlung.[204] „Angelegenheiten der Gesellschaft zu treffende Bestimmungen" sind u.a. die Bestellung der Geschäftsführer sowie Beschlussfassungen über die Grundsätze der Geschäftspolitik, aber auch Einzelanweisungen an die Geschäftsführer.[205] Durch die über die Anteile der Muttergesellschaft vermittelten Stimmrechte kann diese daher Einfluss auf die Tochtergesellschaft ausgeüben.[206]

Die Notwendigkeit einer kapitalmäßigen Verbundenheit zur Begründung einer wirtschaftlichen Einheit wird vornehmlich aus einer Analyse der Entscheidungspraxis der Unionsorgane abgeleitet.[207]

---

202 Vgl. *Bayer*, in MüKo AktG, § 16 AktG, Rn. 5. Siehe auch § 47 Abs. 2 GmbHG: *„Jeder Euro eines Geschäftsanteils gewährt eine Stimme."*

203 Vgl. Drescher, MüKo GmbHG, § 47 GmbHG, Rn. 3.

204 Vgl. den Wortlaut des § 47 Abs. 1 GmbHG. Nach Drescher wird die Willensbildung einer Gesellschaft wird durch die Gesellschafter geregelt, vgl. Drescher, MüKo GmbHG, § 47 GmbHG, Rn. 1.

205 Vgl. *Bayer*, in MüKo AktG, § 16 AktG, Rn. 11.

206 Vgl. *Hirschmann*, in Hölters, AktG, § 17 AktG, Rn. 6. Besonders in der jüngsten Bußgeldpraxis der Europäischen Kommission findet sich die Auffassung, dass schon die gesetzliche Einflussnahme- und Kontrollmöglichkeiten, die dem Anteilseigner durch das mitgliedstaatliche Gesellschaftsrecht eingeräumt werden, zur Begründung einer wirtschaftlichen Einheit ausreichen. Vgl. KOMM., Entsch. v. 1.10.2008, Tz. 430, 441 – Kerzenwachse; Entsch. v. 3.12.2003, Tz. 259 – Elektrotechnische und mechanische Kohlenstoff- und Graphitprodukte.

207 Vgl. zum Beispiel: EuGH, Urt. v. 16.11.2000, Rs. C-286/98 P, ECLI:EU:C:2000:630, Tz. 27 ff. – Stora Kopparbergs Bergslags; EuG, Urt. v. 12.12.2007, Rs. T-112/05, ECLI:EU:T:2007:381, Tz. 62, 67 – Akzo Nobel; Urt. 08.10.2008, Rs. T-69/04, ECLI:EU:T:2008:415, Tz. 57 f. – Schunk; Urt. v. 30.4.2009, Rs. T-12/03, ECLI:EU:T:2009:130, Tz. 51 f. – Itochu; KOMM., Entsch. v. 31.5.2006, Tz. 263, 294 – Methacrylate; Entsch. v. 13.9.2006, Tz. 212, 215, 223, 231, 241 – Niederländisches Bitumenkartell; Entsch. v. 29.11.2006, Tz. 341, 404 – Synthetikkautschuk; Entsch. v. 18.4.2007, Tz. 401, 416 – Niederländischer Biermarkt; Entsch. v. 20.11.2007, Tz. 162, 180, 188 – Videobänder; Entsch. v. 28.11.2007, Tz. 392, 417, 430, 451 – Flachglas; Entsch. 11.3.2008, Tz. 398, 422, 442, 456 – Internationale Umzugsdienste; Entsch. v. 1.10.2008, Tz. 353, 384, 427 f. – Kerzenwachse; Entsch. v. 22.7.2009, Tz. 209, 217, 228, 235 – Calciumcarbid. Vgl. auch *Heinichen*, Unternehmensbegriff und Haftungsnachfolge, S. 83.

Die durch kapitalmäßige Verflechtung hergestellte Verbundenheit zwischen Marktteilnehmern muss so eng sein, dass dadurch die Möglichkeit der Zusammenfassung der Marktteilnehmer unter einheitlicher Leitung eröffnet wird.[208] Eine Notwendigkeit des 100%igen Kapitalbesitzes im Verhältnis der Marktteilnehmer zueinander besteht jedoch grundsätzlich nicht.[209] Es reicht vielmehr jeder Anteilsbesitz aus, der die Möglichkeiten einer externen Kontrolle begründet.[210] Dieses ist für gewöhnlich der Fall, wenn mehrheitlicher Anteilsbesitz vorliegt.[211] So hat der EuGH in der Rechtsache *ICI* vom 14.7.1972 bereits eine „Kapitalmehrheit" zur entscheidenden Einflussnahme auf die Preispolitik der Tochtergesellschaften genügen lassen.[212] Gleichwohl wird bei Vorliegen eines 100%igen Kapitalbesitzes regelmäßig eine Einflussmöglichkeit bestehen.[213]

In der Rechtsache *AEG* vom 25.10.1983 hatte AEG angeführt, dass eine „allgemeine Vertriebspolitik" nicht schon aus Schriftstücken, die den Verdacht eines Wettbewerbsverstoß erhärtet hätten und nach AEG von ihren Tochtergesellschaften alleine und ohne ihre Mitwirkung verfasst worden seien, geschlossen werden kann. Auch sonst haben sie niemals einen eigenen Beitrag zu den Wettbewerbsverstößen geleistet.[214] Der EuGH nahm jedoch an, dass die 100%iger

208 *Papakiriakou*, Unternehmensstrafrecht, S. 175.

209 *Dannecker/Biermann*, in: Immenga/Mestmäcker, Vorb. zu Art. 23 f. VO 1/2003, Rn. 91.

210 *Papakiriakou*, Unternehmensstrafrecht, S. 176.

211 Vgl. EuGH, Urt. v. 14.7.1972, Rs. C-48/69, ECLI:EU:C:1972:70, Tz. 136/141 – ICI; Urt. v. 25.10.1983, Rs. C-107/82, ECLI:EU:C:1983:293, Tz. 50 – AEG Telefunken; Urt. v. 16.11.2000, Rs. C-286/98 P, ECLI:EU:C:2000:630, Tz. 29 – Stora Kopparbergs Bergslags; Urt. v. 10.9.2009, Rs. C-97/08 P, ECLI:EU:C:2009:536, Tz. 60 – Akzo Nobel; EuG, Urt. v. 12.12.2007, Rs. T-112/05, ECLI:EU:T:2007:381, Tz. 601 ff. – Akzo Nobel; Urt. 08.10.2008, Rs. T-69/04, ECLI:EU:T:2008:415, Tz. 56 – Schunk; Urt. v. 30.4.2009, Rs. T-12/03, ECLI:EU:T:2009:130, Tz. 49 – Itochu.

212 EuGH, Urt. v. 14.7.1972, Rs. C-48/69, ECLI:EU:C:1972:70, Tz. 136/141 – ICI.

213 Siehe dazu auch Teil 1 § 2 I. 5. Vgl. ferner EuGH, Urt. v. 25.10.1983, Rs. C-107/82, ECLI:EU:C:1983:293, Tz. 50 – AEG Telefunken; Urt. v. 16.11.2000, Rs. C-286/98 P, ECLI:EU:C:2000:630, Tz. 29 – Stora Kopparbergs Bergslags; Urt. v. 10.9.2009, Rs. C-97/08 P, ECLI:EU:C:2009:536, Tz. 60 – Akzo Nobel; GA *Kokott*, Schlussanträge v. 23.4.2009, Rs. C-97/08 P, ECLI:EU:C:2009:262, Tz. 48 – Akzo Nobel; EuG, Urt. v. 12.12.2007, Rs. T-112/05, ECLI:EU:T:2007:381, Tz. 60 – Akzo Nobel; Urt. 08.10.2008, Rs. T-69/04, ECLI:EU:T:2008:415, Tz. 56 – Schunk; Urt. v. 30.4.2009, Rs. T-12/03, ECLI:EU:T:2009:130, Tz. 49 – Itochu.

214 EuGH, Urt. v. 25.10.2003, Rs. C-107/82, ECLI:EU:C:1983:293, Tz. 47 ff. – AEG Telefunken.

Tochtergesellschaft von AEG zwangsläufig deren Politik befolgt, die von denselben satzungsmäßigen Organen festgelegt wird wie die Politik von AEG.

Ohne näher auf andere mögliche wirtschaftliche, organisatorische und rechtliche Bindungen einzugehen, stellte der Gerichtshof in seinem *Akzo Nobel*-Urteil vom 10.9.2009 lediglich auf den Kapitalbesitz der Muttergesellschaft an ihrer Tochter und dessen Höhe ab. In dem Falle, dass eine Muttergesellschaft 100% des Kapitals an ihrer Tochtergesellschaft hält, kann diese Muttergesellschaft einen bestimmenden Einfluss auf das Verhalten ihre Tochtergesellschaft ausüben.[215]

Es gibt Stimmen, die sagen, dass zur Annahme einer wirtschaftlichen Einheit allein die Inhaberschaft von Gesellschaftskapital nicht ausreicht.[216] Tatsächlich nahm die Europäische Kommission in der *Polypropylen*-Entscheidung vom 23.4.1986 kein Vorliegen eines einzigen Unternehmens an,

> *„obwohl SAGA PETROLEUM* [...] *über 100 % des Kapitals von SAGA PETROKJEMI verfügte,* [...] *so dass das Verhalten von SAGA PETROKJEMI unter dem Gesichtspunkt*

215 EuGH, Urt. v. 10.9.2009, Rs. C-97/08 P, ECLI:EU:C:2009:536, Tz. 60 – Akzo Nobel.

216 *Aberle*, Sanktionsdurchgriff und wirtschaftliche Einheit, S. 60, kommt sogar zu dem Ergebnis, dass eine Kapitalbeteiligung einer Gesellschaft an einer anderen Gesellschaft keine zwingende Voraussetzung für eine wirtschaftliche Einheit sei. Um eine wirtschaftliche Einheit bilden zu können, muss eine Gesellschaft auch nicht Gesellschafter einer anderen Gesellschaft sein. Vgl. dazu EuGH, Urt. v. 1.7.2010, Rs. C-407/08, ECLI:EU:C:2010:389, Tz. 77, 86 – Knauf Gips: In dieser Entscheidung wurde eine wirtschaftliche Einheit bejaht, obwohl keine direkte Beteiligung vorlag und die beteiligten Kommanditgesellschaften jeweils nicht Gesellschafter der anderen waren. Mehrere Kommanditgesellschaften der Knauf-Gruppe wiesen jedoch dieselbe Gesellschafterstruktur auf. Maßgeblich war vor allem, dass zwei natürliche Personen in allen Gesellschaften als Komplementäre auftraten und dass ein Familienvertrag vorlag. Die Ansicht von *Aberle* unterstützend die Europäische Kommission in EuG, Urt. v. 27.9.2006, Rs. T-43/02, ECLI:EU:T:2006:270, Tz. 120 – Jungbunzlauer: *„Entscheidend* [ist] *also nicht der Anteilsbesitz als solcher, sondern die der Muttergesellschaft dadurch verschaffte Möglichkeit, auf die Geschäftspolitik der Tochtergesellschaft entscheidenden Einfluss zu nehmen."* Ebenso die KOMM., Entsch. v. 1.10.2008, Tz. 338 – Kerzenwachse, der zufolge *„eine einzelne wirtschaftliche Einheit* [...] *auch dann als entstanden angesehen werden* [kann], *wenn sie auf der Basis einer freiwillig eingegangenen vertraglichen Beziehung beruht, die von Einheiten eingegangen wurde, die* [...] *kein eigentumsrechtliches Verhältnis miteinander haben"*. Ohne jeden Rückgriff auf das Kriterium der Kapitalverbundenheit begründen die Unionsorgane eine wirtschaftliche Einheit zwischen einem Prinzipal und seinem Handelsvertreter, vgl. hierzu EuGH, Urt. v. 16.12.1975, verb. Rs. 40/73 u. a., ECLI:EU:C:1975:174, Tz. 478, 481 – Suiker Unie u. a. Siehe auch ferner *Heinichen*, Unternehmensbegriff und Haftungsnachfolge, S. 84 f.; *Winckler*, Journal of European Competition Law & Practice 2011, 2(1), S. 34 f.

der ‚Unternehmensidentität' SAGA PETROLEUM angelastet werden könnte. SAGA PETROKJEMI hat stets als getrennte Einheit funktioniert und kann nicht als Bestandteil derselben Wirtschaftseinheit wie SAGA PETROLEUM angesehen werden"[217].

Es kann daher festgehalten werden, dass auch durch andere Kriterien eine wirtschaftliche Einheit begründet werden kann.[218] Jedoch besitzt eine 100%ige Kapitalbeteiligung der Muttergesellschaft an ihrer Tochtergesellschaft im Hinblick auf die Möglichkeit, Einfluss zu nehmen, eine sehr starke Indizwirkung.[219]

bb. Weitere Einflussmöglichkeiten

Weitere Indizien für das Vorliegen einer wirtschaftlichen Einheit können sein:[220] Wesentliche Entscheidungen, die das strategische Marktverhalten oder die Unternehmensstruktur einer Tochtergesellschaft betreffen, werden von der jeweiligen Muttergesellschaft getroffen.[221] Die Muttergesellschaft ist selbst oder mittels anderer Konzerntöchter auf dem gleichen sachlichen Markt wie die kartellbeteiligte Tochtergesellschaft aktiv.[222] Zugunsten der Muttergesellschaft

---

217 KOMM., Entsch. v. 23.4.1986, ABl. EG 1986 Nr. L 230, 1, Tz. 99 – Polypropylen.

218 Vgl. auch *Burnley*, World Competition 33, no. 4 (2010), 595, 609.

219 Wie weit diese Indizwirkung am Ende sogar reicht, wird in Teil 1 § 2 I 5 näher erläutert.

220 Siehe zu den im Folgenden aufgeführten Punkten: *Heinichen*, Unternehmensbegriff und Haftungsnachfolge, S. 89 ff.

221 EuG, Urt. v. 12.12.2007, Rs. T-112/05, ECLI:EU:T:2007:381, Tz. 72 ff. – Akzo Nobel; KOMM., Entsch. v. 27.8.2003, Tz. 78 f. – GVG/FG; Entsch. v. 21.12.2005, Tz. 259 – Kautschukchemikalien; Entsch. v. 3.5.2006, Tz. 411 – Wasserstoffperoxid; Entsch. v. 13.9.2006, Tz. 197 f., 225, 247 – Niederländisches Bitumenkartell; Entsch. v. 29.11.2006, Tz. 388, 429 – Synthetikkautschuk; Entsch. v. 28.11.2007, Tz. 420 – Flachglas; Entsch. v. 11.6.2008, Tz. 378 – Natriumchlorat; Entsch. v. 1.10.2008, Tz. 498 – Kerzenwachse; Entsch. v. 22.7.2009, Tz. 210, 236, 246 – Calciumcarbid.

222 KOMM., Entsch. v. 3.9.2004, Tz. 565 – Kupferinstallationsrohre; Entsch. v. 24.1.2007, Tz. 398 – Gasisolierte Schaltanlagen. Vgl. auch EuG, Urt. v. 14.5.1998, Rs. T-347/94, ECLI:EU:T:1998:101, Tz. 397 – Mayr-Melnhof; Urt. v. 14.5.1998, Rs. T-354/94. ECLI:EU:T:1998:104, Tz. 82 – Stora Kopparbergs Bergslags; Urt. v. 14.5.1998, Rs. T-308/94, ECLI:EU:T:1998:90, Tz. 157 f. – Cascades; GA *Léger*, Schlussanträge v. 13.12.1994, Rs. C-310/93 P, ECLI:EU:C:1994:408, Tz. 28 – British Gypsum; KOMM., Entsch. v. 20.12.2001, ABl. 3.9.2004, Tz. 572 – Kupferinstallationsrohre; Entsch. v. 9.12.2004, Tz. 175 – Cholinchlorid; Entsch. v. 3.5.2006, Tz. 394 – Wasserstoffperoxid; Entsch. v. 20.9.2006, Tz. 659 – Rohrverbindungen. Dieses gilt entsprechend auch für vertikal integrierte Gesellschaften: Entsch. v. 3.10.2007, Tz. 397, 413 – Spanisches Bitumenkartell; GA *Mischo*, Schlussanträge v. 18.5.2000, Rs. C-286/98 P, ECLI:EU:C:2000:263, Tz. 27- Stora Kopparbergs Bergslags.

existieren wesentliche gesellschaftsvertragliche Zustimmungsvorbehalte.[223] Es gibt geschäftsbereichsübergreifende Gremien mit Zuständigkeiten für die Leitung des Unternehmensverbunds.[224] Der Unternehmensverbund weist eine Spartenorganisationsstruktur auf.[225] Es findet eine Konsolidierung des kartellbetroffenen Umsatzes statt.[226] Die Tochtergesellschaft muss gegenüber der Muttergesellschaft Berichts- oder Rechenschaftspflichten nachkommen.[227]

Schließlich wurde wiederholt bereits allein in der Existenz eines konzernweiten kartellrechtlichen Compliance-Programms ein Indiz für das Vorliegen einer Einflussmöglichkeit und damit auch einer wirtschaftlichen Einheit gesehen.[228]

---

223 KOMM., Entsch. v. 22.7.2009, Tz. 229, 231, 246 – Calciumcarbid. Vgl. auch EuG, Urt. v. 30.9.2009, Rs. T-175/05, ECLI:EU:T:2009:369, Tz. 101 f. – Akzo Nobel; KOMM., Entsch. v. 24.1.2007, Tz. 455 – Gasisolierte Schaltanlagen; Entsch. v. 1.10.2008, Tz. 498 – Kerzenwachse, Entsch. v. 13.9.2006, Tz. 254, 275 – Niederländisches Bitumenkartell; Entsch. v. 3.10.2007, Tz. 445 – Spanisches Bitumenkartell; Entsch. v. 11.6.2008, Tz. 481 – Natriumchlorat.

224 KOMM., Entsch. v. 24.1.2007, Tz. 418 – Gasisolierte Schaltanlagen. Vgl. auch KOMM., Entsch. v. 30.11.2005, Tz. 658 ff. – Industrielle Sackverpackungen; Entsch. v. 13.9.2006, Tz. 233 – Niederländisches Bitumenkartell; Entsch. v. 28.11.2007, Tz. 446 – Flachglas.

225 KOMM., Entsch. v. 22.7.2009, Tz. 229, 231, 246 – Calciumcarbid. Vgl. auch KOMM., Entsch. v. 19.1.2005, Tz. 240 – Monochloressigsäure; Entsch. v. 30.11.2005, Tz. 707 – Industrielle Sackverpackungen; Entsch. v. 3.5.2006, Tz. 385 – Wasserstoffperoxid; Entsch. v. 13.9.2006, Tz. 254 – Niederländisches Bitumenkartell; Entsch. v. 11.6.2008, Tz. 378 – Natriumchlorat.

226 KOMM., Entsch. v. 20.10.2005, Tz. 344 – Rohtabak Italien; Entsch. v. 21.12.2005, Tz. 262 – Kautschukchemikalien; Entsch. v. 20.9.2006, Tz. 653 – Rohrverbindungen; Entsch. v. 3.10.2007, Tz. 397, 406, 423 – Spanisches Bitumenkartell; Entsch. v. 1.10.2008, Tz. 394 – Kerzenwachse; Entsch. v. 22.7.2009, Tz. 210, 218, 221, 236, 252, 264 – Calciumcarbid.

227 KOMM., Entsch. v. 12.11.2008, Tz. 555 – Autoglas; Entsch. v. 22.7.2009, Tz. 218 – Calciumcarbid. Vgl. auch EuG, Urt. v. 30.9.2009, Rs. T-175/05, ECLI:EU:T:2009:369, Tz. 106, 110. – Akzo Nobel; KOMM., Entsch. v. 20.1.2004, Tz. 379 f. – Rohtabak Spanien; Entsch. v. 30.11.2005, Tz. 590, 692 – Industrielle Sackverpackungen; Entsch. v. 29.11.2006, Tz. 344, 379. 406 – Synthetikkautschuk; Entsch. v. 3.10.2007, Tz. 397, 427 – Spanisches Bitumenkartell; Entsch. v. 20.11.2007, Tz. 190 – Videobänder; Entsch. v. 28.11.2007, Tz. 435 – Flachglas; KOMM. in EuG, Urt. v. 12.12.2007, Rs. T-112/05, ECLI:EU:T:2007:381, Tz. 51 – Akzo Nobel; KOMM., Entsch. v. 11.6.2008, Tz. 378 – Natriumchlorat; Entsch. v. 1.10.2008, Tz. 500 – Kerzenwachse; Entsch. v. 15.10.2008, Tz. 370 f. – Bananen.

228 KOMM., Entsch. v. 19.1.2005, Tz. 251, 253 – Monochloressigsäure; Entsch. v. 28.11.2007, Tz. 413 – Flachglas; Entsch. v. 1.10.2008, Tz. 368 – Kerzenwachse; Entsch. v. 22.7.2009, Tz. 210 – Calciumcarbid. Vgl. auch KOMM., Entsch. v. 20.10.2004, Tz.

b. Einflussmöglichkeit durch personelle Verflechtung

Personelle Verflechtungen in der Geschäftsleitung unterschiedlicher Gesellschaften sind ebenfalls ein gewichtiger Faktor, der zur Annahme einer wirtschaftlichen Einheit führen kann.[229] Dahinter steht die Zielsetzung, das tatsächliche Geschehen unabhängig von der im Einzelfall gewählten juristischen Ausgestaltung zu erfassen.[230] Denn anhand der personellen Besetzung lassen sich häufig die tatsächlichen Machtstrukturen erkennen.[231]

Nach der Europäischen Kommission soll dabei entscheidend sein, welche rechtlichen Einheiten auf die Besetzung der Organe und Leitungsfunktionen der kartellbeteiligten Tochtergesellschaft Einfluss genommen haben.[232]

Personelle Verflechtungen können zum Beispiel wie folgt aussehen:[233] Organmitglieder oder Angestellte der Muttergesellschaft nehmen Aufgaben und Ämter im Vorstand, in der Geschäftsführung, im Aufsichtsrat oder in anderen Leitungsgremien der unmittelbar kartellbeteiligten Tochtergesellschaft wahr.[234] Mitarbeiter, die stellvertretend für die Tochtergesellschaft an den Kartelltreffen

---

391 – Rohtabak Spanien; GA *Mazák*, Schlussanträge v. 14.9.2010, Rs. C-90/90 P, ECLI:EU:C:1991:182, Tz. 40 – General Química u. a.

229 *Aberle*, Sanktionsdurchgriff und wirtschaftliche Einheit, S. 60. Siehe dazu auch *Blome*, Rechtsträgerprinzip und Wirtschaftliche Einheit, S. 160 ff.

230 *Hamann*, Unternehmen als Täter, S. 201 f.

231 *Ebenda*, S. 202.

232 So die Auffassung der Europäischen Kommission in EuG, Urt. v. 12.12.2007, Rs T-112/05, ECLI:EU:T:2007:381, Tz. 50 – Akzo Nobel. Vgl. auch KOMM., Entsch. v. 20.9.2006, Tz. 659 – Rohrverbindungen; Entsch. v. 1.10.2008, Tz. 385 – Kerzenwachse. In diesem Zusammenhang soll es bereits ausreichen, wenn einer Muttergesellschaft aufgrund ihrer Kapitalbeteiligung das Recht zusteht, die Zusammensetzung des Vorstands oder der Geschäftsführung ihrer Tochter zu bestimmen, vgl. dazu KOMM., Entsch. v. 11.6.2008, Tz. 386 – Natriumchlorat.

233 Siehe zu den im Folgenden aufgeführten Punkten: *Heinichen*, Unternehmensbegriff und Haftungsnachfolge, S. 91 ff.

234 KOMM., Entsch. v. 28.11.2007, Tz. 395, 410 – Flachglas. Vgl. auch EuGH, Urt. V. 28.6.2005, verb. Rs. C-189/02 P u. a., ECLI:EU:C:2001:420, Tz. 120 – Dansk Rorindustri u. a.; EuG, Urt. v. 26.4.2007, verb. Rs T-109/02 u. a., ECLI:EU:T:2007:115, Tz. 138 – Bolloré SA u. a.; KOMM., Entsch. v. 3.5.2006, Tz. 408 – Wasserstoffperoxid; Entsch. V. 13.9.2006, Tz. 237, 250 – Niederländisches Bitumenkartell; Entsch. v. 29.11.2006, Tz. 427 – Synthetikkautschuk; Entsch. v. 11.6.2008, Tz. 379 f. – Natriumchlorat; Entsch. v. 1.10.2008, Tz. 498 – Kerzenwachse; Entsch. v. 22.7.2009, Tz. 221, 229, 252, 264 – Calciumcarbid.

teilnahmen, sind bei der Muttergesellschaft beschäftigt.[235] Angestellte der Tochtergesellschaft besitzen Leitungsfunktionen bei der Muttergesellschaft.[236]

Ferner kann auch die Außendarstellung der kartellbeteiligten Gesellschaften eine Indizwirkung für das Vorliegen einer wirtschaftlichen Einheit aufweisen,[237] beispielsweise hinsichtlich des Auftretens im Rahmen der Zuwiderhandlung, wenn alle Gesellschaften des Unternehmensverbunds im Rahmen eines Kartelltreffens gemeinsam auftraten (z. B. vertreten durch den gleichen Mitarbeiter)[238] oder sie in den Kartellunterlagen einheitlich mit dem Namen der Muttergesellschaft oder mit dem Namen der Unternehmensgruppe festgehalten wurden.[239]

Des Weiteren liegt die Annahme einer wirtschaftlichen Einheit nahe, wenn die Tochtergesellschaft regelmäßig mit dem Namen der Muttergesellschaft identifiziert wird,[240] sich Verträge auf die gesamte Unternehmensgruppe beziehen,[241] alle Gesellschaften des Unternehmensverbunds den gleichen Briefkopf verwenden,[242] eine gemeinsame Unternehmensstrategie auch im Rahmen des

235 KOMM., Entsch. v. 21.12.2005, Tz. 250 – Kautschukchemikalien; Entsch. v. 22.7.2009, Tz. 218 – Calciumcarbid. Vgl. auch KOMM., Entsch. v. 14.9.2005, Tz. 323 – Garne.

236 KOMM., Entsch. v. 28.11.2007, Tz. 434, 436 – Flachglas. Vgl. auch KOMM., Entsch. v. 2.7.2002, ABl. EG 2003 Nr. L 255, 1, Tz. 246 – Methionin; Entsch. v. 27.11.2002, Tz. 504 – Gipsplatten; Entsch. v. 10.12.2003, Tz. 381 – Organische Peroxide; Entsch. v. 3.5.2006, Tz. 391 – Wasserstoffperoxid; Entsch. v. 31.5.2006, Tz. 294 – Methacrylate; Entsch. v. 13.9.2006, Tz. 254 – Niederländisches Bitumenkartell; Entsch. v. 24.1.2007, Tz. 354, 391, 399 ff. – Gasisolierte Schaltanlagen; Entsch. v. 11.6.2008, Tz. 386, 423 – Natriumchlorat; Entsch. v. 12.11.2008, Tz. 553 – Autoglas; Entsch. v. 28.1.2009, Tz. 363 – Marineschläuche.

237 *Heinichen*, Unternehmensbegriff und Haftungsnachfolge, S. 92.

238 EuG, Urt. v. 20.3.2002, Rs. T-9/99, ECLI:EU:T:2002:70, Tz. 60 – HFB; Urt. v. 8.7.2008, Rs. T-52/03, ECLI:EU:T:2008:253, Tz. 343 – Knauf; KOMM., Entsch. v. 17.12.2002, Tz. 400 – Graphitspezialerzeugnisse; Entsch. v. 24.1.2007, Tz. 454 – Gasisolierte Schaltanlagen; Entsch. v. 20.11.2007, Tz. 165, 170 – Videobänder. Vgl. auch EuGH, Urt. v. 28.6.2005, verb. Rs. C-189/02 P u. a., ECLI:EU:C:2001:420, Tz. 120 – Dansk Rorindustri u. a.

239 KOMM., Entsch. v. 10.12.2003, Tz. 385 – Organische Peroxide; Entsch. v. 13.9.2006, Tz. 214 – Niederländisches Bitumenkartell; Entsch. v. 24.1.2007, Tz. 454, 458 – Gasisolierte Schaltanlagen.

240 KOMM., Entsch. v. 22.7.2009, Tz. 210 – Calciumcarbid. Vgl. auch EuG, Urt. v. 11.12.2003, Rs. T-66/99, ECLI:EU:T:2003:337, Tz. 135 ff. – Minoan Lines; KOMM., Entsch. v. 3.5.2006, Tz. 405 – Wasserstoffperoxid; Entsch. v. 13.9.2006, Tz. 197, 214 – Niederländisches Bitumenkartell.

241 KOMM., Entsch. v. 22.7.2009, Tz. 218 – Calciumcarbid.

242 EuGH, Urt. v. 1.7.2010, Rs. C-407/08 P, ECLI:EU:C:2010:389, Tz. 104 – Knauf Gips; EuG, Urt. v. 8.7.2008, Rs. T-52/03, ECLI:EU:T:2008:253, Tz. 357 – Knauf; KOMM.,

Internetauftritts sichtbar ist,[243] die einzelnen geschäftlichen Haupttätigkeitsbereiche gegenüber anderen Marktbeteiligten als Bestandteil eines Unternehmensverbunds bezeichnet werden,[244] der Unternehmensverbund sich unter einer gemeinsamen Marke repräsentiert[245] oder Mutter- und Tochtergesellschaft den gleichen Unternehmenssitz innehaben.[246]

Schließlich wird auch dem Auftreten der einzelnen Gesellschaften des Unternehmensverbunds im Bußgeldverfahren eine indizielle Wirkung beigemessen.[247] Eine Einflussnahme seitens der Muttergesellschaft auf ihre Tochtergesellschaft wird nach Auffassung der Unionsorgane bejaht, wenn die Muttergesellschaft, trotz der Beteiligung der Tochtergesellschaft am Verfahren, als alleinige Ansprechpartnerin der Europäischen Kommission dient,[248] die rechtliche Vertretung lediglich durch einen gemeinsamen Rechtsanwalt erfolgt,[249] nur ein gemeinsamer, für alle Gesellschaften des Unternehmensverbunds wirkender Kronzeugenantrag gestellt wurde[250] oder diese nur

---

Entsch. v. 27.11.2002, ABl. EG 2004 Nr. L 38, 18, Tz. 212 – Methylglukamin; GA *Mazák*, Schlussanträge v. 11.2.2010, Rs. C-407/08 P, ECLI:EU:C:2010:70, Tz. 68, 102 – Knauf Gips.

243 KOMM., Entsch. v. 28.11.2007, Tz. 432 – Flachglas; Entsch. 12.11.2008, Tz. 601 – Autoglas.

244 KOMM., Entsch. v. 22.7.2009, Tz. 264 – Calciumcarbid.

245 KOMM., Entsch. v. 13.9.2006, Tz. 233, 245, 249 – Niederländisches Bitumenkartell; Entsch., v. 3.10.2007, Tz. 397, 414 – Spanisches Bitumenkartell.

246 KOMM., Entsch. v. 13.9.2006, Tz. 237 – Niederländisches Bitumenkartell; Entsch. v. 28.11.2007, Tz. 437 – Flachglas; Entsch. 12.11.2008, Tz. 605 – Autoglas.

247 *Heinichen*, Unternehmensbegriff und Haftungsnachfolge, S. 94.

248 EuGH, Urt. v. 16.11.2000, Rs.C-286/98 P, ECLI:EU:C:2000:630, Tz. 29 – Stora Kopparbergs Bergslags; GA *Mischo*, Schlussanträge v. 18.5.2000, Rs. C-286/98 P, ECLI:EU:C:2000:263, Tz. 56 – Stora Kopparbergs Bergslags; EuG, Urt. v. 14.5.198, Rs. T-354/94, ECLI:EU:T:1998:104, Tz. 85 – Stora Kopparbergs Bergslags; Urt. v. 8.7.2008, Rs. T-52/03, ECLI:EU:T:2008:253, Tz. 358 – Knauf; KOMM., Entsch. v. 2.7. 2002, ABl. EG 2003 Nr. L 255, 1, Tz. 244 – Methionin; Entsch. v. 30.10.2002, ABl. EG 2003 Nr. L 255, 33 Tz. 361 – Nintendo; Entsch. v. 27.11.2002, ABl. EG 2004 Nr. L 38, 18, Tz. 211 – Methylglukamin; Entsch. v. 10.12.2003, Tz. 384 – Organische Peroxide; Entsch. v. 15.6.2005, Tz. 875 – Astra Zeneca; Entsch. v. 13.9.2006, Tz. 233 – Niederländisches Bitumenkartell.

249 KOMM., Entsch. v. 2.7. 2002, ABl. EG 2003 Nr. L 255, 1, Tz. 245 – Methionin; Entsch. v. 24.7.2002, ABl. EG 2003 Nr. L 84, 1, Tz. 401 – Industriegase und medizinische Gase.

250 KOMM., Entsch. v. 10.12.2003, Tz. 384 – Organische Peroxide; Entsch. v. 20.9.2006, Tz. 659, 665 – Rohrverbindungen; Entsch. v. 1.10.2008, Tz. 354 – Kerzenwachse.

gemeinsam auf Beschwerdepunkte erwidern bzw. auf Auskunftsersuchen reagieren.[251]

5. *Widerlegbare Vermutung der bestimmenden Einflussnahme*

a. *Tatsächliche Ausübung des bestimmenden Einflusses*

Zur Begründung einer wirtschaftlichen Einheit bedarf es, wie oben bereits aufgezeigt, nicht nur der Möglichkeit der Einflussnahme seitens der Muttergesellschaft. Sie muss auch tatsächlich auf die Tochtergesellschaft Einfluss ausgeübt haben.

Es ist jedoch umstritten, welche Anforderungen an den Nachweis der tatsächlichen Ausübung des bestimmenden Einflusses der Muttergesellschaft auf ihre Tochtergesellschaft zu stellen sind.

b. *Vermutung der bestimmenden Einflussnahme bei 100%iger Beteiligung der Muttergesellschaft an der Tochtergesellschaft*

Grundsätzlich obliegt es der Europäischen Kommission, einen solchen bestimmenden Einfluss anhand einer Reihe tatsächlicher Umstände zu beweisen, zu denen insbesondere auch das etwaige Weisungsrecht eines dieser Unternehmen gegenüber dem anderen gehört.[252]

Im dem Fall, dass eine Muttergesellschaft 100 % des Kapitals ihrer Tochtergesellschaft hält, geht der EuGH nicht nur davon aus, dass die Muttergesellschaft

---

251 KOMM., Entsch. v. 24.1.2007, Tz. 454, 459 – Gasisolierte Schaltanlagen. Vgl. auch EuG, Urt. v. 10.3.1992, Rs. T-11/98, ECLI:EU:T:1992:33, Tz. 314 – Shell; KOMM., Entsch. v. 2.7. 2002, ABl. EG 2003 Nr. L 255, 1, Tz. 245 – Methionin; Entsch. v. 30.10.2002, ABl. EG 2003 Nr. L 255, 33 Tz. 357 f. – Nintendo; Entsch. v. 24.7.2002, ABl. EG 2003 Nr. L 84, 1, Tz. 397 – Industriegase und medizinische Gase; Entsch. v. 10.12.2003, Tz. 384 – Organische Peroxide; Entsch. v. 14.9.2005, Tz. 305 – Garne; Entsch. v. 21.12.2005, Tz. 262 – Kautschukchemikalien. In seinem Urteil Akzo Nobel vertritt der EuG jedoch die Ansicht, dass von einer gemeinsamen Antwort auf die Mitteilung von Beschwerdepunkten noch keine Einflussnahme auf die Geschäftspolitik der Tochtergesellschaft geschlossen werden könne, vgl. Urt. v. 30.9.2009, Rs. T-175/05, ECLI:EU:T:2009:369, Tz. 111. Andere Ansicht GA *Mazák*, Schlussanträge v. 14.9.2010, Rs. C-90/09 P, ECLI:EU:C:1991:182, Tz. 39 – General Química u. a.

252 EuG, Urt. v. 27.9.2006, Rs. T-314/01, ECLI:EU:T:2006:266, Tz. 136 – Avebe. Vgl. ferner EuGH, Urt. v. 28.6.2005, verb. Rs. C-189/02 P, ECLI:EU:C:2001:420, Tz. 118-122 – Dansk Rorindustri u. a.; Urt. v. 2.10.2003, Rs. C-196/99 P, ECLI:EU:C:2003:529, Tz. 97 ff. – Aristrain; EuG, Urt. v. 20.3.2002, Rs. T-9/99, ECLI:EU:T:2002:70, Tz. 527 – HFB u. a.

einen solchen bestimmenden Einfluss auf die Tochtergesellschaft ausüben kann, sondern stellt zusätzlich die Vermutung auf, „*dass diese Muttergesellschaft tatsächlich einen bestimmenden Einfluss auf das Verhalten ihrer Tochtergesellschaft ausübt*“[253].

Begründet wird die Vermutung eines bestimmenden Einflusses bei vollständigem Kapitalbesitz unter Zugrundlegung einer wirtschaftlichen Betrachtung vor allem mit dem weitestgehenden Gleichlauf der Interessen der Gesellschaften.[254] Zu 100 % kontrollierte Gesellschaften hätten in der Regel, insbesondere im Hinblick auf das kartellrechtlich relevante Auftreten am Markt, keine eigenen Interessen, die sich von denen der jeweiligen Konzernspitze nennenswert unterscheiden würden. Außerdem seien die Gesellschaften personell häufig eng miteinander verflochten.[255]

aa. Entwicklung der Einflussnahmevermutung in der Rechtsprechung

Schon in der Rechtsache *AEG* vom 25.10.1983 hielt der EuGH eine nähere Prüfung hinsichtlich der tatsächlichen Einflussnahme der Muttergesellschaft auf ihre Tochtergesellschaft nicht für notwendig. Vielmehr reichte es dem EuGH aus, dass es sich um eine 100%ige Tochtergesellschaft gehandelt hat. Er schloss aus der Höhe des Kapitalbesitzes, dass die Tochtergesellschaft dieselbe Vertriebs- und Preispolitik wie ihre Muttergesellschaft befolgt.[256] Es war jedoch weiterhin erforderlich, dass die Europäische Kommission, um die Zuwiderhandlung einer Tochtergesellschaft der Muttergesellschaft zurechnen zu können, entweder durch direkte oder indirekte Beweismittel darlegen musste, dass die Tochtergesellschaft Weisungen der Muttergesellschaft „*auf dem Markt durchsetzte*“[257].

Im Hinblick auf die 100%ige-Vermutungsregel wird immer wieder auf das EuGH-Urteil *Stora* vom 16.11.2000 verwiesen. Der Gerichtshof führte dort aus, dass das Gericht aufgrund einer 100%igen Kapitalbeteiligung zu der Annahme berechtigt gewesen ist, dass die Muttergesellschaft tatsächlich entscheidenden Einfluss auf das Verhalten ihrer Tochtergesellschaft ausübt. Es geht aus der Entscheidung jedoch nicht klar hervor, ob die 100%ige Kapitalbeteiligung für sich alleine tatsächlich ausreichend ist, um eine solche Annahme treffen zu können,

253 EuGH, Urt. v. 10.9.2009, Rs. C-97/08 P, ECLI:EU:C:2009:536, Tz. 60 – Akzo Nobel.
254 Vgl. *Kokott/Dittert*, WuW 2012, 670, 673.
255 *Ebenda*, S. 674.
256 EuGH, Urt. v. 25.10.1983, Rs. C-107/82, ECLI:EU:C:1983:293, Tz. 50 – AEG Telefunken.
257 Vgl. *de Bronett*, EWS 2012, 113, 116.

oder ob die Europäische Kommission zudem noch weitere Indizien vorzubringen hat. Denn der EuGH verwies darauf, dass die Muttergesellschaft sich, stellvertretend für die gesamte Stora-Gruppe, als alleinige Gesprächspartnerin gegenüber der Europäischen Kommission präsentiert hat.[258]

Dass der Besitz von 100 % des Kapitals der Tochtergesellschaft für sich genommen noch nicht ausreicht, wird durch die Ausführungen des Gerichts in seinem Urteil *DaimlerChrysler* vom 15.9.2005 bestärkt, wenn auch nicht klar definiert. So führte das Gericht aus: Das Halten von 100 % des Kapitals an einer Tochtergesellschaft kann als Beleg für die bestimmende Einflussnahme durch die Muttergesellschaft nicht ausreichen. Die tatsächliche Ausübung von Leitungsmacht muss auch festgestellt werden.[259] Neben dem Kapitalbesitz kann die Europäische Kommission ihre Entscheidung auch darauf stützen, dass die Muttergesellschaft als einziger Ansprechpartner für den Unternehmensverbund aufgetreten ist und im Übrigen mangels Beweisen, die die Eigenständigkeit der Tochtergesellschaft belegen, die Vermutung nicht entkräftet hat.[260] Hält die Muttergesellschaft das gesamte Kapital an der Tochtergesellschaft, darf die Europäische Kommission aber durchaus die tatsächliche Ausübung des bestimmenden Einflusses vermuten.

In dem Urteil *Bolloré* vom 26.4.2007 führte das EuG nun deutlicher aus, dass es den 100%igen Kapitalbesitz der Muttergesellschaft an der Tochtergesellschaft zwar für ein starkes Indiz für die Möglichkeit der Ausübung bestimmenden Einflusses hält. Es jedoch für sich genommen noch nicht ausreicht, um die Muttergesellschaft für das Verhalten der Tochtergesellschaft verantwortlich zu machen. Ein zusätzliches Element neben dem Beteiligungsgrad bleibt notwendig, kann aber in Indizien bestehen.[261]

Schließlich stellte der EuGH seinem Urteil *Akzo Nobel* vom 10.9.2009 ausdrücklich klar, dass bei 100%igem Kapitalbesitz die Muttergesellschaft in der Lage ist, bestimmenden Einfluss auf die Tochtergesellschaft auszuüben, tatsächlich auch eine Einflussnahme erfolgt ist und demzufolge eine „wirtschaftliche

---

258 EuGH, Urt. v. 16.11.2000, Rs. C-286/98 P, ECLI:EU:C:2000:630, Tz. 28 f. – Stora Kopparbergs Bergslags. Siehe dazu auch Ausführungen von *Heinrich*, Wirtschaftliche Haftungseinheit, S. 50ff.

259 EuG, Urt. v. 15.9.2005, Rs. T-325/01, ECLI:EU:T:2005:322, Tz. 218 – DaimlerChrysler.

260 *Ebenda*, Tz. 219.

261 EuG, Urt. v. 26.4.2007, verb. Rs. T-109/02 u. a., ECLI:EU:T:2007:115, Tz. 132 – Bolloré. Siehe dazu auch die Ausführungen Heinrich, Wirtschaftliche Haftungseinheit, S. 60 ff.

Einheit" vorliegt.[262] Für die Vermutung, dass eine Muttergesellschaft einen bestimmenden Einfluss auf das Marktverhalten der Tochtergesellschaft ausübt, reicht es insoweit aus, dass die Europäische Kommission beweist, dass das gesamte Kapital der Tochtergesellschaft von der Muttergesellschaft gehalten wird.[263]

Die in der *Akzo Nobel*-Entscheidung aufgestellte Vermutungsregel bestätigte der EuGH in seinem Urteil *General Química* vom 20.1.2011.[264] Das EuG hatte in der ersten Instanz klargestellt, dass der Gerichtshof sich zwar im Urteil Stora neben der 100%igen Kapitalbeteiligung an dem Tochterunternehmen auf weitere Umstände gestützt hat. Dieses ist aber nur deshalb erfolgt, um sämtliche Gesichtspunkte wiederzugeben, auf die das Gericht seine Argumentation in der in jener Rechtssache angefochtenen Entscheidung gestützt hat. Der Grund ist nicht gewesen, die genannte Vermutung vom Vorliegen weiterer Indizien abhängig zu machen.[265]

bb. Ist die Anwendbarkeit der Vermutungsregel auf einen 100%igen Kapitalbesitz begrenzt?

Die widerlegbare Vermutung besteht nach Ansicht des Gerichtshofs im besonderen Fall des vollständigen Kapitalbesitzes der Muttergesellschaft an der Tochtergesellschaft.[266] Allerdings greift die Vermutungsregel nicht nur dann, wenn

---

262 EuGH, Urt. v. 10.9.2009, Rs. C-97/08 P, ECLI:EU:C:2009:536, Tz. 60 – Akzo Nobel. Siehe auch *Blome*, Rechtsträgerprinzip und Wirtschaftliche Einheit, S. 148 ff.; *de Bronett*, EWS 2012, 113, 123; *Heinrich*, Wirtschaftliche Haftungseinheit, S. 62 ff.

263 EuGH, Urt. v. 10.9.2009, Rs. C-97/08 P, ECLI:EU:C:2009:536, Tz. 61 – Akzo Nobel. Siehe auch EuGH, Urt. v. 20.1.2011, Rs. C-90/09 P, ECLI:EU:C:2011:21, Tz. 40 – General Química. GA *Kokott* vertritt in ihren Schlussanträgen v. 23.4.2009, Rs. C-97/08 P, ECLI:EU:C:2009:262, Tz. 57 ff. – Akzo Nobel die Ansicht, dass es der Muttergesellschaft im Streitfall offenstehe, das Vorliegen einer bestimmenden Einflussnahme unter Erbringung von Gegenbeweisen zu bestreiten und auf diese Weise die bei 100%iger Kapitalbeteiligung bestehende Vermutung der Einflussnahme zu erschüttern. Es könne jedoch nicht geschlussfolgert werden, dass es der Kommission obliege, von sich aus Anhaltspunkte für eine konkrete Einflussnahme der Muttergesellschaft zu liefern. Zusätzlich angebrachte Anhaltspunkte könnten lediglich die ohnehin bestehende Vermutung verstärken. Zudem schaffe eine bei 100%igem Kapitalbesitz bestehende Vermutung Rechtssicherheit und sei in der Praxis einfacher zu handhaben.

264 EuGH, Urt. v. 20.1.2011, Rs. C-90/09 P, ECLI:EU:C:2011:21, Tz. 39 – General Química.

265 EuG, Urt. v. 18.12.2008, Rs. T-85/06, ECLI:EU:T:2008:598, Tz. 60 – General Química u. a. Dieses bestätigt der EuGH auch in der nächsten Instanz, siehe EuGH, Urt. v. 20.1.2011, Rs. C-90/09 P, ECLI:EU:C:2011:21, Tz. 41 – General Química.

266 Vgl. EuGH, Urt. v. 10.9.2009, Rs. C-97/08 P, ECLI:EU:C:2009:536, Tz. 60 – Akzo Nobel.

die Muttergesellschaft zu 100 % an der Tochtergesellschaft beteiligt ist. Sie gilt auch dann, wenn die Beteiligung nur nahezu 100% beträgt. Bislang entschieden wurde, dass jedenfalls Beteiligungen von mehr als 98% als „nahezu" zu anzusehen sind. In der Literatur wird von der Schaffung der sogenannten „Figur der überwiegenden Inhaberschaft" seitens der Unionsorgane gesprochen.[267]

In dem Urteil zur Rechtssache *ICI* vom 14.7.1972 ging der EuGH davon aus, dass die Muttergesellschaft auch aufgrund einer Kapitalmehrheit an der Tochtergesellschaft die Möglichkeit hat, bestimmenden Einfluss auszuüben.[268] In den Urteilen *Arkema* und *Elf Aquitaine*, beide vom 29.9.2011, wandte der EuGH die Vermutungsregel in Fällen an, in denen das Mutterunternehmen 98 % des Kapitals der jeweiligen Tochtergesellschaft hielt.[269] Dabei wiederholte er jedoch hinsichtlich der Anwendbarkeit der Vermutung nur die „Standardformulierung" für den Fall des 100%igen Kapitalbesitzes und ging nicht näher auf die geringere Beteiligungshöhe ein.

Auch eine Beteiligung von 95% oder sogar 90% dürfte im Einzelfall dazu führen, dass die bestimmende Einflussnahme vermutet wird.[270] Dies gilt insbesondere vor dem Hintergrund, dass mit einer etwas flexibleren Beteiligungsschwelle rechtsmissbräuchliche Konstruktionen begegnet werden soll.[271] Bei einer geringeren Kapitalbeteiligung (beispielsweise 80 %, 60 %) hingegen wurde die Einflussnahmevermutung bisher nicht angewandt.[272]

Eine überwiegende Inhaberschaft des Kapitals an der Tochtergesellschaft für die Anwendbarkeit der Vermutungsregel als ausreichend zu betrachten, birgt

---

267 So beispielsweise *Wirtz/Brenner*, GWR 2011, S. 291.

268 EuGH, Urt. v. 14.7.1972, Rs. C-48/69, ECLI:EU:C:1972:70, Tz. 136/141 – ICI.

269 EuGH, Urt. v. 29.9.2011, Rs. C-520/09 P, ECLI:EU:C:2011:619, Tz. 42 – Arkema; Urt v. 29.9.2011, Rs. C-521/09 P, ECLI:EU:C:2011:620, Tz. 63 – Elf Aquitaine. Vgl. ferner EuG, Urt. v. 30.9.2003, Rs. T-203/01, ECLI:EU:T:2003:250, Tz. 290 – Michelin. Nach Ansicht des GA *Bot*, Schlussanträge v. 26.10.2010, verb. Rs. C-201/09 P u. a., ECLI:EU:C:2010:634, Tz. 210 – ArcelorMittal Luxembourg beschränkt sich die Vermutung nicht mehr auf den Fall des vollständigen Kapitalbesitzes. Die Kommission wendete die Vermutungsregel in ihrer Entscheidung Keramag Keramische Werke auch auf eine Beteiligungshöhe von 92 bis 95 % an, obgleich nur unter gleichzeitiger Zugrundelegung zusätzlicher Indizien, vgl. EuG, Urt. v. 16.9.2013, verb. Rs. T-379/10 u. a., ECLI:EU:T:2013:457, Tz. 314–315 – Kerameg Keramische Werke AG u. a.

270 *Blome*, Rechtsträgerprinzip und wirtschaftliche Einheit, S. 146.

271 *Ebenda*.

272 Siehe EuG, Urt. v. 14.3.2013, Rs. T-587/08, ECLI:EU:T:2013:129, Tz. 70 – Fresh Del Monte Produce (80% Kapitalbeteiligung); EuG, Urt. v. 6.3.2012, Rs. T-64/06, ECLI:EU:T:2012:102, Tz. 35 – FLS Plast (60% Kapitalbeteiligung).

die Gefahr, dass bisher klar erkennbare Grenzen der Vermutung – nämlich der 100% Kapitalbesitz der Tochtergesellschaft – verschwimmen, ohne dass die Konturen der Rechtsfigur der „überwiegenden Inhaberschaft" erkennbar wären.[273] Allerdings sind die Bedenken bei einer Beteiligung in Höhe von 97 bis 99 % nicht von Relevanz. Eine bestimmende Einflussnahme seitens der Muttergesellschaft auf die Tochtergesellschaft wird regelmäßig aufgrund des mehrheitlichen Besitzes stimmberechtigter Anteile möglich sein. Die Anteile der Minderheitsgesellschafter sind in diesem Fall so gering, dass sie den Interessen des Mehrheitsgesellschafters nichts entgegensetzen können. Die Kontrolle obliegt bei einer so überwiegenden Inhaberschaft daher wohl grundsätzlich gänzlich beim Mehrheitsgesellschafter.

Nicht zuzustimmen ist den Ansichten in der Literatur, die für eine Anwendbarkeit der Vermutungsregel, unabhängig der Höhe des Kapitalbesitzes, plädieren.[274] Die Anwendung der Einflussnahmevermutung wird gerade aufgrund der bei einem 100%igen Kapitalbesitz anzunehmenden übereinstimmenden Interessen zwischen Mutter- und Tochtergesellschaft begründet. Der Gleichlauf der Interessen kann jedoch bei einer geringeren Kapitalbeteiligung der Muttergesellschaft nicht einfach angenommen werden. Das folgt schon daraus, dass

273 *Ebenda.*

274 Siehe beispielsweise *Montesa/Givaja*, World Competition 29 (2006), S. 563 f. Die Autoren begründen eine allgemeine Anwendbarkeit der Vermutungsregel damit, dass es nicht auf die Höhe des Kapitalbesitzes ankommen solle, sondern darauf, ob eine offenkundige Möglichkeit sowie ein Interesse der Muttergesellschaft bestehe, die Tochtergesellschaft zu kontrollieren. Dieses würde freilich eine Einzelfallbetrachtung voraussetzen. Es könnte aber bereits ein 51%iger Kapitalbesitz ausreichen. Außerdem sei es gefährlich, ein Signal an die Unternehmen zu senden, dass die Bestimmung der Verantwortlichkeit der Muttergesellschaften für das Verhalten der jeweiligen Tochtergesellschaft bei einer geringen Höhe des, jedoch immer noch bestimmenden, Einflusses weniger streng gehandhabt werden würde. Die Muttergesellschaften könnten ihre Anteile an „schwierigen" Tochtergesellschaften mit Absicht geringer halten, insbesondere wenn die Tochtergesellschaft schon mehrfach an Wettbewerbsverstößen beteiligt gewesen sei. Diese Ansicht verkennt jedoch, dass eine tiefgründige Einzelfallprüfung gerade durch die Vermutung nicht erforderlich sein soll. Ferner würde das Ausreichenlassen einer Einflussmöglichkeit wegen eines, wenn auch offenkundigen, Interesses der Muttergesellschaft den Voraussetzungen der wirtschaftlichen Einheit widersprechen. Schließlich besteht immer die Gefahr, dass die Muttergesellschaft Anteile an einer Tochtergesellschaft abstößt. Jedoch geht damit auch ein Kontrollverlust einher, auf den es aber gerade bei der Begründung der Zurechnung an die Muttergesellschaft ankommt.

die Muttergesellschaft aufgrund einer geringeren Kapitalbeteiligung weniger Stimmrechte besitzt und ihre Einflussnahmemöglichkeit in den Versammlungen daher auch schwächer ist.

cc. Die Geltung der Vermutungsregel in einem mittelbaren Beteiligungsverhältnis

Ferner findet die Vermutungsregel nicht ausschließlich im direkten Beteiligungsverhältnis Anwendung. Die Einflussnahme darf auch in einem mittelbaren Beteiligungsverhältnis vermutet werden. Ein mittelbares Beteiligungsverhältnis zwischen einer Muttergesellschaft und einer Tochtergesellschaft liegt vor, wenn in ihrer Mitte noch eine Zwischengesellschaft existiert.[275]

In seinem Urteil *General Química* vom 20.1.2011 sprach sich der EuGH deutlich für die Anwendbarkeit der Vermutungsregel bei mittelbaren Beziehungen zwischen Gesellschaften mit vollständigem Kapitalbesitz untereinander aus. Insofern geht der EuGH davon aus, dass eine Holdinggesellschaft, wenn auch nur mittelbar über eine Zwischengesellschaft, einen bestimmenden Einfluss auf die am Ende der Kette stehende Tochtergesellschaft ausüben kann und dieses auch vermutet werden darf.[276]

Schon der Generalanwalt *Mazák* unterstütze in seinen Schlussanträgen vom 14.9.2010 zu der Rechtsache *General Química* die Anwendbarkeit der Vermutungsregel auf dreistufige Beteiligungsverhältnisse:

> *„daher die widerlegbare Vermutung gelten sollte, dass die Muttergesellschaft diesen Einfluss auch tatsächlich ausübt. Dass zwischen einer Muttergesellschaft an der Konzernspitze und der an dem Verstoß gegen das Wettbewerbsrecht beteiligten Tochtergesellschaft eine Reihe von 100%igen Tochtergesellschaften steht, sollte dem Eingreifen der Vermutungsregel nicht entgegenstehen. Im Fall des Bestehens einer ‚Kette' von 100%igen Tochtergesellschaften steht die Fähigkeit der an der Konzernspitze stehenden Muttergesellschaft, bestimmenden Einfluss auf jede einzelne Tochtergesellschaft, vor allem auch auf die an der Zuwiderhandlung beteiligte Tochtergesellschaft, auszuüben, meines Erachtens außer Frage. Steht eine Gesellschaft zu 100 % – wenn auch vielleicht nur mittelbar – im Besitz*

---

275 Vergleiche Teil I, § 2 I 1 dieser Arbeit.

276 EuGH, Urt. v. 20.1.2011, Rs. C-90/09 P, ECLI:EU:C:2011:21, Tz. 87 f. – General Química. Der EuGH bestätigte diese Ansicht in seinem Urteil *ENI SpA*, siehe EuGH, Urt. v. 8.5.2013, Rs. C-508/11P, ECLI:EU:C:2013:289, Tz. 48 f. – ENI SpA. Siehe auch *Solek/Wartinger*, Journal of European Competition Law&Practice Vol. 6, No.2 (2015), 73, 76; *Winckler*, Journal of European Competition Law&Practice Vol. 2, No 3 (2011), 231 ff.

einer anderen, sollte die fragliche Vermutungsregel eingreifen, da der Unternehmensaufbau grundsätzlich nicht entscheidend ist.“[277]

c. Widerlegung der Vermutung

Die Vermutung der tatsächlichen Einflussnahme der Muttergesellschaft auf das Marktverhalten der unmittelbar kartellbeteiligten Tochtergesellschaft ist prinzipiell widerlegbar.[278]

aa. Widerlegbarkeit der Vermutung

Es handelt sich bei der Einflussnahmevermutung um eine einfache, widerlegbare Vermutung.[279] Nach ständiger Entscheidungspraxis der Unionsorgane obliegt es der Muttergesellschaft, *„diese Vermutung durch Beweise zu entkräften, die geeignet sind, die Selbständigkeit ihrer Tochtergesellschaft zu belegen“*[280].

---

277 GA *Mazák*, Schlussanträge v. 14.9.2010, Rs. C-90/90 P, ECLI:EU:C:1991:182, Tz. 62 – General Química u. a.

278 Dies betont GA *Mazák*, Schlussanträge v. 14.9.2010, Rs. C-90/09 P, ECLI:EU:C:1991:182, Tz. 34 – General Química u. a.: „Die Möglichkeit, die Vermutung zu widerlegen, muss bestehen, um die Verteidigungsrechte der betreffenden Muttergesellschaft und ihr Recht auf Zugang zu den Gerichten zu wahren, und dient insbesondere als Ausgleich dafür, dass die Beweislast der Europäischen Kommission aufgrund der Vermutung weitgehend erleichtert wird. Alle Beweise, die die Muttergesellschaft vorlegt, müssen daher sehr sorgfältig gewürdigt und gewichtet werden.“

279 EuGH, Urt. v. 10.9.2009, Rs. C-97/08 P, ECLI:EU:C:2009:536, Tz. 61 ff. – Akzo Nobel; Urt. v. 20.1.2011, Rs. C-90/09 P, ECLI:EU:C:2011:21, Tz. 39 f. – General Química; Urt. v. 29.3.2011, Rs. C-201/09 P, ECLI:EU:C:2011:190, Tz. 95 – ArcelorMittal Luxembourg; Urt. v. 29.9.2011, Rs. C-520/09 P, ECLI:EU:C:2011:619, Tz. 38 ff. – Arkema; Urt. v. 29.9.2011, Rs. C-521/09 P, ECLI:EU:C:2011:620, Tz. 54 ff. – Elf Aquitaine. Vgl. auch *Kokott/Dittert*, WuW 2012, S. 670, 676.

280 EuG, Urt. v. 12.12.2007, Rs. T-112/05, ECLI:EU:T:2007:381, Tz. 60, 62 – Akzo Nobel. Vgl. ferner EuGH, Urt. v. 16.11.2000, Rs. C-286/98 P, ECLI:EU:C:2000:630, Tz. 29 – Stora Kopparbergs Bergslags; Urt. v. 10.9.2009, Rs. C-97/08 P, ECLI:EU:C:2009:536, Tz. 61 – Akzo Nobel; GA *Kokott*, Schlussanträge v. 23.4.2009, Rs. C-97/08 P, ECLI:EU:C:2009:262, Tz. 75, 81 – Akzo Nobel; EuG, Urt. v. 30.9.2009, Rs. T-168/05, ECLI:EU:T:2009:367, Tz. 67 – Arkema; KOMM., Entsch. v. 21.2.2007, Tz. 605 – Aufzüge und Rolltreppen; Entsch. v. 20.11.2007, Tz. 155 – Videobänder; Entsch. v. 28.11.2007, Tz. 388 – Flachglas; Entsch. v. 1.10.2008, Tz. 333, 365 – Kerzenwachse; Entsch. v. 15.10.2008, Tz. 364 – Bananen. Die Vermutung ist nach der Europäischen Kommission daher in zwei Fällen widerlegt: Entweder der Nachweis wird erbracht, dass die Muttergesellschaft ungeachtet ihrer Kapitalbeteiligung keine Möglichkeit hatte, auf das Marktverhalten der Tochtergesellschaft Einfluss zu nehmen, oder die

Bei erfolgreicher Widerlegung der Vermutung seitens der Muttergesellschaft wechselt sodann die Darlegungs- und Beweisführungslast für die Unselbstständigkeit der unmittelbar kartellbeteiligten Tochtergesellschaft zurück zur Europäischen Kommission.[281]

bb. Nachweismöglichkeiten zur Widerlegung der Vermutung

Zur Widerlegung der Vermutung bedarf es der Vorlage „stichhaltiger Gegenbeweise“ seitens der Muttergesellschaft; nicht ausreichen sollen hingegen Indizien.[282] Welche Art von Gegenbeweisen am Ende jedoch „stichhaltig“ sein mag und zum Erfolg führen wird, ist bislang nicht abschließend geklärt.[283]

In den Schlussanträgen der GA *Kokott* in der Rechtsache Akzo Nobel vom 23.4.2009 nannte GA *Kokott* denkbare Nachweise zur Widerlegung der Vermutungsregel:

> *„a) Die Muttergesellschaft ist eine Investmentgesellschaft und geriert sich wie ein reiner Finanzinvestor, b) die Muttergesellschaft hält nur vorübergehend und für kurze Zeit eine 100%ige Beteiligung an der Tochtergesellschaft, c) die Muttergesellschaft ist aus rechtlichen Gründen daran gehindert ihre 100%ige Kontrolle über die Tochtergesellschaft voll auszuüben“*[284].

Die Europäische Kommission hatte im Fall des spanischen Rohtabak- Kartells die zwischengeschaltete Konzerngesellschaft *Intabex* von der Mitverantwortung ausgenommen, da diese rein finanziell beteiligt gewesen ist.[285] Das EuG

Muttergesellschaft kann beweisen, dass sie – obwohl eine Einflussnahmemöglichkeit existiert – tatsächlich keinen Einfluss auf das Marktverhalten ihrer Tochtergesellschaft ausgeübt hat. Siehe dazu KOMM., Entsch. v. 21.12.2005, Tz. 247 – Kautschukchemikalien; Entsch. v. 21.2.2007, Tz. 605 – Aufzüge und Rolltreppen. Vgl. auch *Burnley*, World Competition 33, no.4 (2010), 595, 602; *Heinichen*, Unternehmensbegriff und Haftungsnachfolge, S. 100.

281 GA *Kokott*, Schlussanträge v. 23.4.2009, Rs. C-97/08 P, ECLI:EU:C:2009:262, Tz. 74 – Akzo Nobel. Siehe auch *Heinichen*, Unternehmensbegriff und Haftungsnachfolge, S. 100.

282 GA *Kokott*, Schlussanträge v. 23.4.2009, Rs. C-97/08 P, ECLI:EU:C:2009:262, Tz. 74 – Akzo Nobel.

283 Dazu auch *Kokott/Dittert*, WuW 2012, 670, 677. Grundsätzlich zur Widerlegung der Vermutung siehe *Blome*, Rechtsträgerprinzip und Wirtschaftliche Einheit, S. 149 ff.

284 GA *Kokott*, Schlussanträge v. 23.4.2009, Rs. C-97/08 P, ECLI:EU:C:2009:262, Fn. 67 – Akzo Nobel. Vgl. außerdem GA *Warner*, Schlussanträge v. 22.1.1974, verb. Rs. C-6/73 u. a., ECLI:EU:C:1974:5, 260, 266 – Commercial Solvents.

285 KOMM., Entsch. v. 20.1.2004, COMP/C.38.238/B.2, Tz. 376 – Rohtabak Spanien. Vgl. ferner *Kling*, ZWeR 2011, 169, 182, *Kokott/Dittert*, WuW 2012, 670, 679.

stellte jedoch klar, dass es sich nur um einen tatsächlich ausschließlich passiven Investor handeln darf. Als „reiner Finanzinvestor" besitzt dieser zwar Anteile an einem Unternehmen, um Gewinne zu generieren, jedoch hält er sich von jeder Art Mitwirkung in Bezug auf Unternehmensführung und Kontrolle fern.[286] Diese Auffassung hat jedoch sehr wenig, bisweilen überhaupt keine praktische Bedeutung. Denn diese Art von Investor wird in der Praxis wohl kaum 100%igen Kapitalbesitz an den Gesellschaften haben, in die er investiert.[287] Auch wird wohl eine Finanzholdinggesellschaft, wie sie typischerweise in den hier untersuchten Fallgestaltungen vorkommt, nicht erfasst sein. Schließlich verwaltet diese das Vermögen der Gesamtgruppe und kann finanzielle Zielgrößen vorgeben sowie finanzielle Ressourcen zuteilen.[288] So hat der Gerichtshof in seinem Urteil *Eni SpA* vom 8.5.2013 die Ansicht vertreten, dass

> *„der Umstand, dass Eni* […] *die Rolle einer ‚schlichten' technischen und finanziellen Koordinatorin gespielt oder diese Gesellschaften finanziell und vermögensbezogen unterstützt habe,* [zeige gerade,] *dass sie es nicht unterlassen hat, einen bestimmenden Einfluss auf ihre Tochtergesellschaften auszuüben"*[289].

Bei einer nur vorübergehenden und für kurze Zeit bestehenden Beteiligung an der Tochtergesellschaft hat die Muttergesellschaft womöglich weder genug Zeit noch Interesse, das Marktverhalten der Tochtergesellschaft wirksam zu kontrollieren und gegebenenfalls zu beeinflussen.[290]

Dass Mutter- und Tochtergesellschaft trotz bestehenden Beteiligungsverhältnisses dauerhaft eine erhebliche Distanz wahren, sowohl in Bezug auf strategische Entscheidungen als auch hinsichtlich des Marktverhaltens, ist denkbar bei miteinander zu Marktbedingungen geschlossenen sogenannten Geschäften *„at arms's length"*[291] oder wenn die Tochtergesellschaft aufgrund einer Vereinbarung ausnahmslos von einer anderen Gesellschaft geleitet wird.[292] Bisher gibt es jedoch noch kein positives Fallbeispiel.

In seinem Urteil *BMW Belgium* vom 12.7.1979 machte der EuGH die Unabhängigkeit der Tochtergesellschaft anhand der Missachtung von Anweisungen

---

286 EuG, Urt. v. 12.12.2012, Rs. T-392/09, ECLI:EU:T:2012:674, Tz. 52 – Garantovaná.
287 *Temple Lang*, Fordham International Law Journal 2014, Vol. 37, 1481, 1504.
288 Vgl. auch *Merlino*, Journal of European Competition Law and Practice, Vol. 5, No. 7, 2014, 463, 465.
289 EuGH, Urt. v. 8.5.2013, Rs. C-508/11 P, ECLI:EU:C:2013:289, Tz. 64 – Eni SpA.
290 *Kokott/Dittert*, WuW 2012, 670, 678.
291 *Ebenda.*
292 *Temple Lang*, Fordham International Law Journal 2014, Vol. 37, 1481, 1503.

der Muttergesellschaft fest.[293] Nach Ansicht des GA *Mengozzi* in seinen Schlussanträgen in der Rechtssache *Evonik Degussa und AlzChem* vom 3.9.2015 soll weisungswidriges Verhalten einer Tochtergesellschaft im Einzelfall für sich nicht zur Widerlegung der Vermutung ausreichen.[294] Es ist viel eher die Nichtbeachtung von Weisungen im Regelfall erforderlich. Ferner ist diese Argumentation zudem nur bedingt und auf wenige andere Fälle übertragbar, da grundsätzlich die Erteilung von Weisung seitens der Muttergesellschaft als Bestätigung für die Ausübung eines bestimmenden Einflusses und weiter des Vorliegens einer wirtschaftlichen Einheit gesehen wird.[295]

Für nicht ausreichend ist jedenfalls der Vortrag zu betrachten, die Muttergesellschaft habe keine Kenntnis von dem wettbewerbswidrigen Verhalten der Tochtergesellschaft besessen und auch keine Anweisungen hinsichtlich der Kartellbeteiligung erteilt.[296]

Rein gesellschaftsrechtliche Regelungen und Vorkehrungen, die das Verhältnis zwischen Mutter- und Tochtergesellschaft betreffen, können grundsätzlich für oder gegen eine Zurechnung der kartellrechtlichen Verantwortung herangezogen werden. Der bloße Verweis auf anwendbare Regelungen des Gesellschaftsrechts soll noch nicht zur Widerlegung der vermuteten bestimmenden

293 EuGH, Urt. v. 12.7.1979, verb. Rs. C-32/78 u. a., ECLI:EU:C:1979:191, Tz. 24 – BMW Belgium u. a.

294 GA *Mengozzi*, Schlussanträge v. 3.9.2015, Rs. C-155/14 P, ECLI:EU:C:2015:529 oder auch BeckRS 2015, 81105, Tz. 61 – Evonik Degussa und AlzChem.

295 *Ebenda*, Tz. 22. Die Muttergesellschaften argumentierten daher in der Regel, dass sie überhaupt gar keine Anweisungen an die Tochtergesellschaft erteilt hätten. Dass ein Widersetzen im Regelfall vorliegen muss, wurde auch in folgenden Entscheidungen klar herausgestellt: EuGH, Urt. v. 24.6.2015, verb. Rs. C-293/13 P u.a., ECLI:EU:C:2015:416, Tz. 96 – Fresh Del Monte Produce. Vgl. ferner *Montesa/Givaja*, World Competition Vol. 4 No. 29, 2006, 555, 567 f.

296 EuG, Urt. v. 12. 12.2007, Rs. T-112/05, ECLI:EU:T:2007:381, Tz. 83 ff. – Akzo Nobel; Urt. v. 16.6.2011, Rs. T-197/06, ECLI:EU:T:2011:282, Tz. 105 ff. – FMC; KOMM., Entsch. v. 10.12.2003, COMP/37.857, Tz. 377 f. – Organische Peroxide. Siehe auch *Kokott/Dittert*, WuW 2012, 670, 677: Denn auf ein Anstiftungsverhältnis oder eine konkrete Mitwisserschaft der Muttergesellschaft solle es gerade nicht ankommen, so die Autoren. Auch der Vortrag, dass die Muttergesellschaft sich nicht in einzelne Geschäftsbereiche einmischt bzw. die Tochtergesellschaft keine Rechenschaft gegenüber Muttergesellschaft in bestimmten Geschäftsbereichen ablegt, genügt nicht zur Widerlegung; vgl. EuG, Urt. v. 16.6.2011, Rs. T-197/06, ECLI:EU:T:2011:282, Tz. 106 – FMC; Urt. v. 13.9.2013, Rs. T-566/08, ECLI:EU:T:2013:423, Tz. 524 ff. – Total Raffinage Marketing.

Einflussnahme seitens der Muttergesellschaft genügen.[297] Denn eine rein formaljuristische Betrachtungsweise blendet die wirtschaftlichen Realitäten völlig aus, auf die es aber in Kartellverfahren maßgeblich ankommt.[298]

Praktisch ausgeschlossen soll die Widerlegung der Vermutungsregel bei Vorliegen eines Beherrschungs- und Gewinnabführungsvertrags zwischen Mutter- und Tochtergesellschaft sein.[299] Mit einem solchen Vertrag wird gerade dokumentiert, dass die Tochtergesellschaft ihr Marktverhalten nicht autonom bestimmt, sondern unter dem bestimmenden Einfluss ihrer Muttergesellschaft steht.[300]

Eine schriftliche Vereinbarung bzw. ein Beleg, dass es seitens der Muttergesellschaft zu keiner Einflussnahme auf das Tagesgeschäft der Tochtergesellschaft kommt, zählt außerdem nicht als stichhaltiger Nachweis. Schriftlich kann schließlich alles Mögliche festgehalten werden.[301]

Gleichfalls nicht erfolgreich war in der Vergangenheit das Vorbringen der betroffenen Gesellschaften, dass es sich bei der Muttergesellschaft um eine reine nicht operativ tätige Holdinggesellschaft handelt,[302] die Muttergesellschaft im betreffenden Geschäftsbereich nicht unmittelbar tätig gewesen ist und es keine

---

297 Beispielsweise, dass als Holdinggesellschaft eines Mischkonzerns die Ausübung der Kontrolle über die Tochtergesellschaften insofern begrenzt ist, vgl. Vorbringen in EuG, Urt. v. 24.3.2011, Rs. T-376/06, ECLI:EU:T:2011:107, Tz. 51 ff. – Legris Industries. Auch Portielje führte einige gesellschaftsrechtliche Aspekte an und verwies auf nationales Gesellschaftsrecht, jedoch ohne Erfolg – EuGH, Urt. v. 11.7.2013, Rs. C-440/11 P, ECLI:EU:C:2013:514, Tz. 67 f., 81 ff. – Stichting Administratiekantoor Portielje. Ferner die Umstände, dass es sich bei Mutter- und Tochtergesellschaft um zwei getrennte juristische Personen mit eigenen Organen und eigener Rechnungsführung handelt oder die Muttergesellschaft rein gesellschaftsrechtlich betrachtet nicht immer unmittelbare Durchgriffsbefugnisse gegenüber dem Management der Tochter besitzt; vgl. *Kokott/Dittert*, WuW 2012, 670, 677. A.A. *Voet van Vormizeele*, WuW 2010, 1008, 1014 ff.

298 *Kokott/Dittert*, WuW 2012, 670, 677.

299 *Ebenda*.

300 *Ebenda*.

301 *Ebenda*, S. 678. So beispielsweise in EuG, Urt. v. 24.3.2011, Rs. T-376/06, ECLI:EU:T:2011:107, Tz. 55 ff. – Legris Industries. Anhand interner Schriftwechsel, Dokumente, Gesprächsnotizen und Zeugenaussagen kann nach Ansicht der GA *Kokott* aber durchaus über Geschehensabläufe aus dem Unternehmensalltag, auch über Vorgänge außerhalb der Organe von juristischen Personen, Beweis geführt werden; vgl. GA *Kokott*, Schlussanträge v. 29.11.2012, Rs. C-440/11 P, ECLI:EU:C:2012:763, Tz. 77 – Stichting Administratiekantoor Portielje.

302 EuG, Urt. v. 30.9.2009, Rs. T-168/05, ECLI:EU:T:2009:367, Tz. 76 – Arkema.

Management-Überschneidungen zwischen Mutter- und Tochtergesellschaft gegeben hat.[303] Ebenso wurde der Vortrag, die Europäische Kommission hat die Autonomie der Tochtergesellschaft bestätigt, da sie die letztere bereits in der Vergangenheit als unabhängiges Unternehmen behandelt hat, nicht als ausreichend betrachtet.[304]

Dem Argument, dass die Muttergesellschaft lediglich in strategische Entscheidungen, die den Unternehmensverbund im Ganzen betreffen (und nicht im Rahmen des Tagesgeschäfts der Tochtergesellschaft), eingebunden gewesen ist, wurde in der Rechtssache *Groupe Gascogne* entgegengesetzt, dass gerade damit die Funktion der Muttergesellschaft des Zusammenhaltens der einzelnen Gesellschaften dieses Unternehmensverbunds aufgezeigt wird.[305]

In der Rechtssache *Air Liquide* reichten nach Ansicht der Europäischen Kommission weiterhin folgende Faktoren nicht zur Widerlegung der Vermutung aus:[306] Neben einer fehlenden Personalverflechtung auf Managementebene haben die leitenden Mitarbeiter der Tochtergesellschaft weitreichende Leitungsbefugnisse. Die Tochtergesellschaft verfügt über eigene Abteilungen für Vertrieb, Marketing, Personalwesen, IT sowie Buchhaltung, mittels deren sie ihre Geschäftspolitik eigenständig durchführen konnte, und es ist sogar ein eigenes Forschungszentrum mit gesonderter Verwaltung in ihrem Besitz. Zwar nutzt die Tochtergesellschaft die Rechts-, Steuer- und Versicherungsabteilungen der Muttergesellschaft, jedoch auf eigene Rechnung. Die Büroräume hat die Tochtergesellschaft von der Muttergesellschaft angemietet. Die Tätigkeiten der Tochtergesellschaft unterscheiden sich stark von den Tätigkeiten der anderen Gesellschaften des Unternehmensverbunds. Sie verwaltet zudem selbstständig von der Unternehmensgruppe separierte Gesellschaften. Richtlinien und große Leitlinien im Rahmen der Preispolitik sowie strategische Geschäftspläne sind ausschließlich von Mitarbeitern der Tochtergesellschaft entwickelt worden. Schließlich ist die Tochtergesellschaft seitens der Kunden und übrigen Wettbewerber desselben Markts als eigenständiger Wettbewerber wahrgenommen worden.

Durch das Auferlegen eines Compliance-Programmes der Tochtergesellschaft wird die Muttergesellschaft sich außerdem nicht exkulpieren können. Zwar liegt

---

303 EuGH, Urt. v. 8.5.2013, Rs. C-508/11 P, ECLI:EU:C:2013:289, Tz. 64 f. – ENI SpA.

304 Vgl. *Joshua/Botteman/Atlee*, The European Antitrust Review 2012, Global Competition Review Special Report, 4, 7.

305 EuG, Urt. v. 16.11.2011, Rs. T-72/06, ECLI:EU:T:2011:671, 73 ff. – Groupe Gascogne SA.

306 EuG, Urt. v. 16.6.2011, Rs. T-185/06, ECLI:EU:T:2011:275, Tz. 67 ff. – L'Air liquide.

der Sinn und Zweck eines solchen Programmes in der Verhinderung von Verstößen gegen die Wettbewerbsregeln, und im Falle, dass die Tochtergesellschaft dennoch kartellrechtswidrig handelt, kann dieses Verhalten als ein *Sich-der-Muttergesellschaft-Widersetzen* gewertet werden. Nach Ansicht der Unionsorgane impliziert die Einführung eines Compliance-Programmes allerdings vielmehr, dass die Muttergesellschaft tatsächlich Einfluss ausgeübt hat.[307] Denn die reine Existenz eines Compliance-Programmes, um kartellwidriges Verhalten der Tochtergesellschaft zu verhindern, ändert nicht die Tatsache, dass die Tochtergesellschaft tatsächlich gegen europäisches Wettbewerbsrecht verstoßen hat.[308] Daraus folgt, dass die alleinige Existenz eines Compliance-Programms nicht ausreicht, um die Vermutung zu widerlegen.

d. Rechtsstaatliche Zulässigkeit der widerlegbaren Vermutung eines bestimmenden Einflusses

Mit der Vermutung der tatsächlichen Ausübung eines bestimmenden Einflusses soll nach Ansicht des Gerichtshofs ein Gleichgewicht zwischen der effektiven Durchsetzung des Wettbewerbsrechts einerseits und den Anforderungen bestimmter allgemeiner Grundsätze des Unionsrechts andererseits hergestellt werden.[309] Ferner betrachten es die Unionsorgane schlicht als zweckmäßig, die Unternehmen den Nachweis führen zu lassen, dass sie im konkreten Fall keinen bestimmenden Einfluss ausgeübt haben, da die hierfür erforderlichen Nachweise allesamt ihrer Sphäre entstammen.[310]

Die Vermutung eines bestimmenden Einflusses ist aus rechtsstaatlicher Sicht bedingt zulässig. Sie verstößt nicht gegen die Unschuldsvermutung sowie den

---

307 EuGH, Urt. v. 18.7.2013, Rs. C-501/11 P, ECLI:EU:C:2013:522, Tz. 113-116 – Schindler Holding. Siehe auch GA *Kokott*, Schlussanträge v. 18.4.2013, C-501/11 P, ECLI:EU:C:2013:248, Tz. 95 ff. – Schindler Holding; KOMM., Entsch. v. 10.12.2003, COMP/37.857, Tz. 377 f., 490 – Organische Peroxide; Entsch. v. 21.2.2007, COMP/E-1/38.823 Tz. 631 – Aufzüge und Rolltreppen; Entsch. v. 28.11.2007, COMP/39.165, Tz. 413 – Flachglas.

308 *Ebenda*.

309 EuGH, Urt. v. 29.9.2011, Rs. C-521/09 P, ECLI:EU:C:2011:620, Tz. 59 – Elf Aquitaine. Siehe auch *Blome*, Rechtsträgerprinzip und Wirtschaftliche Einheit, S. 148 ff.; *Bosch*, ZWeR 2012, 368, 372.

310 EuGH, Urt. v. 10. 9. 2009, Rs. C-97/08 P, ECLI:EU:C:2009:536, Tz. 75 – Akzo Nobel; Urt. v. 29. 9. 2011, Rs. C-521/09 P, ECLI:EU:C:2011:620, Tz. 60, 65 u. 70 a.E. – Elf Aquitaine; auch GA *Kokott*, Schlussanträge v. 12. 1. 2012, verb. Rs. C- 628/10 P u.a., ECLI:EU:C:2012:11, Tz. 171 – AOI. Siehe auch *Blome*, Rechtsträgerprinzip und Wirtschaftliche Einheit, S. 148; *Kokott/Dittert*, WuW 2012, 670, 677.

Untersuchungsgrundsatz. Es bestehen allerdings rechtsstaatliche Bedenken im Hinblick auf die Widerlegbarkeit der Vermutung.

Die in Art. 48 Abs. 1 der Charta der Grundrechte der Europäischen Union (GRCh) und Art. 6 Abs. 2 der Europäischen Menschenrechtskonvention (EMRK) verankerte Unschuldsvermutung[311] ist durch die Vermutungsregel nicht tangiert. Die Vermutung dient allein dem Nachweis der strukturellen Bindung zweier Gesellschaften im Rahmen der wirtschaftlichen Einheit. Sie bezieht sich nicht auf den Kartellrechtsverstoß bzw. einen eigenen Tatbeitrag der Muttergesellschaft. Auch wenn die Formulierung von GA Kokott, dass Mutter- und Tochtergesellschaft *„hinsichtlich der […] Kartellbeteiligung dieses Unternehmen ‚unter einer Decke stecken'"*[312], dieses fälschlich suggeriert.[313] Letztlich geht es nicht um die Feststellung der schuldhaften Zuwiderhandlung als solche, sondern allein um die Identifizierung des oder der Rechtsträger eines nachweislich kartellbeteiligten Unternehmens.[314]

Als weitere Folge der Vermutung der tatsächlichen Einflussnahme ist zu nennen, dass die Wettbewerbsbehörde im Falle des (fast) vollständigen Kapitalbesitzes der Muttergesellschaft – zumindest *de facto* – nicht mehr prüft, ob deren Tochtergesellschaft unabhängig am Markt aufgetreten ist.[315] In diesem Vorgehen kann ein Widerspruch zum Untersuchungsgrundsatz zu sehen sein. Ihm zufolge ist die Wettbewerbsbehörde auch im Verfahren wegen einer Zuwiderhandlung gegen Art. 101, 102 AEUV entsprechend den Grundsätzen einer ordnungsgemäßen Verwaltungsführung dazu verpflichtet, den Sachverhalt umfassend von Amts wegen aufzuklären.[316] Allerdings haben 100% kontrollierte Gesellschaften in der Regel, insbesondere im Hinblick auf ihr Marktverhalten, keine eigenen

311 Der Grundsatz der Unschuldsvermutung ist grundsätzlich auch in Verfahren wegen der für die Unternehmen geltenden Wettbewerbsregeln anwendbar, siehe EuGH, Urt. v. 8.7.1999, Rs. C-199/92, ECLI:EU:C:1999:358, Tz. 149 f. – Hüls. Der EGMR schließt die Anwendbarkeit einer Vermutung nicht *per se* aus, jedoch wird von den Staaten gefordert, *„to strike a balance between the importance of what is at stake and the rights of defence; in other words, the means employed have to be reasonably proportionate to the legitimate aim sought to be achieved"*. Siehe EGMR, Urt. v. 23.7.2002, Application no. 34619/97, Tz. 101 – Janosevic/Schweden.

312 *Kokott/Dittert*, WuW 2012, 670, 675.

313 So auch *Heinrich*, Wirtschaftliche Haftungseinheit, S. 69.

314 *Heinichen*, Unternehmensbegriff und Haftungsnachfolge, S. 105.

315 *Ebenda.*

316 *Ebenda.*

Interessen, die sich von denen der jeweiligen kontrollierenden Gesellschaft nennenswert unterscheiden.[317]

Aus dem gesellschaftsrechtlichen Mehrheitsprinzip folgt, dass der Gesellschaftswille der Tochtergesellschaft mit dem Gesellschaftswillen der Muttergesellschaft grundsätzlich in Einklang gebracht werden kann.[318] Aufgrund der (fast) vollständigen Beteiligung an der Tochtergesellschaft ist die Muttergesellschaft im Besitz der Mehrheit der stimmberechtigten Anteile. Sie verfügt damit über die ausschlaggebende Macht in den Organen der kontrollierten Gesellschaft.[319] So besitzt sie die Stimmmehrheit in den Haupt- bzw. Gesellschafterversammlungen und kann darüber die Mehrheit der Mitglieder des Leitungsgremiums besetzen.[320] Auch in finanzieller Hinsicht übt die Muttergesellschaft in diesem Falle eine Kontrolle aus. Als wichtigster Kapitalgeber der Gesellschaft verfügt die Muttergesellschaft durch ihre Stimmrechtsmehrheit in der Regel über die Entscheidungsfreiheit, ob sie der Tochter durch Stehenlassen von Gewinnen oder Kapitalerhöhung die erforderlichen Investitionsmittel zur Verfügung stellt.[321]

Zwar können interne und externe Beschränkungen die Möglichkeit der Einflussnahme beeinflussen.[322] Solche Beschränkungen ergeben sich etwa aus der Satzung der kontrollierten Gesellschaft, aus Vereinbarungen und Unternehmensverträgen mit Dritten oder durch gesetzliche Schranken der Einflussnahme, beispielsweise Stimmverbote.[323] Ferner muss bei Vorliegen eines

---

317 *Kokott/Dittert*, WuW 2012, 670, 674.

318 *Leo*, Kartellrundschau, S. 11, 22; *Menz*, Wirtschaftliche Einheit und Kartellverbot, S. 328.

319 *Menz*, Wirtschaftliche Einheit und Kartellverbot, S. 328.

320 *Huber*, AWD des BB 1969, 429, 432; *Menz*, Wirtschaftliche Einheit und Kartellverbot, S. 328 f.

321 *Ebenda*.

322 Siehe *Belsley*, New York University Law Review 90 (1996), 720, 773; *Menz*, Wirtschaftliche Einheit und Kartellverbot, S. 331; *Stewart*, Columbia Law Review 86 (1986), 198, 205 f.

323 *Habersack* in: Emmerich/Habersack, vor § 311 Rn. 2 f.; *Stewart*, Columbia Law Review 86 (1986), 198, 205. Bzgl. der „Vereinbarungen" siehe *Stewart*, die einen Fall erwähnt, in dem der Mehrheitsgesellschafter durch eine Vereinbarung gehindert war, mehr als sechs von dreizehn Direktoren zu benennen. Zu „Stimmverboten" siehe § 136 I AktG, § 47 IV GmbHG; *Raiser/Veil*, § 16 Rn. 77 ff., § 33 Rn. 53 ff. Bei gesetzlichen Beschränkungen der Einflussnahmemöglichkeiten ist auch an Regelungen zu denken, die dem Staat Einfluss auf bestimmte Unternehmen sichern, etwa Besetzungsrechte der Regierung von Vorstandspositionen, Obergrenze für Auslandsbesitz oder den Besitz eines einzelnen Investors. Siehe dazu etwa *Ruge*, EuZW 2002, 421.

Unternehmensverbunds, z. B. in Form eines Konzerns, Beachtung finden, dass diese Organisationsform auf dem gesellschaftsrechtlichen Trennungsprinzip beruht. Danach ist jede Gesellschaft ein eigenständiges Handlungs-, Vermögens- und Haftungssubjekt.[324] Das Marktverhalten einer Tochtergesellschaft setzt sich in der wirtschaftlichen Realität daher durchweg aus einem Gemisch zusammen, das sowohl autonome Handlungen der Tochtergesellschaft als auch von der Muttergesellschaft bestimmte Handlungen umfasst.[325] Dennoch kann zwischen einer Muttergesellschaft und ihrer 100%igen Tochtergesellschaft grundsätzlich ein Gleichlauf der Interessen der Gesellschaften angenommen werden.

Berechtigte rechtstaatliche Bedenken bestehen allerdings, wenn die Vermutung eine Beweislastumkehr zur Folge hat.

Wie bereits dargestellt obliegt es grundsätzlich der Europäischen Kommission einen bestimmenden Einfluss der Muttergesellschaft anhand einer Reihe tatsächlicher Umstände zu beweisen. Die Vermutung erleichtert mithin die Beweisführung, indem angenommen wird, dass bei 100%igem Kapitalbesitz an der Tochtergesellschaft die Muttergesellschaft regelmäßig die Mehrheit der stimmberechtigte Anteile besitzt und folglich das Marktverhalten nach ihrem Willen beeinflussen kann. Da die Vermutungsregel selbst keine Regelung über die Beweislast bzw. eine Umkehr der Beweislast beinhalt, kann sie daher als eine Beweiserleichterung ausgelegt werden.[326] Die Beweiserleichterung liegt in der richterrechtlichen Anerkennung eines Indizienbeweises, der in seinen Voraussetzungen und Rechtsfolgen im Wesentlichen dem Anscheinsbeweis gleicht.[327] Die Beweislast liegt weiterhin bei den Wettbewerbsbehörden. *Prima facie* wird im Rahmen der Beweiswürdigung lediglich die Beweisführung insofern erleichtert als bei einem typischen Geschehensablauf der Beweis auf Grundlage eines allgemeinen Erfahrungssatzes zugelassen werden würde.[328]

Allerdings obliegt es nach ständiger Spruchpraxis der Muttergesellschaft, „diese Vermutung durch Beweise zu entkräftigen, die geeignet sind, die Selbstständigkeit ihrer Tochtergesellschaft zu belegen".[329] Diese Voraussetzung führt in

324 Vgl. *de Bronett*, EWS 2012, 113, 123; *Voet van Vormizeele*, WuW 2010, 1008, 1009.

325 *De Bronett*, EWS 2012, 113, 123.

326 So beispielsweise EuGH, Urt. v. 16.11.2000, Rs. C-286/98 P, ECLI:EU:C:2000:630, Tz. 29 – Stora Kopparsberg Bergslags; *Kokott/Dittert*, WuW 2012, 670, 675.

327 *Heinichen*, Unternehmensbegriff und Haftungsnachfolge, S. 97.

328 *Heinichen*, Unternehmensbegriff und Haftungsnachfolge, S. 105; *Kokott/Dittert*, WuW 2012, 670, 675.

329 Vgl. EuG, Urt. v. 12.12.2007, Rs. T-112/05, ECLI:EU:T:2007:381, Tz. 60, 62 – Akzo Nobel. Vgl. ferner EuGH, Urt. v. 16.11.2000, Rs. C-286/98 P, ECLI:EU:C:2000:630, Tz. 29 – Stora Kopparbergs Bergslags; Urt. v. 10.9.2009, Rs. C-97/08 P, ECLI:EU:C:2009:536,

der Folge *de facto* zu einer Beweislastumkehr. Es reicht nicht aus die Vermutung lediglich zu erschüttern, sondern die Muttergesellschaften müssen einen vollen Beweis für die Autonomie der Tochtergesellschaft erbringen.[330]

Demzufolge ist Art. 2 VO Nr. 1/2003 tangiert, nach dem die Beweislast für eine Zuwiderhandlung gegen Art. 101, 102 AEUV grundsätzlich der Wettbewerbsbehörde obliegt, die den Vorwurf erhebt. Denn ohne dogmatische Grundlage wird sich über die nominierte Beweislastregelung zulasten der Muttergesellschaft hinweggesetzt.

Vergleichbares lässt sich auch auf den Grundsatz *in dubio pro reo* übertragen. Als prozessuale Seite des Schuldgrundsatzes enthält er eine Beweislastregel, der zufolge im Zweifel, das heißt, falls eine Aufklärung des Sachverhalts nicht möglich ist, zugunsten des Beschuldigten zu entscheiden ist.[331] Führt die Vermutung der tatsächlichen Einflussnahme zu einer Beweislastumkehr, steht sie im Widerspruch zu diesem Grundsatz, da im Zweifelsfall die Zugehörigkeit der Muttergesellschaft zum Täterunternehmen unterstellt und damit *contra reum* entschieden wird.[332]

Die rechtsstaatliche Zulässigkeit ist ferner problematisch unter dem Gesichtspunkt, dass die Vermutung praktisch nicht zu widerlegen ist.

Bisher gibt es nur sehr wenige Fälle, und die meisten liegen auch schon ein paar Jahre zurück, in denen die Einflussvermutung seitens der Muttergesellschaft erfolgreich widerlegt wurde.[333] Insbesondere existieren die von GA *Kokott* genannten Nachweisbeispiele bisher vor allem in der Theorie und haben keine Auswirkung in der Praxis.

In der Rechtssache *Arkema* vom 29.9.2011 brachte die Rechtsmittelführerin vor, dass es unmöglich sei, einen unmittelbaren und unwiderleglichen Nachweis

---

Tz. 61 – Akzo Nobel; GA *Kokott*, Schlussanträge v. 23.4.2009, Rs. C-97/08 P, ECLI:EU:C:2009:262, Tz. 75, 81 – Akzo Nobel; EuG, Urt. v. 30.9.2009, Rs. T-168/05, ECLI:EU:T:2009:367, Tz. 67 – Arkema; KOMM., Entsch. v. 21.2.2007, Tz. 605 – Aufzüge und Rolltreppen; Entsch. v. 20.11.2007, Tz. 155 – Videobänder; Entsch. v. 28.11.2007, Tz. 388 – Flachglas; Entsch. v. 1.10.2008, Tz. 333, 365 – Kerzenwachse; Entsch. v. 15.10.2008, Tz. 364 – Bananen.

330 So ausdrücklich GA *Warner*, Schlussanträge v. 22.1.1974, verb. Rs. C-6/73 u. a., ECLI:EU:C:1974:5, 260, 266 – ICI/CSC.

331 *Heinichen*, Unternehmensbegriff und Haftungsnachfolge, S. 105.

332 Ebenso *Heinichen*, Unternehmensbegriff und Haftungsnachfolge, S. 105.

333 KOMM., Entsch. v. 20.10.2004, COMP/C 38.238/B.2, Tz. 251 – Rohtabak Spanien; Entsch. v. 11.6.2002, COMP/36.571/D-1, (2004/138/EC), Tz. 376 – Österreichische Banken („Lombard Club").

eigenständigen Verhaltens auf dem Markt zu erbringen und dass ein solcher Beweis daher als „*probatio diabolica*" angesehen werden muss.[334] Durch die Auferlegung solcher Nachweisanforderungen sei zudem ihr Recht auf ein faires Verfahren im Sinne des Art. 6 EMRK verletzt.[335]

Dieser Argumentation halten die Unionsorgane entgegen, dass die Tatsache, dass es schwierig sei, den zur Widerlegung einer Vermutung erforderlichen Gegenbeweis zu erbringen, oder auch der bloße Umstand, dass eine Einrichtung in einem bestimmten Fall keine geeigneten Beweise zur Widerlegung der Vermutung vorlege, für sich genommen nicht bedeutet, dass diese Vermutung tatsächlich unwiderlegbar ist.[336] Ein Verstoß gegen Art. 6 EMRK ist daher nicht festzustellen. Denn auch

> *„nach der Rechtsprechung des Europäischen Gerichtshofs für Menschenrechte sind die fraglichen Grenzen grundsätzlich als eingehalten anzusehen, wenn das Rechtssubjekt, gegen das die Vermutung ausgesprochen wird, die Möglichkeit hat, den Gegenbeweis zu erbringen, und zwar auch im Bereich dessen, was dieser Gerichtshof als ‚harten Kern' des Strafrechts bezeichnet"*[337].

Der Rückgriff auf Vermutungen im Strafrecht muss jedoch in einem angemessenen Verhältnis zu den verfolgten Zielen stehen.[338]

Wie dargestellt sind die Möglichkeiten, die Vermutung zu widerlegen, sehr stark eingeengt, insbesondere durch die Obliegenheit der Erbringung eines „negativen" Nachweises, dass eine Muttergesellschaft keinen bestimmenden Einfluss auf ihre Tochtergesellschaft ausgeübt hat.[339] Daher ist die Gefahr einer

---

334 EuG, Urt. v. 30.9.2009, Rs. T-168/05, ECLI:EU:T:2009:367, Tz. 82 – Arkema; EuGH, Urt. v. 29.9.2011, Rs. C-520/09 P, ECLI:EU:C:2011:619, Tz. 17, 25 – Arkema. Siehe ferner EuG, Urt. v. 9.9.2011, Rs. T-25/06, ECLI:EU:T:2011:442, Tz. 195, 197 – AOI; EuGH, Urt. v. 29.9.2011, Rs. C-521/09 P, ECLI:EU:C:2011:620, Tz. 45 – Elf Aquitaine. Vgl. auch Anm. v. *Nehl*, EuZW 2013, 547, 555.

335 EuGH, Urt. v. 29.9.2011, Rs. C-520/09 P, ECLI:EU:C:2011:619, Tz. 26 – Arkema.

336 EuGH, Urt. v. 11.7.2013, Rs. C-440/11 P, ECLI:EU:C:2013:514, Tz. 70 ff.– Stichting Administratiekantoor Portielje. Vgl ferner EuGH, Urt. v. 29.9.2011, Rs. C-521/09 P, ECLI:EU:C:2011:620, Tz. 62, 66, 70 – Elf Aquitaine; Urt. v. 8.5.2013, Rs. C-508/11 P, ECLI:EU:C:2013:289, Tz. 68 – Eni SpA; Urt. v. 26.11.2013, Rs. C-58/12 P, ECLI:EU:C:2013:770, Tz. 40 f. – Groupe Gascogne.

337 GA *Mengozzi*, Schlussanträge vom 17.02.2011, Rs. C-521/09 P, ECLI:EU:C:2011:89, Tz. 60 – Elf Aquitaine.

338 *Ebenda*. Siehe auch EGMR, Urt. v. 23.7.2002, Application no. 34619/97, Tz. 101 ff. – Janosevic/Schweden. So auch *Mansdörfer/Timmerbeil*, EuZW 2014, 214, 217 f.

339 Siehe auch EuG, Urt. v. 9.9.2011, Rs. T-25/06, ECLI:EU:T:2011:442, Tz. 195 – AOI. Selbst der Präsident des Bundeskartellamtes, Andreas Mundt, ist der Ansicht, dass es nicht falsch sei, von einer unwiderleglichen Vermutungsregel – mit Ausnahme

„automatischen" Haftung der jeweiligen Muttergesellschaft nicht ganz von der Hand zu weisen.

Den Muttergesellschaften aufzuerlegen einen Gegenbeweis zu erbringen ist zwar grundsätzlich zweckmäßig, da die hierfür erforderlichen Nachweise allesamt ihrer Sphäre entstammen.[340] Bei einer Auslegung der Vermutung als Beweislastumkehr, die wie oben aufgezeigt rechtstaatliche Bedenken mit sich bringt, dürfen an ihre Widerlegung jedoch keine höheren Anforderungen gestellt werden, als für die Erschütterung einer bloßen Beweiserleichterung notwendig sind.[341] Ähnlich dem Anscheinsbeweis bedarf es demzufolge keines Beweises des Gegenteils, sondern lediglich eines Gegenbeweises.[342] Um die Vermutung zu erschüttern, sollte es somit genügen, begründete Zweifel an der Einflussnahme der Muttergesellschaft auf die Tochtergesellschaft zu wecken.[343] Der Entscheidungspraxis der Unionsorgane zufolge gilt die Vermutung der bestimmenden Einflussnahme jedoch erst dann als widerlegt, wenn die *„vorgelegten Beweise* […] *für den Nachweis ausreichen, dass* [das] *Tochterunternehmen auf dem Markt eigenständig auftritt"*[344]. Seitens der Muttergesellschaft ist ein voller Beweis für

---

von reinen Finanzbeteiligungen – zu sprechen; siehe *Mundt*, WuW 2007, 458, 468. *„Faktisch kommt es indes allein auf die gesellschaftsrechtliche Verbundenheit an. Denn hinsichtlich der tatsächlichen Einflussnahme gilt eine Vermutungsregel, die in der Praxis kaum zu widerlegen ist* […]."

340 Vgl. auch EuGH, Urt. v. 10. 9. 2009, Rs. C-97/08 P, ECLI:EU:C:2009:536, Tz. 75 – Akzo Nobel; Urt. v. 29. 9. 2011, Rs. C-521/09 P, ECLI:EU:C:2011:620, Tz. 60, 65 u. 70 a.E. – Elf Aquitaine; auch GA *Kokott*, Schlussanträge v. 12. 1. 2012, verb. Rs. C- 628/10 P u.a., ECLI:EU:C:2012:11, Tz. 171 – AOI. Siehe auch *Blome*, Rechtsträgerprinzip und Wirtschaftliche Einheit, S. 148; *Kokott/Dittert*, WuW 2012, 670, 677.

341 Vgl. auch *Heinichen*, Unternehmensbegriff und Haftungsnachfolge, S. 106.

342 Der Unterschied zwischen einem Beweis des Gegenteils und einem Gegenbeweis liegt in den Beweisanforderungen. Während das Gericht bei einem Beweis des Gegenteils vom Gegenteil der zu beweisenden Tatsache überzeugt sein muss, hat der Gegenbeweis bereits dann Erfolg, wenn das Gericht von der zu beweisenden Tatsache nicht mehr überzeugt ist. Vgl. *Heinichen*, Unternehmensbegriff und Haftungsnachfolge, S. 106.

343 Damit würde auch wieder ein Gleichgewicht zwischen den Nachweisanforderungen seitens der Europäischen Kommission und denjenigen seitens der Rechtsmittelführerinnen hergestellt werden. Schließlich hat die Europäische Kommission zur Annahme einer bestimmenden Einflussnahme auch nur Indizien darzulegen. Siehe GA *Kokott*, Schlussanträge v. 23.4.2009, Rs. C-97/08 P, ECLI:EU:C:2009:262, Tz. 57 – Akzo Nobel. Vgl. wieder *Heinichen*, Unternehmensbegriff und Haftungsnachfolge, S. 106.

344 EuGH, Urt. v. 10.9.2009, Rs. C-97/08 P, ECLI:EU:C:2009:536, Tz. 61 – Akzo Nobel; EuG, Urt. v. 30.4.2009, Rs. T-12/03, ECLI:EU:T:2009:130, Tz. 51, 53 – Itochu;

die Autonomie der Tochtergesellschaft zu erbringen.[345] Hierbei handelt es sich nicht mehr lediglich um einen Gegenbeweis, sondern bereits um den Beweis des Gegenteils.[346] Die Unionsorgane stellen folglich zu hohe Anforderungen an die Widerlegung der Vermutungsregel.

Zusammenfassend ist die Vermutungsregel nur bedingt rechtsstaatlich zulässig. Dieses stützt sich darauf, dass die Vermutung eine Beweislastumkehr zur Folge hat und praktisch nicht zu widerlegen ist.

e. *Sollte die Vermutungsregel im Hinblick auf Nachweisanforderungen verschärft werden?*

Anstatt davon auszugehen, dass sich die Verantwortung der Muttergesellschaft allein aus der 100%igen Kapitalbeteiligung an der Tochtergesellschaft ergibt, wird in der Rechtspraxis sowie in der Literatur gefordert, dass die Europäische Kommission über die Beteiligungshöhe hinaus konkrete Anhaltspunkte für die tatsächliche Beeinflussung der Tochtergesellschaft durch ihre Muttergesellschaft darzulegen hat.[347] Vereinfacht ausgedrückt, liegen die Anforderungen an den Nachweis der bestimmenden Einflussnahme für die Wettbewerbsbehörde bei „100 % Kapitalbeteiligung plus x“[348].[349]

Eine Verschärfung der Nachweisanforderungen ist wegen der rechtsstaatlichen Bedenken geboten, wobei Indizien ausreichen sollten. Dadurch kann ein gerechterer Ausgleich zwischen der grundsätzlich bei der Wettbewerbsbehörde liegenden Beweislast und dem Informationsvorteil der betroffenen Gesellschaften geschaffen werden. Eine Umkehrung der Beweislast zulasten der betroffenen

---

Urt. v. 9.9.2009, Rs. T-301/04, ECLI:EU:T:2009:317, Tz. 201 – Clearstream; Urt. v. 30.9.2009, Rs. T-168/05, ECLI:EU:T:2009:367, Tz. 67 – Arkema; KOMM., Entsch. v. 22.7.2009, Tz. 206, 225, 262 – Calciumcarbid.

345 So ausdrücklich GA *Warner*, Schlussanträge v. 22.1.1974, verb. Rs. C-6/73 u. a., ECLI:EU:C:1974:5 – ICI/CSC.

346 So auch *Heinichen*, Unternehmensbegriff und Haftungsnachfolge, S. 106.

347 Dieses wurde beispielsweise von den Rechtsmittelführerinnen in der Rechtsache Akzo Nobel gefordert; vgl. GA *Kokott*, Schlussanträge v. 23.4.2009, Rs. C-97/08 P, ECLI:EU:C:2009:262, Tz. 49 ff. – Akzo Nobel. Verwiesen wird dabei häufig auf das *Stora*-Urteil, vgl. EuGH, Urt. v. 16.11.2000, Rs. C-286/98 P, ECLI:EU:C:2000:630, Tz. 28 – Stora Kopparbergs Bergslags.

348 „x“ steht für weitere Indizien die eine tatsächliche Einflussnahme belegen.

349 Es wird teilweise auch vom sogenannten „Konzept der doppelten Grundlage“ gesprochen, vgl. GA *Kokott*, Schlussanträge v. 12.1.2012, Rs. C-628/10 P, ECLI:EU:C:2012:11, Tz. 34, 56 – AOI. Siehe auch *Frenz/Lülsdorf*, EWS 2012, 504 ff.; *Solek/Wartinger*, Journal of European Competition Law&Practice Vol. 6, No.2 (2015), 73, 75.

Gesellschaften würde nicht erfolgen. Die Beweisführung würde für die Wettbewerbsbehörde jedoch erheblich erleichtert werden. Ob und inwiefern tatsächlich bestimmender Einfluss durch die Muttergesellschaft ausgeübt wurde, ist für eine Wettbewerbsbehörde und jeden anderen Außenstehenden in der Regel eine verborgene Information. Die grundsätzliche Vermutung der tatsächlichen Einflussnahme zwingt die Beteiligten quasi zur Preisgabe der wahren Verhältnisse.[350]

Eine (fast) 100%ige Kapitalbeteiligung soll daher nicht *per se* für die Annahme einer wirtschaftlichen Einheit ausreichen, selbst wenn eine solche Regel die leichtere Handhabbarkeit für sich hätte.[351] Vorzugsweise sollte das Vorliegen einer wirtschaftlichen Einheit zwischen Mutter- und Tochtergesellschaft letztlich aufgrund der Umstände des Einzelfalls beurteilt werden.[352]

f. Der Begründungsmangel als Korrektiv?

Zwar wurde die Vermutungsregel bisher in der Praxis von den betroffenen Muttergesellschaften so gut wie niemals erfolgreich widerlegt, dennoch entschieden die Unionsgerichte in einigen Fällen zugunsten der Rechtsmittelführerinnen. Ausschlaggebend waren die nicht genügende Begründung seitens der Europäischen Kommission sowie Fehler im Rahmen der Anwendung der Vermutungsregel.

So milderte der Gerichtshof in der Rechtsache *Elf Aquitaine* vom 29.9.2011 die hohen Anforderungen an die Widerlegung der 100% ige Vermutungsregel ab, indem er die Begründung der Europäischen Kommission als nicht ausreichend betrachtete. Die Europäische Kommission muss – *„da diese Vermutung andernfalls praktisch nicht zu widerlegen wäre"* – in jedem Fall angemessen die Gründe darlegen, aus denen hervorgeht warum die vorgetragenen tatsächlichen oder rechtlichen Gesichtspunkte nicht ausgereicht haben, um die Vermutung zu widerlegen.[353]

---

350 Vgl. GA *Kokott*, Schlussanträge v. 23.4.2009, Rs. C-97/08 P, ECLI:EU:C:2009:262, Tz. 75 – Akzo Nobel. Siehe auch *Ackermann*, ZWeR 2010, 329, 346.

351 Vgl. auch *Stewart*, Columbia Law Review 86, 1986, 198, 204, 206 f.

352 *Menz*, Wirtschaftliche Einheit und Kartellverbot, S. 333.

353 EuGH, Urt. 29.11.2011, Rs. C-521/09 P, ECLI:EU:C:2011:620, Tz. 153 – Elf Aquitaine. Vgl. ferner EuG, Urt. v. 16.6.2011, Rs. T-185/06, ECLI:EU:T:2011:275, Tz. 68 ff. – L'Air liquide; Urt. v. 17.5.2013, Rs. T-146/09, ECLI:EU:T:2016:411, Tz. 184 ff. – Parker. Siehe dazu auch *Bosch*, ZWeR 2012, 368, 376; *Temple Lang*, Fordham International Law Journal 2014, Vol. 37, 1481, 1500 ff.

Die Begründung der Europäischen Kommission bestand jedoch *„lediglich aus einer Reihe bloßer Behauptungen und Negierungen, die sich wiederholen und in keiner Weise substantiiert werden“*[354].

Auch in der Rechtssache *Edison* vom 16.6.2011 bemängelte das Gericht, dass die Europäische Kommission in ihrer Begründung auf das Vorbringen der betroffenen Konzernobergesellschaft nicht genügend eingeht und es nicht ersichtlich ist, aus welchen Gründen die vorgebrachten Nachweise nicht für ausreichend erachtet worden sind, um die Vermutung zu widerlegen.[355] Obwohl die Europäische Kommission nicht auf alle seitens der Betroffenen vorgetragenen Argumenten eingehen muss, ist eine Stellungnahme jedoch dann erforderlich, wenn die vorgebrachten Informationen für die Beurteilung der Autonomie der Tochtergesellschaft nicht als unerheblich angesehen werden können.[356] Die Europäische Kommission hat daher zu den Gegenargumenten der betroffenen Konzernobergesellschaft Stellung zu nehmen und muss überprüfen, ob Edison im Hinblick auf sämtliche relevante Faktoren in Verbindung mit den wirtschaftlichen, organisatorischen und rechtlichen Verbindungen zwischen den betroffenen Gesellschaften dargetan hat, dass ihre Tochtergesellschaft ihr Marktverhalten autonom bestimmt habe.[357] Die Verpflichtung der Europäischen Kommission zur Begründung ihrer jeweiligen Entscheidung ergibt sich deutlich aus der Widerlegbarkeit der fraglichen Vermutung.[358]

In der Rechtssache *Koninklijke Grolsch* vom 15.9.2011 konstatierte das Gericht einen besonders eklatanten Begründungsmangel der Europäischen Kommission in Bezug auf die gegen die Muttergesellschaft, Koninklijke Grolsch NV, gerichtete Entscheidung.[359] Die Europäische Kommission hat nicht dargetan, ob die an der Zuwiderhandlung beteiligten Manager der Muttergesellschaft oder ihrer Tochtergesellschaft Grolsche Bierbrouwerij Nederland angehören.[360] Vielmehr rechnete sie alle betroffenen Manager der Muttergesellschaft zu, obwohl diese

---

354 EuGH, Urt. 29.11.2011, Rs. C-521/09 P, ECLI:EU:C:2011:620, Tz. 168 – Elf Aquitaine.

355 EuG, Urt. v. 16.6.2011, Rs. T-196/06, ECLI:EU:T:2011:281, Tz. 56 ff. – Edison. Siehe auch *Bosch*, ZWeR 2012, 368, 376; *Temple Lang*, Fordham International Law Journal 2014, Vol. 37, 1481, 1501.

356 *Ebenda*, EuG, Tz. 57, 72.

357 *Ebenda*, EuG, Tz. 76.

358 *Ebenda*, EuG, Tz. 77.

359 EuG, Urt. v. 15.9.2011, Rs. T-234/07, ECLI:EU:T:2011:476, Tz. 76 ff. – Koninklijke Grolsch. Siehe auch *Bosch*, ZWeR 2012, 368, 376; *Temple Lang*, Fordham International Law Journal 2014, Vol. 37, 1481, 1501.

360 *Ebenda*, EuG, Tz. 85.

im Zuwiderhandlungszeitraum nahezu ausnahmslos bei der Tochtergesellschaft beschäftigt gewesen sind.[361] Ferner hat die Europäische Kommission versäumt, gemäß der Akzo-Rechtsprechung, die Gründe anzugeben, aus denen sie der Muttergesellschaft die Beteiligung der Tochtergesellschaft am Kartell zurechnet.[362] In der angefochtenen Entscheidung werden wirtschaftliche, organisatorische und rechtliche Bindungen zwischen der Mutter- und Tochtergesellschaft mit Stillschweigen übergangen, und der Name der Tochtergesellschaft ist an keiner Stelle der Begründung erwähnt worden.[363]

Die obigen Entscheidungen zeigen, dass die Unionsgerichte grundsätzlich weiterhin den Standpunkt vertreten, dass die Vermutung tatsächlich widerlegbar ist. Daher ist die Europäische Kommission gehalten, in jedem Fall angemessen die Gründe darzulegen, weshalb die zur Widerlegung der Vermutung vorgebrachten tatsächlichen und rechtlichen Gesichtspunkte nicht ausgereicht haben, um diese Vermutung zu entkräften.[364] Als nicht ausreichend wird betrachtet, wenn sich diese Gründe nur in Behauptungen und Negierungen erschöpfen.[365]

Dass mit dieser *Korrektur* über die Anforderungen an die Entscheidungsbegründung jedoch den rechtstaatlichen Bedenken ausreichend Rechnung getragen wird, ist zu bezweifeln. Die Ergebniskorrektur der Anforderungen an die Entscheidungsbegründung kann nur dann eintreten, wenn die Unionsgerichte klar definiert hätten, mit welcher Detaillierung die Europäische Kommission die Verteidigungsargumente der Unternehmen zur Widerlegung der Vermutung abhandeln muss.[366] Andernfalls führen die jüngsten Entscheidungen zu den Anforderungen an die Begründungspflicht nur dazu, dass die Europäische Kommission die Argumente, die gegen den bestimmenden Einfluss der Muttergesellschaft vorgetragen werden, in ihren Begründungen nicht nur negiert, sondern argumentativ widerlegt.[367] Eine solche Definition allgemein aufzustellen, wird aber mangels der Einheitlichkeit der Sachverhalte schon nicht möglich sein. Durch eine Ergebniskorrektur mit dem Instrument der Begründungspflicht in seiner derzeitigen Ausgestaltung ist die Aufhebung der rechtsstaatlichen Bedenken gegen die Vermutung jedenfalls nicht möglich. Denn auch weiterhin kann eine Muttergesellschaft die Vermutung praktisch nicht wiederlegen.

361 *Ebenda.*
362 *Ebenda*, EuG, Tz. 86.
363 *Ebenda*, EuG, Tz. 88.
364 *Bosch*, ZWeR 2012, 368, 377.
365 *Ebenda.*
366 *Ebenda.*
367 *Ebenda.*

6. Zusammenfassung

Als praktisch bedeutsamste Implikation des von den Unionsorganen entwickelten Konzepts der wirtschaftlichen Einheit ist die dadurch ermöglichte Zusammenfassung einer Muttergesellschaft mit ihrer (nahezu) 100%ige Tochtergesellschaft zu einem einzigen Unternehmen im Sinne der Art. 101, 102 AEUV.[368] Eine wirtschaftliche Einheit ist gegeben, wenn Gesellschaften ihr Marktverhalten nicht autonom bestimmen, sondern im Wesentlichen den Weisungen anderer Gesellschaften Folge leisten. Maßgeblich ist dabei eine Gesamtbetrachtung aller organisatorischen, wirtschaftlichen und rechtlichen Beziehungen zwischen den Gesellschaften. Genügen soll eine Einflussnahme auf die allgemeine Geschäftspolitik der abhängigen Gesellschaft. Bei (nahezu) 100%igem Kapitalbesitz der Muttergesellschaft an ihrer Tochtergesellschaft darf deren Ausübung eines bestimmenden Einflusses auf die Letztere nach ständiger Entscheidungspraxis der Unionsorgane vermutet werden. Es obliegt in diesem Fall der Muttergesellschaft, diese Vermutung zu widerlegen.

Im Hinblick auf diese Adressatenkonstellation ist das Konzept der wirtschaftlichen Einheit in seiner derzeitigen Ausgestaltung erheblichen rechtsstaatlichen Bedenken ausgesetzt. Die Vermutung hat eine Beweislastumkehr zur Folge. Ferner stellen die Unionsorgane zu hohe Anforderungen an die Widerlegung der Vermutung. Als Nachweis müsste ein Gegenbeweis und nicht erst der Beweis des Gegenteils genügen. Schließlich führt auch ein Begründungsmangel der Europäischen Kommission im Hinblick auf die zur Widerlegung vorgebrachten Nachweise der Muttergesellschaften nicht zu einer Ergebniskorrektur, durch die rechtsstaatliche Bedenken aufgehoben werden würden.

II. Konstellation B: Gemeinschaftsunternehmen mit paritätischer Beteiligung

1. Problemstellung

Höchst kontroverse Rechtsfragen werden auch im Hinblick auf das Vorliegen einer wirtschaftlichen Einheit aufgeworfen, wenn es sich um ein paritätisches Gemeinschaftsunternehmen handelt.

Im Fall *Kautschukchemikalien* vom 21.12.2005 verneinte die Europäische Kommission eine wirtschaftliche Einheit zwischen einem paritätischen Gemeinschaftsunternehmen und seinen Muttergesellschaften, da keine der

---

368 Vgl. zu den folgenden Ausführungen auch *Heinichen*, Unternehmensbegriff und Haftungseinheit, S. 107.

Muttergesellschaften für sich genommen einen ausreichenden Einfluss besitzt, um das Gemeinschaftsunternehmen allein zu leiten.[369] So führte sie aus:

> *„Tatsächlich ist es im Fall eines Joint Ventures, das von seinen Mutterunternehmen gemeinsam gehalten wird* [und über das keines der Mutterunternehmen de facto oder de jure alleinige Kontrolle ausübt] *so, dass davon auszugehen ist, dass das Joint Venture unabhängig von seinen Mutterunternehmen ist* [d. h. es kann angenommen werden, dass es sich dabei um ein anderes Unternehmen als die Mutterunternehmen handelt]. *Im Gegensatz dazu kann bei einem Mutterunternehmen und dessen hundertprozentigem Tochterunternehmen [...] von einem einzigen Unternehmen im Sinn von Art. 81 EG-Vertrag* [heute Art. 101 AEUV] *ausgegangen werden.“*[370]

Bereits zuvor hatte die Europäische Kommission die Ansicht vertreten, dass ein Gemeinschaftsunternehmen mit einer oder mehreren seiner Muttergesellschaften keine wirtschaftliche Einheit bildet. In diesen Fällen lag der Schwerpunkt allerdings auf der Frage der Anwendbarkeit des Art. 101 AEUV zwischen den Muttergesellschaften und dem Gemeinschaftsunternehmen.

So lag nach Ansicht der Europäischen Kommission in dem Fall *Ijsselcentrale* vom 16.01.1991 seitens vier niederländischer stromerzeugender Unternehmen ein Verstoß gegen Art. 81 EG vor, da diese über ihr Gemeinschaftsunternehmen SEP ihr Wettbewerbsverhalten koordiniert hatten. Eine wirtschaftliche Einheit dieser Unternehmen negierte die Europäische Kommission. Sie begründete ihre Entscheidung damit, dass es sich bei den einzelnen Muttergesellschaften um *„eigenständige juristische Personen“* handelte, die ihre *„Geschäftspolitik in eigener Entscheidung“* bestimmt und *„nicht zu ein und demselben Konzern“* gehört haben.[371] Das Gemeinschaftsunternehmen SEP selbst bilde weder mit einem noch mit mehreren Müttern eine wirtschaftliche Einheit, *„SEP ist vielmehr ein gemeinsames Unternehmen im Sinne eines Joint Ventures, das von den Mutterunternehmen gemeinsam kontrolliert wird“*[372].

Die Europäische Kommission bejahte die Anwendbarkeit des Art. 81 EG auf eine wettbewerbsbeschränkende Vereinbarung der Muttergesellschaft Martell mit ihrem paritätischen Gemeinschaftsunternehmen auch im Fall *Gosme/Martell* vom 15.05.1991. Eine wirtschaftliche Einheit zwischen dem Gemeinschaftsunternehmen DMP und seiner Mutter wurde verneint, da DMP ein selbstständiges

---

369 KOMM., Entsch. v. 21.12.2005, ABl. L 353 (COMP/F/38.443), Tz. 263 – Kautschukchemikalien.

370 *Ebenda.*

371 KOMM., Entsch. v. 16.1.1991, IV/32.732, ABl. L 28, Tz. 24 – Ijsselcentrale.

372 *Ebenda.*

Unternehmen ist.[373] Die Europäische Kommission stellte ihre Begründung auf mehrere Umstände ab: Kapital und Stimmrechte von DMP sind je zur Hälfte auf seine Mütter verteilt gewesen, der Aufsichtsrat hat sich paritätisch aus Vertretern der beiden Muttergesellschaften zusammengesetzt und zudem hat DMP auch andere Marken als die der Mutterunternehmen vertrieben.[374] Ferner sah die Europäische Kommission die ausreichende wettbewerbliche Autonomie des Gemeinschaftsunternehmens dadurch bestätigt, dass DMP aufgrund seiner Verkaufsstärke mit den Abnehmern die Vertragsbedingungen allein ausgehandelt hat.[375] Schließlich haben weder DMP noch Martell die Bewertung, sie stellen voneinander unabhängige Gesellschaften dar, bestritten.[376]

Personelle Verflechtungen bei einem paritätisch geführten Gemeinschaftsunternehmen führten wiederum neben der Höhe der Anteile nach Ansicht der Europäischen Kommission in der Sache *Natriumgluconat* vom 2.10.2001 gerade zu dessen fehlender Autonomie. Alle leitenden Angestellten des Gemeinschaftsunternehmens Glucona übten zugleich bei beiden Muttergesellschaften Avebe und Akzo leitende Funktionen aus.[377] So bildeten zwei von Avebe und Akzo ernannte Direktoren den Vorstand von Glucona, die auch mit der Verantwortung für betriebliche Entscheidungen und die Geschäftsführung des Gemeinschaftsunternehmens betraut worden waren.[378] Ferner bestand der Aufsichtsrat von Glucona aus zwei Vertretern jeder Muttergesellschaft, dessen Vorsitz im Wechsel von den Muttergesellschaften besetzt wurde.[379] Zur Begründung der Verantwortlichkeit im Speziellen für Avebe wurde jedoch unterstützend auf einen von ihr erstellten Vermerk hingewiesen, dessen Inhalt die Kenntnis der Muttergesellschaft über das wettbewerbswidrige Verhalten von Glucona entnommen werden konnte.[380] Das Gericht bestätigte in seinem Urteil *Avebe* vom 27.09.2006 im Ergebnis die fehlende Autonomie des Gemeinschaftsunternehmens. Nach seiner Ansicht war jedoch insbesondere von Relevanz, dass es sich bei Glucona nach dem Unternehmensvertrag um ein *„vertragliches Gebilde ohne*

373 KOMM., Entsch. v. 15.5.1991, IV/32.186, ABl. L 185, Tz. 30 – Gosme/Martell.
374 *Ebenda.*
375 *Ebenda.* Siehe auch *Thomas*, ZWeR 2005, 236, 249.
376 *Ebenda.*
377 KOMM., Entsch. v. 2.10.2001, COMP/E-1/36.756, Tz. 296 ff. – Natriumgluconat.
378 *Ebenda.*
379 *Ebenda.*
380 *Ebenda*, Tz. 307 f.

eine eigene Rechtspersönlichkeit" handelte und die Muttergesellschaften durch enge Zusammenarbeit gemeinsam das Unternehmen leiten sollten.[381]

In der Rechtssache *Chloropren-Kautschuk* vom 5.12.2007 ahndete die Europäische Kommission einen Kartellrechtsverstoß auf dem Chloropren-Kautschuk-Markt.[382] An dem Kartell war auch unter anderem *Du Pont Dow Elastomers LLC* (im Folgenden *DDE* genannt) beteiligt. Es handelte sich um ein paritätisches Gemeinschaftsunternehmen, das im Jahre 1996 von den Muttergesellschaften *EI du Pont de Nemours* (im Folgenden *DuPont* genannt) und *Dow Chemical Company* (im Folgenden *Dow* genannt) gegründet worden ist. Ab der Gründung von DDE waren die Muttergesellschaften ausschließlich durch das Erstere auf dem Markt für Chloropren-Kautschuk aktiv. Die Europäische Kommission nahm ebenfalls eine bestimmende Einflussnahme der Muttergesellschaften auf DDE an. Dabei begründete die Europäische Kommission ihre Ansicht insbesondere mit einer gemeinsamen Kontrolle der Muttergesellschaften, der Beteiligung von DuPont am Kartell vor Gründung des Gemeinschaftsunternehmens sowie mit der Durchführung einer internen Untersuchung durch die Muttergesellschaften nach Bekanntwerden der Vorwürfe.[383] Diese Ansicht wurde letztlich durch das EuG und den EuGH bestätigt. Dabei ging das EuG sogar so weit, die zu 100%igen Tochtergesellschaften ergangene Rechtsprechung auf paritätische Gemeinschaftsunternehmen auszudehnen.[384] Der EuGH nahm die wirtschaftliche Einheit konkret unter dem Gesichtspunkt der Bußgeldhaftung an.[385]

Auch in der Sache *Kerzenwachse* vom 1.10.2008 bejahte die Europäische Kommission insbesondere aufgrund einer gemeinsamen Leitungsbefugnis der Muttergesellschaften eine wirtschaftliche Einheit. Mehrere Hersteller und Abnehmer auf dem Markt für Paraffinwachse hatten im Zeitraum von 1992 bis

---

381 EuG, Urt. v. 27.09.2006, Rs. T-314/01, ECLI:EU:T:2006:266, Tz. 137 – Avebe.

382 KOMM., Entsch. v. 5.12.2007, COMP/38629, Tz. 420 ff. – Chloropren-Kautschuk.

383 *Ebenda*, Tz. 3, 423 ff.

384 EuG, vgl. Urt. v. 2.2.2012, Rs. T-76/08, ECLI:EU:T:2012:46, Tz. 62 – EI DuPont de Nemours and Company („DuPont") und Urt. v. 2.2.2012, Rs. T-77/08, ECLI:EU:T:2012:47, Tz. 77 – Dow Chemical Company („Dow Chemical"). Vgl. auch *Stender*, Kartellgeldbußen, S. 34 ff.

385 Vgl. EuGH, vgl. Urt. v. 26.9.2013, Rs. C-172/12 P, ECLI:EU:C:2013:601 – DuPont und Urt. v. 26.9.2013, C-179/12 P, ECLI:EU:C:2013:605 – Dow. Die Formulierung „*unter dem Gesichtspunkt der Bußgeldhaftung*" könnte darauf schließen lassen, dass der EuGH sich vorbehalten möchte, die Voraussetzungen der wirtschaftlichen Einheit bei gleicher Konstellation, aber im Rahmen anderer Fragestellungen unterschiedlich zu beurteilen, vgl. auch *Ahrens*, EuZW 2013, 899, 902.

Ende Juni 2002 rechtswidrig Preise festgesetzt und Märkte aufgeteilt.[386] Eines der an dem Kartell beteiligten Unternehmen war die Shell & Dea Oil GmbH, an dem die Deutsche Shell GmbH und der RWE-Dea AG paritätisch beteiligt waren. Das gemeinsame Unternehmen war allerdings von vornherein nur für eine Übergangsphase gegründet worden.[387] Sechs Monate nach seiner Gründung ging die Shell & Dea Oil GmbH in das vollständige Eigentum der Deutschen Shell GmbH über.[388] Nach der zwischen den Muttergesellschaften geschlossenen Gründungsvereinbarung sollten von jeder Mutter gleich viele Geschäftsleitungsmitglieder für die Führung der Geschäfte des Gemeinschaftsunternehmens benannt werden. Die bei Geschäftsleitungsentscheidungen ausschlaggebende Stimme hatte allerdings der Vorsitzende der Geschäftsleitung, der in diesem Fall von Shell gewählt wurde. In der Gesellschafterversammlung besaßen beide Muttergesellschaften jeweils 50 % der Stimmrechte und konnten die Beschlüsse jeweils mit einem Veto verhindern. Darüber hinaus gab es einen von den Muttergesellschaften paritätisch besetzten Gesellschafterausschuss für das Gemeinschaftsunternehmen, der für bestimmte geschäftsleitende Entscheidungen zuständig war, u. a. betreffend den Haushaltsplan, größere Investitionen, strukturelle Veränderung im Gemeinschaftsunternehmen sowie Personalfragen im höheren Management.[389]

Aus der Tatsache, dass die alleinige Beherrschung der Tochter nicht möglich ist, lässt sich daher im Umkehrschluss gleichwohl noch nicht folgern, dass das Gemeinschaftsunternehmen sich tatsächlich autonom verhalten kann. Demzufolge muss den Besonderheiten von Gemeinschaftsunternehmen im Hinblick auf die Einflussnahmemöglichkeiten sowie der tatsächlichen Ausübung des bestimmenden Einflusses der Muttergesellschaften im Vergleich zu einem Alleingesellschafter entsprechend Rechnung getragen werden.

2. *Verhältnis des Autonomiedefizits im Rahmen der wirtschaftlichen Einheit zum Postulat der wettbewerblichen Eigenständigkeit im Sinne der FKVO*

Bevor der Fokus auf die einzelnen Voraussetzungen der wirtschaftlichen Einheit im Zusammenhang mit einem Gemeinschaftsunternehmen gerichtet wird, soll zunächst das Verhältnis zur Fusionskontrolle näher betrachtet werden. Denn

386 KOMM., Entsch. v. 1.10.2008, COMP/39181 – Kerzenwachse.

387 *Ebenda*, Tz. 510.

388 *Ebenda*, Tz. 48, 58, 508.

389 *Ebenda*, Tz. 510, 549.

noch weitgehend ungeklärt ist, wie die nötige Kohärenz zwischen Kartellrecht und Fusionskontrolle hergestellt werden kann.[390]

a. *Ansicht DuPont und Dow*

In der Rechtssache *Chloropren-Kautschuk* sahen die Muttergesellschaften DuPont und Dow einen Widerspruch darin, dass das Gemeinschaftsunternehmen einerseits als „selbstständige wirtschaftliche Einheit" im Sinne der FKVO als unabhängiger Wettbewerber auf dem Markt agiert und andererseits sein Marktverhalten aufgrund der bestimmendenden Einflussnahme der Muttergesellschaften nicht autonom bestimmen kann.[391] Nach Ansicht von DuPont und Dow handelte es sich bei DDE als Vollfunktionsgemeinschaftsunternehmen um eine „selbstständige" – im Sinne einer von den beiden Muttergesellschaften unabhängige wirtschaftliche Einheit. DuPont und Dow stützten ihre Ansicht auch auf die Genehmigungsentscheidung der Europäischen Kommission zur Gründung des Gemeinschaftsunternehmens DDE aus dem Jahre 1996. In dieser hatte die Europäische Kommission betont: „[DDE] *perform*[s] *on a lasting basis all the functions of an autonomous economic entity*"[392].

b. *Stellungnahme*

DuPont und Dow verkennen allerdings, dass die Tatsache, dass es sich bei DDE um ein Vollfunktionsgemeinschaftsunternehmen handelt, nichts an der Schlussfolgerung ändert, dass die Muttergesellschaften die Möglichkeit hatten, einen bestimmenden Einfluss auf das Gemeinschaftsunternehmen auszuüben. Denn es kommt bei der Ausübung des bestimmenden Einflusses weniger auf die operative Selbstständigkeit des Gemeinschaftsunternehmens an als vielmehr auf dessen strategische Entscheidungsfreiheit.[393]

Im Gegensatz zu der Verhaltenskontrolle nach Art. 101, 102 AEUV,[394] handelt es sich bei der Fusionskontrolle um eine präventive Marktstrukturkontrolle.[395] Sie dient der Kontrolle sämtlicher Zusammenschlüsse, die Auswirkungen auf die

---

390 *Kokott/Dittert*, WuW 2012, 670, 681.

391 Vgl. KOMM., Entsch. v. 5.12.2007, COMP/38629, Tz. 429 – Chloropren-Kautschuk.

392 KOMM., Entsch. v. 21.2.1996, IV/M.663, Tz. 13, 9 f. – DuPont/Dow.

393 Vgl. EuG, Urt. v. 2.2.2012, Rs. T-76/08, ECLI:EU:T:2012:46, Tz. 78f. – DuPont; Urt. v. 2.2.2012, Rs. T-77/08, ECLI:EU:T:2012:47, Tz. 93 – Dow Chemical.

394 Vgl. *Körber*, in Immenga/Mestmäcker, Art. 3 FKVO, Rn. 1.

395 *Rinne*, in BeckOK InfoMedienR, VO (EG) 139/2004 Artikel 1, Rn. 1.

Wettbewerbsstruktur in der Gemeinschaft besitzen.[396] Die Wettbewerbsstruktur wird vor allem durch die Zahl der Marktteilnehmer bestimmt.[397] Das zentrale Element der Fusionskontrolle ist der Begriff des Zusammenschlusses.[398] Mit jedem neuen Marktteilnehmer verändert sich die Struktur des Wettbewerbs und damit auch die Beziehung unter den Unternehmen.[399] Allerdings werden vom Zusammenschlussbegriff nur Handlungen erfasst, die zu einer dauerhaften Veränderung der Struktur des Marktes führen.[400]

Die Gründung eines Vollfunktionsgemeinschaftsunternehmens stellt einen Zusammenschluss im Sinne der FKVO dar (Art. 3 Abs. 4 FKVO).[401] Ein Gemeinschaftsunternehmen zu gründen, dient regelmäßig als Mittel der effizienten Integration von Ressourcen, insbesondere in Bezug auf Forschung und Entwicklung, Produktion, Vertrieb und den Zugang zu neuen oder nachgelagerten Märkten.[402] Im Gegensatz zu einem nur eine bestimmte Hilfsfunktion innerhalb der Geschäftstätigkeiten der Muttergesellschaften erfüllenden Gemeinschaftsunternehmen verändert ein Vollfunktionsgemeinschaftsunternehmen die Wettbewerbsstruktur.[403] Gemäß Art. 3 Abs. 4 FKVO muss das Gemeinschaftsunternehmen *„auf Dauer alle Funktionen einer selbständigen wirtschaftlichen Einheit erfüllen“.*

---

396 Erwägungsgrund 8 zur FKVO 139/2004. Vgl. ferner *Körber*, in Immenga/Mestmäcker, Art. 3 FKVO, Rn. 1.

397 Vgl. *Körber*, in Immenga/Mestmäcker, Art. 3 FKVO, Rn. 1.

398 *Ebenda.*

399 *Ebenda.*

400 *Ebenda.*

401 *Ebenda*, Rn. 3, 122.

402 *Mäger*, in: Mäger, Europäisches Kartellrecht, S. 421.

403 Im Vergleich zu einem Vollfunktiosngemeinschaftsunternehmen bleiben die Muttergesellschaften (als Wettbewerber) bei einem Nicht-Vollfunktionsgemeinschaftsunternehmen weiterhin am Markt präsent. Ein Nicht-Vollfunktionsgemeinschaftsunternehmen übernimmt nur einzelne Funktionen für die Muttergesellschaften, z.B. als reines Produktionsunternehmen, das ferner ausschließlich an die Muttergesellschaften liefert. Vgl. Konsolidierte Mitteilung der Kommission zu Zuständigkeitsfragen vom 21.9.2009, ABl. 2009 C 43/10, Rn. 95. Des Weiteren wird zwischen einem konzentrativen und einem kooperativen Gemeinschaftsunternehmen unterschieden. Denn bei einem Gemeinschaftsunternehmen handelt es sich um eine Organisationsform zwischen Zusammenschluss und Kartell, vgl. *Körber*, in Immenga/Mestmäcker, Rn. 120; *Pohlmann*, WuW 2003, 473, 474 f.; *Schroeder*, WuW 2004, 893. Von einem konzentrativen Gemeinschaftsunternehmen wird gesprochen, wenn es unabhängig von den Muttergesellschaften auf dem Markt agiert und nicht im Wettbewerb zu den Letzteren alle Funktionen eines Vollfunktionsunternehmens ausübt.

Damit die Gründung eines Gemeinschaftsunternehmens Auswirkungen auf die Wettbewerbsstruktur hat, muss das Unternehmen als eigener Marktteilnehmer auf dem jeweiligen Markt agieren. Dafür bedarf es aber nicht der Fähigkeit der absoluten autonomen Verfolgung einer eigenen Geschäftspolitik. Vielmehr genügt es, wenn das Gemeinschaftsunternehmen über hinreichende personelle, materielle und immaterielle Ressourcen disponieren kann und ein eigenes, sich unabhängig von Weisungen der Muttergesellschaften dem Tagesgeschäft widmendes Management besitzt.

Auf diesem Wege lässt sich die Eigenständigkeit des Gemeinschaftsunternehmens mit der erforderlichen gemeinsamen Kontrolle der Muttergesellschaften nach Art. 3 Abs. 1 lit. b FKVO vereinbaren. Gemäß Art. 3 Abs. 1 lit. b FKVO wird ein Zusammenschluss dadurch bewirkt, dass eine dauerhafte Veränderung der Kontrolle in der Weise stattfindet indem Kontrolle über ein anderes Unternehmen erlangt wird. Der Kontrollerwerb kann rechtlicher oder faktischer Natur sein und muss im Falle des Gemeinschaftsunternehmens durch zwei oder mehr Unternehmen gemeinsam erfolgen. Gemeinsame Kontrolle ist wiederum gegeben, wenn zwei oder mehr Unternehmen die Möglichkeit besitzen, einen bestimmenden Einfluss auf ein anderes Unternehmen auszuüben. Dabei beinhaltet die Kontrolle nicht notwendig eine umfassende Einwirkung auf das unternehmerische Verhalten des abhängigen Unternehmens.[404] Bestimmender Einfluss bedeutet die Möglichkeit, Entscheidungen zu blockieren, die das strategische Wirtschaftsverhalten eines Unternehmens betreffen.[405] Der Einfluss auf die gewöhnlichen Geschäftsvorgänge bzw. Alltagsgeschäfte des Gemeinschaftsunternehmens kann bei demselben verbleiben.[406] Beispielsweise geschieht dies, indem das Gemeinschaftsunternehmen in eigener unternehmerischer

---

Im Umkehrschluss ist ein kooperatives Gemeinschaftsunternehmen zu bejahen, wenn es zu einer Verhaltenskoordination der Muttergesellschaften führt. Vgl. *Mäger*, in Mäger, Europäisches Kartellrecht, S. 421 f. Im Rahmen kooperativer Gemeinschaftsunternehmen lässt sich noch weiter differenzieren, und zwar hinsichtlich sogenannter struktureller kooperativer Gemeinschaftsunternehmen. Unter diesen sind Gemeinschaftsunternehmen zu verstehen, die nicht alle Funktionen einer selbstständigen wirtschaftlichen Einheit erfüllen, aber erhebliche Investitionen erfordern, beispielsweise ein Produktionsgemeinschaftsunternehmen, dessen ausschließlich für die Muttergesellschaft produzierten Produkte von der Letzteren separat vertrieben werden. Im Einzelnen dazu *Montag*, RIW 1994, 918.

404 *Körber*, in Immenga/Mestmäcker, Art. 3 FKVO Rn. 147.

405 KOMM., Mitteilung über den Begriff des Zusammenschlusses der Verordnung (EWG) Nr. 4064/89 vom 2.3.98, ABl. C 66/5 (98/C 66/02), Tz. 19.

406 *Körber*, in Immenga/Mestmäcker, Art. 3 FKVO, Rn. 147.

Verantwortung handelt, das eigene Geschäftsrisiko selbst trägt und in der Lage ist, ein eigenes Geschäftsprofil zu entwickeln.[407]

Umgekehrt reicht es für die Annahme der Selbstständigkeit eines Gemeinschaftsunternehmens aus, dass dieses über eine „faktische“, „wirtschaftliche“ bzw. „funktionelle“ Selbstständigkeit verfügt.[408]

Zusammenfassend kann festgehalten werden, dass ein Vollfunktionsgemeinschaftsunternehmen trotz gemeinsamer Kontrollmöglichkeiten der Muttergesellschaften in operativer Hinsicht wirtschaftlich im Sinne der FKVO selbstständig handeln kann.[409] Es *„auf Dauer alle Funktionen einer selbständigen wirtschaftlichen Einheit“* erfüllt. Jedenfalls sofern die Muttergesellschaften von ihren Einflussmöglichkeiten nur in Bezug auf strategische Grundentscheidungen Gebrauch machen und im Übrigen dem Gemeinschaftsunternehmen die Möglichkeit überlassen, sein Tagesgeschäft und unternehmerische Entscheidungen ausschließlich am Markt auszurichten.[410]

Das Kriterium der *„dauerhaften Erfüllung aller Funktionen einer selbständigen wirtschaftlichen Einheit“* mit der Folge, dass das Gemeinschaftsunternehmen als unabhängiger Wettbewerber auf dem entsprechenden Markt agiert, ist daher ebenfalls vereinbar mit dem Unternehmensbegriff des Unionskartellrechts. Danach wird ein Unternehmen als eine *wirtschaftliche Tätigkeit ausübende Einheit* verstanden.[411] Diese Einheit kann (muss aber nicht notwendig) aus mehreren natürlichen oder juristischen Personen bestehen.[412]

---

407 Siehe auch KOMM. 11. 2. 2000, ABl. 2000 C 89/3, M.1801 Tz. 9 – *„Neusiedler/American Israeli Paper Mills/JV“* (Vertrieb der Produkte der Muttergesellschaft im Namen und für Rechnung des Gemeinschaftsunternehmens); *Bergqvist*, E.C.L.R., Issue 10 (2003), 498, 500 f.

408 *Körber*, in Immenga/Mestmäcker, Art. 3 FKVO, Rn. 148.

409 *Lohse*, ZHR 1995, 164, 180 ff. So auch *Körber*, in Immenga/Mestmäcker, Art. 3 FKVO, Rn. 148.

410 *Ebenda.*

411 Vgl. u. a. EuGH, Urt. v. 23.4.91, Rs. C-41/90, ECLI:EU:C:1989:337, Tz. 21 – Höfner und Elser; Urt. v. 10.1.2006, Rs. C-222/04, ECLI:EU:C:2006:8, Tz. 107 – Cassa di Risparmio di Firenze. Ferner *Hengst*, in: Langen/Bunte, Art. 101 AEUV, Rn. 30.

412 Vgl. u. a. EuGH, Urt. v. 12.7.1984, Rs. C-170/83, ECLI:EU:C:1984:271 – Hydrotherm/ Compact; Urt. v. 28.6.2005, verb. Rs. C-189/02 P u. a., ECLI:EU:C:2001:420, Tz. 113 – Dansk Rorindustri u. a.; Urt. v. 14.12.2006, Rs. C-217/05, ECLI:EU:C:2006:784, Tz. 40 – CEEES; Urt. v. 10.9.2009, Rs. C-97/08 P, ECLI:EU:C:2009:536, Tz. 55 – Akzo Nobel; Urt. v. 20.01.2011, C-90/09 P, ECLI:EU:C:2011:21, Tz. 34 ff. – General Química u. a.; Urt. v. 29.9.2011, C-521/09 P, ECLI:EU:C:2011:620, Tz. 53 – Elf Aquintaine; Urt. v. 19.07.2012, C-628/10 P, ECLI:EU:C:2012:479, Tz. 42 – AOI.

3. *Bestimmende Einflussnahme durch gemeinsame Kontrolle*

Zur Bejahung einer „wirtschaftlichen Einheit" bedarf es der fehlenden Autonomie und der Weisungsabhängigkeit des Gemeinschaftsunternehmens gegenüber seinen Muttergesellschaften. Eine direkte oder indirekte Beteiligung der Muttergesellschaften am eigentlichen Kartellrechtsverstoß ist nicht notwendig.

Ein Autonomiedefizit wiederum setzt die Kontrolle der Muttergesellschaften über das gemeinsame Unternehmen voraus. Kontrolle liegt vor, wenn beide Muttergesellschaften die Möglichkeit besitzen, bestimmenden Einfluss auf dessen wichtige Entscheidungen auszuüben.[413]

a. *Kommissionspraxis*

Noch im Jahre 2005 nahm die Europäische Kommission im Fall *Kautschukchemikalien* die Unabhängigkeit paritätischer Gemeinschaftsunternehmen von den Müttern aufgrund der gemeinsamen Kontrolle an.[414] Diese Entscheidung entspricht allerdings nicht mehr der heutigen Praxis. Spätestens seit ihrer Entscheidung *Chloropren-Kautschuk* geht die Europäische Kommission nunmehr von einer wirtschaftlichen Einheit gerade wegen der gemeinsamen Kontrolle der Muttergesellschaften aus.[415] In der Entscheidung verwies die Europäische Kommission auf das Urteil *Avebe* des EuG.[416] In dieser Rechtssache hatte das Gericht klargestellt, dass bei Vorliegen eines bei Gründung eines Gemeinschaftsunternehmens vereinbarten gemeinsamen Weisungsrechts der Muttergesellschaften und bei einem jeweiligen Anteilsbesitz am Gemeinschaftsunternehmen in Höhe von 50 %, von einem bestimmenden Einfluss beider Muttergesellschaften ausgegangen werden kann. In diesen Fällen ist die Zurechenbarkeit vergleichbar mit der Zurechenbarkeit der Handlungen einer 100%igen Tochtergesellschaft zu ihrer Muttergesellschaft.[417]

---

413 *Hirsbrunner/Rating*, in von der Groeben/Schwarze/Hatje, Art. 3 FKVO, Rn. 33.

414 KOMM., Entsch. v. 21.12.2005, ABl. L 353 (COMP/F/38.443), Tz. 263 – Kautschukchemikalien. Vgl. zudem KOMM., Entsch. v. 16.1.1991, IV/32.732, ABl. L 28, Tz. 24 – Ijsselcentrale; Entsch. v. 15.5.1991, IV/32.186, ABl. L 185, Tz. 30 – Gosme/Martell.

415 KOMM., Entsch. v. 5.12.2007, COMP/38.629, Tz. 421 ff. – Chloropren-Kautschuk. So auch in der Entscheidung Kerzenwachse, vgl. KOMM., Entsch. v. 1.10.2008, COMP/39181, Tz. 334 – Kerzenwachse

416 Vgl. EuG, Urt. v. 27.09.2006, T-314/01, ECLI:EU:T:2006:266, Tz. 138 f. – Avebe.

417 KOMM., Entsch. v. 5.12.2007, COMP/38.629, Tz. 431 – Chloropren-Kautschuk.

b. *Gemeinsame Kontrolle*

Bei Vorliegen eines paritätischen Gemeinschaftsunternehmens kontrollieren die beiden Muttergesellschaften in der Regel dieses gemeinsam.

Unter besonderen Umständen kann allerdings auch die alleinige Kontrolle einer Muttergesellschaft anzunehmen sein.[418] Dieses ist beispielsweise denkbar bei Vorliegen einer tatsächlichen Stimmrechtsmehrheit oder bei Innehaben der Befugnis zum Stichentscheid aufseiten einer Muttergesellschaft sowie bei einer von vornherein vorgesehenen zeitlichen Beschränkung der gemeinsamen Beteiligung von maximal einem Jahr.[419]

Im Gegensatz zur alleinigen Kontrolle müssen die am Gesellschaftsunternehmen beteiligten Gesellschafter im Rahmen der gemeinsamen Kontrolle bei allen wichtigen Entscheidungen, die das beherrschte Unternehmen betreffen, einvernehmlich zusammenarbeiten.[420]

c. *Positiver und negativer Einfluss*

In die Subsumtion des Kontrollbegriffs sind positive wie negative Einflussmöglichkeiten einzubeziehen.[421] Generell setzt die Annahme eines bestimmenden Einflusses die Möglichkeit voraus, positiv über die strategischen Entscheidungen eines anderen Unternehmens zu bestimmen.[422]

Allerdings bedeutet „bestimmender Einfluss" im Falle eines paritätischen Gemeinschaftsunternehmens in der Regel die Fähigkeit, Aktionen zu blockieren, die das strategische Wirtschaftsverhalten eines Gemeinschaftsunternehmens betreffen.[423] Die Muttergesellschaften können darum jeweils nur Entscheidungen verhindern, nicht aber im Gegensatz zu einem alleinkontrollierenden Mehrheitsgesellschafter diese positiv herbeiführen.

---

418 Siehe dazu *Körber*, in Immenga/Mestmäcker, Art. 3 FKVO, Rn. 85.

419 Vgl. etwa KOMM., Entsch. v. 20.12.1995, ABl. 1996 C 23/5, Tz. 8 – SGB/Rentenanstalt; Entsch. v. 17.6.1997, WuW 1997, 972 – Mitteilung der Europäischen Kommission vom 21.2.2009 zu Zuständigkeitsfragen gemäß der VO (EG) Nr. 139/2004 des Rates über die Kontrolle von Unternehmenszusammenschlüssen, ABl. C 43/10, Tz. 34 f. Siehe dazu auch *Körber*, in Immenga/Mestmäcker, Art. 3 FKVO, Rn. 85.

420 *Hirsbrunner/Rating*, in von der Groeben/Schwarze/Hatje, Art. 3 FKVO, Rn. 33. Siehe auch *Behrens*, FS Kirchner, S. 458.

421 *Körber*, in Immenga/Mestmäcker, Art. 3 FKVO, Rn. 33.

422 *Ebenda.*

423 *Ebenda.*

Es ist daher fraglich, ob ein negativer Einfluss auch zu einer fehlenden Autonomie und Weisungsabhängigkeit des Gemeinschaftsunternehmens gegenüber seinen Muttergesellschaften führt.

aa. Meinungsstand

Sowohl nach Ansicht des EuG als auch der Europäischen Kommission reicht für die Annahme eines bestimmenden Einflusses in Fällen gemeinsamer Kontrolle eine negative Einflussmöglichkeit aus.[424] Insbesondere das EuG bezieht sich in seinen Entscheidungen *DuPont/Dow* im Hinblick auf die gemeinsame Kontrolle auf die FKVO und deren Erläuterungen in der Mitteilung zu Zuständigkeitsfragen der Europäischen Kommission.[425]

Die Gegenansicht hält die negative Einflussmöglichkeit nicht für ausreichend. So wird verlangt, dass neben der Möglichkeit, Entscheidungen zu blockieren, ein Zusammenwirken der Muttergesellschaften gewährleistet sein muss.[426] Denn auch bei einem paritätischen Gemeinschaftsunternehmen ist es möglich, dass die Muttergesellschaften gegeneinander operierten.[427] Dieses hätte zur Folge, dass beide Einflusspositionen sich neutralisierten, sodass dem Gemeinschaftsunternehmen ein unabhängiges Vorgehen ermöglicht werde.[428]

Entgegen dem Wortlaut der Definition des bestimmenden Einflusses *„die Tochtergesellschaft […] im Wesentlichen Weisungen der Muttergesellschaft befolgt“*[429], können die Muttergesellschaften zudem jeweils alleine überhaupt keine Weisungen erteilen, sondern lediglich passive Vetorechte ausüben.[430] Die Definition kann daher im Falle eines Gemeinschaftsunternehmens nicht angewendet werden.[431]

---

424 EuG, Urt. v. 2.2.2012, Rs. T-76/08, ECLI:EU:T:2012:46, Tz. 69 – DuPont. Siehe zudem KOMM., Mitteilung zu Zuständigkeitsfragen, Tz. 62 ff. Vgl. auch *Kapp/Wegner*, CCZ 2015, 198, 207.

425 EuG, Urt. v. 2.2.2012, Rs. T-76/08, ECLI:EU:T:2012:46, Tz. 69 – DuPont; Urt. v. 2.2.2012, Rs. T-77/08, ECLI:EU:T:2012:47, Tz. 84 – Dow Chemical.

426 Siehe auch *Pohlmann*, Der Unternehmensverbund, S. 185.

427 *Gerwing*, Gemeinschaftsunternehmen im EWG-Kartellrecht, S. 8; *Köhler*, EuZW 1992, 634, 637. Siehe auch *Wiedemann*, ZHR 146 (1982), 296, 304, 308: Eine von mehreren Gesellschaften beherrschte Gesellschaft könne unabhängiger agieren als eine 100%ige Tochtergesellschaft.

428 Vgl. *Pohlmann*, Der Unternehmensverbund, S. 185

429 EuGH, Urt. v. 10.9.2009, Rs. C-97/08 P, ECLI:EU:C:2009:536, Tz. 58 – Akzo Nobel.

430 Vgl. *Meyering*, der insofern Kritik übt, WuW 2010, 157, 168.

431 *Ebenda.*

bb. Würdigung

Mehrere nebeneinander bestehende Blockadepositionen begründen gemeinsame Kontrolle.[432] Denn die Muttergesellschaften können jeweils durch Einlegung eines Vetos Entscheidungen blockieren und dadurch eine Blockadesituation erreichen. Folglich führt auch die negative Einflussnahmemöglichkeit zu einer fehlenden Autonomie und Weisungsabhängigkeit des Gemeinschaftsunternehmens gegenüber seinen Muttergesellschaften.

Im Vergleich zu einem Alleingesellschafter besitzt jede Muttergesellschaft für sich betrachtet allerdings eine geringere Einflussmöglichkeit.[433] Denn im Gegensatz zum Alleingesellschafter, der in der Regel agieren kann, wie es ihm beliebt, muss immer eine Übereinstimmung zwischen den Muttergesellschaften vorliegen. Parallele Beteiligungen, die gegenseitige Blockademöglichkeiten verschaffen, wie sie genügen, um den Zusammenschlusstatbestand des Kontrollerwerbs im Rahmen der EU-Fusionskontrolle zu erfüllen, können daher ohne Hinzutreten weiterer Umstände nicht ausreichen, um eine einem Mehrheitsgesellschafter vergleichbare Möglichkeit der *bestimmenden* Einflussnahme im Sinne des kartellrechtlichen Konzepts der wirtschaftlichen Einheit zu verschaffen.[434]

In dem Fall, dass ein Zusammenwirken der Muttergesellschaften fehlt, hat dieses nicht sogleich die Unabhängigkeit des Gemeinschaftsunternehmens zur Folge. Das „Zusammenwirken" der Muttergesellschaften beruht auf dem Gedanken, dass die jeder Muttergesellschaft durch ihre Blockadeposition gegebene Macht durch dieselbe Macht der jeweils anderen Muttergesellschaft aufgehoben werden kann, wenn beide sich uneins sind.[435] Dieser Gedanke verkennt allerdings, dass ein fehlendes Zusammenwirken nicht zur Neutralisierung der Einflusspositionen und in der Folge zur Unabhängigkeit des Gemeinschaftsunternehmens führt. Ein fehlendes Zusammenwirken der Muttergesellschaften verursacht vielmehr den Stillstand der Handlungsfähigkeit des Gemeinschaftsunternehmens. Das Zusammenwirken wird daher erst bei der Frage relevant, ob die Muttergesellschaften tatsächlich *gemeinsam* auf das Gemeinschaftsunternehmen bestimmenden Einfluss ausgeübt haben indem sie einvernehmlich zusammengearbeitet haben.

Die von den Gemeinschaftsorganen entwickelte Definition des „bestimmenden Einflusses" im Rahmen des Konzepts der wirtschaftlichen Einheit

---

432 Vgl. *Pohlmann*, Unternehmensverbund, S. 185 m. w. N.

433 So im Ergebnis auch *Pohlmann*, Unternehmensverbund, S. 186.

434 Vgl. auch *Ahrens*, EuZW 2013, 899, 900.

435 *Ebenda*, S. 187.

spricht von Weisungen der Muttergesellschaft. Der Wortlaut impliziert, dass eine Einflussnahme durch aktives Handeln der Muttergesellschaft erfolgt, konkret indem diese der Tochtergesellschaft (An-)Weisungen erteilt. Im Falle eines Gemeinschaftsunternehmens bestimmen die jeweiligen Muttergesellschaften jedoch nicht je für sich aktiv das Verhalten des Gemeinschaftsunternehmens. Eine Beeinflussung kann nur entweder aufgrund einer Abstimmung zwischen den Muttergesellschaften oder durch die Einlegung eines Vetos, falls sie nicht übereinstimmen, erfolgen. Es wird insoweit von „passiven Vetorechten" gesprochen.[436] Die Kritik in Bezug auf die Definition des bestimmenden Einflusses und der Weisungsmacht der Muttergesellschaften ist insofern nicht ganz von der Hand zu weisen. Jedoch kann das „Befolgen von Weisungen" seitens des Gemeinschaftsunternehmens auch so ausgelegt werden, dass bei Einlegen eines Vetos der Muttergesellschaften das Gemeinschaftsunternehmen gehalten ist, sich danach zu richten. Die Ausübung des Vetorechts kann als „negative Weisung", im Gegensatz zu der üblichen „positiven Weisung", interpretiert werden. Der Wortlaut *„im Wesentlichen Weisungen der Muttergesellschaft befolgt"* spricht daher nicht gegen eine negative Einflussnahmemöglichkeit.

4. Gemeinsame Leitungs- und Einflussnahmemöglichkeiten

Im Folgenden werden die Möglichkeiten der gemeinsamen Einflussnahme auf das Marktverhalten des paritätischen Gemeinschaftsunternehmens näher untersucht.

a. Einfluss auf die strategischen geschäftspolitischen Entscheidungen des Gemeinschaftsunternehmens

Im Rahmen der Einflussnahme kommt es vor allem darauf an, dass die Muttergesellschaften die Geschäftspolitik und die strategischen Entscheidungen des Gemeinschaftsunternehmens bestimmen können. Dazu zählen insbesondere die Entscheidungen betreffend die Besetzung des gehobenen Managements, Finanz- und Geschäftsplanung, ggf. sogenannte marktspezifische Rechte sowie größere Investitionen.[437]

Das Recht, die Zusammensetzung der Unternehmensleitung mitzubestimmen, sichert normalerweise den Gesellschaftern einen bestimmenden Einfluss auf die Geschäftspolitik des Gemeinschaftsunternehmens.[438] Das Gleiche gilt

---

436 So beispielsweise *Meyering*, WuW 2010, 157, 168.

437 Siehe KOMM., Mitteilung zu Zuständigkeitsfragen, Rn. 23 ff.; *Wessely/Wegner*, in MünchKomm EU WettbR, Art. 3 FKVO, Rn. 25.

438 KOMM., Mitteilung zu Zuständigkeitsfragen, Rn. 69.

für die Entscheidungen über die Finanzplanung, denn diese betrifft sowohl den Umfang der Tätigkeit des Gemeinschaftsunternehmens als auch die Höhe der Investitionen.[439] Durch den Geschäftsplan besitzen die Muttergesellschaften die Möglichkeit, die Ziele des Gemeinschaftsunternehmens zu definieren sowie festzulegen, mit welchen Mitteln sie verwirklicht werden sollen.[440]

Die Investitionspolitik ist ein wichtiges Kriterium für die Beurteilung, ob bestimmender Einfluss vorliegt, sofern diese auf dem Markt, auf dem das Gemeinschaftsunternehmen tätig ist, von Bedeutung ist.[441] Durch ein Genehmigungserfordernis seitens der Muttergesellschaften kann das Marktverhalten des Gemeinschaftsunternehmens wesentlich beeinflusst werden.

Neben den typischen strategischen Entscheidungen wird die Autonomie des Gemeinschaftsunternehmens auch durch Mitwirken bei marktspezifischen Entscheidungen eingeschränkt. Solche Entscheidungen können beispielsweise die Wahl der zu benutzenden Technologie oder bei einem Markt, der durch Produktdifferenzierung und ein hohes Maß an Innovationen geprägt ist, die Entwicklung neuer Produkte betreffen.[442]

b. Einflussmöglichkeiten aufgrund struktureller Verflechtungen

Die kapitalmäßige Verbundenheit der Muttergesellschaften mit dem Gemeinschaftsunternehmen bietet ein starkes Indiz für eine Einflussmöglichkeit. Daneben spielen aber insbesondere Vereinbarungen über die Verteilung und Ausübung von Vetorechten eine wichtige Rolle.[443] Denn diese spiegeln nicht zwingend den Anteilsbesitz und die sich daraus ergebenen Einflussmöglichkeiten der jeweiligen Muttergesellschaft wider. Ferner kann sich daraus sogar eine alleinige Kontrolle ergeben.[444]

---

439 *Ebenda*.

440 *Ebenda*, Rn. 70.

441 *Ebenda*, Rn. 71.

442 *Ebenda*, Rn. 72.

443 Siehe auch Punkt § 2 I 4 des Ersten Teils dieser Arbeit. Die Ausführungen zu den strukturellen und personellen Einflussmöglichkeiten treffen auch im Rahmen des Gemeinschaftsunternehmens überwiegend zu. Um eine Wiederholung zu vermeiden, wird nur auf ein paar ausgewählte, diese Gesellschaftsform betreffende Spezifika näher eingegangen. Vgl. auch *Eisele*, Erfolgsfaktoren des Joint Venture-Managements, S. 14.

444 Siehe auch Punkt § 2 II 4 a. des Ersten Teils dieser Arbeit, sowie *Körber*, in Immenga/Mestmäcker, Art. 3 FKVO, Rn. 85. Im Fall BASF/Hoechst, KOMM., Entsch. v. 17.6.1997, M.845, Tz. 8 – BASF/Hoechst, leitete die Europäische Kommission eine alleinige Kontrolle der BASF über ein Gemeinschaftsunternehmen (trotz Stimmrechtsgleichheit und gleichen Einflusses auf die Geschäftsleitungsorgane) daraus ab,

Vereinbarungen und Regelungen, die das Gemeinschaftsunternehmen betreffen, werden im Gesellschaftsvertrag bzw. im sogenannten Joint-Venture-Vertrag zwischen den Muttergesellschaften festgehalten. Dieses Vertragswerk enthält in der Regel auch Vereinbarungen im Hinblick auf die interne Willensbildung, beispielsweise die Verteilung und Ausübung von Stimmrechten.[445] So können zugunsten einer Muttergesellschaft wesentliche gesellschaftsvertragliche Zustimmungsvorbehalte existieren oder Stimmbindungsvereinbarungen getroffen werden.[446] Darüber hinaus werden Regelungen getroffen, die auf einer zweiten Stufe den Transfer und die Umsetzung der internen Willensbildung des Gemeinschaftsunternehmens sichern sollen.[447] Bestimmte Kompetenzen können von vorneherein den Muttergesellschaften zugeordnet werden, oder es werden Richtlinien für den Umgang mit bestimmten Sachgebieten und Themen aufgestellt.[448] Unschädlich ist die alleinige Führung von Alltagsgeschäften durch eine Muttergesellschaft, da es nur auf die Möglichkeit der bestimmenden Einflussnahme auf die Geschäftspolitik und strategische Entscheidungen ankommt.[449] Auch darf eine der Muttergesellschaften über besonderes Wissen und Erfahrung in dem Markt des Gemeinschaftsunternehmens verfügen, sofern es der anderen Muttergesellschaft dennoch möglich ist, die Entscheidungen des Gemeinschaftsunternehmens zu beeinflussen.[450]

Schließlich ist ein weiteres Indiz, wenn das Gemeinschaftsunternehmen gegenüber seinen Muttergesellschaften umfassenden Konsultations- oder Informationspflichten nachkommen muss.[451]

---

dass Hoechst bei Uneinigkeit auf die Stimmabgabe verzichten und seine Anteile binnen 30 Tagen der BASF andienen konnte, wodurch BASF letztlich das „letzte Wort" blieb. Die Annahme einer alleinigen Kontrolle ist in einem solchen Fall allerdings nicht zwingend. So kann die Ausübung der ausschlaggebenden Stimme Restriktionen unterliegen, die eine alleinige Kontrolle bei wertender Betrachtung ausschließen. Siehe *Körber*, in Immenga/Mestmäcker, Art. 3 FKVO, Rn. 85.

445 Vgl. *Spitzer*, Die Steuerung von Joint Ventures, S. 3, 68 ff. Siehe auch *Schulte*, in Schulte/Schwindt/Kuhn, S. 92 ff.

446 *Ebenda*, S. 139.

447 *Ebenda*, S. 3f.

448 *Ebenda*, S. 146. Siehe auch *Stephan*, in Schaumburg, S. 102 f.

449 KOMM., Mitteilung zu Zuständigkeitsfragen, Rn. 81; *Wessely/Wegner*, in MünchKomm EU WettbR, Art. 3 FKVO, Rn. 94. A.A. EuG, Urt. v. 11.7.2014, Rs. T-543/08, ECLI:EU:T:2014:627, Tz. 119 ff. – RWE Dea AG u. a.

450 *Ebenda*.

451 Vgl. *Spitzer*, Die Steuerung von Joint Ventures, S. 146.

c. *Einflussmöglichkeiten aufgrund personeller Verflechtungen*

In den bisher ergangenen Entscheidungen, in denen eine wirtschaftliche Einheit zwischen den Muttergesellschaften und dem Gemeinschaftsunternehmen bejaht worden ist, wurde neben der kapitalmäßigen Verbundenheit insbesondere auf personelle Verflechtungen abgestellt.

So können etwa Organmitglieder oder Angestellte der Muttergesellschaften Aufgaben und Ämter im Vorstand, in der Geschäftsführung, im Aufsichtsrat oder in anderen Leitungsgremien des Gemeinschaftsunternehmens wahrnehmen.[452] Die Besetzung erfolgt in der Regel zu gleichen Teilen.[453] Oder die Muttergesellschaften können ihrer Ansicht nach kompetente Vertrauenspersonen für die Besetzung des oberen Managements des Gemeinschaftsunternehmens auswählen.[454]

5. *Ausübung des bestimmenden Einflusses*

Damit eine wirtschaftliche Einheit bejaht werden kann, bedarf es neben der Möglichkeit der Einflussnahme auch der tatsächlichen Ausübung eines bestimmenden Einflusses seitens der Muttergesellschaften auf das Gemeinschaftsunternehmen.

Einen ganz wesentlichen Aspekt spielt im Rahmen der tatsächlichen Ausübung des bestimmenden Einflusses die Interessengleichheit der Muttergesellschaften. Denn eine fehlende Übereinstimmung der Interessen führt zur gegenseitigen Blockade und im Weiteren zu einer Behinderung oder gar Lähmung der Entscheidungsfindung bzw. Zusammenarbeit.

a. *Interessengleichheit der Gesellschafter*

Für die Analyse des Vorliegens einer Interessengleichheit ist es zunächst sinnvoll, sich den Sinn und Zweck der Gründung eines Gemeinschaftsunternehmens vor Augen zu führen.

aa. Gemeinsames Ziel und Interesse als Gründungsgrundlage für ein Gemeinschaftsunternehmen

Eine nach *Raffée* und *Eisele* gern erzählte Anekdote lautet wie folgt:

> *„Ein Huhn schlägt einem Schwein ein Joint Venture vor. Als das Schwein wissen möchte, was sie denn gemeinsam vermarkten sollen, hört es: Ham and Eggs. Vom Marktpotential*

---

452 So auch im Fall: KOMM., Entsch. v. 5.12.2007, COMP/38629, Tz. 424 ff. – Chloropren-Kautschuk; KOMM, Entsch. v. 1.10.2008, COMP/39181, Tz. 549 – Kerzenwachse.

453 *Ebenda.*

454 Vgl. *Spitzer*, Die Steuerung von Joint Ventures, S. 142.

> *beeindruckt, verfällt das Schwein in langes Nachdenken, bis es der Gedanke durchfährt: Aber nach diesem Geschäft bin ich ja tot, während Du besser denn je weiterlebst. Ungerührt erwidert das Huhn: Worin sonst läge der Sinn eines Joint Venture?*“[455]

Die Anekdote verdeutlicht recht gut das zwiespältige Interessensverhältnis. Ein Gemeinschaftsunternehmen stellt ein gemeinsames Vorhaben zwischen rechtlich und wirtschaftlich voneinander unabhängigen Unternehmen dar, bei dem die Muttergesellschaften das Risiko von Erfolg und Misserfolg gemeinsam tragen.[456] Die Motive für die Gründung eines Gemeinschaftsunternehmens sind vielfältig.[457] Eines der Hauptmotive ist in der Regel die Verteilung des dem Vorhaben anhaftenden finanziellen Risikos auf mehrere Beteiligte.[458] Zudem sind die Muttergesellschaften oftmals überhaupt nur gemeinsam in der Lage, durch Bündelung ihres Wissens und ihrer Ressourcen einen Vorstoß auf einem neuen Markt zu wagen oder ein kostenaufwendiges Produkt zu entwickeln.[459] Grundsätzlich ist daher anzunehmen, dass bei einem Wunsch zur Zusammenarbeit durch Gründung eines Gemeinschaftsunternehmens eine generelle Interessengleichheit zwischen den beiden Muttergesellschaften besteht.

Aufgrund der üblicherweise obligatorischen gemeinsamen Leitung des Gemeinschaftsunternehmens und der damit einhergehenden gegenseitigen Abhängigkeit hängt der Erfolg des Vorhabens sehr stark von einem grundsätzlichen Konsens ab. Die „richtige Partnerwahl“ und ein gemeinsames Interesse spielen für die Muttergesellschaften folglich eine gewichtige Rolle.[460]

Auch wenn zunächst durch ein ganz persönliches unternehmerisches Interesse getrieben, lässt sich somit festhalten, dass die Muttergesellschaften ein gemeinsames Ziel verfolgen und prinzipiell Interessengleichheit besteht.

---

455 *Raffée/Eisele*, Havard Business Manager 1994, 17, 17.

456 Vgl. auch *Eisele*, Erfolgsfaktoren des Joint Venture-Managements, S. 10; *Langefeld-Wirth*, in Langefeld-Wirth, S. 28; *Oesterle*, S. 46 f.; *Spitzer*, Die Steuerung von Joint Ventures, S. 10; *Stephan*, in Schaumburg, S. 99; *Tegen*, Joint Venture-Vertrag, S. 144 ff.

457 Vgl. *Fett/Spiering*, in Fett/Spiering, S. 2; *Spitzer*, Die Steuerung von Joint Ventures, S. 23. Siehe auch *Kliebisch*, Gemeinschaftsunternehmen, S. 31 ff.; *Langefeld-Wirth*, in Langefeld-Wirth, S. 46, Schaubild 10.

458 *Eisele*, Erfolgsfaktoren des Joint Venture-Managements, S. 21 ff.; *Spitzer*, Die Steuerung von Joint Ventures, S. 23 f.

459 *Ebenda.*

460 So auch *Langefeld-Wirth*, in Langefeld-Wirth, S. 56.

Dennoch verfolgen die Gesellschafter mit der Gründung des Gemeinschaftsunternehmens nicht nur gemeinsame, sondern letztendlich natürlich individuelle Interessen.[461] Diese lassen sich beispielsweise anhand der Ausgestaltung der Liefer- und Leistungsbeziehungen zwischen dem Gemeinschaftsunternehmen und den Muttergesellschaften deutlich machen. Denn häufig besteht eine Abhängigkeit des Gemeinschaftsunternehmens entweder auf der Beschaffungsseite (Know-how, Rohstoffbezug etc.) oder auf der Absatzseite (Lieferung der gesamten Produktion an eine Muttergesellschaft) von einer der Muttergesellschaften.[462]

bb. Das Interessenverhältnis zwischen den Muttergesellschaften bei Liefer- und Leistungsbeziehungen

Um Interessengleichheit sowie Divergenzen besser aufzeigen zu können, werden exemplarisch zwei Konstellationen von Liefer- und Leistungsbeziehungen näher untersucht:[463]

Fall 1: Ein lizenznehmendes Gemeinschaftsunternehmen[464]

Im ersten Fall möchte ein deutsches Unternehmen (nachstehend „A") mit einer hochwertigen Technologie auf einem ausländischen Zielmarkt mit einem lokalen Unternehmen (nachstehend „B") ein Gemeinschaftsunternehmen zur Herstellung von Serienprodukten für diesen Markt gründen. Gründe dafür können beispielsweise Kostenvorteile des Auslandsstandorts oder die Überwindung von Handelshemmnissen sein. Die Kooperation mit dem Unternehmen B hat den Vorteil, dass Letzteres über Geschäftsbeziehungen und Finanzkraft verfügt sowie das kaufmännische Management übernehmen kann. Das Gemeinschaftsunternehmen benötigt die Technologie des Unternehmens A. Es obliegt daher dem Unternehmen A, neben der Finanzierung den ausschließlichen Technologietransfer sowie das technische Management bereitzustellen.

Aufgrund der unterschiedlichen Beiträge besitzen die beiden Unternehmen folglich neben dem Rendite-Interesse ansonsten ganz unterschiedliche Interessen.

---

461 *Langefeld-Wirth*, in Langefeld-Wirth, S. 71; *Spitzer*, Die Steuerung von Joint Ventures, S. 77.

462 So *Langefeld-Wirth*, in Langefeld-Wirth, S. 72.

463 Weiter Konstellationen von wichtigen Liefer- und Leistungsbeziehungen und deren Analyse werden sehr anschaulich von *Langefeld-Wirth*, in Langefeld-Wirth, S. 73–89 dargestellt.

464 Vgl. auch *Langefeld-Wirth*, in Langefeld-Wirth, S. 73–75.

So wird Unternehmen A diverse Interessen haben, die aus der Technologie-Vergabe herrühren. Dazu zählen beispielsweise: Gewinne aus Lizenzgebühren, Erhalt von (neuen) Informationen über die Unternehmensstrategien ausländischer Unternehmen, Wettbewerbsbeschränkungen des Gemeinschaftsunternehmens zur Vermeidung einer zukünftigen Konkurrenz auf den Heimatmärkten, Schutz der Technologie gegen Weitergabe an Dritte sowie Zulieferinteressen (z. B. Ersatzteile, komplementäre Produkte etc.).

Das Unternehmen B wird möglicherweise konträre Interessen besitzen, nämlich einen möglichst vollständigen Zugang zu Know-how, Freiheit im Marketing, keine Wettbewerbsbeschränkungen, weniger Abhängigkeiten von Unternehmen A und möglichst geringer Abfluss von Gewinnen aus Lizenzgebühren an Unternehmen A.

Fall 2: Ein Forschungs- und Entwicklungsprojekt[465]
Im zweiten Fall wird ein Gemeinschaftsunternehmen zur gemeinsamen Forschungs- und Entwicklungstätigkeit gegründet. Beide Unternehmen liefern dieselben Beiträge, zum Beispiel die notwenige Technologie, das Management und die Finanzierung. Ähnliche Konstellationen können entstehen zur gemeinsamen Durchführung von Marketing-Kampagnen, zur gemeinsamen Nutzung von Produktions-, Lager- oder sonstigen Einrichtungen. Häufig werden in diesen Konstellationen die Gemeinschaftsunternehmen durch gleich starke Partner gegründet. Diese erhoffen sich durch die Gründung bestimmte Vorteile (technische Entwicklungen, Kostenvorteile), die sie gemeinsam nutzen und deren Kosten sie gemeinsam in bestimmten Verhältnissen tragen.

Grundsätzlich liegen die Interessen der beiden Unternehmen sehr nah beieinander. Beide haben ein Interesse am gegenseitigen Austausch von technischen Erkenntnissen und an gegenseitiger Unterstützung in der Forschung und Entwicklung sowie an einer gemeinsamen Vermarktung, am gemeinsamen Einkauf und an der gemeinsamen Nutzung von Einrichtungen. Ferner sind eine Teilung der allgemeinen Kosten und Risiken bei besonders großen oder riskanten Unterfangen sowie eine Verteilung von Finanzierungslasten im gegenseitigen Interesse.

Die Interessenkonflikte sind demzufolge im diesem Fall etwas anders gelagert: So wird möglicherweise ein Unternehmen – entgegen den ursprünglichen Absichten – überproportional begünstigt, das Gemeinschaftsunternehmen hat starke Rückwirkungen auf die beiden Muttergesellschaften und führt bei einer Muttergesellschaft bzw. zwischen den Muttergesellschaften zu (faktischen)

465 *Ebenda*, S. 87 f.

Handlungseinschränkungen. Schließlich können sich die Bedürfnisse eines Unternehmens sehr stark ändern und das Interesse an einer Zusammenarbeit erlöschen.

cc. Risiken im Rahmen der Zusammenarbeit

Anhand der obigen Beispiele lässt sich gut erkennen, dass trotz eines gemeinsamen Ziels und Konsenses es aufgrund individueller Interessen zu einer Interessendivergenz kommen kann. Eine Zusammenarbeit zwischen den Muttergesellschaften hat also viele Vorteile, birgt in sich aber auch Risiken.[466] Denn Interessendivergenzen zwischen den beiden Muttergesellschaften können insbesondere in wirtschaftlicher und finanzieller Hinsicht schwerwiegende Folgen mit sich bringen.

Bei einem paritätischen Gemeinschaftsunternehmen führt eine Pattsituation (durch Uneinigkeit der beiden Muttergesellschaften) zu einer (zumindest zeitweisen) Handlungsunfähigkeit des Gemeinschaftsunternehmens. Wenn das Gemeinschaftsunternehmen jedoch nicht mehr handlungsfähig ist, droht im äußersten Fall die Insolvenz des Unternehmens. Für die beiden Muttergesellschaften bedeutet ein durch eine gegenseitige Blockade herbeigeführter Stillstand neben dem Scheitern des gemeinsamen Vorhabens die Gefahr eines finanziellen Totalverlusts.[467] Zur effektiven Steuerung des Gemeinschaftsunternehmens sind die Muttergesellschaften mithin daran interessiert, dass bei Entscheidungen schnell und ohne große Komplikationen ein gangbarer Konsens gefunden wird.[468]

dd. Mechanismen zur Überwindung einer Interessendivergenz und Auflösung einer Pattsituation

Infolgedessen müssen solche Pattsituationen mit klar geregelten Mechanismen überwunden werden können.[469] Es darf keiner der Muttergesellschaften möglich sein, das Gemeinschaftsunternehmen gegen den Willen der jeweils anderen Muttergesellschaft handlungsunfähig zu machen.[470] Neben klaren juristischen Regelungen und betriebswirtschaftlichen Strukturen besitzen Aspekte wie eine Ähnlichkeit zwischen den Partnern, Kommunikation, Transparenz und

466 *Spitzer*, Die Steuerung von Joint Ventures, S. 24.
467 *Ebenda*, S. 24 f.
468 *Ebenda*, S. 57.
469 *Ebenda*, S. 25. Siehe zudem *Stephan*, in Schaumburg, S. 115.
470 *Ebenda*.

gegenseitiges Vertrauen einen hohen Stellenwert für eine erfolgreiche Zusammenarbeit.[471]

Vor Gründung eines Gemeinschaftsunternehmens wird durch eine betriebswirtschaftliche Analyse versucht, mögliche Risiken und Unsicherheiten zu benennen und sich an diesen Ergebnissen orientierend eine juristische Vertragsgestaltung zu entwerfen.[472] Vertragliche Vereinbarungen im Hinblick auf die Interessenlage der Muttergesellschaften und Mechanismen zur Lösung von Konfliktsituationen sind im Joint-Venture-Vertrag geregelt. Dabei handelt es sich um einen übergreifenden Vertrag zwischen den Muttergesellschaften, der das Unternehmenskonzept in seiner Gesamtheit mit allen daraus folgenden Konsequenzen und Interdependenzen regelt.[473] So enthält dieser unter anderem Vereinbarungen zum Unternehmenskonzept, zu Markt- und Vertriebsfragen, zur Personalauswahl, -entsendung und -einstellung, zu Liefer- und Leistungsaspekten, zum Rechnungswesen, zu Informations- und Einsichtsrechten sowie Rückzugsklauseln zur Lösung der Kooperation.[474]

Es ist aber auch durch eine vertragliche Ex-ante-Regelung unmöglich, alle Eventualitäten entsprechend zu berücksichtigen. Daher sind im Wege der Vertragsgestaltung vielmehr flexible Instrumente zu schaffen, die allen oder auch nur einer der Muttergesellschaften im Falle einer Blockadesituation sinnvolle Reaktionsmöglichkeiten an die Hand geben.[475]

Zunächst einmal kann durch eine vertragliche Regelung das Vorliegen einer Pattsituation als solche näher definiert werden.[476] So kann beispielsweise unterhalb bestimmter Schwellenwerte eine Zustimmungsfiktion der Gesellschafter vereinbart werden, sodass erst ab Überschreiten der Schwellenwerte definitorisch eine Pattsituation vorliegt.[477]

Um die definierte Pattsituation aufzulösen, kommen vor allem vertragliche Vereinbarungen wie beispielsweise Streitbeilegungsmechanismen oder Beendigungsmechanismen in Betracht. Jedoch könnten die Muttergesellschaften

471 Siehe *Eisele*, Erfolgsfaktoren des Joint Venture-Managements, S. 55, 58, 114 f., 173; *Fett/Spiering*, in Fett/Spiering, S. 4; *Spitzer*, Die Steuerung von Joint Ventures, S. 24. Im Ergebnis auch *Oesterle*, Joint-Ventures in Rußland, S. 385 ff.

472 Vgl. auch *Oesterle*, Joint-Ventures in Rußland, S. 380; *Spitzer*, Die Steuerung von Joint Ventures, S. 25.

473 *Langefeld-Wirth*, in Langefeld-Wirth, S. 113.

474 *Ebenda*, 115 f.

475 So auch *Eisele*, Erfolgsfaktoren des Joint Venture-Managements, S. 175, 177 und 303.

476 *Elfring*, NZG 2012, 895, 896; *Kliebisch*, Gemeinschaftsunternehmen, S. 48.

477 *Ebenda*.

auch übereinkommen, vorab keine Konfliktlösungsmechanismen festzulegen, sondern im Einzelfall eine angemessene Lösung auszuhandeln.[478] Aufgrund des faktischen Einigungszwangs und der beiderseitigen bzw. einseitigen Blockademöglichkeit kann ein so starker wirtschaftlicher Druck herrschen, dass sich im Streitfall zeitnah auf eine einvernehmliche Lösung verständigt wird.[479] Da ein paritätisches Gemeinschaftsunternehme bei Meinungsverschiedenheiten besonders anfällig für eine Behinderung oder gar Lähmung der Zusammenarbeit ist, ist es allerdings sachdienlicher, vorab vertragliche Reglungen zur Konfliktlösung zu treffen.

Es könnte ein Letztentscheidungsrecht (auch genannt „Casting Vote") zugunsten einer der Muttergesellschaften vereinbart werden,[480] indem dieses entweder nach Sachgebieten unter den Muttergesellschaften aufgeteilt oder turnusmäßig, zum Beispiel nach jedem Geschäftsjahr, zwischen den Muttergesellschaften gewechselt wird.[481] Eine genaue Zuordnung zu einem Sachgebiet ist jedoch nicht immer möglich, sodass beide Muttergesellschaften das Letztentscheidungsrecht für sich beanspruchen werden.[482] Auch ein turnusmäßiger Wechsel birgt Streitpotenzial. Denn bestimmte wesentliche Entscheidungen könnten von einer der Muttergesellschaften in wirtschaftlich nicht vertretbarer Weise entweder verzögert oder beschleunigt werden, je nachdem, in welchem Geschäftsjahr dieser das Letztentscheidungsrecht zusteht.[483] Demzufolge ist die Einräumung eines Letztentscheidungsrechts, unabhängig davon, in welcher Variante es gewählt wird, insgesamt kritisch zu sehen.[484]

Anstelle eines Letztentscheidungsrechts kann auch ein Streitschlichtungsverfahren gewählt werden, indem eine Verlagerung auf eine höhere Instanz oder eine Einschaltung eines externen Drittens zur Streitschlichtung vorgesehen wird.[485]

---

478 Vgl. *Schulte/Pohl*, Joint-Venture-Gesellschaften, Rn. 685.

479 Diese Ansicht vertritt zumindest *Langefeld-Wirth*, in Langefeld-Wirth, S. 127.

480 Siehe auch *Elfring*, NZG 2012, 895, 897; *Kuhn*, in Schulte/Schwindt/Kuhn, S. 305 f.; *Schulte/Pohl*, Joint-Venture-Gesellschaften, Rn. 690 ff.; *Stephan*, in Schaumburg, S. 116.

481 *Ebenda*.

482 *Elfring*, NZG 2012, 895, 897.

483 Siehe auch *Elfring*, NZG 2012, 895, 897; *Kuhn*, in Schulte/Schwindt/Kuhn, S. 305 f.; *Schulte/Pohl*, Joint-Venture-Gesellschaften, Rn. 693.

484 So auch *Elfring*, NZG 2012, 895, 897.

485 Vgl. *Elfring*, NZG 2012, 895, 897; *Kuhn*, in Schulte/Schwindt/Kuhn, S. 305 f.; *Kliebisch*, Gemeinschaftsunternehmen, S. 48; *Schulte/Pohl*, Joint-Venture-Gesellschaften, Rn. 694 ff.

Gelingt es den unmittelbaren Entscheidungsträgern nicht, den Streit eigenständig beizulegen, besteht die Möglichkeit, die Entscheidungsfindung auf eine höhere Instanz zu verlagern.[486] In Betracht kommen dabei etwa die jeweiligen Vorstände der Muttergesellschaften.[487] Bereits das Wissen um eine mögliche Einschaltung einer höheren Instanz und das einhergehende Eingeständnis, dass gravierende Meinungsverschiedenheiten existieren, kann die Entscheidungsträger zu einer intensiveren Lösungssuche und Schließung eines Kompromisses bewegen.[488] Ein weiterer Vorteil ist, dass von einer höheren Ebene die Situation mit einem gewissen Abstand betrachtet wird und eine Streitbeilegung unkomplizierter verläuft.[489] Zudem nehmen sich Personen der Sache an, die trotz des Abstands ein eigenes Interesse an der Streitschlichtung haben – jedenfalls solange ein Grundkonsens über die unternehmerische Notwenigkeit der Zusammenarbeit gegeben ist.[490]

Ferner kann auch eine neutrale dritte Person zur Konfliktlösung eingeschaltet werden. In Betracht kommt die Beauftragung eines Mediators, der lediglich zwischen den Parteien vermittelt, oder eines Schiedsgerichts, das selbst eine Entscheidung in der Sache trifft.[491] Oftmals enthält der Joint-Venture-Vertrag eine entsprechende Klausel bzgl. eines Vorschlagsrechts und der Einigungsfristen zur Verständigung auf einen Dritten.[492] Letztendlich hängt bei diesem Streitbeilegungsmechanismus der Erfolg davon ab, ob kompetente Konfliktlöser gefunden werden, die von beiden Muttergesellschaften akzeptiert werden.[493]

Führt keines der Streitbeilegungsmechanismen zu einer dauerhaften Wiederherstellung der Handlungsfähigkeit des Gemeinschaftsunternehmens, verbleibt zumeist – *ultima ratio* – nur die Beendigung des Gemeinschaftsunternehmens.[494]

Zu den üblichen Beendigungsmechanismen zählen vor allem: die Liquidation des Gemeinschaftsunternehmens, die Übernahme sämtlicher Anteile durch eine Partei, die Anteilsübertragung auf Dritte sowie Ausstiegsklauseln („Russian Roulette“ und „Texan Shoot Out“).[495]

---

486 Vgl. auch *Elfring*, NZG 2012, 895, 897.

487 *Ebenda*. Siehe zudem *Schulte/Pohl*, Joint-Venture-Gesellschaften, Rn. 696; *Stephan*, in Schaumburg, S. 116 f.

488 *Elfring*, NZG 2012, 895, 897; *Schulte/Pohl*, Joint-Venture-Gesellschaften, Rn. 697.

489 *Ebenda*.

490 *Ebenda*. So auch *Stephan*, in Schaumburg, S. 116 f.

491 *Ebenda*, S. 898; Rn. 694 ff.

492 *Ebenda*.

493 *Ebenda*.

494 *Ebenda*, S. 899; Rn. 698 ff.

495 *Schulte/Pohl*, Joint-Venture-Gesellschaften, Rn. 699; *Stephan*, in Schaumburg, S. 118.

ee. Würdigung

Damit das Gemeinschaftsunternehmen als gemeinsames Projekt rechtlich und wirtschaftlich voneinander unabhängiger Unternehmen erfolgreich ist, bedarf es einer Interessengleichheit der Gesellschafter. Eine gemeinsame Gründung und Einbringung von Geschäftsbereichen in das Gemeinschaftsunternehmen kann ein Indiz dafür sein, dass ein gemeinsamer Grundkonsens und insofern eine Interessengleichheit zwischen den Muttergesellschaften bestehen.

Wie die Anekdote über das gemeinsame Vorhaben des Schweins und des Huhns schön aufzeigt, bedeutet „Gemeinschaftsunternehmen" nicht, dass die Muttergesellschaften nicht grundsätzlich weiterhin auch ihre individuellen Interessen verfolgen. Es besteht somit die Gefahr, dass die individuellen Interessen mit dem gemeinsamen Interesse an der einen oder anderen Stelle kollidieren. Anscheinend ist insbesondere ein paritätisches Gemeinschaftsunternehmen anfällig für Konfliktsituationen, die zu einem Stillstand der Handlungsfähigkeit desselben führen können. Ein Stillstand wiederum kann hohe wirtschaftliche Implikationen für die Muttergesellschaften mit sich bringen. Aufgrund des starken Grundinteresses an der Zusammenarbeit unter paritätischer Beteiligung und den Folgen einer Pattsituation kann ferner angenommen werden, dass die Muttergesellschaften im Falle einer gegenseitigen Blockade mit viel Nachdruck und entsprechender Mechanismen versuchen werden, diese Situation zu lösen.

Allerdings haben empirische Untersuchungen gezeigt, dass die Misserfolgsquote von Gemeinschaftsunternehmen bei circa 50–60 Prozent liegt; vorwiegend wegen gegenläufiger Interessen.[496] Insofern ist *Eisele* zuzustimmen: *„Learning to live with two parents is harder than managers think."*[497]

Die gemeinsame Gründung des Gemeinschaftsunternehmens sollte folglich nur als erstes Indiz für eine grundsätzliche Interessengleichheit herangezogen werden. Denn die Misserfolgsquote von Gemeinschaftsunternehmen spricht im Ergebnis für eine Einzelfallprüfung im Hinblick auf die Frage des tatsächlichen Vorliegens einer Interessengleichheit.

---

496 *Killing*, Harvard Business Review 1982, S. 120 ff.; *Träm/Müller-Patel*, in Schaumburg, S. 36 f.; *Raffée/Eisele*, Harvard Business Manager 1994, S. 17. *Eisele* verweist auf mehrere Studien im Hinblick auf die Erfolgschancen eines Joint Ventures. Diese Studien kommen teilweise zu ganz unterschiedlichen Ergebnissen, wobei eine 50%ige Erfolgschance wohl den Durchschnittswert aufzeigt, vgl. *Eisele*, Erfolgsfaktoren des Joint Venture-Managements, S. 10.

497 *Eisele*, Erfolgsfaktoren des Joint Venture-Managements, S. 10.

b. Nachweis der Einflussnahme

Die tatsächliche Ausübung des Einflusses auf das Gemeinschaftsunternehmen muss auch nachgewiesen werden. Die Anforderungen an den Nachweis der Einflussnahme sind insbesondere vor dem Hintergrund der geforderten Interessengleichheit relevant.

aa. Grundsatz

Grundsätzlich obliegt es der Europäischen Kommission, die Ausübung eines bestimmenden Einflusses anhand tatsächlicher Umstände zu beweisen.[498]

bb. Praxis der Unionsorgane

In der Entscheidung *Chloropren-Kautschuk* belegten nach Ansicht der Europäischen Kommission objektive Umstände, dass DDE nicht unabhängig handelte, sondern dass DuPont und Dow das Geschäftsverhalten und die Geschäftspolitik des Gemeinschaftsunternehmens gleichermaßen bestimmend beeinflussten.[499]

Die Europäische Kommission stellte darauf ab, dass die beiden Muttergesellschaften auf Grundlage einer Gesellschaftervereinbarung ein „Members Committee" geschaffen haben. Dahin entsandten die Muttergesellschaften hochrangige Manager aus den eigenen Reihen. Das einstimmig entscheidende Members Committee konnte vor allem die „Policy und Vision" von DDE bestimmen, Geschäftspläne und Investitionen ab einer gewissen Größenordnung genehmigen und die Geschäftsführung von DDE ernennen. Fernerhin hatte das Member Committee die Aufgabe, Grundlagenentscheidungen (z. B. die Änderung des Geschäftsgegenstands oder die Auflösung von DDE) zu treffen.[500]

Darüber hinaus stellte die Europäische Kommission auf personelle Verflechtungen ab, und zwar darin bestehend, dass Manager, die ihrerseits vom Member Committee in die Geschäftsführung der DDE berufen wurden, von den beiden Muttergesellschaften stammten.[501]

---

498 EuG, Urt. v. 27.9.2006, Rs. T-314/01, ECLI:EU:T:2006:266, Tz. 136 – Avebe. Vgl. ferner EuGH, Urt. v. 28.6.2005, verb. Rs. C-189/02 P, ECLI:EU:C:2001:420, Tz. 118–122 – Dansk Rorindustri u. a; Urt. v. 2.10.2003, Rs. C-196/99 P, ECLI:EU:C:2003:529, Tz. 97 ff. – Aristrain; EuG, Urt. v. 20.3.2002, Rs. T-9/99, ECLI:EU:T:2002:70, Tz. 527 – HFB u. a.

499 KOMM., Entsch. v. 5.12.2007, COMP/38.629, Tz. 421 ff. – Chloropren-Kautschuk.

500 *Ebenda*, Tz. 422–425.

501 *Ebenda*, Tz. 426 f.

Außerdem hat zumindest DuPont – und vermutlich auch Dow – von dem fraglichen Kartell, an dem DDE beteiligt war, gewusst, da DuPont vor Gründung von DDE selbst am Kartell beteiligt gewesen ist.[502] Selbst wenn keine konkrete Kenntnis vorlag, hat DuPont jedoch zumindest damit rechnen müssen, dass die Beteiligung an dem Kartell weiterhin fortgeführt wird.

Schließlich spricht nach Auffassung der Europäischen Kommission eine durchgeführte interne Untersuchung der Muttergesellschaften nach Bekanntwerden der Vorwürfe für eine bestimmende Einflussnahme.[503] Bereits das In-Auftrag-Geben der Untersuchung hat gezeigt, dass die Muttergesellschaften über die Mittel verfügten, DDE zu wettbewerbswidrigen Verhalten anzuhalten. Daraus muss gefolgert werden, dass die DuPont und Dow tatsächlich die Macht gehabt haben, von dem Gemeinschaftsunternehmen ein bestimmtes Marktverhalten zu fordern.[504]

Auch das EuG hatte – wie zuvor die Europäische Kommission – maßgeblich darauf abgestellt, dass Manager der Muttergesellschaften in das Management von DDE entsandt worden waren. Überdies konnten die Europäische Kommission und das EuG nur eine einzige Entscheidung von DDE bezeichnen, an der die Muttergesellschaften mitgewirkt haben, nämlich die Entscheidung, eine Fabrik im Vereinigten Königreich zu schließen.[505]

Der EuGH hatte letztinstanzlich keine Einwände gegen die Begründung des EuG und der Europäischen Kommission und bestätigte in dem anschließenden Gerichtsverfahren das Vorliegen einer wirtschaftlichen Einheit zwischen DuPont, Dow und DDE.[506]

In der Rechtssache *Kerzenwachse* sah die Europäische Kommission die gemeinsame Leitungsbefugnis der Muttergesellschaften als wesentlich für den Nachweis der gemeinsamen Kontrolle an.[507] Von jedem Anteilseigner sollten gleich viele Geschäftsmitglieder für die Führung der Geschäfte der Shell & Dea Oil GmbH benannt werden. In der Gesellschafterversammlung hatten beide Muttergesellschaften jeweils 50 % der Stimmrechte.[508] Die Verhinderung von

---

502 *Ebenda*, Tz. 428, 429.

503 *Ebenda*, Tz. 437, 438.

504 EuG, Urt. v. 2.2.2012, Rs. T-77/08, ECLI:EU:T:2012:47, Tz. 88 – Dow Chemical.

505 EuG, Urt. v. 2.2.2012, Rs. T-76/08, ECLI:EU:T:2012:46, Tz. 71 – DuPont; KOMM., Entsch. v. 5.12.2007, COMP/38.629, ABl. EU Nr. C 251 v. 3.10.2008, Tz. 438 – Chloropren-Kautschuk.

506 EuGH, Urt. v. 26.9.2013, Rs. C-172/12 P, ECLI:EU:C:2013:601 – DuPont; Urt. v. 26.9.2013, Rs. C-179/12 P, ECLI:EU:C:2013:605 – Dow.

507 KOMM., Entsch. v. 1.10.2008, COMP/39181, Tz. 531 ff., 549 ff. – Kerzenwachse.

508 *Ebenda*, Tz. 531.

Beschlüssen war jeweils mit einem Veto möglich.[509] Zudem stellte die Europäische Kommission auf den zusätzlich eingesetzten und paritätisch von Shell und RWE besetzten Gesellschafterausschuss für das Gemeinschaftsunternehmen ab. Dieser war für bestimmte strategische Entscheidungen zuständig, wobei die Beschlüsse ausschließlich einstimmig gefällt werden konnten. So wurde dort unter anderem über die Erstellung des Geschäftsplans und des Jahreshaushalts, über Beschlüsse struktureller Veränderungen des Gemeinschaftsunternehmens, Investitionen ab einer bestimmten Größe sowie die Benennung von Mitgliedern der Geschäftsführung entschieden.[510]

RWE argumentierte dagegen, dass eine gemeinsame Kontrolle schon deshalb nicht bestanden hat, weil das Gemeinschaftsunternehmen von Anfang an mit der Zielsetzung gegründet worden ist, zügig und vollständig in das Mutterunternehmen Shell überzugehen.[511] Es ist daher schon bei dessen Gründung in die Struktur der Shell-Gruppe integriert gewesen.[512] Diese Tatsache hat sich überdies in den Machtstrukturen widergespiegelt. Denn Shell habe das ausschlaggebende Stimmrecht im Hinblick auf den zu benennenden Vorsitzenden besessen und somit das Gemeinschaftsunternehmen maßgeblich beherrscht.[513] Dieses Argument ließ die Europäische Kommission gleichwohl nicht gelten. Das ausschlaggebende Stimmrecht des Vorsitzenden ist aufgrund der existierenden Vetorechte in der Gesellschafterversammlung nicht ausreichend, um die Vermutung eines bestimmenden Einflusses zu widerlegen.[514]

Interessanterweise teilte das EuG nicht die Meinung der Europäischen Kommission, dass im Hinblick auf die gemeinsame Unternehmensleitung lediglich strategische Entscheidungen relevant sind und die operative Ebene außer Acht zu lassen ist. Im Gegenteil: Nach Ansicht des EuG ist die Einflussnahme seitens der Muttergesellschaften auf die operative Geschäftsführung „in hohem Maße" relevant.[515] Hierbei spielen vor allem die Vertriebs- und Preispolitik des Gemeinschaftsunternehmens eine Rolle. *„Die Entscheidungen, die für die Beurteilung, ob*

509 *Ebenda*.

510 *Ebenda*, Tz. 532, 549 ff.

511 *Ebenda*, Tz. 542.

512 *Ebenda*.

513 *Ebenda*, Tz. 532, 543.

514 *Ebenda*, Tz. 550.

515 Vgl. EuG, Urt. v. 11.7.2014, Rs. T-543/08, ECLI:EU:T:2014:627, Tz. 119 – RWE Dea AG u. a.

eine gemeinsame Leitung vorliegt, relevant sind, [waren] *im Wesentlichen von der* [operativen] *Geschäftsführung zu treffen.*"[516]

Wegen des Fehlens einer operativen Einflussnahme in dieser Sache konnte das EuG im Ergebnis keine gemeinsame Kontrolle von Shell und RWE feststellen. Obgleich Vetorechte der Muttergesellschaften existierten, hatte der der Einflusssphäre von Shell zuzuordnende Vorsitzende der Geschäftsleitung das Letztentscheidungsrecht. Folglich konnte Shell auch gegen den Willen von RWE Entscheidungen durchsetzen, und es konnte nicht davon ausgegangen werden, dass die Muttergesellschaften durchgängig gemeinsam die Entscheidungen getroffen haben. Überdies hat die Europäische Kommission keine Nachweise, beispielsweise in Form von Protokollen der Sitzungen der Geschäftsführung, erbringen können, die darauf schließen lassen, dass die Muttergesellschaften das Gemeinschaftsunternehmen entgegen den Indizien trotzdem gemeinsam geleitet haben.[517]

cc. Relevanter Zeitpunkt für die Feststellung des bestimmenden Einflusses

In der Rechtssache *Kerzenwachse* bezog sich die Europäische Kommission bezüglich des Nachweises der gemeinsamen Kontrolle maßgeblich auf die bei Gründung des Gemeinschaftsunternehmens nach der FKVO ergangene Genehmigungsentscheidung[518] und die darin getroffenen Feststellungen.[519] In der Genehmigungsentscheidung hatte sich die Europäische Kommission mit den Verhältnissen im Gesellschafterausschuss, der Gesellschafterversammlung und der Geschäftsführung des Gemeinschaftsunternehmens näher auseinandergesetzt. Die festgestellten Verhältnisse hat sie dann in der Bußgeldentscheidung als gegeben zugrunde gelegt. So verwies die Europäische Kommission in der Bußgeldentscheidung darauf, dass bereits bei Gründung der Shell & Dea Oil GmbH eine gemeinsame Führungsbefugnis der Muttergesellschaften vorgesehen gewesen war.

Das EuG befasste sich in seinem Urteil sodann mit der Frage, ob die Berufung der Europäischen Kommission auf ihre Feststellungen in der

516 *Ebenda*, Tz. 123.

517 *Ebenda*, Tz. 115.

518 KOMM. Entsch. v. 20.12.2001 – Shell/DEA.

519 Siehe KOMM., Entsch. v. 1.10.2008, Tz. 510 – Kerzenwachse, mit Verweis auf die Genehmigungsentscheidung in Fn. 665 f. sowie Tz. 548 f., der in Fn. 680 auf die Genehmigungsentscheidung verweist.

Genehmigungsentscheidung als Nachweis der bestimmenden Einflussnahme genügt. In diesem Zusammenhang stellte sich für das EuG die Frage, ob eine

> *„abstrakte und in die Zukunft gerichtete Prüfung, die im Bereich von Unternehmenszusammenschlüssen durchgeführt wird, wo der Erlass der Genehmigungsentscheidung der Aufnahme der Tätigkeit des Gemeinschaftsunternehmens vorausgeht, auch dem Nachweis der tatsächlichen Ausübung eines bestimmenden Einflusses auf das Geschäftsverhalten des Gemeinschaftsunternehmens in einer Entscheidung dienen kann, mit der den Muttergesellschaften die Verantwortung für eine in der Vergangenheit von dem genannten Gemeinschaftsunternehmen begangene Zuwiderhandlung gegen Art. 81 EG zugerechnet wird."*[520]

Das EuG war der Ansicht, dass das Vorliegen der Voraussetzungen im Zeitpunkt des Genehmigungsverfahrens eine ausreichende Grundlage für die Haftungszurechnung ist. Die Europäische Kommission und Unionsgerichte konnten in diesen Fällen regelmäßig davon ausgehen, dass die bei der Genehmigungsentscheidung bestehenden Vereinbarungen im Hinblick auf den Betrieb des Gemeinschaftsunternehmens auch eingehalten und in die Praxis umgesetzt wurden. Daher darf die Prüfung eines tatsächlich bestehenden Einflusses abstrakt anhand der Dokumente erfolgen, die bei der Genehmigungsentscheidung vor der Aufnahme der Tätigkeit des Gemeinschaftsunternehmens in die Zukunft gerichtet vorlagen. Ein Gegenbeweis seitens der Unternehmen ist natürlich möglich.[521]

dd. Würdigung

Das EuG hatte unter Bezugnahme auf die *Akzo Nobel*-Entscheidung betont, dass es keiner konkreten Weisungen zum Marktverhalten seitens der Muttergesellschaften bedarf, um die Ausübung bestimmenden Einflusses festzustellen.[522]

Die pauschale Anlehnung an diese zum Verhältnis zwischen einem Alleingesellschafter und einer Tochtergesellschaft getroffenen Aussage erscheint bei einem paritätischen Gemeinschaftsunternehmen verfehlt.[523] Im Hinblick auf die Nachweiserfordernisse sollte die Entstehung des Gemeinschaftsunternehmens mitberücksichtigt werden. Insoweit bietet der von *Ahrens* entwickelte Ansatz eine sinnvolle Hilfestellung:[524]

---

520 EuG, Urt. v. 11.7.2014, T-543/08, ECLI:EU:T:2014:627, Tz. 106 – RWE Dea AG u. a.

521 *Ebenda*, Tz. 107, 108.

522 EuG, Urt. v. 2.2.2012, T-76/08, ECLI:EU:T:2012:46, Tz. 62 – DuPont.

523 So auch *Ahrens*, EuZW 2013, 899, 901.

524 *Ebenda*.

Nach *Ahrens* muss sich bei einem von den Muttergesellschaften nicht gemeinsam gegründeten, sondern auf Grund anderer Einflüsse entstandenen Gemeinschaftsunternehmen[525] die Interessengleichheit, deren Vorliegen die Leitungsmacht der Mütter bedingt, in der Ausübung dieser Leitungsmacht deutlich manifestieren. Eine eingehende Prüfung der Einflussnahme ist erforderlich. Fehlt es an einer konkreten Entscheidung zur Regelung des Marktverhaltens des Gemeinschaftsunternehmens, kann nicht ohne Weiteres von einer wirtschaftlichen Einheit ausgegangen werden.

Je deutlicher sich bereits in der Entstehung des Gemeinschaftsunternehmens die Interessengleichheit der Muttergesellschaften manifestiert, desto geringere Anforderungen sind an den Nachweis der tatsächlichen Ausübung des Einflusses stellen zu lassen. In solchen Fällen können, sofern es keine Anzeichen für einen nachhaltigen Dissens der Muttergesellschaften gibt, auch einzelne einvernehmliche Entscheidungen genügen, um die dauerhafte Einflussnahme und damit ein Autonomiedefizit des Gemeinschaftsunternehmens zu belegen.

Sowohl in der Rechtssache *Chloropen-Kautschuk* als auch in der Rechtssache *Kerzenwachse* wurde das jeweilige Gemeinschaftsunternehmen von den Muttergesellschaften zusammen gegründet. Die Anteile wurden zwischen den beiden Müttern paritätisch aufgeteilt. Dieses spricht zunächst einmal für eine bestehende Interessengleichheit, wobei im Fall *Kerzenwachse* das Gemeinschaftsunternehmen explizit nur für eine Übergangsphase gestaltet worden ist und grundsätzlich Shell die alleinige Kontrolle übernehmen sollte. Dennoch wird es während dieser Übergangsphase (auf die es in diesem Fall nur ankommen soll) auch im Interesse von RWE gelegen haben, dass eine Interessengleichheit bestand. Im Ergebnis steht auch eine von vornherein geplante zeitliche Begrenzung eines gemeinsamen Vorhabens nicht zwingend gegen die Ausübung einer gemeinsamen Kontrolle der Muttergesellschaften.

Die Muttergesellschaften hatten überdies Leitungsbefugnisse inne, und es gab personelle Verflechtungen. Das bei Geschäftsleitungsentscheidungen ausschlaggebende Stimmrecht des von Shell ausgewählten Vorsitzenden könnte allerdings

---

525 In Betracht kommt beispielsweise, dass das Gemeinschaftsunternehmen zunächst unter der alleinigen Kontrolle eines Mutterunternehmens existierte, bis ein weiteres Unternehmen Anteile daran erwarb, vgl. *Kuhn*, Kooperative Aspekte von Gemeinschaftsunternehmen, S. 3. Zur Verdeutlichung bei einer Neugründung eines Gemeinschaftsunternehmens durch zwei oder mehrere andere Muttergesellschaften, legen diese einzelne Geschäftsbereiche oder die Gesamtheit ihres bisherigen Geschäfts zusammen oder wollen mit Hilfe des gemeinsamen Unternehmens einen Geschäftsbereich neu aufbauen.

für eine alleinige Kontrolle sprechen. In diesem Zusammenhang hätte es eines genaueren Blicks auf die Art der Entscheidungen, die von der Geschäftsleitung typischerweise getroffen werden, bedurft. Handelt es sich hierbei nur um das operative Tagesgeschäft des Unternehmens, kann eine alleinige Kontrolle noch nicht angenommen werden. Im zweiten Schritt hätte diese „Sonderberechtigung" von Shell in ein Verhältnis zu den anderen Kontrollindizien, die für eine gemeinsame Kontrolle von Shell und RWE sprachen, gesetzt werden müssen. Nicht richtig war es jedoch seitens der Europäischen Kommission, in Bezug auf das ausschlaggebende Stimmrecht des Vorsitzenden und dessen Benennung durch Shell lediglich darauf abzustellen, dass dieses nicht die Vetorechte in der Gesellschafterversammlung betrifft.[526]

Im Hinblick auf die vom EuG vertretene Auffassung zum maßgeblichen Zeitpunkt der Feststellung des bestimmenden Einflusses anhand der Angaben im Genehmigungsverfahren überzeugt nicht.[527] Es ist nicht sachgerecht, den Nachweis eines tatsächlichen Einflusses durch Dokumente zu erbringen, die auf einen Zeitpunkt abstellen, in dem das Gemeinschaftsunternehmen seine Tätigkeit noch gar nicht aufgenommen hat.[528] Der Nachweis beruht bei einem solchen Vorgehen vielmehr auf einer reinen Fiktion.[529] Die Europäische Kommission greift im Genehmigungsverfahren auf die dem Zusammenschluss zugrunde liegenden Dokumente zurück, die sich vor Gründung des Gemeinschaftsunternehmens nur mit in die Zukunft gerichteten Behauptungen befassen.[530] Dieses Vorgehen ist aber nicht nachvollziehbar, wenn die für eine Prüfung und Bewertung einer Angelegenheit maßgeblichen gegenwärtigen Tatsachen bereits existieren.[531] Um ihrer Nachweispflicht entsprechend nachzukommen, sollte die Europäische Kommission daher Nachweise bzw. Indizien vortragen, die eine tatsächliche Einflussnahme während des Kartellzeitraums belegen.[532]

Ferner schafft die vom EuG zugelassene Möglichkeit eines Gegenbeweises keinen adäquaten Ausgleich für das beschriebene Vorgehen von Europäischer Kommission und EuG. Der Gegenbeweis wird in der Regel schwer zu führen sein und widerspricht zudem den Grundsätzen der Beweislastverteilung. Derjenige,

526 Vgl. KOMM., Entsch. v. 1.10.2008, COMP/39181, Tz. 550 – Kerzenwachse.
527 So auch *Stender*, Kartellgeldbußen, S. 47.
528 *Ebenda.*
529 *Ebenda.*
530 *Ebenda.*
531 *Ebenda.*
532 *Ebenda.*

der den Rechtsverstoß behauptet hat, steht grundsätzlich in der Pflicht, den Verstoß auch nachzuweisen.[533]

ee. Anwendbarkeit der Vermutungsregel

Nicht sachgerecht ist es, die Ausübung eines bestimmenden Einflusses zu vermuten.[534]

Das EuG hatte eine solche Vermutung in der Rechtssache *Avebe* vom 27.9.2006 zugelassen.[535] Angesichts der gemeinsamen Leitungsbefugnis der beiden Muttergesellschaften, der jeweils zu 50%igen Beteiligung an Glucona und der gemeinsamen Kontrolle dieser Anteile ist dieser Fall mit dem der *Stora*-Entscheidung vergleichbar.[536] Zusammen werden die tatsächlichen Umstände, etwa die vertraglichen Vereinbarungen zur Leitungsbefugnis, Personalbesetzung sowie Informationspflicht von Glucona, Indizien bilden, die ausreichendes Gewicht haben, um die Vermutung zu stützen.[537]

Ein Gemeinschaftsunternehmen ist jedoch selbst dann, wenn es von den Muttergesellschaften gemeinsam gegründet wurde, ein instabileres Gebilde als dasjenige zwischen einer Muttergesellschaft und ihrer 100%igen Tochtergesellschaft.[538] Die individuellen Interessen der jeweiligen Muttergesellschaften können sehr stark variieren. Und die Interessengleichheit der Muttergesellschaften im Hinblick auf das gemeinsame Vorhaben, die ihnen erst die Leitungsmacht verschafft, kann enden. Wie bereits oben aufgezeigt, geschieht dieses in der Praxis nicht selten. Zudem können tatsächliche Einflussmöglichkeiten aufgrund

533 *Ebenda*, m. w. N.

534 Diese Ansicht teilt auch *Meyering*, WuW 2010, 157, 166. Zudem erkennt dieses die Europäische Kommission im Grundsatz an. Vgl. KOMM., Entsch. v. 13.9.2006, COMP/F/38.456, Tz. 231 – Niederländisches Bitumenkartell; Entsch. v. 24.1.2007, COMP/F/38.899, Tz. 389 ff. – Gasisolierte Schaltanlagen.

535 EuG, Urt. v. 27.9.2006, Rs. T-314/01 ECLI:EU:T:2006:266, Tz. 136 ff. – Avebe. Eine andere Ansicht vertrat das EuG allerdings in seinem Urteil RWE Dea AG u. a., vgl. Urt. v. 11.4.2014, Rs. T-543/08, ECLI:EU:T:2014:627, Tz. 121 f. – RWE Dea AG. Unter Verweis auf die Rechtssache Natriumglukonat hatte die Europäische Kommission die Anwendbarkeit der Vermutungsregel in der Sache Kerzenwachse bejaht, vgl. KOMM., Entsch. v. 1.10.2008, COMP/39181, Tz. 548 – Kerzenwachse. Siehe zudem § 2 III 3 lit. c.

536 *Ebenda*, Tz. 138. Vgl. EuGH, Urt. v. 16.11.2000, Rs. C-286/98 P, ECLI:EU:C:2000:630, Tz. 28 f. – Stora Kopparbergs Bergslags.

537 *Ebenda*, Tz. 137, 139.

538 Vgl. auch *Ahrens*, EuZW 2013, S. 899, 901.

vertraglicher Vereinbarungen, insbesondere von Stimmrechten, von der grundsätzlichen paritätischen Kontrollmöglichkeit divergieren.

Es ist darum zu begrüßen, dass der EuGH die für Alleingesellschafter geltende Vermutung für die Ausübung eines bestimmenden Einflusses auf Gemeinschaftsunternehmen offenbar nicht für analog anwendbar hält. Ausdrücklich heißt es in den Entscheidungen *DuPont* und *Dow*, dass bei einem paritätischen Gemeinschaftsunternehmen nur insoweit, als die Europäische Kommission tatsächlich nachgewiesen hat, dass die Muttergesellschaften einen bestimmenden Einfluss ausgeübt haben, von einer wirtschaftlichen Einheit der drei juristischen Personen ausgegangen werden kann.[539] Diese Aussage spricht klar dagegen, dass bei paritätischen Gemeinschaftsunternehmen die Ausübung bestimmenden Einflusses ebenso wie im Verhältnis zwischen einer Muttergesellschaft und einer hundertprozentigen Tochtergesellschaft vermutet werden darf.[540]

6. *Struktur der wirtschaftlichen Einheit im Falle eines paritätischen Gemeinschaftsunternehmens*

Die Unionsorgane kommen in der Entscheidung *DuPont/Dow* zu dem Schluss, dass eine wirtschaftliche Einheit zwischen DDE, DuPont und Dow bestand und die drei Gesellschaften somit ein einheitliches Unternehmen im Sinne des Art. 101 AEUV bildeten.

In der Literatur wird die Verklammerung der drei Gesellschaften zu einer wirtschaftlichen Einheit kritisiert.[541] So hätten die beiden Muttergesellschaften außerhalb des Gemeinschaftsunternehmens auf das Unternehmen der anderen Muttergesellschaft keinen Einfluss. Grundsätzlich würden sie ihr eigenes Marktverhalten jeweils unabhängig voneinander bestimmen. Zudem sei unstreitig Art. 101 AEUV auf etwaige Wettbewerbsbeschränkungen zwischen den Muttergesellschaften eines Gemeinschaftsunternehmens anwendbar.[542] Dieses stehe einer Verklammerung der Muttergesellschaften zu einer wirtschaftlichen Einheit ganz klar entgegen.

In ihrem Entwurf der Horizontalleitlinien hatte die Europäische Kommission zunächst dazu tendiert, jeweils zwei getrennte Einheiten zwischen dem paritätisch gehaltenen Gemeinschaftsunternehmen und jeder seiner Muttergesellschaften

---

539 EuGH, Urt. v. 26.9.2013, Rs. C-172/12 P, ECLI:EU:C:2013:601, Tz. 47 – DuPont.

540 Diese Ansicht teilt auch *Ahrens*, EuZW 2013, S. 899, 901.

541 So beispielsweise *Ahrens*, EuZW 2013, S. 899, 901.

542 *Mäger*, in Mäger, Europäisches Kartellrecht, S. 439.

anzunehmen.[543] Bei einem paritätischen Gemeinschaftsunternehmen bestünden demzufolge zwei wirtschaftliche Einheiten, nämlich jeweils zwischen einer der Muttergesellschaften und dem Gemeinschaftsunternehmen. Dieses erscheint auf den ersten Blick vorzugswürdig. Denn die drei Gesellschaften als zwei separate Einheiten zu betrachten, kollidiert nicht mit der Anwendbarkeit des Art. 101 AEUV zwischen den Muttergesellschaften. Zudem könnte eine sauberere Prüfung erfolgen, wenn beide Muttergesellschaften zwar das Recht haben, einen bestimmenden Einfluss auszuüben, jedoch nur eine Muttergesellschaft tatsächlich diesen Einfluss auch ausübt.[544] Denkbar ist beispielsweise die Beteiligung eines Finanzinvestors und eines strategischen Investors. Durchaus kann es im Interesse des Finanzinvestors liegen, auf die Ausübung seiner Rechte weitgehend zu verzichten und die Überwachung und Führung des Gemeinschaftsunternehmens dem strategischen Investor zu überlassen.[545] Als ein Beispiel sind die Fälle der sogenannten „industriellen Führerschaft“ zu nennen.[546]

Gegen die Annahme von zwei separate Einheiten beim paritätischen Gemeinschaftsunternehmen spricht jedoch, dass grundsätzlich jede Mutter für sich nicht genügend Kontrolle besitzt. Sie alleine keinen bestimmenden Einfluss ausüben kann. Auch im Falle eines Finanzinvestors und eines strategischen Investors sind beide Gesellschafter aufgrund der paritätischen Beteiligung im Hinblick auf die Einflussnahme zunächst voneinander abhängig. Eine industrielle Führerschaft einer der Muttergesellschaften spricht nicht generell gegen eine gemeinsame Kontrolle. Nicht selten gründen zwei Unternehmen ein Gemeinschaftsunternehmen, dessen sachliches und räumliches Tätigkeitsgebiet sich mit einer der Muttergesellschaften überschneidet.[547] Zur Annahme einer gemeinsamen Kontrolle bedarf es nicht notwendigerweise eines gleichgewichteten Einflusses aller mitkontrollierenden Gesellschafter.[548]

---

543 Vgl. KOMM., Entwurf der Leitlinien zur Anwendbarkeit von Artikel 101 des Vertrags über die Arbeitsweise der Europäischen Union auf Vereinbarungen über horizontale Zusammenarbeit, SEK (2010) 528, Rn. 11. In der endgültigen Fassung der Horizontalleitlinien aus dem Jahre 2011 war dieser Passus nicht mehr enthalten, vgl. KOMM., Leitlinien zur Anwendbarkeit von Artikel 101 des Vertrages über die Arbeitsweise der Europäischen Union auf Vereinbarungen über horizontale Zusammenarbeit, ABl. 2011 C 11/1.

544 Vgl. auch *Ahrens*, EuZW 2013, S. 899, 902.

545 *Ebenda*.

546 Siehe dazu *Mäger*, in Mäger, Europäisches Kartellrecht, S. 440 f.

547 *Bechtold*, EuZW 1994, S. 653, 655.

548 *Ebenda*. So i. E. auch *Mäger*, in Mäger, Europäisches Kartellrecht, S. 440.

Im Falle, dass tatsächlich nur eine Muttergesellschaft (alleinigen) Einfluss auf das paritätische Gemeinschaftsunternehmen ausübt,[549] wird in einem zweiten Schritt zu prüfen sein, ob dieser zur Annahme einer wirtschaftlichen Einheit zwischen ausschließlich dieser Muttergesellschaft und dem Gemeinschaftsunternehmen ausreicht.

7. *Zusammenfassung*

In einem paritätischen Gemeinschaftsunternehmen besitzt keine Muttergesellschaft für sich genommen einen ausreichenden Einfluss, um das Gemeinschaftsunternehmen alleine zu leiten. Zudem können die Muttergesellschaften nur Entscheidungen mit Vetorechten blockieren, was eine negative Einflussmöglichkeit darstellt. Eine gemeinsame Einflussnahme der Muttergesellschaften auf das Marktverhalten des Gemeinschaftsunternehmens ist mithin dennoch möglich.

Insbesondere durch starke personelle Verflechtungen und eine zumindest bei einem gemeinsam gegründeten Gemeinschaftsunternehmen regelmäßig vorliegenden Interessengleichheit zwischen den Mutterunternehmen kann eine bestimmende Einflussnahme auf das Gemeinschaftsunternehmen bejaht werden. Daraus resultiert wiederum eine fehlende Unabhängigkeit des Gemeinschaftsunternehmens.

Die bestimmende Einflussnahme steht fernerhin nicht im Widerspruch zum Postulat der wettbewerblichen Eigenständigkeit des Gemeinschaftsunternehmens als Marktteilnehmer im Sinne von Art. 3 Abs. 4 FKVO. Für die Annahme der wettbewerblichen Selbstständigkeit des Gemeinschaftsunternehmens im Sinne der FKVO reicht es aus, wenn dieses sein Tagesgeschäft und die unternehmerischen Entscheidungen eigenständig am Markt ausrichten kann.

Der Europäischen Kommission obliegt es, die tatsächliche Ausübung der Einflussnahme zu beweisen, wobei unterschiedliche Anforderungen an die Nachweiserbringung gestellt werden können. Orientierungspunkt ist die Entstehung des Gemeinschaftsunternehmens. Abzulehnen ist die Anwendung der widerlegbaren Vermutung der bestimmenden Einflussnahme im Falle eines paritätischen Gemeinschaftsunternehmens.

---

549 Beispielsweise aufgrund der Vereinbarung gesonderter Rechte, die in der Folge eine alleinige Kontrolle begründen.

III. Konstellation C: Gemeinschaftsunternehmen ohne paritätische Beteiligung

Eine wirtschaftliche Einheit wurde jedoch nicht nur im Falle eines paritätischen Gemeinschaftsunternehmens bejaht, sondern auch bei Mehrheits- bzw. Minderheitsbeteiligungen der Muttergesellschaften.

1. Problemstellung

In der Rechtssache *Shell Petroleum* vom 27.9.2012 bejahte das EuG eine bestimmende Einflussnahme beider Muttergesellschaften des Shell-Konzerns auf eine Tochtergesellschaft, an der diese mittelbar über mehrere Ebenen beteiligt waren.[550] Der Shell-Konzern gehörte bis 2005 den beiden Muttergesellschaften, der Koninklijke Nederlandsche Petroleum Maatschappij NV (im Folgenden *KNPM* genannt) und der Shell Transport und Trading Company plc (im Folgenden *STT plc* genannt). Die beiden Gesellschaften hielten – in Höhe von 60 % bzw. 40 % – die gesamten Anteile der Shell Petroleum Company Ltd (im Folgenden *SPCo* genannt) und der Shell Petroleum NV (im Folgenden *SPNV* genannt). SPNV, eine Holdinggesellschaft, gehörten wiederum die gesamten Anteile der Shell Nederland BV. Die letztere Gesellschaft besaß 100 % der Anteile an der an einem Kartell unmittelbar beteiligten Gesellschaft Shell Nederland Verkoopmaatschappij BV (im Folgenden *SNV* genannt).[551] Nach Ansicht des EuG befanden sich die Muttergesellschaften in einer Situation, die mit derjenigen vergleichbar ist, in der einer Gesellschaft allein 100 % der Anteile an ihrer Tochtergesellschaft gehören.[552] Dabei stellte das EuG insbesondere auf die Verflechtungen zwischen den Gesellschaften ab, u. a. auf die vertraglichen Vereinbarungen zur gemeinsamen Bestimmung der Mitglieder der Unternehmensleitung, auf die Informationspflichten der Konzerngesellschaften über die wesentlichen Entwicklungen im Konzern sowie die gemeinsame Gründung zweier Auditausschüsse.[553]

Im Gegensatz zur Europäischen Kommission bejahte das EuG auch in einer weiteren *Kerzenwachse*-Entscheidung, nämlich im Hinblick auf das Gemeinschaftsunternehmen Sasol Wax International AG, eine gemeinsame

550 EuG, Urt. v. 27.9.2012, Rs. T-343/06, ECLI:EU:T:2012:478, Tz. 31 ff. – Shell Petroleum.

551 *Ebenda*, Tz. 1.

552 *Ebenda*, Tz. 45.

553 *Ebenda*, Tz. 35, 47 ff.

Einflussnahme der Muttergesellschaften.[554] In diesem Fall hielt Vara ein Drittel und die Sasol Holding Germany bzw. Sasol Ltd. (im Folgenden *Sasol* genannt) zwei Drittel der Anteile. Die Europäische Kommission ging von einer alleinigen Einflussnahme von Sasol aus.[555] Sie stellte dabei insbesondere auf die Verhältnisse im Aufsichtsrat und die Besetzung des Vorstands ab. So hatte sich der Vorstandsvorsitzende des Gemeinschaftsunternehmens, der die ausschlaggebende Stimme im Vorstand hatte, nach eigener Aussage in Abstimmung mit und für Sasol eingesetzt und nicht für die andere Muttergesellschaft Vara. Das EuG schloss sich nicht der Meinung der Europäischen Kommission an.[556] Aufgrund persönlicher Verbindungen des Vorstandsvorsitzenden zu Vara übte dieser vielmehr zugunsten von Vara sein Stimmrecht aus. Darüber hinaus kann es trotz der Mehrheitsverhältnisse bei den wesentlichen strategischen Entscheidungen zu einer Blockadesituation kommen.

Das EuG bejahte in der Rechtssache *Fuji Electric Systems* vom 12.7.2011 eine wirtschaftliche Einheit zwischen einer mitkontrollierenden Minderheitsgesellschafterin eines Gemeinschaftsunternehmens, dem Gemeinschaftsunternehmen und der Mehrheitsgesellschafterin.[557] Die Fuji Electric Holdings Co. Ltd (im Folgenden *FEH* genannt) ist die Holdinggesellschaft der Unternehmensgruppe Fuji. Sie leitete vier operative Tochtergesellschaften, darunter die Fuji Electric Systems Co Ltd. (im Folgenden *FES* genannt). Die Unternehmensgruppe Fuji produzierte und vertrieb ein breites Warenspektrum einschließlich diverser GIS-Projekte. Durchgeführt wurden die GIS-Geschäfte u. a. von FEH und FES. Am 1. Oktober 2002 übertrug die Fuji-Gruppe ihre GIS-Geschäfte dem Gemeinschaftsunternehmen Japan AE Power Systems Corp. (im Folgenden JAEPS genannt). Die Fuji-Gruppe war an diesem mit 30 % des Gesellschaftskapitals beteiligt. Die verbleibenden Anteile hielten Hitachi Ltd zu 50 % und Meidensha Corp. zu 20 %.[558] Obwohl die Fuji-Gruppe eine Minderheitsgesellschafterin war, nahm das EuG die bestimmende Einflussnahme auf JAEPS an. Begründet wurde diese vornehmlich mit Vereinbarungen über Leitungsfunktionen zwischen den Muttergesellschaften von JAEPS, personellen Verflechtungen u. a. auf der

554 Im Folgenden *Kerzenwachse/Sasol* genannt. Vgl. KOMM., Entsch. v. 1.10.2008, COMP/39181, Tz. 458 ff. – Kerzenwachse; EuG, Urt. v. 11.7.2014, T-541/08, ECLI:EU:T:2014:628, Tz. 64 ff. – Sasol u. a.

555 EuG, Urt. v. 11.7.2014, Rs. T-541/08, ECLI:EU:T:2014:628, Tz. 57 ff. – Sasol u. a.

556 *Ebenda*, Tz. 64 ff.

557 EuG, Urt. v. 12.7.2011, Rs. T-132/07, ECLI:EU:T:2011:344, Tz. 173 ff. – Fuji Electric Systems.

558 *Ebenda*, Tz. 6 f.

Leitungsebene sowie dem Interesse, das die Fuji-Gruppe als Vertreiber von GIS-Projekten weiterhin an den von JAEPS hergestellten GIS-Projekten gehabt hat.[559]

Die bußgeldrechtliche Mithaftung eines Minderheitsgesellschafters für Kartellverstöße eines Gemeinschaftsunternehmens nahm das EuG ferner in seiner Entscheidung *Toshiba* an.[560] Toshiba Corp. hielt 35,5% und die Matsushita Electric Industrial Co. Ltd. (im Folgenden MEI) 64,5% an dem Gemeinschaftsunternehmen Matsushita Picture Display Co. Ltd. (im Folgenden MTPD).[561] Nach Ansicht des EuG können Vetorechte eines Minderheitsgesellschafters ausreichen, wenn sie sich auf den Geschäftsplan und darin auf die wesentliche Tätigkeit des Gemeinschaftsunternehmens, seine finanziellen Ziele, seine wesentliche strategische Planung beziehen.[562] Der EuGH bestätigte das EuG mit seinem Urteil vom 18.1.2017.[563]

In der Rechtssache *Fresh Del Monte* vom 14.3.2013 bestätigte das EuG eine wirtschaftliche Einheit in Bezug auf die Kommanditistin einer GmbH & Co. KG.[564] Die Unternehmensgruppe Fresh Del Monte Produce war eine der weltweit wichtigsten Herstellerinnen, Vermarkterinnen und Händlerinnen von frischem sowie bereits zubereitetem Obst und Gemüse. Ferner produzierte und vertrieb die *Del Monte*-Gruppe Säfte, Erfrischungsgetränke, Snacks und Desserts. Vermarktet wurden die Produkte (insbesondere Bananen) unter dem Markennamen Del Monte. Fresh Del Monte Produce Inc. (im Folgenden Del Monte genannt) ist die Holdinggesellschaft und Konzernmutter der Unternehmensgruppe. Die internationale Fruchtimport Gesellschaft Weichert & Co. KG (im Folgenden Weichert genannt) war eine deutsche Kommanditgesellschaft mit einer Spezialisierung auf den Vertrieb von Bananen, Ananas und anderen tropischen Früchten in Nordeuropa. Del Monte war als Kommanditistin mittelbar zu 80% an Weichert beteiligt. Die Beteiligung erfolgte über ihre 100%ige Tochtergesellschaft Westeuropa-Amerika-Linie GmbH (im Folgenden WAL genannt).[565] Die wirtschaftliche Einheit zwischen Del Monte und Weichert wurde maßgeblich aufgrund von im Gesellschaftsvertrag vereinbarten Kontroll- und Leitungsmechanismen (die über die gewöhnlichen Rechte einer Kommanditistin

559 *Ebenda*, Tz. 177, 184, 187 ff.
560 EuG, Urt. v. 9.9.2015, T-104/13, ECLI:EU:T:2015:610 – Toshiba.
561 *Ebenda*, Tz. 4.
562 *Ebenda*, Tz. 97 ff.
563 EuGH, Urt. v. 18.1.2017, C-623/15 P, ECLI:EU:C:2017:21 – Toshiba.
564 EuG, Urt. v. 14.3.2013, Rs. T-587/08, ECLI:EU:T:2013:129, Tz. 92 ff. – Fresh Del Monte.
565 *Ebenda*, Tz. 1–3.

hinausgehen) und einer ausschließlichen Vertriebsvereinbarung bejaht.[566] So hatte Del Monte Aufsichts- und Geschäftsführungsfunktionen bei Weichert inne, und wichtige strategische Entscheidungen bedurften der Zustimmung aller Gesellschafter.[567] Ferner konnte Del Monte Lage- sowie Preis- und Marktinformationen anfordern und erhielt diese auch regelmäßig.[568]

2. *Einflussnahmemöglichkeiten auf das Gemeinschaftsunternehmen*

a. *Alleinige Kontrolle vs. gemeinsame Kontrolle*

Im Falle einer Mehrheitsbeteiligung liegt die Annahme einer Alleinkontrolle grundsätzlich näher als eine gemeinsame Kontrolle der Muttergesellschaften.[569] Sofern sich aus der Mehrheitsbeteiligung eine Stimmrechtsmehrheit ergibt und den Minderheitsbeteiligten keine Rechte eingeräumt sind, die über den Schutz typischer Minderheiteninteressen hinausgehen.[570] Der Inhaber alleiniger Kontrolle unterliegt keinem Einigungszwang in Bezug auf andere Mitgesellschafter.[571] Verfügt der Gesellschafter nicht in jedem Fall über die nötige Mehrheit, so kann sich dennoch die alleinige Kontrolle aus dem Hinzutreten weiterer Umstände ergeben. Zu nennen sind hier u. a. das Besitzen der ausschlaggebenden Stimme bei einem Stichentscheid oder die Befugnis, über die Zusammensetzung des gehobenen Managements zu entscheiden.[572] Sieht der Gesellschaftervertrag für strategische Entscheidungen jedoch ein Einstimmigkeitserfordernis vor, so wird auch durch die Stimmrechtsmehrheit keine positive, sondern bestenfalls eine negative Kontrollmöglichkeit vermittelt.[573] In diesem Fall ist eine alleinige Kontrolle zu verneinen.[574]

566 *Ebenda*, Tz. 72, 96 ff.

567 *Ebenda*, Tz. 74.

568 *Ebenda*.

569 Ist anzunehmen, wenn eine Stimmrechtsmehrheit von mehr als 50 % vorliegt. Siehe z. B. KOMM., Entsch. v. 11.1.1983, M.296, Tz. 3,8 – Crédit Lyonnais/BFG; Entsch. v. 5.9.1994, M.492, Tz. 4 – Klöckner&Co/Computer 2000 AG (50 % plus eine Aktie); Entsch. v. 9.1.1995, 95/C 37/04, M.537, Tz. 5 – Sidmar/Klöckner II (51,01 %); Entsch. v. 22.6.1995, M.587, Tz. 3 – Hoechst/Marion Merrel Dow (72 %); Entsch. v. 27.7.1995, 95/C 207/07, M.612, Tz. 5 – RWE-DEA/Enichem Augusta (70 %); Entsch. v. 10.8.1995, M.617, Tz. 5 – CLF/HBB (50,5 %). Vgl. auch *Körber*, in Mestmäcker/Immenga, Art. 3 FKVO, Rn. 84.

570 KOMM., Mitteilung zu Zuständigkeitsfragen, Rn. 56. Vgl. auch *Körber*, in Mestmäcker/Immenga, Art. 3 FKVO, Rn. 84.

571 Vgl. *Körber*, in Mestmäcker/Immenga, Art. 3 FKVO, Rn. 81.

572 *Ebenda*, Rn. 84.

573 KOMM., Mitteilung von Zuständigkeitsfragen, Rn. 56.

574 Vgl. *Körber*, in Mestmäcker/Immenga, Art. 3 FKVO, Rn. 84.

Eine Minderheitsbeteiligung wiederum ist als solche nicht geeignet, einen bestimmenden Einfluss zu begründen.[575] Anders hingegen verhält es sich bei eingeräumten Rechten, die über den Schutz typischer Minderheiteninteressen hinausgehen; so zum Beispiel, wenn besondere Ausgestaltungen der Stimmrechte vorliegen, der Minderheitsgesellschafter mehr als die Hälfte des oberen Managements besetzen kann oder eine Mitbestimmung der Geschäftspolitik des zu kontrollierenden Unternehmens möglich ist.[576] Eine faktische Kontrollmöglichkeit kann sich für den Minderheitsgesellschafter aufgrund eines erheblichen Streubesitzes oder der geringen Hauptversammlungspräsenz des Mehrheitsgesellschafters ergeben.[577] Abhängig vom Hinzutreten besonderer Umstände kann sogar teilweise eine alleinige Kontrolle bejaht werden.

Demzufolge ist eine gemeinsame Kontrolle nur zu bejahen, wenn ein Einigungszwang zwischen den Beteiligten besteht.

b. Begründung gemeinsamer Kontrolle

Im Gegensatz zu einem paritätischen Gemeinschaftsunternehmen ist die Höhe der jeweiligen Kapitalbeteiligung für sich genommen kein Indiz für eine gemeinsame Kontrolle. Von besonderer Bedeutung sind Vereinbarungen beispielsweise im Gesellschaftsvertrag oder in der Satzung über Vetorechte, Leitungs- und Kontrollmechanismen und personelle Verflechtungen. Aufgrund besonderer vertraglicher Gestaltungen war die Europäische Kommission im Fall *Thomas Cook/*

---

575 *Ebenda*, Rn. 86.

576 Siehe z. B. KOMM., Entsch. v. 10.6.1997, M.911, ABl. 1997 C 238/15, Tz. 6 – Clariant/Hoechst (satzungsmäßige Stimmrechtsbeschränkung auf 10 % je Einzelaktionär). Zu der Besetzung von Geschäftsleitungsposten siehe KOMM., Entsch. v. 25.9.1992, M.258, Tz. 8 – CCIE/GTE; Entsch. v. 7.3.1994, M.397, Tz. 9 – Ford/Hertz. Vgl. auch EuG, Urt. v. 11.7.2014, Rs. T-541/08, ECLI:EU:T:2014:628, Tz. 64 ff. – Sasol u. a. Siehe zudem KOMM., Mitteilung zu Zuständigkeitsfragen, Tz. 57. Vgl. *Hawk/Huser*, Fordham International Law Journal 1993, 294, 305 f.; *Körber*, in Mestmäcker/Immenga, Art. 3 FKVO, Rn. 88; *Oesterle*, Joint-Ventures in Rußland, S. 366.

577 Vgl. KOMM., Entsch. v. 10.12.1990, M.25, Tz. 4 – Ajomari-Prioux SA/Wiggins Teaple Appleton plc.; Entsch. v. 3.8.1993, M.343, Tz. 7 f. – Societé Générale de Belgique/Générale de Banque; Entsch. v. 11.11.1998, M.1157 ABl. 1999 L 183/1, Tz. 14 – Skanska/Scancem; Entsch. v. 16.11.1998, M.1331, ABl. 1999 C 70/4, Tz. 5 – ING/BHF; Entsch. v. 23.7.2008, M.5250, Tz. 9 – Porsche/Volkswagen; Entsch. v. 17.6.2009, M.5469, Tz. 5 – Renova Industries/Sulzer. Vgl. zudem *Hawk/Huser*, Fordham International Law Journal 1993, 294, 306 ff.; *Körber*, in Mestmäcker/Immenga, Art. 3 FKVO, Rn. 89.

LTU/West LB vom 14.7.1992 bei einer Beteiligung von 10 % und 90 % von einer gemeinsamen Kontrolle ausgegangen.[578] Ferner stand die Höhe der Beteiligung, obwohl im Fall *Sappi/DLJMB/UBS/Warren* vom 28.11.1994 UBS nur über einen Anteil von 2,2 % verfügte, angesichts substanzieller Vetorechte der Annahme einer gemeinsamen Kontrolle nicht im Wege.[579]

aa. Gleiche Stimmrechte oder Besetzung der Entscheidungsorgane

Gemeinsame Kontrolle wird begründet, wenn die Gesellschafter über die gleichen Stimmrechte verfügen, jedes Unternehmen die gleiche Zahl von Vertretern in die Unternehmensleitung entsendet und keines mit seiner Stimme den Ausschlag geben kann.[580] In diesen Fällen besteht zwischen den Muttergesellschaften ein Einigungszwang, der kennzeichnend für die gemeinsame Kontrolle ist.[581]

Etwas anderes ergibt sich jedoch, wenn mehr als zwei Muttergesellschaften beteiligt sind und Entscheidungen mit einfacher Mehrheit getroffen werden können.[582] Denn in diesem Falle sind wechselnde Mehrheiten denkbar.

bb. Vetorechte

Durch die Einräumung von Vetorechten in Bezug auf Entscheidungen, die für das strategische Wirtschaftsverhalten des Gemeinschaftsunternehmens wesentlich sind, kann auch gemeinsame Kontrolle vorliegen.[583] Diese Vetorechte können selbst darin bestehen, dass für Entscheidungen der Hauptversammlung oder Unternehmensleitung eine bestimmte Stimmenanzahl erforderlich ist. Sie müssen allerdings über den üblichen Rechtsschutz für Minderheitsgesellschafter hinausgehen. Der übliche Rechtsschutz gilt, insbesondere im Hinblick auf finanzielle Interessen, für Entscheidungen, die das Wesen des Gemeinschaftsunternehmens

---

578 KOMM., Entsch. v. 14.7.1992, M.229, Tz. 8 – Thomas Cook/LTU/WestLB. Siehe zu der Entscheidung auch die näheren Ausführungen bei *Hawk/Huser*, Fordham International Law Journal 1993, 294, 309.

579 KOMM., Entsch. v. 28.11.1994, M.526, Tz. 7, 10 – Sappi/DLJMB/UBS/Warren.

580 KOMM., Mitteilung zu Zuständigkeitsfragen, Tz. 64. Siehe auch *Schulte/Pohl*, Joint-Venture-Gesellschaften, S. 143 f.

581 *Ebenda*, Tz. 62 f.

582 Siehe KOMM., Entsch. v. 27.4.1992, 92/C 113/11, M.207, Tz. 10 – Eureko; Entsch. v. 28.7.1992, 92/C 227/05, M.117, Tz. 6 ff. – KOIPE-TABACALERA/ELOSUA. Vgl. zudem *Hawk/Huser*, Fordham International Law Journal 1993, 294, 308 ff.; *Jäger*, EuZW 1995, 203, 205; *Körber*, in Mestmäcker/Immenga, Art. 3 FKVO, Rn. 96.

583 KOMM., Mitteilung zu Zuständigkeitsfragen, Tz. 65 f.

berühren, etwa Satzungsänderungen, Kapitalerhöhungen, Kapitalherabsetzungen oder Liquidation.[584]

Die Vetorechte betreffen regelmäßig Entscheidungen über Budget, Geschäftsplan, größere Investitionen und die Besetzung der Unternehmensleitung.[585]

cc. Gemeinsame Ausübung der Stimmrechte

Selbst wenn Minderheitsgesellschafter keine besonderen Vetorechte besitzen, so kann doch gemeinsame Kontrolle vorliegen. Voraussetzung ist in diesem Fall, dass die Minderheitsbeteiligungen zusammen die Grundlage für eine Kontrolle über das Gemeinschaftsunternehmen bilden.[586]

Eine solche Grundlage ist zu bejahen, wenn die Minderheitsgesellschafter zusammen, aufgrund einer rechtsverbindlichen Vereinbarung oder faktisch aufgrund der Verhältnisse, über eine Stimmrechtsmehrheit verfügen[587] und die Minderheitsgesellschafter zudem gemeinsam die Stimmrechte ausüben. Die gemeinsame Ausübung der Stimmrechte lässt sich rechtlich über eine Holdinggesellschaft absichern, der die Minderheitsgesellschafter ihre Rechte übertragen, oder dadurch, dass sie sich vertraglich verpflichten, in der gleichen Weise zu handeln (z. B. durch eine sogenannte Pooling-Vereinbarung).[588]

Im Hinblick auf die gemeinsame Ausübung der Stimmrechte ist dem Kriterium der Interessengleichheit eine besondere Bedeutung beizumessen. Hier muss vor allem dem Aspekt Rechnung getragen werden, dass die Gesellschafter in unterschiedlichen Höhen am Gemeinschaftsunternehmen beteiligt sind. Als Indiz für eine Interessengleichheit kann daher nicht vorwiegend auf eine gemeinsame Gründung des Gemeinschaftsunternehmens abgestellt werden, wobei dieses Indiz grundsätzlich Berücksichtigung finden sollte.

Der Gleichlauf der Interessen kann zudem durch einen hohen Grad gegenseitiger Abhängigkeit der Muttergesellschaften bei der Verwirklichung der strategischen Ziele des Gemeinschaftsunternehmens indiziert werden.[589] Meistens basiert diese Abhängigkeit auf den individuellen Beiträgen der jeweiligen

---

584 *Ebenda.*

585 *Ebenda*, Tz. 67. Zur Vermeidung einer Wiederholung wird hier auf die Ausführungen zu den einzelnen Bezugspunkten in § 2 II 4 des 1. Teils verwiesen. Die Bedeutung der Vetorechte gilt sowohl für ein paritätisches Gemeinschaftsunternehmen als auch für Minderheits- bzw. Mehrheitsgesellschafterkonstellationen.

586 *Ebenda*, Tz. 74.

587 *Ebenda.*

588 *Ebenda*, Tz. 75.

589 *Ebenda*, Tz. 77.

Muttergesellschaft (z. B. Technologietransfer, technisches Management, Finanzierung) in Bezug auf das Gemeinschaftsunternehmen. Ferner kann eine faktische, wirtschaftliche Abhängigkeit zwischen den Muttergesellschaften eine gewichtige Rolle spielen. So ist trotz der unterschiedlichen Beteiligungshöhen eine Interessengleichheit denkbar, wenn der Mehrheitsgesellschafter *de facto* wirtschaftlich und finanziell vom Minderheitsgesellschafter abhängig ist.[590]

3. *Nachweis der tatsächlichen Ausübung von Einfluss*

Die Europäische Kommission darf sich nicht mit der Feststellung begnügen, dass ein Unternehmen entscheidenden Einfluss auf ein anderes Unternehmen ausüben kann, ohne zu prüfen, ob dieser Einfluss tatsächlich ausgeübt wurde.[591] Den Nachweis darüber hat sie anhand einer Reihe tatsächlicher Umstände zu erbringen.[592]

a. *Anforderungen der Europäischen Kommission und des EuG an den Nachweis des bestimmenden Einflusses*

aa. Rechtssache Fuji Electric Systems

In der Rechtssache *Fuji Electric Systems* vom 12.7.2011 konnte ein bestimmender Einfluss nach Ansicht der Europäischen Kommission nicht allein aus den jeweiligen Anteilen der Muttergesellschaften an JAEPS geschlossen werden. Die Europäische Kommission stütze ihre Annahme der tatsächlichen Einflussnahme durch FEH und FES vielmehr auf die Gesamtschau von zahlreichen Indizien. Nach Ansicht des EuG kann der Nachweis für die tatsächliche Ausübung eines bestimmenden Einflusses auch durch ein Bündel übereinstimmender Indizien rechtlicher oder wirtschaftlicher Art erbracht werden, selbst wenn jedes einzelne dieser Indizien für sich genommen nicht hinreichend beweiskräftig ist.[593]

---

590 *Ebenda*, Tz. 78.

591 EuG, Urt. v. 14.3.2013, Rs. T-587/08, ECLI:EU:T:2013:129, Tz. 56 – Fresh Del Monte.

592 EuG, Urt. v. 27.9.2006, Rs. T-314/01, ECLI:EU:T:2006:266, Tz. 136 – Avebe. Vgl. ferner EuGH, Urt. v. 2.10.2003, Rs. C-196/99 P, ECLI:EU:C:2003:529, Tz. 97 ff. – Aristrain; Urt. v. 28.6.2005, verb. Rs. C-189/02 P, ECLI:EU:C:2001:420, Tz. 118–122 – Dansk Rorindustri u. a.; EuG, Urt. v. 20.3.2002, Rs. T-9/99, ECLI:EU:T:2002:70, Tz. 527 – HFB u. a.

593 EuG, Urt. v. 12.7.2011, Rs. T-132/07, ECLI:EU:T:2011:344, Tz. 183 – Fuji Electric Systems.

Indem Hitachi und die Fuji-Gruppe ihre GIS-Interessen an JAEPS übertrugen, ohne die zuvor in diesem Bereich tätigen Tochtergesellschaften gleichfalls zu übertragen, hatten die Muttergesellschaften das Gemeinschaftsunternehmen als *„Vehikel genutzt, um ihre langwährende Mitwirkung an dem Kartell [...] der GIS-Hersteller fortzuführen“*[594]. Die Europäische Kommission basierte ihre Annahme auf folgende Aspekten: personelle Verflechtungen auf Leitungsebene, Beteiligung von Hitachi und Fuji an Kartelltätigkeiten vor Gründung des Gemeinschaftsunternehmens und das Zurückziehen der zuvor in diesem Bereich tätigen Tochtergesellschaften trotz Aufrechterhaltung des Produktvertriebs. Zudem haben Vertreter von JAEPS, die gleichzeitig oder nacheinander Stellungen bei Hitachi und/oder Fuji innehatten, an den Kartellzusammenkünften teilgenommen.[595] Das EuG betonte allerdings in seiner Entscheidung, dass es weder auf eine Beteiligung der Muttergesellschaften an dem vorgeworfenen Verhalten noch auf die Kenntnis über die Zuwiderhandlung ankommt. Entscheidend ist die bestimmende Einflussnahme auf das Marktverhalten des Gemeinschaftsunternehmens.[596]

Zahlreiche leitende Mitarbeiter von JAEPS waren gleichzeitig oder nacheinander bei FEH oder FES als leitende Mitarbeiter beschäftigt. Aufgrund der Kumulierung von Leitungspositionen bei FEH bzw. FES und JAEPS sind FEH und FES in der Lage gewesen, bestimmenden Einfluss auf das Marktverhalten auszuüben. Denn derartige Doppelfunktionen versetzen das Mutterunternehmen regelmäßig in die Lage, im Rahmen seiner Leitungsfunktionen bei der Tochtergesellschaft dafür zu sorgen, dass deren Vorgehen auf dem Markt mit den durch die Muttergesellschaft festgelegten Leitlinien übereinstimmt.[597]

Grundsätzlich können sich eine Leitungsbefugnis der Muttergesellschaft und deren tatsächliche Ausübung auch aus den Geschäftsbeziehungen zwischen Mutter- und Tochtergesellschaft ergeben. Eine Muttergesellschaft, die auch als Lieferantin oder Kundin der eigenen Tochtergesellschaft agiert, besitzt regelmäßig ein besonderes Interesse an der Leitung der Produktions- oder Distributionsaktivitäten der Tochtergesellschaft. Sie profitiert durch die auf diese Weise vollzogene vertikale Integration in vollem Umfang vom entstehenden Mehrwert. Ein solches besondere Interesse ist nach Ansicht des EuG auch zu bejahen. Es erfolgte weiterhin der Verkauf der GIS-Projekte durch die Fuji-Gruppe

594 KOMM., Entsch. v. 24.1.2007, COMP/F/38.899, Tz. 390 – Gasisolierte Schaltanlagen.
595 *Ebenda*, Tz. 176.
596 *Ebenda*, Tz. 196.
597 *Ebenda*, Tz. 184, 197 ff.

unter eigenem Namen an eigene feste Kunden. Es ist daher anzunehmen, dass die Fuji-Gruppe als wichtige Kundin von JAEPS aufgrund des Vertriebs der vom Letzteren hergestellten GIS-Projekte weiterhin ein Interesse an diesen Projekten gehabt habe.[598]

Anhand des seitens der Europäischen Kommission dargelegten Indizienbündels, das sich auf die Bestimmungen der Rahmenvereinbarung, auf die Kumulierung von Leitungspositionen und auf das Interesse von FEH und FES als Vertreiber der GIS-Projekte stützt, sei der Nachweis hinreichend erbracht worden.[599]

bb. Rechttsache Toshiba

In der Rechtssache *Toshiba* vom 9.9.2015 stütze die Europäische Kommission die Annahme einer bestimmenden Einflussnahme durch Toshiba auf das Gemeinschaftsunternehmen MTPD insbesondere auf die in der Satzung von MTPD und in dem Vertrag zur Gründung von MTPD vorgesehenen Vetorechte in Bezug auf strategische Maßnahmen.[600] Nach Ansicht des EuG kann sich die tatsächliche Ausübung einer Leitungsbefugnis der Muttergesellschaft gegenüber dem Gemeinschaftsunternehmen unmittelbar aus der Durchführung der einschlägigen Rechtsvorschriften oder nach diesen Rechtsvorschriften getroffenen Vereinbarung über die Leitung des gemeinsamen Unternehmens ergeben.[601]

So bedurfte es nach dem Vertrag zur Gründung von MTPD für Beschlüsse immer die Übereinstimmung der Muttergesellschaften.[602] Toshiba hatte ferner Vetorechte im Speziellen bei umfängliche Investitionen, die Errichtung, den Erwerb oder die Beteiligung an einem Unternehmen sowie auf die Gewährung von Darlehen an die Tochtergesellschaften oder andere Rechtspersonen inne.[603] Außerdem besaß Toshiba Informationsrechte in Bezug auf Sonderbeschlüssen, die nach dem Handelsrecht der Hauptversammlung vorbehalten waren, die Ausgabe neuer Aktien oder die Ausschüttung von Dividenden.[604]

598 *Ebenda*, Tz. 184, 201.

599 *Ebenda*, Tz. 202. Inwiefern aus der Rahmenvereinbarung die Befugnis zur Ausübung eines bestimmenden Einflusses hervorgeht, ist der Entscheidung nicht zu entnehmen. Die entsprechenden Stellen sind mit [*vertraulich*] gekennzeichnet, vgl. Tz. 187 ff.

600 EuG, Urt. v. 9.9.2015, T-104/13, ECLI:EU:T:2015:610, Tz. 90 – Toshiba.

601 *Ebenda*, Tz. 100.

602 *Ebenda*, Tz. 106, 112.

603 *Ebenda*, Tz. 108.

604 *Ebenda*, Tz. 113.

Darüberhinaus hatten MEI und Toshiba ein Dokument unterzeichnet, das MTPF betreffende Informationen über Verkäufe, Produktion, Entwicklung, Personalbestand, Investitionen, Finanzpläne und Kapitalrückzahlung enthielt und Grundlage des Geschäftsplans von MTPD war.[605] Die Schließung des Geschäftsplans erfolgte durch beide Muttergesellschaften gemeinsam und für Änderungen des Geschäftsplans bedurfte es die Einigkeit von MEI und Toshiba.[606]

Neben Veto- und speziellen Informationsrechte, begründeten die Unionsorgane die bestimmende Einflussnahme mit personellen Verflechtungen zwischen den Gesellschaften. Nach Ansicht des EuG war der bestimmende Einfluss von Toshiba auf MTPD dadurch belegt worden, dass an der Spitze des Gemeinschaftsunternehmens zahlreiche Personen stehen, die beim Mutterunternehmen Leitungsfunktionen einnehmen.[607] Einige Mitglieder des Verwaltungsrats von MTPD, die zugleich eine leitende Stellung bei Toshiba innehatten, wurden von Toshiba ernannt.[608] Zudem hatte Toshiba eines der beiden zur Vertretung des Gemeinschaftsunternehmens befugten Verwaltungsratsmitglieder, das zugleich dessen Vizepräsident war, zu ernennen.[609] Dieser hatte zuvor hochrangige Funktionen in der Geschäftsleitung von Toshiba wahrgenommen und war zu einem späteren Zeitpunkt auch erneut in Toshibas Dienst getreten.[610]

Schließlich wies das EuG darauf hin, dass sich aus den Beweismitteln ergibt, dass Toshiba „*sich an der Geschäftsführung von MTPD beteiligt hat, indem sie insbesondere der Schließung von zwei Tochterunternehmen von MTPD in Europa und in den Vereinigten Staaten im November 2005 zustimmte*“.[611]

cc. Rechtssache Del Monte

In der Rechtssache *Del Monte* vom 14.3.2013 brachte die Europäische Kommission ein Bündel von Indizien vor, die für die Möglichkeit der Einflussnahme sowie deren tatsächliche Ausübung sprechen. Zudem führte sie als Beleg eine Reihe von Sachverhalten an, die sie den in der Akte enthaltenen Unterlagen und den Erklärungen von Weichert entnahm. Die Annahmen basierten grundsätzlich

---

605 *Ebenda*, Tz. 109.

606 *Ebenda*.

607 *Ebenda*, Tz. 100. Dabei gab das EuG seine Ausführungen zu der bestimmtenden Einflussnahme aus der Rechtssache Fuji Electric Systems wieder, vgl. EuG, Urt. v. 12.7.2011, Rs. T-132/07, ECLI:EU:T:2011:344, Tz. 183 – Fuji Electric Systems.

608 *Ebenda*, Tz. 115.

609 *Ebenda*, Tz. 116.

610 *Ebenda*.

611 *Ebenda*, Tz. 120.

auf dem zwischen der Kommanditistin Del Monte und dem Komplementär geschlossenen Gesellschaftsvertrag. In diesem sind vor allem die Kontroll- und Leitungsmechanismen festgelegt. Aufgrund dieser Vereinbarungen ließ sich nach Ansicht des EuG ein „Gleichgewicht der Kräfte" zwischen den Gesellschaftern erkennen.[612] Ferner wurde auf eine ausschließliche Vertriebsvereinbarung, die Lieferung von Bananen betreffend, abgestellt. Daneben wurden zudem Faktoren berücksichtigt, die mit den rechtlichen, organisatorischen und wirtschaftlichen Bindungen zwischen Weichert und Del Monte zu tun haben und nach Auffassung der Europäischen Kommission den Einfluss kennzeichnen, den Del Monte auf Weichert hatte.[613]

– Gesellschaftsvertrag –

Gemäß § 164 HGB sind Kommanditisten von der Führung der Geschäfte der Kommanditgesellschaft ausgeschlossen und können einer Handlung des Komplementärs nicht widersprechen, es sei denn, diese geht über den gewöhnlichen Betrieb des Handelsgewerbes der Gesellschaft hinaus. Die Führung des Tagesgeschäfts obliegt daher normalerweise dem Komplementär. Nach Ansicht der Europäischen Kommission wurde zulässigerweise von den Bestimmungen des HGB im Hinblick auf die Geschäftsführung durch Vereinbarungen im Gesellschaftsvertrag abgewichen.[614]

Zwar lag die Geschäftsführung weiterhin beim Komplementär. Jedoch ist die Kommanditistin mit den erforderlichen Rechten und Mitteln ausgestattet worden, um Einfluss auf den Verlauf der Geschäfte von Weichert zu nehmen. So mussten der Haushaltsvoranschlag sowie der Investitions- und Personalplan durch alle Gesellschafter einstimmig abgenommen werden. Nach der Annahme der Maßnahme waren die Komplementäre zu deren Umsetzung verpflichtet. Zudem mussten die Komplementäre für eine Reihe von Rechtsgeschäften (u. a. um den Kauf und Verkauf von Anteilen oder sonstigen Beteiligungen von Unternehmen, größeren Investitionen oder Darlehen) im Voraus die schriftliche Zustimmung aller Gesellschafter einholen. Auf Wunsch von Del Monte mussten Informationen über Geschäfte (individuelle Maßnahmen sowie Pläne des Managements) erteilt und Zugang zu sämtlichen geschäftlichen Unterlagen gewährt werden.[615]

---

612 EuG, Urt. v. 14.3.2013, Rs. T-587/08, ECLI:EU:T:2013:129, Tz. 118 – Fresh Del Monte.

613 *Ebenda*, Tz. 85.

614 *Ebenda*, Tz. 95.

615 *Ebenda*, Tz. 95–100, 107. Gegen das Vorbringen der Europäischen Kommission hatte Del Monte auf Regelungen des Gesellschaftsvertrages verwiesen, die geeignet seien,

– Kapitalverflechtungen –

Del Monte war am Kapital von Weichert zu 80 % beteiligt. Gewinne und Verluste wurden gemäß dem Gesellschaftsvertrag anteilig zwischen den Gesellschaftern aufgeteilt. Für Del Monte bedeutete dieses, dass ihr 80 % der Gewinne und Verluste zugerechnet wurden.[616] Nach Ansicht des EuG und der Europäischen Kommission lieferte die Höhe der Beteiligung am Kapital ein Indiz dafür, dass Del Monte einen Anreiz besessen hat, auf Weichert Einfluss zu nehmen. Daher sind die im Gesellschaftsvertrag vereinbarten Kontroll- und Informationsmechanismen sowie das Verhalten von Del Monte im Lichte des finanziellen Interesses und der Wirtschaftsmacht von Del Monte zu beurteilen.[617] Zudem haftete Del Monte als Kommanditistin zwar nur beschränkt, allerdings war die Befürchtung, ihren Kommanditanteil in Höhe von 6 Millionen DM zu verlieren oder selbst trotz dieser Investition keinen Gewinn zu erzielen, für einen bedeutenden Marktteilnehmer wie Del Monte ein hinreichender Anreiz, die eigenen Interessen zu verteidigen.[618]

– Vertriebsvereinbarung –

Die Vertriebsvereinbarung zwischen Del Monte und Weichert enthielt eine Alleinvertriebsklausel, durch die Del Monte *de facto* der einzige Bananenlieferant von Weichert und der Letztere wiederum Alleinvertriebshändler für Del-Monte-Bananen war. Neben der wöchentlich zu kaufenden und verkaufenden Menge an Bananen enthielt die Vertriebsvereinbarung auch eine Regelung zum Mechanismus der Preisanpassung. Del Monte räumte im Verfahren ein, dass es in ihrem Interesse gelegen habe, dass Weichert zu höheren Preisen verkaufte, da

die Geschäftsführungsbefugnis des Komplementärs zu stärken. So hätten Beschlüsse der Gesellschafterversammlung zu ihrer Gültigkeit der Stimmenmehrheit und der Zustimmung des Komplementärs bedurft. Die Europäische Kommission räumte ein, dass diese Vereinbarung einem „Vetorecht Komplementäre" gleichkomme, jedoch die Einflussnahme von Del Monte nicht unbedingt ausgeschlossen sei. Die Anzahl der Stimmrechte entsprach der Höhe der Einlage des jeweiligen Gesellschafters, d. h. eine Stimme für 1.000 DM seiner Kapitaleinlage. Die Kapitaleinlagen belaufen sich auf 6 Millionen DM für WAL (Del Monte) und ca. 1,5 Millionen DM für die Komplementäre. In der Praxis habe dieses bedeutet, dass Entscheidungen der Gesellschafterversammlung immer auch der Zustimmung des Kommanditisten bedurft habe, vgl. Tz. 110 ff.

616 *Ebenda*, Tz. 122.

617 *Ebenda*, Tz. 124 f.

618 *Ebenda*, Tz. 130.

dies am Ende zu höheren Gewinnen geführt hat. Die Europäische Kommission führte noch ein zweites Interesse im Hinblick auf eine Preiskontrolle an, nämlich in Bezug auf die unmittelbaren Auswirkungen für die Preise, die Del Monte bei den Bananenlieferungen an Weichert erzielte. Zur Ermittlung dieser Preise oblag es Weichert, regelmäßig eine detaillierte Aufstellung der Kosten, Verkäufe und Preise Del Monte bereitzustellen.[619]

Schließlich ist es für Del Monte möglich gewesen, die Liefermengen zu variieren. Durch die Möglichkeit der Reduzierung der Liefermengen seitens Del Monte und die Verpflichtung Weicherts zum ausschließlichen Erwerb von Del Monte für zahlreiche europäische Märkte bestand somit ein starkes Druckmittel zugunsten von Del Monte. Auch dadurch sind die wirtschaftlichen und rechtlichen Fähigkeiten von Del Monte, Einfluss auf das Marktverhalten von Weichert zu nehmen, gestärkt worden.[620]

– Informationsmechanismen zwischen den Gesellschaften sowie Erörterungen über die Preisgestaltung und Belieferung von Weichert –

Aus den Unterlagen ging hervor, dass Weichert Del Monte wöchentliche Berichte über eine Reihe von europäischen Märkten zukommen ließ. Diese Berichte enthielten Mengenangaben, offizielle Preise und tatsächliche Preise der unterschiedlichen Marktteilnehmer/Lieferanten. In der Anhörung stellte Weichert dazu klar, dass sie zur Übermittlung dieser zusätzlichen Informationen durch Del Monte verpflichtet worden sind. Nach Ansicht des EuG stellten diese Berichte eine weitere Informationsquelle dar, die als zusätzliches Indiz für eine mögliche Kontrollausübung herangezogen werden konnte. Denn aus den sogenannten Informationsmechanismen ergibt sich zusammen mit Kontrollmechanismen die Möglichkeit einer Einflussnahme seitens Del Monte auf das Marktverhalten von Weichert. Nach der Europäischen Kommission zeigen zudem die angeführten Beweismittel (u. a. eine schriftliche Aufforderung seitens Del Monte an Weichert zur Übermittlung der Berichte und eine Bestätigung der wöchentlichen Übermittlung durch Weichert), dass Del Monte diesen Einfluss tatsächlich ausgeübt hat.[621]

Außerdem gab Weichert an, dass regelmäßig gemeinsame Gespräche über die Preisgestaltung und Absatzstrategien für die Vermarktung von Bananen stattgefunden haben. So wurde wöchentlich in Absprache mit Del Monte der

619 *Ebenda*, Tz. 134–140.
620 *Ebenda*, Tz. 149 f.
621 *Ebenda*, Tz. 152–158.

offizielle Preis festgelegt, wobei an Weichert die Erwartungen gestellt worden sind, eine Anpassung an die Preise eines Konkurrenten vorzunehmen. Weichert erklärte ferner, nicht nur aufgrund der Mehrheitsbeteiligung dem Einfluss von Del Monte unterlegen zu haben. Sie haben auch Del Montes Preiserwartungen erfüllen wollen, um einen Lieferstopp oder zumindest eine erhebliche Beschränkung der Liefermenge zu verhindern. Die Europäische Kommission bezog sich im Folgenden auf eine Reihe von schriftlichen Belegen, die den Kontakt „*zwischen Weichert und Del Monte* [bestätigen] *und zeigen, dass Del Monte Druck ausübte, um unmittelbaren Einfluss auf die Preisgestaltung Weicherts zu nehmen*“[622]. Die sich aus den Dokumenten ergebenden Tatsachen belegten, dass Del Monte sich berechtigt fühlte, Einfluss auf die Preisgestaltung und das Tagesgeschäft Weicherts zu nehmen, und diesen Einfluss auch tatsächlich auszuüben. Auch das EuG hielt den angeführten Schriftwechsel zwischen den Gesellschaften für ein Indiz dafür, dass Del Monte einen bestimmenden Einfluss auf Weichert ausgeübt hat.[623]

– Fazit –

Aufgrund der vorgebrachten Indizien seitens der Europäischen Kommission war nach Ansicht des EuG die Möglichkeit, bestimmenden Einfluss auszuüben, sowie dessen tatsächliche Ausübung bewiesen. Das Vorbringen von Del Monte, auch durch das Beibringen alternativer Beweise, vermochte die Schlussfolgerungen der Europäischen Kommission nicht zu entkräften.[624]

622 *Ebenda*, Tz. 160 ff. Siehe KOMM, Entsch. v. 15.10.2008, K(2008) 5955, COMP 38.188, Tz. 389 – Bananen, auf eine detaillierte Wiedergabe der Faxinhalte zwischen Del Monte und Weichert wird an dieser Stelle verzichtet. Grundsätzlich wurde jedoch von Weichert eine Erklärung für eine Abweichung des „*endgültigen Preises*“ vom „*erwarteten Preis*“ verlangt. Und falls Weichert nicht imstande sei, bessere Verkaufsergebnisse zu erzielen, stellte Del Monte in Aussicht, „*alle zum Schutz ihrer Interessen erforderlichen Maßnahmen in die Wege zu leiten*“. Im Verfahren vor dem EuG räumte Del Monte ein, dass die seitens der Europäischen Kommission angeführten Faxe tatsächlich ein Versuch gewesen seien, Einfluss auf das Verhalten von Weichert zu nehmen, und sie tatsächlich protestiert habe, da Weichert den Weisungen keine Folge geleistet hätte, vgl. Tz. 176.

623 *Ebenda*, Tz. 165ff., 203, 220.

624 *Ebenda*, Tz. 266.

dd. Rechtssache Kerzenwachse/Sasol

Die Europäische Kommission stützte ihre Entscheidung insbesondere auf zwei Aspekte.[625] Zunächst rechnete sie das ausschlaggebende Stimmrecht des Vorstandsvorsitzenden der Sphäre Sasols zu. Der Vorstand des Gemeinschaftsunternehmens befasste sich zu seiner Zeit mit dem operativen Geschäft. Er bestand aus drei Personen: Je ein Vorstandsmitglied wurde von einer Muttergesellschaft benannt, und eine weitere Person war als Vorstandsvorsitzender eingesetzt. Die Beschlüsse fasste der Vorstand einstimmig und, im Falle, dass kein einstimmiger Beschluss zustande kam, mit einfacher Mehrheit. Dabei besaß der Vorstandsvorsitzende das ausschlaggebende Stimmrecht.[626] Allerdings war unklar, welcher Einflusssphäre der beiden Muttergesellschaften der Vorstandsvorsitzende zuzuordnen war.

Das Gemeinschaftsunternehmen bestand von 1995 bis 2002, danach ging es vollständig in den Besitz von Vara über. Während der überwiegenden Zeit des Bestehens des Gemeinschaftsunternehmens war der Vorstandsvorsitzende eine Person, die bereits vor Gründung des Letzteren in einem Tochterunternehmen von Vara eine bedeutende Geschäftsführungsposition innegehabt hatte. Zudem war er ein langjähriger Vertrauter des Haupteigentümers von Vara. Ferner war diese Person seit 1996 Kommanditist bei Vara und folglich persönlich mit dem Erfolg von Vara verbunden.[627] Schließlich war diese Person in den letzten Monaten vor Übergang des Gemeinschaftsunternehmens in den Besitz von Vara gleichzeitig Aufsichtsratsmitglied im Gemeinschaftsunternehmen und Geschäftsführer bei Vara. Im Auftrag Varas gab diese Person auf Nachfrage der Europäischen Kommission im Rahmen des Kartellermittlungsverfahrens zu den Verhältnissen im Gemeinschaftsunternehmen an, dass eine Vertretung von Vara im Gemeinschaftsunternehmen nicht erfolgt ist. Allerdings benannte sie sich zugleich selbst als Ansprechpartner bei eventuellen Rückfragen der Europäischen Kommission gegenüber Vara.[628]

Basierend auf der Aussage des Vorstandsvorsitzenden kam die Europäische Kommission zu dem Ergebnis, dass dieser in Abstimmung mit und für die Muttergesellschaft Sasol als Vorstandsvorsitzender des Gemeinschaftsunternehmens eingesetzt worden war. Aufgrund seines ausschlaggebenden Stimmrechts konnte er im Vorstand die Entscheidungen zugunsten Sasols durchsetzen. Dadurch übte

---

625 Vgl. dazu auch die Ausführungen bei *Stender*, Kartellgeldbußen, S. 44 ff.

626 KOMM., Entsch. v. 1.10.2008, COMP/39181, Tz. 550 – Kerzenwachse.

627 EuG, Urt. v 11.7.2014, Rs. T-541/08, ECLI:EU:T:2014:628, Tz. 69 – Sasol u. a.

628 *Ebenda*, Tz. 58.

Sasol wiederum bestimmenden Einfluss auf das Gemeinschaftsunternehmen aus.[629]

Des Weiteren begründete die Europäische Kommission eine tatsächliche Einflussnahme Sasols mit den Verhältnissen im Aufsichtsrat. Dieser bestand aus sechs Mitgliedern, von denen vier von Sasol und zwei von Vara benannt worden waren. Im Gesellschaftsvertrag war vorgesehen, dass die meisten Beschlüsse des Aufsichtsrats einstimmig entschieden werden sollten. Falls keine Einstimmigkeit erreicht werden konnte, war eine Beschlussfassung nicht möglich, außer die Entscheidungen beträfen bestimmte Investitionen. In diesen Fällen war eine Mehrheitsentscheidung vorgesehen, und aufgrund der Mehrheit im Aufsichtsrat kann angenommen werden, dass sich Sasol bei diesen Entscheidungen durchsetzen konnte.[630]

Das EuG folgte nicht der Ansicht der Europäischen Kommission. Es rechnete den Vorstandsvorsitzenden eindeutig der Sphäre von Vara zu, insbesondere wegen dessen persönlicher Verbindungen zum Haupteigentümer von Vara und dessen Stellung als Kommanditist bei der letzteren Gesellschaft. Darüber hinaus war es nicht richtig von der Europäischen Kommission, die Schlussfolgerungen allein aus der Aussage des Vorstandsvorsitzenden zu ziehen. Vielmehr muss die Europäische Kommission unter Berücksichtigung der vorliegenden Beweise zum Ergebnis kommen, dass der Vorstandsvorsitzende im Interesse Varas die Entscheidungen getroffen hat und somit auf operativer Ebene nicht Sasol, sondern Vara einen bestimmenden Einfluss ausgeübte.[631]

Im Aufsichtsrat bestand für beide Muttergesellschaften die Möglichkeit, die dortigen Entscheidungen wegen des Einstimmigkeitserfordernisses zu blockieren. Nur in wenigen Fällen, in denen Mehrheitsentscheidungen zur Beschlussfassung ausreichten, konnte Sasol aufgrund seiner Mehrheit im Aufsichtsrat seine Interessen durchsetzen können. Dies betraf gleichwohl nur die Genehmigungen von Investitionen. Unter Verweis auf die Konsolidierte Mitteilung der Europäischen Kommission zu Zuständigkeitsfragen geht das EuG davon aus, dass es sich bei der Genehmigung von Investitionen, isoliert betrachtet, nicht um ein entscheidendes Vetorecht handelt, das eine bestimmende Einflussnahme begründet.[632] Die Europäische Kommission konnte nicht nachweisen, dass Sasol

---

629 *Ebenda*, Tz. 57 ff.

630 *Ebenda*, Tz. 39.

631 *Ebenda*, Tz. 64 ff.

632 *Ebenda*, Tz. 119 f. Vgl. auch KOMM., Konsolidierte Mitteilung zu Zuständigkeitsfragen, Rn. 69. Im Gegensatz dazu seien entscheidende Vetorechte solche mit Bezug zur Benennung der Unternehmensleitung und der Finanzplanung.

sämtliche strategische Geschäftsentscheidungen im Aufsichtsrat und in der Hauptversammlung allein bestimmen konnte.[633]

b. *Stellungnahme zu den Nachweiserfordernissen*

Der Europäischen Kommission und den Unionsgerichten ist zuzustimmen, dass eine bestimmende Einflussnahme nicht bereits aus den jeweiligen Anteilen der Muttergesellschaften am Gemeinschaftsunternehmen geschlossen werden darf. Das trifft sowohl für Mehrheits- als auch für Minderheitsbeteiligungen zu.

Die obigen Entscheidungen haben gezeigt, dass die Möglichkeit Einfluss auszuüben sowie die tatsächliche Einflussnahme auf die Gesamtschau zahlreicher Indizien gestützt werden kann. Auch diesem Vorgehen ist zuzustimmen.

Indizien dürfen jedoch nicht alleine als Bündel gewürdigt werden, sondern jedes einzelne Indiz bedarf einer eigenen gründlichen Untersuchung. Allein nur auf das Indizienbündel abzustellen, birgt die Gefahr der Pauschalisierung von nur scheinbar ähnlichen Sachverhalten. Es handelt sich folglich immer um eine Einzelfallentscheidung. Dem steht auch nicht die Ansicht des EuG entgegen, dass das einzelne Indiz an sich nicht für die Nachweiserbringung ausreichen. Denn alle tatsächlich für die Beweiswürdigung relevanten Indizien ergeben in der Folge ein Indizienbündel, das in seiner Gesamtschau als Beweis herangezogen werden kann.

In der Entscheidung *Fuji Electric Systems* wurde aufgrund nur dreier Indizien eine Einflussnahme bejaht: wegen der Rahmenvereinbarung zwischen den Muttergesellschaften, starker personeller Verflechtungen und des wirtschaftlichen Interesses der Muttergesellschaft als Vertreiberin der durch das Gemeinschaftsunternehmen hergestellten Produkte. Allein die personellen Verflechtungen mag bereits genügen, um eine bestimmende Einflussnahme zu bejahen. Denn indem an der Spitze des Gemeinschaftsunternehmens zahlreiche Personen stehen, die bei der Muttergesellschaft Leitungsfunktionen einnehmen, ist es der Muttergesellschaft möglich dafür zu sorgen, dass das Marktverhalten des Gemeinschaftsunternehmens mit den eigenen Interessen übereinstimmt. So können ohne die entsprechende Zustimmung der Mitglieder auf Führungsebene Beschlüsse, die das Vorgehen des Gemeinschaftsunternehmens auf dem Markt betreffenden, nicht gefasst werden. Im Rahmen der Fragestellung der wirtschaftlichen Einheit als Normadressat ist jedoch nicht von Relevanz, dass die Muttergesellschaften

---

633 *Ebenda*, Tz. 121.

möglicherweise ihre Kartelltätigkeiten mit einem von ihnen geschaffenen Vehikels fortführten.

Die bestimmende Einflussnahme eines Minderheitsgesellschafters, wie im Fall von *Toshiba*, kann sich begründen auf ihm eingeräumte Veto- und Informationsrechte in Bezug auf die wesentliche Tätigkeit des Gemeinschaftsunternehmens, seine finanziellen Ziele und seine wesentliche strategische Planung. Denn es handelt sich dabei um Rechte, die über die üblichen Rechte eines Minderheitsgesellschafters zum Schutz seiner finanziellen Interessen hinaus gehen. In der Rechtssache *Toshiba* verfügte Toshiba über eingehende Kenntnisse der Politik und Geschäftsziele des Gemeinschaftsunternehmens und war in der Lage, das Verhalten von MTPD mit den eigenen Interessen[634] in Übereinstimmung zu bringen, da eine vorherige Konsultation und Zustimmung Toshibas bei Beschlüssen und Änderungen des Geschäftsplans obligatorisch war. Dabei kommt es weder auf den Umfang der Beteiligung Toshibas an der Ausarbeitung der Geschäftspläne an, noch auf das tatsächliche Gebrauch machen der eingeräumten Rechte. Ausschlaggebend ist allein die zwingende Übereinstimmung beider Muttergesellschaften. Damit hat allein das Innehaben der betreffenden Vetorechte Auswirkungen auf die Geschäftsführung von MTPD. Die Europäische Kommission bezeichnete sogar eine erfolgte Entscheidung von MTPD, an der die Muttergesellschaften mitgewirkt haben, nämlich die Schließung von zwei Tochterunternehmen des Gemeinschaftsunternehmens. Sie zeigte daher das Gebrauchmachen der eingeräumten Rechte an einem konkreten Beispiel auf. Ferner ist es für den Nachweis der bestimmenden Einflussnahme ausreichend sich auf die Rahmenvereinbarungen zwischen den Muttergesellschaften zu stützen. In diesem Fall darf die tatsächliche Ausübung eines bestimmenden Einflusses der Muttergesellschaft auf das Geschäftsverhalten des Gemeinschaftsunternehmens vermutet werden.[635] Die eingeräumten Vetorechte haben zum einen eine so starke Indizwirkung, dass anzunehmen ist, die Muttergesellschaften konnten nur gemeinsam für das Gemeinschaftsunternehmen handeln und waren für dessen Geschäftspolitik gemeinsam verantwortlich. Zum anderen kann die Muttergesellschaft durch das Anführen konkreter Beispiele nachweisen, dass die Geschäftsentscheidungen des Gemeinschaftsunternehmens doch nach anderen Modalitäten gefasst wurden, als denen, die sich aus der bloßen abstrakten Prüfung der Vereinbarungen über das Gemeinschaftsunternehmen

634 Über Toshibas finanzielle Interessen hinaus.

635 EuG, Urt. v. 9.9.2015, T-104/13, ECLI:EU:T:2015:610, Tz. 101 – Toshiba.

ergaben.[636] Darüberhinaus wird die bestimmende Einflussnahme ausreichend durch die personellen Verflechtungen auf Leitungsebene zwischen den Gesellschaften indiziert.[637]

Die Entscheidung *Fresh Del Monte* ist im Hinblick auf die Nachweiserbringung sehr ausführlich, was sehr zu begrüßen ist. Die Europäische Kommission bringt viele Indizien vor und untermauert das Interesse und die Einflussnahme von Seiten Del Montes durch stichhaltige Dokumente. Die erbrachten Nachweise tragen dem Umstand genügend Rechnung, dass es sich bei Del Monte eigentlich „nur" um die Kommanditistin der GmbH & Co. KG handelte. Sowohl die Einzelbetrachtung der Indizien als auch die Gesamtschau zeigen, dass das rechtliche Konstrukt nicht unbedingt der wirtschaftlichen Realität entsprach. Anhand dieser Entscheidung wird vor allem deutlich, welche Rolle eine faktische wirtschaftliche Abhängigkeit spielt. So hatte Del Monte als Kommanditistin dennoch letzten Endes das Sagen.

Dem EuG ist in der Rechtssache *Kerzenwachse/Sasol* zuzustimmen, dass insbesondere aufgrund der personellen Verflechtungen und der Möglichkeit Sasols, lediglich Investitionsentscheidungen allein beeinflussen zu können, eine alleinigen Kontrolle noch nicht angenommen werden kann. Abgesehen von der Aussage des Vorstandsvorsitzenden hat die Europäische Kommission augenscheinlich alle anderen Indizien für eine Einflussnahme in ihrer Entscheidungsfindung außer Betracht gelassen. Dieses Vorgehen ist nicht verständlich.

In keiner der Entscheidungen berücksichtigt, aber ganz grundsätzlich als weiteres Indiz für eine alleinige Kontrolle in Betracht zu ziehen, ist der konsolidierte Umsatz des Gemeinschaftsunternehmens im Jahresabschluss einer Muttergesellschaft. Denn dem Jahresabschluss sind die tatsächlichen wirtschaftlichen Verhältnisse zu entnehmen. Die Entscheidung, das Gemeinschaftsunternehmen im Jahresabschluss zu konsolidieren, gibt die Sicht der jeweiligen Muttergesellschaft in Bezug auf die eigene Einflussnahme auf das Gemeinschaftsunternehmen preis.

636 *Ebenda*, Tz. 102.

637 Siehe dazu die bereits erfolgte Begründung im Rahmen der Rechtssache *Fuji Electric*.

c. *Anwendbarkeit der Vermutungsregel*

aa. Ansicht des EuG

Das EuG hatte die widerlegbare Vermutung der Einflussnahme in der Rechtssache *FLS-Plast* vom 6.3.2012 abgelehnt,[638] dann aber in der Rechtssache *Shell Petroleum* vom 27.9.2012 zugelassen.[639]

In der Rechtssache *FLS Plast* verneinte das EuG eine alleinige Kontrolle der Muttergesellschaft FLS Plast A/S bei einem Kapitalanteil in Höhe von 60 % am Gemeinschaftsunternehmen Trioplast Wittenheim SA. Der andere Anteilseigner, Cellulose de Pin, der die übrigen 40 % des Kapitals hielt, besitzt auch ein großes Interesse an dem gemeinsamen Unternehmen; Letzteres wird daher gemeinsam geführt. Der darüber hinaus seitens der Europäischen Kommission vorgebrachte Aspekt, dass starke personelle Verflechtungen bestanden haben, änderte nicht die Bewertung des EuG. Die Europäische Kommission trägt nicht vor, inwiefern dieses eine Indiz tatsächlich zur Annahme eines alleinigen bestimmenden Einflusses genügt. Ferner lehnte das EuG die Anwendbarkeit der Vermutung, dass tatsächlich bestimmender Einfluss ausgeübt worden ist, mangels 100%iger Beteiligung am Gemeinschaftsunternehmen ab. Eine wirtschaftliche Einheit zwischen der FLS Plast A/S und Trioplast Wittenheim SA ist somit nicht gegeben.[640]

Die Zulassung der Vermutungsregel in der Rechtssache *Shell Petroleum* begründete das EuG mit dem Vorliegen einer Situation, die mit derjenigen vergleichbar ist, dass einer Gesellschaft allein 100 % der Anteile an ihrer Tochtergesellschaft gehören.[641] Der Shell-Konzern ist durch eine Vereinbarung zwischen KNPM und STT plc im Jahre 1907 entstanden. Im Jahre 2005 fusionierten die beiden Gesellschaften, wobei die Doppelstruktur beibehalten worden ist. Die Fusion würdigte das EuG als *„Indiz für das Bestehen einer einheitlichen*

---

638 EuG, Urt. v. 6.3.2012, Rs. T-64/06, ECLI:EU:T:2012:102, Tz. 36 – FLS Plast A/S. So auch bei in der Rechtssache Fresh Del Monte, vgl. EuG, Urt. v. 14.3.2013, Rs. T-587/08, ECLI:EU:T:2013:129, Tz. 70 – Fresh Del Monte.

639 EuG, Urt. v. 27.9.2012, Rs. T-343/06, ECLI:EU:T:2012:478, Tz. 45 – Shell Petroleum.

640 EuG, Urt. v. 6.3.2012, Rs. T-64/06, ECLI:EU:T:2012:102, Tz. 36 ff. – FLS Plast A/S. Nach Ansicht des EuG lagen auch sonst keine geeigneten Indizien für den Nachweis der Einflussausübung vor. Als mögliche Indizien für den positiven Nachweis sah das EuG mögliche Vereinbarungen zwischen den Anteilseignern bzw. besondere Stimmrechtsvereinbarungen an.

641 EuG, Urt. v. 27.9.2012, Rs. T-343/06, ECLI:EU:T:2012:478, Tz. 45 – Shell Petroleum. Vgl. auch EuG, Urt. v. 27.9.2006, Rs. T-314/01, ECLI:EU:T:2006:266, Tz. 136 ff. – Avebe.

Muttergesellschaft bei gleichzeitigem Bestehen zweier gesonderter rechtlicher Einheiten"[642].

Die beiden Gesellschaften haben einen einheitlichen konsolidierten Umsatz ausgewiesen, und die Anteile an SPNV und SPCo hätten ihnen gemeinsam gehört. Basierend auf vertraglichen Bestimmungen ist deren Unternehmensleitung durch KNPM und STT plc gemeinsam bestimmt worden, und die beiden Gesellschaften sind mit dieser regelmäßig zum Austausch über die wesentlichen Entwicklungen im Konzern zusammengekommen. Überdies haben die beiden Gesellschaften zwei Auditausschüsse gebildet, die paritätisch mit jeweils drei Mitgliedern des Aufsichts- bzw. Verwaltungsrats der Gesellschaften besetzt waren. Die Ausschüsse sind vor allem mit der Überprüfung der finanziellen Hauptentwicklungen des Konzerns, dessen Verfahren zur internen Kontrolle und externen Audits betraut. Ferner gab es personelle Verflechtungen in Form eines aus Mitgliedern der Verwaltungsräte von SPNV und SPCo gebildeten Organs. Diese Mitglieder waren jeweils zugleich Mitglieder des Verwaltungsrats einer der beiden Muttergesellschaften. Aufgabe des Organs, trotz fehlender eigener Rechtspersönlichkeit, war die Koordination des operativen Geschäfts und die Unternehmenssteuerung sämtlicher Konzerngesellschaften.

bb. Stellungnahme zur Anwendbarkeit der Vermutungsregel

Grundsätzlich ist auch bei einem Mehrheits- bzw. Minderheitsgesellschafter die Vermutungsregel nicht anwendbar. Neben den individuellen Interessen der jeweiligen Muttergesellschaften gibt es ein breites Spektrum an Beteiligungskonstellationen. Eine generelle Aussage dahingehend zu treffen, ob eine Einflussnahme möglich gewesen ist bzw. ob tatsächlich Einfluss auf das Gemeinschaftsunternehmen ausgeübt worden ist, ist zu verneinen.

Im Falle, dass eine vergleichbare Situation zu einem Alleingesellschafter besteht, ist es vertretbar, die Vermutungsregel anzuwenden. Jedoch bedarf es einer sehr genauen Untersuchung der Situation. Die Gesellschaften müssen so stark miteinander und unter Berücksichtigung vielerlei Aspekte verquickt sein, dass sie eigentlich eine einheitliche Muttergesellschaft bei gleichzeitigem Bestehen zweier gesonderter rechtlicher Einheiten darstellen. Dieses wird bei Muttergesellschaften, die durch einen Konzern miteinander verbunden sind, möglicherweise zu bejahen sein, so etwa in der Rechtssache Shell Petroleum. Bei separaten Muttergesellschaften, deren einzige Verbindung im (gemeinsam gegründeten) Gemeinschaftsunternehmen besteht und die ansonsten gänzlich

---

642 *Ebenda*, Tz. 50.

unabhängig voneinander agieren, wird eine vergleichbare Situation wohl kaum angenommen werden können. So verhielt es sich auch in der Rechtssache *FLS Plast*.

In Bezug auf diese Entscheidung ist insbesondere interessant, dass das EuG nur die alleinige Kontrolle und demzufolge eine wirtschaftliche Einheit zwischen FLS Plast A/S und Trioplast Wittenheim S/A untersucht hat. Eine gemeinsame Kontrolle der Muttergesellschaften und eine mögliche wirtschaftliche Einheit zwischen der Mehrheitsgesellschafterin des Gemeinschaftsunternehmens, dem Gemeinschaftsunternehmen und der Minderheitsgesellschafterin hat das EuG in seiner Entscheidung außen vor gelassen, obwohl auch hier eine Kapitalbeteiligung in Höhe von 60 % und 40 % vorgelegen hat und die Annahme einer gemeinsamen Kontrolle nicht gänzlich abwegig gewesen ist.

Im Rahmen der Untersuchung, ob eine zu einem Alleingesellschafter vergleichbare Situation vorliegt, werden in der Regel auch Indizien mitberücksichtigt, die für eine Kontrollausübung auf das gemeinsame Unternehmen sprechen. Es ist daher erstrebenswert, die Entscheidung nicht allein auf die Vermutung zu stützen, sondern auch auf zusätzliche Indizien.[643]

4. *Stellungnahme zur Annahme einer wirtschaftlichen Einheit bei nicht paritätischen Gemeinschaftsunternehmen*

Im Falle eines nicht paritätischen Gemeinschaftsunternehmens ist eine wirtschaftliche Einheit mit diesem in vielfältigen Konstellationen denkbar.

Zum einen kommt eine wirtschaftliche Einheit zwischen dem Mehrheitsgesellschafter und dem Gemeinschaftsunternehmen aufgrund alleiniger Kontrolle in Betracht. Nicht *per se* abwegig ist, obwohl in der Praxis wohl ein eher seltener Fall, dass der Minderheitsgesellschafter die alleinige Kontrolle des Gemeinschaftsunternehmens ausübt. Zum anderen kann das Gemeinschaftsunternehmen auch vom Mehrheits- und Minderheitsgesellschafter gemeinsam kontrolliert werden. In diesem Fall liegt eine wirtschaftliche Einheit zwischen allen drei Gesellschaften vor. Schließlich kann eine bestimmende Einflussnahme der Muttergesellschaften ganz zu verneinen sein. Solch ein Fall ist gegeben, wenn es mehr als zwei Muttergesellschaften gibt, keine davon mehrheitsbeteiligt ist und eine einfache Mehrheit im Rahmen der Beschlussfassungen genügt.

Ausschlaggebend für die Möglichkeit der Einflussnahme kann daher nicht allein der jeweilige Kapitalanteil am Gemeinschaftsunternehmen sein. Eine

643 Schließlich bedarf es einer Erläuterung zur Widerlegbarkeit der Vermutung. Es wird insoweit auf die Ausführungen in § 2 I 5 lit. c dieses Teils verwiesen.

gewichtige Rolle spielen weitere Umstände, z. B. Stimmrechtsvereinbarungen, vertraglich vereinbarte Weisungsrechte, personelle Verflechtungen auf der Leitungsebene etc.[644]

Im Hinblick auf die tatsächliche Ausübung des bestimmenden Einflusses sind darüber hinaus zwingend die faktischen wirtschaftlichen Abhängigkeiten zu berücksichtigen. Aufgrund der wirtschaftlichen Macht eines Gesellschafters oder aufgrund eines bestehenden Abhängigkeitsverhältnisses einer Muttergesellschaft von der anderen kann am Ende eine alleinige Kontrolle zugunsten des „stärkeren" Gesellschafters zu bejahen sein. Eine wirtschaftliche Einheit besteht dann allein zwischen dieser Muttergesellschaft und dem Gemeinschaftsunternehmen. Eine Hürde wird mit Sicherheit im Nachweis der faktischen, wirtschaftlichen Abhängigkeit liegen. Hier kann neben u. a. schriftlichen Vereinbarungen, Dokumenten, die die Kommunikation belegen, und Aussagen von Vertretern der betroffenen Muttergesellschaften ein weiteres Indiz die Konsolidierung des Umsatzes des Gemeinschaftsunternehmens im Jahresabschluss einer Mutter sein.

Im Hinblick auf die Nachweisanforderungen ist bei Vorliegen einer gemeinsamen Kontrolle des Mehrheits- und Minderheitsgesellschafters und falls dem Letzteren Vetorechte eingeräumt worden sind, für die Begründung einer wirtschaftlichen Einheit wieder eine Interessengleichheit zu fordern.

Da die Konstellationen der wirtschaftlichen Einheit bei einem nicht paritätischen Gemeinschaftsunternehmen sehr stark variieren können, ist eine Prüfung des jeweiligen Einzelfalls somit unabdingbar.

5. *Zusammenfassung*

Eine wirtschaftliche Einheit kann auch zwischen einem Minderheitsgesellschafter eines Gemeinschaftsunternehmens, dem Gemeinschaftsunternehmen und einem Mehrheitsgesellschafter vorliegen. Den Sachverhalten liegen dabei diverse Konstellationen von Beteiligungsquoten zugrunde.

Sowohl eine alleinige Kontrolle des Mehrheits- bzw. Minderheitsgesellschafters ist denkbar als auch eine gemeinsame Kontrolle. Ausschlaggebend ist das Hinzutreten weiterer Umstände.

Die Nachweiserbringung obliegt grundsätzlich der Europäischen Kommission und kann durch Vortragen eines Indizienbündels erfolgen. Die Vermutung, dass bestimmender Einfluss ausgeübt worden sei, ist in besonderen Fällen anwendbar: nämlich wenn zwischen den Muttergesellschaften eine Situation

644 So auch *Papakiriakou*, Unternehmensstrafrecht, S. 176 f.

vorliegt, die mit derjenigen eines Alleingesellschafters vergleichbar ist. Dieses wird aber zumeist nur Konzernsachverhalte betreffen.

IV. Konstellation D: Muttergesellschaft und mehrere Tochtergesellschaften (sog. Schwestergesellschaften)

1. Problemstellung

Gelegentlich wurden auch Schwestergesellschaften zu einer wirtschaftlichen Einheit zusammengefasst, obwohl diese Gesellschaften lediglich über einen gemeinsamen Anteilseigner verbunden waren.[645]

Das EuG nahm in der Rechtssache *Shell* eine wirtschaftliche Einheit zwischen Schwestergesellschaften an, da die eine Gesellschaft konzernintern Koordinierungsfunktionen im Zusammenhang mit der Zuwiderhandlung wahrgenommen hatte.[646]

Zwei Schwestergesellschaften fasste das Gericht auch in der Rechtssache *Aristrain* zu einer wirtschaftlichen Einheit zusammen, da beide Gesellschaften im gleichen Umfang an der Zuwiderhandlung teilgenommen hatten, ohne dass es der Europäischen Kommission möglich gewesen wäre, den Grad der individuellen Beteiligung der jeweiligen Gesellschaft festzustellen.[647] Dieses erstinstanzliche Urteil hat der EuGH wieder aufgehoben. Allerdings lässt sich seinem Urteil entnehmen, dass eine Zurechnung von Zuwiderhandlungen zwischen Schwestergesellschaften unabhängig von ihrer nur mittelbaren kapitalmäßigen Verbundenheit möglich ist,[648] nämlich wenn eine der beiden Schwestergesellschaften über derart umfassende Leitungsbefugnisse in der anderen verfügt, dass der anderen Schwestergesellschaft jede tatsächliche Eigenständigkeit im Hinblick auf ihr Marktverhalten fehlt.

Im Jahre 2005 bestätigte der EuGH in der Rechtssache *Dansk Rorindustri u. a.* die wirtschaftliche Einheit zwischen mehreren Schwestergesellschaften, die von der gleichen natürlichen Person kontrolliert wurden, wobei diese Person zugleich als gemeinsamer Vertreter aller Schwestergesellschaften auftrat.[649]

---

645 Vgl. auch *Heinichen*, Unternehmensbegriff und Haftungsnachfolge, S. 85.

646 EuG, Urt. v. 10.3.1992, Rs. T-11/89, ECLI:EU:T:1992:33, Tz. 280f., 312, 315 – Shell.

647 EuG, Urt. v. 11.3.1999, Rs. T-156/94, ECLI:EU:T:2004:261, Tz. 136, 138 ff. – Aristrain.

648 EuGH, Urt. v. 2.10.2003, Rs. C-196/99 P, ECLI:EU:C:2003:529, Tz. 97 – Aristrain.

649 EuGH, Urt. v. 28.6.2005, verb. Rs. C-189/02 P u. a., ECLI:EU:C:2001:420, Tz. 120 – Dansk Rorindustri u. a. Siehe auch EuGH, Urt. v. 13.6.2013, Rs. C-511/11 P, ECLI:EU:C:2013:386, Tz. 52 ff. – Versalis. Vgl. auch *Heinichen*, Unternehmensbegriff und Haftungsnachfolge, S. 85.

2. Fehlende Autonomie der Schwestergesellschaften

Eine direkte Kapitalverbundenheit zwischen den Schwestergesellschaften lag in keinem der Fälle vor. Vielmehr waren die Schwestergesellschaften durch einen gemeinsamen Anteilseigner verbunden.

So zum Beispiel in der Rechtssache *Versalis*. Die Versalis SpA (im Folgenden *Versalis* genannt) war genauso wie ihre Schwester, die Syndial SpA (im Folgenden *Syndial* genannt), an einem Kartell beteiligt. Allerdings lag die jeweilige Teilnahme in unterschiedlichen Zeiträumen. An den beiden Gesellschaften hielt die Muttergesellschaft EniChem SpA (*Eni*) jeweils 100 % der Stimmrechte. Versalis und Syndial unterstanden der Kontrolle derselben Person, und somit war davon auszugehen, dass sie in Anbetracht der zwischen ihnen auf wirtschaftlicher und organisatorischer Ebene bestehenden engen Bindungen im Wesentlichen dieselben geschäftlichen Leitlinien anwandten.[650]

In der Rechtssache *Dansk Rorindustri* leitete das Gericht die Existenz einer wirtschaftlichen Einheit in Bezug auf die Gruppe Henss/Isoplus aus einer Reihe von Umständen her. Neben der Tatsache, dass Herr Henss oder seine Frau alle oder fast alle Geschäftsanteile an den betreffenden Gesellschaften hielten, hatte Herr Henss die Schlüsselfunktionen in den Verwaltungsorganen dieser Gesellschaften inne. Zudem vertrat er bei Treffen des Geschäftsführer-Klubs die Gesellschaften, und den Gesellschaften wurde durch das Kartell eine einzige Quote zugeteilt.[651]

Allein eine kapitalmäßige Verbundenheit über einen gemeinsamen Anteilseigner führt allerdings noch nicht unbedingt zur Bejahung einer wirtschaftlichen Einheit, so auch beispielweise in der Rechtssache *Aristrain*. Die Schwestergesellschaften gehörten einem Konzern an, allerdings konnte keine juristische Person/Muttergesellschaft ermittelt werden, die an der Spitze des Konzerns gestanden hätte. Daher sah der Gerichtshof die Gesellschaften als unabhängig an und forderte für die Bejahung einer wirtschaftlichen Einheit, dass in der Beziehung zwischen den beiden Gesellschaften, die eine *„über so umfassende Leitungsbefugnis verfügte, dass* [der anderen] *jede wirkliche Eigenständigkeit bei der Festlegung ihrer Vorgehensweise auf dem Markt fehlte*“[652].

Aufgrund des letzten Aspekts bejahte das EuG eine wirtschaftliche Einheit zwischen Schwestergesellschaften in der Rechtssache *Shell*. Nach Ansicht des

---

650 EuGH, Urt. v. 13.6.2013, Rs. C-511/11 P, ECLI:EU:C:2013:386, Tz. 52 ff. – Versalis.

651 EuGH, Urt. v. 28.6.2005, verb. Rs. C-189/02 P u. a., ECLI:EU:C:2001:420, Tz. 120 – Dansk Rorindustri u. a.

652 EuGH, Urt. v. 2.10.2003, Rs. C-196/99 P, ECLI:EU:C:2003:529, Tz. 96 f. – Aristrain.

Gerichts übte die eine Schwestergesellschaft sowohl bei der Erarbeitung der langfristigen als auch der kurzfristigen Politik der anderen Schwestergesellschaften auf diese Einfluss aus.[653] Die Erstere hatte zum einen die Aufgabe, Sitzungen zu leiten, in deren Rahmen die Schwestergesellschaften ihre eigene Strategie festlegten, und zum anderen die Aufgabe, die Letzteren im Hinblick auf die Marktlage zu beraten.[654] Zwar konnte sie Entscheidungen weder im einen noch im anderen Bereich vorschreiben, doch dieses war aufgrund der gleichlaufenden Interessen aller Beteiligten auch nicht erforderlich,[655] zumal die anderen Schwestergesellschaften wussten, dass die ihnen erteilten „Ratschläge“ auf Zielen beruhten, die mit anderen Herstellern vereinbart worden waren.[656]

3. *Stellungnahme*

Eine wirtschaftliche Einheit ist nicht allein zwischen der Muttergesellschaft und einer Tochtergesellschaft anzunehmen, sondern bei Vorliegen mehrerer Tochtergesellschaften diese insgesamt zu einer wirtschaftlichen Einheit zusammenzufassen, ist richtig. Dabei darf allerdings nicht isoliert auf die mittelbare Kapitalverbundenheit und die Höhe des Anteilsbesitzes der Muttergesellschaft an der jeweiligen Tochtergesellschaft abgestellt werden. Es bedarf insbesondere einer gemeinsamen Lenkung und damit einhergehend eines gleichlaufenden Verhaltens der Schwestergesellschaften.

Hintergrund der Annahme einer gemeinsamen wirtschaftlichen Einheit ist der Umstand, dass es grundsätzlich aus Sicht eines Außenstehenden keinen Unterschied macht, welche Schwestergesellschaft handelt, da sich das jeweilige Marktverhalten, das von der Muttergesellschaft gesteuert wird, so ähnelt. Eine Unterscheidung zwischen den Schwestergesellschaften im Hinblick auf das konkrete Verhalten muss somit sehr schwer, wenn nicht gar unmöglich sein.

Im Falle, dass eine Schwestergesellschaft konkreten Einfluss auf andere Schwestergesellschaften ausübt und diese ihr Marktverhalten nicht unabhängig bestimmen können, ist gar eine wirtschaftliche Einheit allein zwischen den Schwestergesellschaften zu bejahen. Die Nachweisanforderungen sollten dieser Besonderheit entsprechend Rechnung tragen. Wie in der Rechtssache *Shell* geschehen, sollten konkrete Nachweise für die bestimmende Einflussnahme der einen Schwestergesellschaft auf das Marktverhalten der anderen

---

653 EuG, Urt. v. 10.3.1992, Rs. T-11/89, ECLI:EU:T:1992:33, Tz. 281– Shell.
654 *Ebenda*, Tz. 280.
655 *Ebenda*, Tz. 281.
656 *Ebenda*.

Schwesterngesellschaften vorgetragen werden. Es genügt nicht allein auf strukturelle bzw. personelle Verflechtungen abzustellen.

4. *Zusammenfassung*

Wiederholt wurden auch Schwestergesellschaften zu einer wirtschaftlichen Einheit zusammengefasst, wenngleich diese Gesellschaften nur über einen gemeinsamen Anteilseigner verbunden waren. So wurde eine wirtschaftliche Einheit zwischen Schwestergesellschaften bejaht, weil eine Schwestergesellschaft konzerninterne Koordinierungsfunktionen wahrgenommen und sie auf diese Weise bestimmenden Einfluss auf ihre Schwestergesellschaften ausgeübt hat.

Zweiter Teil: Die bußgeldrechtliche Verantwortlichkeit von Muttergesellschaften

§ 1 Bußgeld als Sanktionierung eines Verstoßes gegen Art. 101, 102 AEUV

Hat ein Unternehmen vorsätzlich oder fahrlässig gegen die Wettbewerbsregeln der Art. 101, 102 AEUV verstoßen, so hat dieses Unternehmen nach dem Grundsatz der persönlichen Verantwortung für die Zuwiderhandlung einzustehen. Art. 23 Abs. 1 S. 1 lit. a VO 1/2003 ermächtigt die Europäische Kommission, gegen dieses Unternehmen ein Bußgeld zu verhängen.

Adressat der Sanktion ist somit wieder das Unternehmen. Der Begriff des Unternehmens ist allerdings weder in der Bußgeldnorm gesetzlich näher definiert noch in den übrigen an Unternehmen gerichteten Vorschriften der VO 1/2003[657]. In Betracht kommt wie bei Art. 101, 102 AEUV ein funktional-wirtschaftliches Verständnis. Jedoch kann die Entscheidung der Wettbewerbsbehörden nur an natürliche bzw. juristische Personen gerichtet werden, nicht zuletzt, weil solche Entscheidungen gegebenenfalls vollstreckt werden müssen. Daraus lässt sich folgern, dass der Normadressat und der Bußgeldadressat nicht notwendigerweise identisch ist.[658]

Nach Ansicht der Unionsorgane hat auch eine wirtschaftliche Einheit, wenn sie gegen Wettbewerbsregeln verstößt, für diese Zuwiderhandlung einzustehen.[659] Die Europäische Kommission kann daher eine Bußgeldentscheidung gleichfalls an die Muttergesellschaft richten, indem die Haftung ihr zugerechnet

---

657 Verordnung (EG) Nr. 1/2003 des Rates vom 16.12.2002 zur Durchführung der in den Artikel 81 und 82 des Vertrages niedergelegten Wettbewerbsregeln, ABl. L1 vom 4.1.2003, S. 1 ff. (im Folgenden *VO 1/2003* genannt).

658 *Ebenda.* Siehe auch GA *Kokott*, Schlussanträge v. 23.4.2009, Rs. C-97/08 P, ECLI:EU:C:2009:262, Tz. 36 – Akzo Nobel; vgl. auch *Hackel*, Konzerndimensionales Kartellrecht, S. 119; *Papakiriakou*, Unternehmensstrafrecht, S. 167 f.

659 U. a. EuGH, Urt. v. 14.12.2006, Rs. C-217/05, ECLI:EU:C:2006:784, Tz. 56 – CEEES; Urt. v. 10.09.2009, Rs. C-97/08, ECLI:EU:C:2009:536, Tz. 56 f. – Akzo Nobel; Urt. v. 20.01.2011, Rs. C-90/09 P, ECLI:EU:C:2011:21, Tz. 34 f. – General Química u. a.; Urt. v. 29.03.2011, Rs. C-201/09 P u. a., ECLI:EU:C:2011:190, Tz. 95 – ArcelorMittal Luxembourg; Urt. v. 29.09.2011, Rs. C-521/09 P, ECLI:EU:C:2011:620, Tz. 53 – Elf Aquitaine; EuG, Urt. v. 6.3.2012, Rs. T-64/06, ECLI:EU:T:2012:102, Tz. 27 – FLS Plast A/S; Urt. v. 14.3.2013, Rs. T-587/08, ECLI:EU:T:2013:129, Tz. 53 – Fresh Del Monte.

wird, ohne dass notwendigerweise eine persönliche Beteiligung der Muttergesellschaft vorlag.[660] Häufig wird aus diesem Grunde die Haftung der Muttergesellschaft mit der im Volksmund geläufigen Redensart „*Eltern haften für ihre Kinder*“ verglichen. Es scheint, als träfe diese Redensart (zumindest zu einem gewissen Teil) auch bei Kartellrechtsfällen zu.[661]

Die Haftungszurechnung im Rahmen der Bußgeldsanktionierung kann finanzielle Implikationen von beachtlichem Ausmaß mit sich bringen. Es ist eine steigende Tendenz zu erkennen. Wurden Unternehmen in den Jahren 1995 bis 1999 noch insgesamt Bußgelder in Höhe von circa 270 Mio. Euro auferlegt, waren es im Zeitraum 2000 bis 2004 bereits circa 3,16 Mrd. Euro.[662] In den Jahren 2005 bis 2009 hat sich diese Summe auf circa 8 Mrd. Euro noch einmal mehr als verdoppelt. In den darauffolgenden vier Jahren, von 2010 bis 2014, ist diese Summe mit ebenfalls circa 8 Mrd. Euro in etwa gleich hoch geblieben. In den Jahren 2015 bis 2017 verhängte die Europäische Kommission bisher Geldbußen in Höhe von insgesamt über 6 Mrd. Euro.[663] Hierbei entfallen knapp 4 Mrd. Euro und damit der hauptsächliche Anteil dieser Summe auf das Jahr 2016.[664]

Ebenfalls rasant zugenommen hat die Höhe der Bußgelder gegen einzelne Unternehmen in den letzten Jahren. In den Jahren 2016/2017 wurde eine Geldbuße von knapp 4 Mrd. Euro allein in einem Verfahren, nämlich das Lkw-Kartell betreffend, verhängt.[665] Davon wurde dem Unternehmen Daimler als bisher höchste Einzelsanktion eine Geldbuße in Höhe von einer 1 Mrd. Euro auferlegt. Dieses spiegelt den Trend der letzten Jahre wider. So stammen neun der zehn derzeit höchsten Geldbußen gegen einzelne Unternehmen in einzelnen Verfahren aus den Jahren 2008 bis 2017.[666]

Der Anstiegstrend sowohl im Hinblick auf die Gesamthöhe der auferlegten Bußgelder als auch auf die Einzelbußgelder lässt sich zum einen darauf zurückführen, dass noch bis Ende der 90er-Jahre die Europäische Kommission

---

660 EuGH, Urt. v. 10.09.2009, Rs. C-97/08, ECLI:EU:C:2009:536, Tz. 59 – Akzo Nobel; Urt. v. 20.01.2011, Rs. C-90/09 P, ECLI:EU:C:2011:21, Tz. 38f. – General Química u. a.; Urt. v. 29.09.2011, Rs. C-521/09 P, ECLI:EU:C:2011:620, Tz. 53 ff. – Elf Aquitaine.

661 Vgl. auch GA *Kokott*, Schlussanträge v. 12.1.2012, Rs. C-628/10, ECLI:EU:C:2012:11, Tz. 1 – AOI.

662 KOMM., Cartel Statistics unter 1.4., Stand 17.3.2017, abrufbar unter: http://ec.europa.eu/competition/cartels/statistics/statistics.pdf (zuletzt abgerufen am 12.12.2017).

663 *Ebenda*.

664 *Ebenda*, 1.3.

665 *Ebenda*, 1.5.

666 *Ebenda*, 1.6.; vgl. ferner *Brettel/Thomas*, ZWeR 2009, 25, 26.

hauptsächlich mit der aufwendigen Prüfung von Einzelfreistellungsanträgen der Unternehmen beschäftigt war.[667] Mit der Einführung der VO 1/2003 wurde das bis dahin geltende ressourcenintensive Genehmigungs- und Anmeldesystem sodann durch das System der Legalausnahme ersetzt.[668] Zuvor hatten die Unternehmen geplante Vereinbarungen angesichts einer möglichen Kartellrechtswidrigkeit bei der Europäischen Kommission anmelden und von ihr genehmigen lassen müssen. Unter der VO 1/2003 erfolgt nun ohne vorherige Anmeldung und Genehmigung eine eigenständige Beurteilung der Kartellrechtskonformität der Vereinbarungen durch die jeweiligen Unternehmen.[669] Seit dieser Umstellung ist es der Europäischen Kommission aufgrund der frei gewordenen Ressourcen möglich, sich verstärkt auf die Kartellverfolgung zu konzentrieren.[670] Dieses lässt sich auch den Statistiken entnehmen: Während die Europäische Kommission in den Jahren 1995 bis 1999 lediglich in 10 Fällen eine Bußgeldverfügung wegen kartellrechtswidriger Vereinbarungen erlassen hat, waren es in den darauffolgenden Zeitabschnitten 2000 bis 2004, 2005 bis 2009 und 2010 bis 2014 immer jeweils 30 bis 33 erlassene Bußgeldverfügungen.[671] In den Jahren 2015 bis 2017 gibt es bisher achtzehn Bußgeldentscheidungen.[672]

Zum anderen lassen sich die hohen Geldbußen mit der Anwendung des Konzepts der wirtschaftlichen Einheit im Hinblick auf die Berechnungsgrundlage für die Geldbußen begründen. Nach Art. 23 Abs. 2 S. 2 VO 1/2003 kann die Europäische Kommission für jedes an der Zuwiderhandlung beteiligte Unternehmen eine Geldbuße festsetzen, die 10 % seines jeweiligen, im vorausgegangenen Geschäftsjahr erzielten Gesamtumsatzes gleichwohl nicht übersteigen darf. Vor diesem Hintergrund ist die von *Stender* aufgeführte Statistik interessant, dass circa 60 % der betroffenen Unternehmen lediglich mit einem Bußgeld in Höhe von 0 % bis 0,99 % ihres Vorjahresumsatzes belegt worden sind. Die Sanktionen befinden sich also am unteren Rand der Bußgeldberechnungsskala.

---

667 Vgl. *Brinker*, NZKart 2013, 2, 3; *Stender*, Kartellgeldbußen, S. 1.

668 KOMM., Weißbuch über die Modernisierung der Vorschriften zur Anwendung der Art. 85 und 86 EG-Vertrag, ABl. C 132 vom 12.5.1999, S. 1, 14. Vgl. auch *Stender*, Kartellgeldbußen, S. 1.

669 *Stender*, Kartellgeldbußen, S. 1; *Sura*, in Langen/Bunte (Hrsg.), Kartellrecht, Band 2, Art. 1 VO 1/2003, Rn. 3.

670 *Brinker*, NZKart 2013, 2, 4; *Stender*, Kartellgeldbußen, S. 1.

671 Vgl. KOMM., Cartel Statistics unter 1.10., Stand 17.3.2017, abrufbar unter: http://ec.europa.eu/competition/cartels/statistics/statistics.pdf (zuletzt abgerufen am 12.12.2017).

672 *Ebenda.*

Nur gegen 7 % der Unternehmen ist ein Bußgeld in Höhe von 9 % bis 9,99 % ihres Vorjahresumsatzes – folglich mit der (annähernd) höchstmöglichen Sanktionierungsmöglichkeit – verhängt worden.[673] Die hohen Geldbußen ergeben sich daher trotz ihrer Orientierung an einem relativ geringen Prozentsatz vom Vorjahresumsatz vor allem wegen der Einbeziehung der Muttergesellschaften. Denn bei Vorliegen einer wirtschaftlichen Einheit wird nicht nur der Umsatz des am Kartell beteiligten Unternehmens, sondern der Umsatz sämtlicher der wirtschaftlichen Einheit zugehörigen Unternehmen für die Berechnung einbezogen. Dadurch erhöht sich die Bemessungsgrundlage für die zu errechnende Sanktion, was letztlich auch zu höheren Bußgeldern führt.[674] Gleichwohl sind die Bußgelder, gemessen in Prozent des Vorjahresumsatzes, niedrig geblieben.[675] Von der Einbeziehung bzw. Nichteinbeziehung der jeweiligen Muttergesellschaften hängt daher die Höhe der Geldbußen für Kartellrechtsverstöße ab.

Das Anliegen der Wettbewerbsbehörden ist grundsätzlich, die Finanzkraft der gesamten in ein Kartell involvierten unternehmerischen Einheiten angemessen zu berücksichtigen.[676] Zudem soll die Wahrscheinlichkeit erhöht werden, dass für die Zahlung der Geldbuße ein solventer Schuldner zur Verfügung steht, unabhängig von etwaigen Vermögensverschiebungen und Umstrukturierungen innerhalb des betroffenen Konzerns.[677] Dagegen liegt das Interesse der Kartellbeteiligten in der Zugrundelegung einer möglichst geringen Berechnungsgrundlage. Die unterschiedlichen Interessen führen daher zu einer immer noch lebhaft geführten Diskussion über die Bußgeldsanktionierung der Muttergesellschaften.[678]

673 *Stender,* Kartellgeldbußen, S. 2.

674 *Ebenda.*

675 *Ebenda.*

676 *Kokott/Dittert,* WuW 2012, 670, 671. Die Bebußung dient u. a. zur Abschreckung vor Zuwiderhandlungen gegen Art. 101, 102 AEUV, siehe 4. Erwägungsgrund der Bußgeldleitlinien der Kommission, ABl. 2006, C 210/02; GA *Kokott,* Schlussanträge vom 23.4.2009, Rs. C-97/08 P, ECLI:EU:C:2009:262, Tz. 40 – Akzo Nobel.

677 Vgl. dazu GA *Kokott,* Schlussanträge v. 3.7.2007, Rs. C-280/06, ECLI:EU:C:2007:404, Tz. 73 – ETI; EuGH, Urt. v. 10.9.2009, Rs. C-97/08, ECLI:EU:C:2009:536, Tz. 42 f. – Akzo Nobel; Urt. v. 19.07.2012, Rs. C-628/10 P, ECLI:EU:C:2012:479, Tz. 1 – AOI.

678 Siehe u. a. *Ackermann,* ZweR 2010, 329 ff.; *ders.,* ZweR 2012, 3 ff.; *Braun/Kellerbauer,* NZKart 2015, 175 ff., 211 ff.; *Burnley,* World Competition 33, no. 4 (2010), 595 ff.; *Kellerbauer/Weber,* EuZW 2011, 666 ff.; *dies.,* EuZW 2014, 688 ff.; *Kersting,* WuW 2014, 1156 ff.; *Kokott/Dittert,* WuW 2012, 670 ff.; *Mansdörfer/Timmerbeil,* EuZW 2011, 214 ff.; *Meyering,* WuW 2010, 157 ff.; *Mundt,* WuW 2007, 458 ff.; *Stender,* Kartellgeldbußen; *Theurer,* Unternehmensverantwortlichkeit; *Thomas,* JZ 2011, 485 ff.

Im Folgenden soll diese Diskussion näher betrachtet werden. Insbesondere gilt es zu untersuchen, welcher Unternehmensbegriff im Rahmen der Haftung zugrunde gelegt werden muss. Ferner ist fraglich, unter welchen Voraussetzungen Bußgelder gegen ein an einem Kartell beteiligtes Tochterunternehmen auch an die Muttergesellschaft adressiert werden kann.

§ 2 Bußgeldrechtlicher Unternehmensbegriff

Dem bußgeldrechtlichen Unternehmensbegriff könnte ebenfalls das Verständnis zugrunde gelegt werden, dass es auf eine Rechtspersönlichkeit des Unternehmens nicht ankommt. Dieses hätte zur Folge, dass der täterschaftliche Unternehmensbegriff im Sinne von Art. 101, 102 AEUV und der bußgeldrechtliche Unternehmensbegriff im Sinne des Art. 23 Abs. 2 S. 1 lit. a VO 1/2003 identisch wären.[679] Das Täterunternehmen als solches hätte in diesem Falle für seine Zuwiderhandlung selbst bußgeldrechtlich einzustehen.[680] Allerdings ist die Vollstreckung der Geldbuße nur gegen rechtlich selbstständige Handlungssubjekte möglich. Im Folgenden wird der bußgeldrechtliche Unternehmensbegriff näher untersucht.

I. Interpretationsansatz der Unionsorgane

Nach Ansicht der Unionsorgane stellt der Unternehmensträger der wirtschaftlichen Einheit das bußgeldrechtlich verantwortliche Unternehmen im Sinne der VO 1/2003 dar.[681]

Zunächst galt es das Täterunternehmen zu identifizieren. Bei diesem handelt es sich um die wirtschaftliche Einheit, die an der Zuwiderhandlung gegen Art. 101, 102 AEUV beteiligt war.[682] Im Anschluss sind nun die natürlichen oder

679 Vgl. auch *Heinichen*, Unternehmensbegriff und Haftungsnachfolge, S. 121 f.

680 *Ebenda*, S. 122.

681 EuGH, Urt. v. 8.7.1999, Rs. C-49/92 P, ECLI:EU:C:1999:356 – Anic Partecipazioni; Urt. v. 16.11.2000, Rs. C-297/98 P, ECLI:EU:C:2000:633, Tz. 27 ff., 68 – SCA; Urt. v. 10.9.2009, Rs. C-97/08 P, ECLI:EU:C:2009:536, Tz. 57 – Akzo Nobel; EuG, Urt. v. 17.12.1991, Rs. T-6/89, ECLI:EU:T:1991:74, Tz. 236 – Enichem Anic; Urt. v. 10.3.1992, Rs. T-11/89, ECLI:EU:T:1992:33, Tz. 315 – Shell; Urt. v. 20.3.2002, Rs. T-9/99, ECLI:EU:T:2002:70, Tz. 66 – HFB; Urt. v. 30.9.2003, Rs. T-203/01, ECLI:EU:T:2003:250, Tz. 190 – Michelin; Urt. v. 11.12.2003, Rs. T-66/99, ECLI:EU:T:2003:337, Tz. 122 – Minoan Lines; Urt. v. 30.9.2009, Rs. T-175/05, ECLI:EU:T:2009:369, Tz. 90 – Akzo Nobel; Urt. v. 30.9.2009, Rs. T-161/05, ECLI:EU:T:2009:366, Tz. 50, 56 – Hoechst.

682 Siehe dazu ausführlich Teil 1.

juristischen Personen zu ermitteln, denen als Rechtsträger des Täterunternehmens die bußgeldrechtliche Verantwortung für die Zuwiderhandlung auferlegt werden kann.[683]

So führt die Europäische Kommission aus, dass mehrere Gesellschaften sich zwar zu einer wirtschaftlichen Einheit und damit zu einem einzigen Unternehmen im Sinne der Art. 101, 102 AEUV zusammenfassen lassen. Da die bußgeldrechtliche Verantwortung allerdings nur einer Rechtsperson auferlegt werden kann, muss zumindest ein Unternehmensträger ermittelt werden, der das Täterunternehmen im Bußgeldverfahren vertritt.[684]

II. Stellungnahme zum bußgeldrechtlichen Unternehmensbegriff

Wie bereits der Unternehmensbegriff im materiellen Wettbewerbsrecht (insbesondere Art. 101, 102 AEUV) ist auch der Unternehmensbegriff im Sanktionsrecht (insbesondere Art. 23 VO 1/2003) nicht näher definiert. Die jeweiligen Unternehmensbegriffe sind nicht zwingend identisch,[685] sondern müssen jeweils dem Sinn und Zweck der jeweiligen Norm nach interpretiert werden.[686] Bei unterschiedlicher Auslegung kann dies dazu führen, dass das (unmittelbare) Täterunternehmen für seinen Wettbewerbsverstoß nicht bußgeldrechtlich belangt wird. Die Aufspaltung des Unternehmensbegriffs, bzw. dessen nicht

683 *Heinichen*, Unternehmensbegriff und Haftungsnachfolge, S. 126 f.; *Kindhäuser*, in FK, Art. 81 EG, Rn. 101.

684 KOMM., Entsch. v. 19.1.2005, Tz. 217, 221 – Monochloressigsäure; Entsch. v. 21.12.2005, Tz. 245 – Kautschukchemikalien; Entsch. v. 3.5.2006, Tz. 370 ff., 406, 441 – Wasserstoffperoxid; Entsch. v. 31.5.2006, Tz. 245 ff. – Methacrylate; Entsch. v. 20.9.2006, Tz. 643 – Rohrverbindungen; Entsch. v. 29.11.2006, Tz. 333 f., 336 – Synthetikkautschuk; Entsch. v. 24.1.2007, Tz. 333 ff. – Gasisolierte Schaltanlagen; Entsch. v. 21.2.2007, Tz. 603 f. – Aufzüge und Rolltreppen; Entsch. v. 18.4.2007, Tz. 394 f. – Niederländischer Biermarkt; Entsch v. 20.11.2007, Tz. 152 ff. – Videobänder; Entsch. v. 28.11.2007, Tz. 385 ff. – Flachglas; Entsch. v. 11.6.2008, Tz. 366 ff. – Natriumchlorat; Entsch. v. 1.10.2008, Tz. 329 ff. – Kerzenwachse; Entsch. v. 15.10.2008, Tz. 362 – Bananen; Entsch v. 28.1.2009, Tz. 322 ff. – Marineschläuche; Entsch. v. 8.7.2009, Tz. 271 – E.ON/GDF; Entsch. v. 22.7.2009, Tz. 205 – Calciumcarbid; Entsch. v. 7.10.2009, Tz. 175 – Leistungstransformation.

685 Vgl. *Blome*, Rechtsträgerprinzip und Haftungsnachfolge, S. 127; *Heinichen*, Unternehmensbegriff und Rechtsnachfolge, S. 29; *Wegner*, Systematik der Zumessung unternehmensbezogener Geldbußen, S. 239 f.; a.A. jedoch *Brettel/Thomas*, ZWeR 2009, 25 (55).

686 So auch *Pohlmann*, Unternehmensverbund, S. 35.

einheitliche Definition im materiellen Wettbewerbs- und Sanktionsrecht, ist wiederholt auf Kritik in der Literatur gestoßen.[687]

Der täterschaftliche und der bußgeldrechtliche Unternehmensbegriff stehen in einem engen Zusammenhang. Bei Art. 23 Abs. 2 S. 1 lit. a VO 1/2003 handelt es sich um eine sekundärrechtlich Blankettnorm.[688] Art. 23 Abs. 2 S. 1 lit. a VO 1/2003 ordnet eine Rechtsfolge an, deren tatbestandliche Voraussetzungen vor allem in den primärrechtlichen Verbotsnormen, namentlich Art. 101, 102 AEUV, enthalten sind. Um den Inhalt der Sanktionsnorm vollständig verstehen zu können, ist die ausfüllende Verbotsnorm in die Sanktionsnorm hineinzulesen.[689] Es wird auch von einem zweistufigen Verfahren der Unionspraxis[690] zur Bestimmung des Haftungssubjekts einer Geldbuße gesprochen.[691] Im ersten Schritt wird anhand des täterschaftlichen Unternehmensbegriffs der Täter des Wettbewerbsverstoßes ermittelt.[692] Sodann folgt im zweiten Schritt anhand des bußgeldrechtlichen Unternehmensbegriffs die Ermittlung desjenigen

687 *Muders*, wistra 2011, 405, 406; *Orlikowski-Wolf*, Rechtsnachfolge von Unternehmen, S. 56; *Säcker/Hermann*, in MünchKomm EU WettbR, Einl. EUWettbR, Rn. 1632; *Stockenhuber*, in Grabitz/Hilf, Art. 101 AEUV, Rn. 52; mit dem Hinweis auf eine hieraus resultierende Rechtsunsicherheit siehe auch *Heinichen*, Unternehmensbegriff und Haftungsnachfolge, S. 29, 137.

688 Siehe *Dannecker/Biermann*, in Immenga/Mestmäcker, Art. 23 VO 1/2003, Rn. 56 ff. Nach Art. 23 Abs. 2 S. 1 lit. a VO 1/2003 kann die Kommission *„gegen Unternehmen und Unternehmensvereinigungen durch Entscheidung Geldbußen verhängen, wenn sie vorsätzlich oder fahrlässig* [...] *gegen Artikel 81 oder Artikel 82 des Vertrags verstoßen.“*

689 Vgl. auch *Bahnmüller*, Strafrechtliche Unternehmensverantwortlichkeit, S. 101.

690 Siehe KOMM., Entsch. v. 29.11.2006, COMP/F/38.638, Tz. 42 – Butadien-Kautschuk und Emulsionsstyrol-Butadienkautschuk; Entsch. v. 15.10.2008, COMP/F/39188, Tz. 365 – Bananen; Entsch. v. 12.10.2011; COMP/F/39482, Tz. 262 – Exotische Früchte.

691 Siehe dazu *Aberle*, Sanktionsdurchgriff, S. 31; *Blome*, Rechtsträgerprinzip und Wirtschaftliche Einheit, S. 128; *Büren*, ZWeR 2011, 285, 286 f.; *Dannecker/Biermann*, in Immenga/Mestmäcker, Vorb. Art. 23 f. VO 1/2003, Rn. 77 ff.; *Dannecker/Fischer-Fritsch*, EG-Kartellrecht in der Bußgeldpraxis, S. 274; *Emmerich*, in Immenga/Mestmäcker, Art. 101 AEUV Rn. 11; *Hamann*, Unternehmen als Täter, S. 105; *Heinichen*, Unternehmensbegriff und Haftungsnachfolge, S. 126 f.; *Kling*, WRP 2010, 506, 507; *Kokott/Dittert*, WuW 2012, 670, 670 f.; *Meeßen*, Anspruch auf Schadensersatz, S. 382; *Pohlmann*, Unternehmensverbund, S. 41 f.; *Roth/Ackermann*, in FK, Grundfragen Art. 81 Abs. 1 EG, Rn. 106 u. 113; *Säcker/Hermann*, in MünchKomm EU WettbR, Einl. EuWettbR, Rn. 1636; *Steinle*, FS Bechtold, 541, 543; *Weiß*, Unternehmensbegriff, S. 117;.

692 *Blome*, Rechtsträgerprinzip und Wirtschaftliche Einheit, S. 128 f.

Unternehmens, welches die Verantwortung für den Verstoß trägt und mithin das Haftungssubjekt ist.[693]

Im Gegensatz zum täterschaftlichen Unternehmensbegriff ist es im Rahmen der Bußgeldsanktionierung nicht zweckmäßig nur auf die wirtschaftliche Einheit als solche abzustellen. Die wirtschaftliche Einheit ist zwar Träger von Rechten und Pflichten, besitzt allerdings keine Rechtspersönlichkeit. Für die Zuwiderhandlung eines Unternehmens im kartellrechtlichen Sinne können jedoch ausschließlich Rechtssubjekte haftbar gemacht werden.[694] Die Haftungszuweisung zu einzelnen Rechtsträgern als Entscheidungsadressaten ist notwendig, da die Bußgeldentscheidung nach Art. 23 VO 1/2003 wegen der Kompetenzverteilung zwischen der Europäischen Union und den Mitgliedstaaten nach mitgliedstaatlichem Recht vollstreckt wird.[695] Nach Art. 299 Abs. 1 AEUV ist eine Bußgeldentscheidung grundsätzlich nur dann als Titel auf mitgliedstaatlicher Ebene vollstreckbar, wenn sie an eine Rechtsperson gerichtet ist.[696]

Daraus folgend müssen Maßnahmen zur Durchsetzung der Europäischen Wettbewerbsvorschriften immer an ein Rechtssubjekt gerichtet werden.[697] Abzustellen ist daher auf die Rechtsträger der wirtschaftlichen Einheit.

III. Zusammenfassung

Nach übereinstimmender Auffassung der Unionsorgane ist der bußgeldrechtliche Unternehmensbegriff des Art. 23 Abs. 2 S. 1 lit. a VO 1/2003 im Gegensatz zum täterschaftlichen Unternehmensbegriff nicht rein funktional-wirtschaftlich zu interpretieren.[698] Ausgehend von der Prämisse, dass die bußgeldrechtliche

---

693 *Ebenda.*

694 Vgl. KOMM., Entsch. v. 1.10.2008, Tz. 330 m.w.N. – Kerzenwachse.

695 Monopolkommission, Strafrechtliche Sanktionen bei Kartellverstößen, Sondergutachten 72, 2015, Rn. 88

696 *Ebenda.* Siehe ferner EuG, Urteil vom 20. April 1999, T-305/94 u. a., ECLI:EU:T:1999:80, Tz. 978 – Limburgse Vinyl Maatschappij.

697 *Ebenda.*

698 Vgl. EuGH, Urt. v. 8. 7. 1999, Rs. C-49/92 P, ECLI:EU:C:1999:356 – Anic Partecipazioni; Urt. v. 16. 11. 2000, Rs. C-297/98 P, ECLI:EU:C:2000:633, Tz. 27 ff. – SCA Holding; Urt. v. 10.9.2009, Rs. C-97/08 P, ECLI:EU:C:2009:536, Tz. 57 – Akzo Nobel; EuG, Urt. v. 20. 3. 2002, Rs. T-9/99, ECLI:EU:T:2002:70, Tz. 66 – HFB Holding; Urt. v. 11. 12. 2003, Rs. T-66/99, ECLI:EU:T:2003:337, Tz. 122 – Minoan Lines; Urt. v. 12. 10. 2011, Rs. T-41/05, Tz. 91 – Alliance One International; Urt. v. 27. 6. 2012, Rs. T-372/10, Tz. 52 – Bolloré II; Urt. v. 17. 5. 2013, verb. Rs. T-146/09, ECLI:EU:T:2016:411, Tz. 87 – Parker; Urt. v. 23. 1. 2014, Rs. T-395/09, Tz. 18 – Gigaset. Siehe ferner KOMM., Entsch. v. 21. 12. 2005, COMP/F/C.38.443, Tz. 245 – Kautschukchemikalien; siehe

Verantwortlichkeit für einen Verstoß gegen Art. 101, 102 AEUV nur rechtlich selbstständigen Handlungssubjekten zugewiesen werden kann, wird zunächst das Täterunternehmen ermittelt und sodann die natürliche oder juristische Person als Rechtsträgerin des Unternehmens.

§ 3 Die wirtschaftliche Einheit als Haftungskonzept

Das Konzept der wirtschaftliche Einheit bildet im kartellrechtlichen Sanktionsrecht den zentralen und einheitlichen Anknüpfungspunkt für die bußgeldrechtliche Verantwortung der Muttergesellschaft für die Zuwiderhandlung ihrer Tochtergesellschaft.[699] Es handelt sich um ein *zweistufig aufgebautes*

---

ferner etwa KOMM., Entsch. v. 19. 1. 2005, COMP/E-1/C.37.773, Tz. 217 u. 221 – Monochloressigsäure; Entsch. v. 20. 9. 2006, COMP/F-1/38.121, Tz. 643 – Rohrverbindungen; Entsch. v. 21. 2. 2007, COMP/E-1/38.823, Tz. 603 f. – Aufzüge und Rolltreppen; Entsch. v. 1. 10. 2008, COMP/39181, Tz. 329ff. – Kerzenwachse; Entsch. v. 15. 10. 2008, COMP/39188, Tz. 362 – Bananen; Entsch. v. 8. 7. 2009, COMP/39.401, Tz. 271 – E.ON/GDF; Entsch. v. 12. 10. 2011, COMP/39482, Tz. 262 – Exotische Früchte (Bananen).

699 Vgl. *Hackel*, Kerndimensionales Kartellrecht, S. 150. Daneben kommt die Begründung der bußgeldrechtlichen Verantwortlichkeit der Muttergesellschaft aufgrund einer eigenen Beteiligung an der Zuwiderhandlung in Betracht, vgl. *Burnley*, World Competition 33, no. 4, 2010, 595, 596; *Hackel*, Konzerndimensionales Kartellrecht, S. 142 ff. Davon sind auch die Fälle erfasst, in denen nicht die Handlungen jedes einzelnen Unternehmens isoliert einen Verstoß gegen die Wettbewerbsregeln darstellen, sondern erst ein Zusammenwirken den Verstoß bewirkt hat, siehe dazu näher *Pohlmann*, Unternehmensverbund, S. 173. So ein Fall liegt vor, wenn die Muttergesellschaft unverbindlich Preise abstimmt und die Tochtergesellschaft sich dann entsprechend auf dem Markt verhält. Die Verhaltensweisen bedingen sich wechselseitig. Ein eigener Tatbeitrag ist auch denkbar, wenn die Muttergesellschaft vor Gründung der Tochtergesellschaft an einem Kartell beteiligt war und ihre Kartelltätigkeit auf das Tochterunternehmen *ausgelagert* hat, vgl. *Burnley*, World Competition 33, no. 4, 2010, 595, 610. Sofern diese Auslagerung in dem positiven Wissen und Wollen erfolgte, dass das Tochterunternehmen die kartellrechtswidrigen Handlungen für die Muttergesellschaft fortführt, liegt die Annahme nahe, dass die Muttergesellschaft Kenntnis von diesem rechtswidrigen Verhalten gehabt habt und es als solches auch billigte. Eine solche Annahme liegt insbesondere nahe, wenn Vertreter der Muttergesellschaft in Leitungsgremien der Tochter sitzen, in denen die kartellrechtswidrigen Handlungen geplant und abgestimmt wurden. Auch eine enge Zusammenarbeit mit Personen, die bei Tochter tätig und an den Zuwiderhandlungen beteiligt waren, lässt die Vermutung der Kenntnis der Muttergesellschaft zu. Vgl. *Stender*, Kartellgeldbußen, S. 92.

Zurechnungskonzept[700]: auf der ersten Stufe dient die wirtschaftliche Einheit zur Identifizierung des Täters, der gegen die Wettbewerbsregeln verstoßen hat. Hierbei erfolgt die Zurechnung des wettbewerbswidrigen Verhaltens. Auf der zweiten Stufe geht es um die Zurechnung der sich aus der Zuwiderhandlung ergebenen Rechtsfolgen. Es wird das Rechtssubjekt festgelegt, das die bußgeldrechtliche Verantwortung für die Taten der wirtschaftlichen Einheit trifft. Dabei handelt es sich um den Rechtsträger bzw. die Rechtsträger der wirtschaftlichen Einheit.

Im Folgenden wird das Konzept der wirtschaftlichen Einheit in seiner Funktion zur Begründung der bußgeldrechtlichen Verantwortlichkeit näher dargestellt.

I. Zurechnungssubjekt für das wettbewerbswidrige Verhalten

Zurechnungssubjekt für Verstöße gegen die Wettbewerbsregeln ist die wirtschaftliche Einheit. Als Täter des Kartellrechtsverstoßes wird der wirtschaftlichen Einheit das tatsächliche Verhalten sämtlicher für sie handelnder Personen als eigenes zugerechnet.[701] Die wirtschaftliche Einheit als solche ist daher verantwortlich für

700 Dieses Begriff verwendet auch *Papakiriakou*, Unternehmensstrafrecht, S. 166 f. Siehe auch EuGH, Urt. v. 7.1.2004, Rs. C-204/00 P, ECLI:EU:C:2004:6, Tz. 60 – Aalborg Portland; Urt. v. 11.12.2007, Rs. C-280/06, ECLI:EU:C:2007:775, Tz. 38 ff. – Autoritá Garante; EuG, Urt. v. 20.4.1999, verb. Rs. T-305/94 u. a., ECLI:EU:T:1999:80, Tz. 978 – Limburgse Vinyl Maatschappij; Urt. v. 3.3.2011, verb. Rs. T-122/07 u. a., ECLI:EU:T:2011:70, Tz. 134 ff. – Siemens Österreich. Vgl. ferner *Arbault/Sakers*, in Faull/Nikpay, Rn. 8553 ff., 8556; *Bulst*, EBOR 4 (2003), 623, 635; *Kellerbaum/Weber*, EuZW 2011, 666, 666 ff.; *Kersting*, Der Konzern, 445, 449; *Kling*, WRP 2010, 506, 507; *Köhler*, WRP 2011, 277, 278; *Roth/Ackermann*, FK-Kartellrecht, Bd. II., Grundfragen des Art. 81 Abs. 1 EG, Rn. 106, 121 f. m. w. N.; *Steinle*, FS Bechtold, 541, 543; *Thomas*, Unternehmensverantwortlichkeit, S. 42 ff. Nach Ansicht von *Kersting*, WuW 2014, 1156, 1158, ist es jedoch vorliegend unpräzise, von „*Zurechnung*“ zu sprechen. Treffender sei die Formulierung in der Siemens-Entscheidung aus dem Jahr 2014, dass „*unter bestimmten Umständen einer juristischen Person, die nicht Urheberin einer Zuwiderhandlung gegen das Wettbewerbsrecht ist, dennoch Sanktionen für die Zuwiderhandlung einer anderen juristischen Person auferlegt werden könne, wenn beide Personen Teil derselben wirtschaftlichen Einheit sind und somit das Unternehmen bilden, dass gegen Art. 81 EG verstoßen hat*“. Dazu ist allerdings anzumerken, dass nach dieser Formulierung im nächsten Satz explizit von Zurechnung gesprochen wird. Siehe EuGH, Urt. v. 10.4.2014, Rs. C-231/11 P bis C-233/11 P, ECLI:EU:C:2014:256, Tz. 45 f. – Kommission/Siemens.

701 EuGH, Urt. v. 7.6.1983, Rs. C-100/80, ECLI:EU:C:1983:158, Tz. 97 – Musique Diffusion francaise. Diesbezüglich ist es strittig, ob das Verhalten natürlicher Personen der wirtschaftlichen Einheit direkt zugerechnet wird oder mittels der juristischen

den Kartellrechtsverstoß und hat für die Zuwiderhandlung *einzustehen.*[702] „Für eine Zuwiderhandlung einstehen" ist rein wirtschaftlich zu betrachten.[703] Ein Rückgriff auf die in der wirtschaftlichen Einheit zusammengefassten Rechtssubjekte ist noch nicht notwendig, da es an dieser Stelle noch keiner Rechtspersönlichkeit bedarf.

II. Bußgeldrechtliches Zurechnungssubjekt

Wirtschaftliche Einheiten als solche sind allerdings kein tauglicher Adressat einer Geldbuße, wenngleich sie wirtschaftlich betrachtet von der Geldbuße getroffen werden.[704] Nur gegenüber einem Rechtssubjekt kann eine Geldbuße festgesetzt, der Bescheid zugestellt und im weiteren Verlauf gegebenenfalls vollstreckt werden kann.[705] Es stellt sich somit im Anschluss an die Feststellung des Wettbewerbsverstoßes in einem zweiten Schritt die Frage nach dem für das Handeln der wirtschaftlichen Einheit verantwortlichen Rechtssubjekt.[706]

Zurechnungssubjekt für die Rechtsfolgen des Wettbewerbsverstoßes sind die Rechtsträger der wirtschaftlichen Einheit.[707] Rechtsträger der wirtschaftlichen

---

Person, bei der die natürliche Person angestellt ist, vgl. *Hackel*, Konzerndimensionales Kartellrecht, S. 150. Eine direkte Zurechnung zwischen natürlicher Person und wirtschaftlicher Einheit befürworten *Blome*, Haftungssubjekt und Wirtschaftliche Einheit, S. 123, 250 m. w. N.; *Dannecker/Fischer-Fritsch*, EG-Kartellrecht in der Bußgeldpraxis, S. 258 f.; *Dannecker/Biermann*, in: Immenga/Mestmäcker, Vorb. Art. 23 VO 1/2003 Rn. 129; *Hamann*, Unternehmen als Täter, S. 192; *Mansdärfer/Timmerbeil*, EuZW 2011, 214, 216 f.; *Papakiriakou*, Unternehmensstrafrecht, S. 167; *Steinle*, FS Bechtold, 541, 543.

702 Vgl. EuGH, Urt. v. 10. 9. 2009, Rs. C-97/08 P, ECLI:EU:C:2009:536, Tz. 56 – Akzo Nobel; Urt. v. 20. 1. 2011, Rs. C-90/09 P, ECLI:EU:C:2011:21, Tz. 36 – General Química; Urt. v. 29. 3. 2011, Rs. C-201/09 P, ECLI:EU:C:2011:190, Tz. 95 – ArcelorMittal Luxembourg; Urt. v. 29. 9. 2011, Rs. C-521/09 P, ECLI:EU:C:2011:620, Tz. 53 – Elf Aquitaine; Urt. v. 29. 9. 2011, Rs. C-520/09 P, ECLI:EU:C:2011:619, Tz. 37 – Arkema. Siehe ferner *Blome*, Haftungssubjekt und Wirtschaftliche Einheit, S. 377.

703 Vgl. *Blome*, Haftungssubjekt und Wirtschaftliche Einheit, S. 168.

704 EuGH, Urt. v. 10. 9. 2009, Rs. C-97/08 P, ECLI:EU:C:2009:536, Tz. 56 – Akzo Nobel; EuG, Urt. v. 17.12.1991, Rs. T-6/89, ECLI:EU:T:1991:74, Tz. 235 f. – Enichem Anic.

705 Vgl. in diesem Sinne EuGH, Urt. v. 7.1.2004, Rs. C-204/00 P, ECLI:EU:C:2004:6, Tz. 60 – Aalborg Portland u. a.; Urt. v. 3.9.2009, Rs. C-322/07 P, ECLI:EU:C:2009:500, Tz. 38 – Papierfabrik August Koehler u. a./Kommission. Vgl. Art. 299 AEUV.

706 Vgl. *Behrens*, Europäisches Marktöffnungs- und Wettbewerbsrecht, S. 410; *Hackel*, Konzerndimensionales Kartellrecht, S. 118, 124; *Steinle*, FS Bechtold, 541, 543.

707 EuGH, Urt. v. 10.9.2009, Rs. C-97/08 P, ECLI:EU:C:2009:536, Tz. 56 – Akzo Nobel; EuG, Urt. v. 17.12.1991, Rs. T-6/89, ECLI:EU:T:1991:74, Tz. 235 f. – Enichem Anic.

Einheit können alle in ihr zusammengefassten juristischen Personen sein. Neben der am Kartellrechtsverstoß unmittelbar beteiligten Tochtergesellschaft, ist die Muttergesellschaft Rechtsträgerin der wirtschaftlichen Einheit. Sie kommt daher auch als Zurechnungssubjekt in Betracht.

Die Verantwortlichkeit für die Zuwiderhandlung trifft in der Folge nicht nur die Tochtergesellschaft (deren Marktverhalten die Wettbewerbsregeln verletzt hat), sondern kann auch die Muttergesellschaft treffen. Die Muttergesellschaft wird jedoch nicht akzessorisch wegen einer persönlichen Beteiligung an der Zuwiderhandlung bzw. Anstiftung für das wettbewerbswidrige Verhalten der Tochtergesellschaft verantwortlich gemacht.[708] Zur Begründung der bußgeldrechtlichen Verantwortlichkeit der Muttergesellschaft ziehen die Unionsorgane vielmehr wieder das Konzept der wirtschaftlichen Einheit heran.[709] Die bußgeldrechtliche Verantwortlichkeit trifft die Muttergesellschaft, weil sie „bestimmenden Einfluss" auf die Geschäftspolitik der unmittelbar am Markt aufgetretenen Tochtergesellschaft ausübt und sie gemeinsam ein einziges Unternehmen darstellen.[710] Als „Leitungsperson" war sie zum Zeitpunkt der Zuwiderhandlung für das Handeln der wirtschaftlichen Einheit und somit des Unternehmens verantwortlich.

Für die Zuwiderhandlung sind Mutter- und Tochtergesellschaft dann gesamtschuldnerisch verantwortlich,[711] wobei es im Ermessen der Europäischen Kommission liegt, wen sie in Anspruch nehmen will.[712]

---

708 EuG, Urt. v. 12.12.2007, Rs. T-112/05, ECLI:EU:T:2007:381, Tz. 58 – Akzo Nobel. Vgl. ferner *Behrens*, Europäisches Marktöffnungs- und Wettbewerbsrecht, S. 410, *Hackel*, Konzerndimensionales Kartellrecht, S. 150.

709 Dieses wird bspw. deutlich in EuGH, 10.9.2009, Rs. C-97/08 P, ECLI:EU:C:2009:536, Tz. 58 ff. – Akzo Nobel; Urt. v. 20.1.2011, Rs. C-90/09, ECLI:EU:C:2011:21, Tz. 37 ff. – General Química. Ferner auch *GA Kokott*, Schlussanträge v. 23.4.2009, Rs. C-97/08 P, ECLI:EU:C:2009:262, Tz. 88 – Akzo Nobel. Vgl. auch die Europäische Kommission in ihrer Entscheidung Zinc Producer Group vom 6.8.1984, ABl. 1984 L 220/27, Tz. 83: „*Die hier betroffenen Unternehmen haben entweder selbst, durch weisungsgebundene Tochtergesellschaften oder durch von ihnen beherrschte Unternehmen an den wettbewerbswidrigen Vereinbarungen und Verhaltensweisen teilgenommen. Mutter-, Tochtergesellschaften und beherrschte Unternehmen sind dabei als wirtschaftliche Einheit anzusehen, das Verhalten der Tochtergesellschaft ist dabei der Muttergesellschaft zuzurechnen.*"

710 EuGH, Urt. v. 10.9.2009, Rs. C-97/08 P, ECLI:EU:C:2009:536, Tz. 58 – Akzo Nobel.

711 Vgl. EuGH, Urt. v. 20.1.2011, Rs. C-90/09, ECLI:EU:C:2011:21, Tz. 84 ff. – General Química; EuG, Urt. v. 27.6.2012, Rs. T-372/10, ECLI:EU:T:2012:325, Tz. 50 – Bolloré/Kommission. Ferner *Behrens*, Europäisches Marktöffnungs- und Wettbewerbsrecht, S. 410.

712 Vgl. EuG, Urt. v. 27.9.2012, Rs. T-361/06, ECLI:EU:T:2012:491, Tz. 75 – Ballast Nedam NV; Urt. v. 27.6.2012, Rs. T-372/10, ECLI:EU:T:2012:325, Tz. 49 f. – Bolloré/

§ 4 Die Vereinbarkeit des Haftungskonzepts der wirtschaftlichen Einheit mit rechtsstaatlichen Grundsätzen

I. Überblick

Wiederholt ist in den vergangenen Jahren vor den Unionsgerichten die Frage aufgeworfen worden, ob die bußgeldrechtliche Zurechnung unter Heranziehen des Konzepts der wirtschaftlichen Einheit mit rechtsstaatlichen Grundsätzen in Einklang steht.

Auch wenn das Kartellverfahrensrecht verwaltungsrechtlicher Natur ist,[713] besteht weitgehende Einigkeit darüber, dass sich grundsätzlich die kartellrechtliche Verantwortlichkeit aufgrund der Nähe des Sanktionscharakters der Geldbußen zum Strafrecht am Maßstab der straf- und strafverfahrensrechtlichen Garantien unionsrechtlicher Art messen lassen muss.[714] Die Regelung des Art. 23 Abs. 5 VO 1/2003, wonach die Bußgeldsanktionen keinen strafrechtlichen Charakter haben, steht dem nicht entgegen.[715]

Die zur Ahndung von Kartellrechtsverstößen verhängten Geldbußen fallen allerdings nicht in den Bereich des Kernstrafrechts.[716] Eine andere Ansicht

---

Kommission. Ferner *Behrens*, Europäisches Marktöffnungs- und Wettbewerbsrecht, S. 410; Hackel, Konzerndimensionales Kartellrecht, S. 124. Siehe dazu auch Ausführungen unter § 5 dieses Teils.

713 EuGH, Urt. v. 18.7.2013, Rs. C-501/11 P, ECLI:EU:C:2013:522, Tz. 35 – Schindler Holding mit Verweis auf EGMR, Urt. v. 27.9.2011, Beschwerde-Nr. 43509/08, § 59 – Menarini Diagnostics/Italien.

714 GA *Kokott*, Schlussanträge vom 23.4.2009, Rs. C-97/08, ECLI:EU:C:2009:262, Tz. 39 – Akzo Nobel; *dies.*, Schlussanträge v. 3.7. 2007, Rs. C-280/06, ECLI:EU:C:2007:404, Tz. 71 – Autoritá Garante; *dies.*, Schlussanträge v. 28.2.2013, Rs. C-681/11, ECLI:EU:C:2013:126, Tz. 40, sowie Fn. 19 – Schenker&Co. u.a.; GA *Colomer*, Schlussanträge v. 11.2.2003, Rs. C-217/00 P, ECLI:EU:C:2003:83, Tz. 29 – Buzzi Unicem, bezeichnet das Verfahren zur Ermittlung von wettbewerbsrechtlichen Zuwiderhandlungen als strafrechtlich. Vgl. auch *Hamann*, Unternehmen als Täter, S. 171; *Heinichen*, Unternehmensbegriff und Haftungsnachfolge, S. 145; *Heinrich*, Wirtschaftliche Haftungseinheit, S. 71 f.; *Schwarze*, EuR 2009, 171, 173; *Kokott/Dittert*, WuW 2012, 670, 671.

715 *Heinrich*, Wirtschaftliche Haftungseinheit, S. 71 f. (m. w. N.).

716 Vgl. EuG, Urt. v. 6.10.1994, T-83/91, ECLI:EU:T:1994:246, Tz. 235 – Tetra Pak, Urt. v. 15.3.2000, verb. Rs. T-25/95 u.a., ECLI:EU:T:2000:77, Tz. 717 – Cimenteries CBR u. a.; Urt. v. 20.3.2002, T-9/99, ECLI:EU:T:2002:70, Tz. 390 – HFB u. a.; Urt. v. 13.7.2011, T-138/07, ECLI:EU:T:2011:362, Tz. 53 – Schindler.

vertraten die Rechtsmittelführerinnen in der Sache *Schindler* vom 18.7.2013 unter Verweis auf das *Engel*-Urteil des EGMR vom 8.6.1976.[717] In der Rechtssache *Engel* hatte sich der EGMR grundlegend mit dem Merkmal „strafrechtlich" auseinandergesetzt.[718] Zur Begründung der Strafrechtlichkeit einer Maßnahme stellte der Gerichtshof drei Kriterien auf – die sogenannten *Engel*-Kriterien. Entscheidend ist danach zuerst die Zuordnung einer Vorschrift im nationalen Recht, an zweiter Stelle die Natur des Vergehens und an dritter Stelle die Art und Schwere des Vergehens.[719]

Art. 23 Abs. 2 VO 1/2003 ist jedoch schon nicht dem Kriminalstrafrecht zugeordnet.[720] Die kartellrechtliche Geldbuße soll „Verwaltungsunrecht" ahnden und ist selbst weder entehrender noch stigmatisierender krimineller Natur.[721] Zudem sind Bußgeldentscheidungen nicht gegen natürliche Personen, sondern ausschließlich an Unternehmen zu richten.[722] Schließlich bietet eine isolierte Betrachtung der Höhe einer Geldbuße im Kartellrecht noch keine adäquate Rückschlussmöglichkeit auf die Art und Schwere des Kartellrechtsverstoß.[723] Neben der quantitativen Betrachtung ist die qualitative Betrachtung der verhängten Sanktion entscheidend.[724]

---

717 EuGH, Urt. v. 18.7.2013, Rs. C-501/11 P, ECLI:EU:C:2013:522, Tz. 24 ff. – Schindler Holding. Die Rechtsmittelführerinnen rügten eine Verletzung von Art. 6 EMRK, da die Bußgeldverfahren zum harten Kern des Strafrechts gehören würden und die Entscheidung daher nur durch ein Gericht und nicht die Europäische Kommission als Verwaltungsbehörde hätte erlassen werden dürfen. Der EuGH verneinte eine Verletzung des Art. 6 EMRK. Zum einen sei auch nach dem Urteil *Menarini Diagnostics/Italien* laut dem EGMR nicht ausgeschlossen, dass in einem Verfahren verwaltungsrechtlicher Natur eine „Strafe" zunächst von einer Verwaltungsbehörde verhängt werde. Zum anderen unterliege die Entscheidung anschließend der Kontrolle durch ein Rechtsprechungsorgan mit Befugnis zur unbeschränkten Nachprüfung, vgl. Tz. 33 ff.

718 EGMR, Urt. v. 8.6.1976, Beschwerde-Nr. 5100/71, §§ 80 ff. – Engel u. a./Niederlande.

719 Siehe dazu auch den ausführlichen Beitrag von *Lorenzmeier*, ZIS 2008, 20, 23 ff.

720 *Dannecker/Biermann*, in Immenga/Mestmäcker, Rn. 328.

721 *Ebenda*. Vgl. auch EuGH, Urt. v. 22. 5. 2008, Rs. C-266/06 P, ECLI:EU:C:2008:295, Tz. 38 – Evonik Degussa, *Hamann*, Unternehmen als Täter, S. 4; *Schwarze/Weitbrecht*, Grundzüge des europäischen Kartellverfahrensrecht, § 7, Rn. 5 ff.

722 GA *Kokott*, Schlussanträge v. 18.3.2013, Rs. C-501/11 P, ECLI:EU:C:2013:248, Tz. 35 – Schindler Holding.

723 *Ebenda*, Tz. 26, 33 ff.

724 *Ebenda*, Tz. 35.

Da das Kartellbußrecht anerkanntermaßen einen strafrechtsähnlichen Charakter besitzt, müssen bestimmte, dem Strafrecht entstammende Grundsätze, die sich letztlich auf das Rechtsstaatsprinzip und auf das Schuldprinzip zurückführen lassen, Beachtung finden.[725] Gleichwohl sind die rechtsstaatlichen Garantien nicht unbedingt in ihrer vollen Strenge anzuwenden, da die zur Ahndung von Kartellrechtsverstößen verhängten Geldbußen nicht in den Bereich des Kernstrafrechts fallen.[726]

Im Hinblick auf die Begründung der bußgeldrechtlichen Verantwortung der Muttergesellschaften ist neben den unionsrechtlichen Gesetzesvorbehalten und dem Grundsatz *nulla poena sine lege* daher der Schuldgrundsatz von zentraler Bedeutung. In der folgenden Untersuchung wird der Fokus dabei nicht auf der konkreten Bußgeldbemessung durch die Europäische Kommission liegen, sondern auf der Begründung der bußgeldrechtlichen Verantwortlichkeit.

II. Die unionsrechtlichen Gesetzesvorbehalte

1. *Der ungeschriebene unionsrechtliche Gesetzesvorbehalt*

Der EuGH hat in seiner Rechtsprechung zumindest im Bereich der Eingriffsverwaltung bereits relativ früh einen Gesetzesvorbehalt[727] anerkannt, den er aus den Rechtsordnungen der Mitgliedstaaten ableitet.[728] Es ist allen mitgliedstaatlichen Rechtsordnungen gemein, dass Eingriffe der öffentlichen Gewalt in die Sphäre der privaten Betätigung jeder natürlichen oder juristischen Person einer Rechtsgrundlage bedürfen und aus gesetzlich vorgegebenen Gründen gerechtfertigt sein müssen. Dieses dient vorrangig dem Schutz

---

725 GA *Kokott*, Schlussanträge v. 28.2.2013, Rs. C-681/11, ECLI:EU:C:2013:126, Tz. 40 – Schenker & Co. u. a. Vgl. auch GA *Bot*, Schlussanträge v. 26.10.2010, verb. Rs. C-201/09 P u. C-216/09 P, ECLI:EU:C:2010:634, Tz. 227 f. – ArcelorMittal; GA *Mengozzi*, Schlussanträge v. 19.9.2013, verb. Rs. C-231/11 P u. a., ECLI:EU:C:2013:578, Tz. 74, Fn. 65 – Siemens Österreich.

726 GA *Kokott*, Schlussanträge v. 18.3.2013, Rs. C-501/11 P, ECLI:EU:C:2013:248, Tz. 26, 33 ff. – Schindler Holding, unter Verweis auf EGMR, Urt. v. 23.11.2006, Beschwerde-Nr. 73053/01, § 43 – Jussila/Finnland; Urt. v. 27.9.2011, Beschwerde-Nr. 43509/08, § 62 – Menarini Diagnostics/Italien. Vgl. auch *Braun/Kellerbauer*, NZKart 2015, 211 f.

727 Siehe allgemein zum unionsrechtlichen Gesetzesvorbehalt *Triantafyllou*, Vom Vertrags- zum Gesetzesvorbehalt, S. 152 ff.

728 Vgl. zu diesem Abschnitt auch Ausführungen von *Stender*, Kartellgeldbußen, S. 55 ff.

gegen willkürliche oder unverhältnismäßige Eingriffe, daher ist das Schutzerfordernis auch als allgemeiner Grundsatz des Unionsrechts anzuerkennen.[729] Aus dieser Rechtsprechung wird deutlich, dass belastende Entscheidungen der Verwaltung auch auf europäischer Ebene auf Entscheidungen des Gesetzgebers zurückzuführen sein müssen.[730]

Ferner wird im europäischen Recht ein seitens der Literatur als Wesentlichkeitsvorbehalt bezeichneter und von der Rechtsprechung entwickelter Teil des Gesetzesvorbehalts anerkannt.[731] Danach müssen die rechtssetzenden Unionsorgane alle wesentlichen Elemente der jeweiligen Materie in den vertraglich vorgesehenen Verfahren selbst regeln, wobei nach Ansicht des EuGH nur solche Bestimmungen wesentlich sind, durch die die grundsätzliche Ausrichtung der Gemeinschaftspolitik umgesetzt wird.[732] Im Hinblick auf Sanktionen ist dies aber nicht zu bejahen, da sie lediglich die Entscheidung der Gemeinschaft in Bezug auf die Ausrichtung der Gemeinschaftspolitik absichern.[733] Die Entscheidung selbst wird durch die Sanktion jedoch nicht unmittelbar getroffen.[734]

Demzufolge liegt hier ein relativ enges Verständnis des Wesentlichkeitsgrundsatzes vor. Es wird nur das als wesentlich betrachtet, was für die

---

729 EuGH, Urt. v. 17.10.1989, verb. Rs. C-97/87 u. a., ECLI:EU:C:1989:380, Tz. 16 – Dow Chemical Ibérica SA u. a.; Urt. v. 21.9.1989, verb. Rs. C-46/87 und C-277/88, ECLI:EU:C:1989:337, Tz. 19 – Hoechst AG. Vgl. dazu auch *Schwarze*, EuR 2009, 171, 176; *Stender*, Kartellgeldbußen, S. 56; *Zuleeg*, NJW 1994, 545, 547.

730 Vgl. *Schwarze*, EuR 2009, 171, 176; *Stender*, Kartellgeldbußen, S. 56.

731 *Rieckhoff*, Der Vorbehalt des Gesetzes im Europarecht, S. 176, 177 m. w. N.; *Stender*, Kartellgeldbußen, S. 57.

732 EuGH, Urt. v. 27.10.1992, Rs. C-240/90, ECLI:EU:C:1992:408, Tz. 37 – Deutschland/Kommission.

733 Der EuGH hatte sich mit der Frage auseinanderzusetzen, ob die von der Europäischen Kommission in einem Durchführungsrechtsakt erlassenen Sanktionen noch für die zu regelnde Materie wesentlich seien und deshalb im Grunde vom Unionsgesetzgeber zu regeln gewesen wären oder ob aufgrund der Zuordnung zu den nicht-wesentlichen Bereichen eine Regelung durch die Europäische Kommission rechtmäßig gewesen sei. Vgl. EuGH, Urt. v. 17.12.1970, Rs. C-25/70, ECLI:EU:C:1970:115, – Tz. 6 – Köster; Urt. v. 16.6.1987, Rs. C-46/86, ECLI:EU:C:1987:287, Tz. 16 – Romkes/Officier van justitie; Urt. v. 27.10.1992, Rs. C-240/90, ECLI:EU:C:1992:408, Tz. 36 – Deutschland/Kommission; Urt. v. 13.7.1995, Rs. C-156/93, ECLI:EU:C:1995:238, Tz. 18 – Europäisches Parlament/Kommission;.

734 EuGH, Urt. v. 27.10.1992, Rs. C-240/90, ECLI:EU:C:1992:408, Tz. 37 – Deutschland/Kommission.

Gemeinschaftspolitik insgesamt als wesentlich – und daher als allgemein richtungsweisend – angesehen wird.[735]

Es ist unschädlich, dass weder eine gesetzliche Definition des bußgeldrechtlichen Unternehmensbegriffs noch des Konzepts der wirtschaftlichen Einheit existiert.[736] Bekanntermaßen ist weder die Definition des Unternehmens noch der wirtschaftlichen Einheit als so wesentlich anzusehen, dass durch sie eine grundsätzliche Ausrichtung der Gemeinschaftspolitik bestimmt würde. Ein Verstoß ist somit nicht ersichtlich.[737]

2. Der Gesetzesvorbehalt nach Art. 52 Abs. 1 S. 1 GRCh

Die bußgeldrechtliche Verantwortung der Muttergesellschaft, basierend auf dem Konzept der wirtschaftlichen Einheit, verstößt aber möglicherweise gegen die Anforderungen des Gesetzesvorbehalts nach Art. 52 Abs. 1 S. 1 GRCh.[738] Dieses wäre der Fall, wenn die Bußgeldverfügungen der Europäischen Kommission in ein geschütztes Grundrecht eingriffen und nicht durch eine ausreichende gesetzliche Bestimmung abgedeckt sind.

a. Allgemeine Voraussetzungen

Dieser Gesetzesvorbehalt ist besonders bei Grundrechtseinschränkungen zu beachten, die durch staatliche Eingriffe verursacht worden sind.[739] Art. 52 Abs. 1 S. 1 GRCh beinhaltet einen allgemeinen Schrankenvorbehalt, der die Tragweite der Rechte und Grundsätze der Charta festlegt und in dem formelle und materielle Anforderungen an die Rechtfertigung von Grundrechtseingriffen aufgestellt werden.[740] Nach Art. 52 Abs. 1 S. 1 GRCh muss jede Einschränkung der in der Grundrechtscharta geregelten Grundrechte und Grundfreiheiten gesetzlich vorgesehen sein und der Wesensgehalt dieser Rechte und Freiheiten geachtet werden.

---

735 Vgl. *Stender*, Kartellgeldbußen, S. 57.

736 *Ebenda.*

737 *Ebenda*, S. 57 f.

738 Sehr ausführliche Ausführungen zu der Vereinbarkeit mit dem Gesetzesvorbehalt nach Art. 52 GRCh in diesem Kontext sind zu finden bei *Stender*, Kartellgeldbußen, S. 64 ff. m. w. N.

739 Siehe dazu allgemein zur GRCh *Tettinger*, NJW 2001, 1010 ff. Vgl. auch Ausführungen bei *Stender*, Kartellgeldbußen, S. 65 ff.

740 *Kotzur*, in Geiger/Khan/Kotzur, EUV/AEUV, Art. 52 GRCh; *Schwarze*, in Schwarze (Hrsg.), EU-Kommentar, Art. 52, Rn. 3; *Stender*, Kartellgeldbußen, S. 65.

Der EuGH hat sich bereits mehrfach mit diesem Gesetzesvorbehalt befassen müssen und zwei wichtige Anforderungen an die unionsrechtlichen Rechtsnormen herausgearbeitet. So nennt der EuGH den Vorbehalt des Gesetzes als formale Voraussetzung sowie die Wesensgehaltsgarantie als materielle Voraussetzung.[741]

Aufgrund der expliziten Erhebung der GrCh durch den Vertrag von Lissabon in den Rang des verbindlichen Unionsprimärrechts sind der Gesetzesvorbehalt und die Wesensgehaltsgarantie für die Organe und Institutionen der Europäischen Union seit 2009 verbindlich.[742] Die im Wortlaut von Art. 52 Abs. 1 S. 1 GRCh enthaltene Formulierung „gesetzlich vorgesehen" ist so zu verstehen, dass die Grundrechtseinschränkungen in formellen Gesetzen, also Parlamentsgesetzen, verankert sein müssen.[743]

b. Eingriff der Bußgeldentscheidung der Europäischen Kommission in ein geschütztes Grundrecht

Nach Art. 52 Abs. 1 S. 1 GRCh muss jede Beschränkung der in der Grundrechtecharta geregelten Grundrechte und Grundfreiheiten gesetzlich geregelt sein. Dies bedeutet, dass im Falle einer Beschränkung der Grundrechte durch die Bußgeldentscheidungen der Europäischen Kommission die der Bußgeldentscheidung zugrunde liegende Rechtsgrundlage am Gesetzesvorbehalt nach Art. 52 Abs. 1 S. 1 GRCh zu messen ist.[744] Sollte im Ergebnis die Rechtsgrundlage in Art. 23 Abs. 2 VO 1/2003 diesem Gesetzesvorbehalt nicht gerecht werden, hätte dies zur Folge, dass die Bußgeldentscheidungen ohne gesetzliche Grundlage ergehen würden.[745]

---

741 Vgl. EuGH, Urt. v. 13.7.1989, Rs. C-5/88, ECLI:EU:C:5:88, Tz. 18 – Wachauf/Bundesamt für Ernährung und Forstwirtschaft; Urt. v. 13.4.2000, Rs. C-292/97, ECLI:EU:C:2000:202, Tz. 45 – Karlsson u. a.

742 Vgl. Art. 6 Abs. 1 AEUV sowie *Braun/Galle*, CCZ 2013, 109, 109; *Stender*, Kartellgeldbußen, S. 65. In Bezug auf die verbindliche Anwendung siehe die Ausführungen von GA *Kokott*, Schlussanträge v. 18.4.2013, Rs. C-501/11 P, ECLI:EU:C:2013:248, Tz. 40 – Schindler Holding.

743 So im Ergebnis ebenfalls *Hilf/Classen*, in FS Selmer, 71, 84; *Röder*, Der Gesetzesvorbehalt der Charta der Grundrechte der Union im Lichte einer europäischen Wesentlichkeitstheorie, S. 89; *Rieckhoff*, Der Vorbehalt des Gesetzes im Europarecht, S. 163; a. A. *Fassbender*, NVwZ 2010, 1049, 1050. Siehe insbesondere hier auch die Ausführungen von *Stender*, Kartellgeldbußen, 65 ff. m. w. N.

744 Vgl. auch *Stender*, Kartellgeldbußen, S. 68.

745 *Ebenda*.

Nicht ausreichend für die Erfüllung der Vorgaben des Gesetzesvorbehalts ist der allgemeine Hinweis der Rechtskonformität in der Präambel der VO 1/2003.[746] Andernfalls könnte ein pauschaler Hinweis auf die Rechtmäßigkeit die Rechtswidrigkeit von Rechtsnormen beseitigen.[747]

Im Hinblick auf die hier vorgenommene abstrakte Prüfung eines möglichen Eingriffs wird der Sachverhalt zugrunde gelegt, dass die Europäische Kommission der Muttergesellschaft wegen der Zuwiderhandlung ihrer Tochtergesellschaft ein Bußgeld auferlegt. Ferner wird angenommen, dass die Berechnung der Bußgeldhöhe anhand des Vorjahresumsatzes des Tochterunternehmens sowie der in Anspruch genommenen Muttergesellschaft erfolgt.

Eine Beschränkung durch die Bußgeldentscheidungen der Europäischen Kommission ist in einem Eingriff in die Eigentumsfreiheit nach Art. 17 GRCh zu sehen. Das Eigentumsrecht kommt hier infrage, da dieses die Substanz des bereits Erworbenen schützt[748] und eine Bußgeldauferlegung gerade auf eine Geldzahlung aus dem bereits Erworbenen abzielt. Überdies fällt das mit einem Bußgeld belastete Unternehmen als sogenannter eingerichteter und ausgeübter Gewerbebetrieb unter den Schutz des Art. 17 GRCh. Durch die Auferlegung einer Zahlungsverpflichtung seitens der Europäischen Kommission wird in das Eigentumsrecht eingegriffen.[749] Der Gesetzesvorbehalt des Art. 52 GRCh findet somit Anwendung.

Der durch eine Bußgeldverfügung der Europäischen Kommission bewirkte Grundrechtseingriff muss daher zur Erfüllung der Voraussetzungen des Art. 52 Abs. 1 S. 1 GRCh durch eine hinreichende gesetzliche Ermächtigung abgedeckt sein. Zweck und Umfang der Einschränkungen müssen durch diese für

---

746 Die VO 1/2003 regelt in Rn. 37 der Präambel, dass die Verordnung die Grundrechte wahrt und im Einklang mit den Prinzipien steht, die insbesondere in der GRCh verankert sind. So auch *Schwarze/Weitbrecht*, Grundzüge des europäischen Kartellverfahrensrechts, § 7, Rn. 22; *Stender*, Kartellgeldbußen, S. 68.

747 *Ebenda.*

748 Art. 17 GRCh schützt sämtliche rechtmäßig erworbene, vermögenswerte Rechte, vor allem das Eigentum an beweglichen und unbeweglichen Sachen sowie immaterielle Rechte und subjektive Forderungsrechte. Siehe dazu *Bernsdorff*, in Meyer, Charta der Grundrechte der Europäischen Union, Art. 17, Rn. 15; *Calliess*, in Calliess/Ruffert, EUV/AEUV, Art. 17 GRCh, Rn. 5 ff.; *Depenheuer*, in Tettinger/Stern (Hrsg.), Europäische Grundrechte-Charta, Art. 17, Rn. 22 m. w. N.; *Jarass*, Charta der Grundrechte der EU, Art. 17, Rn. 18; *ders.*, NVwZ 2006, 1089 ff.; *Müller-Michaels*, Grundrechtlicher Eigentumsschutz in der Europäischen Union, S. 66; *Rengeling/Szczekalla*, Grundrechte der Europäischen Union, § 20, Rn. 781; *Schwarze*, EuZW 2001, 517, 519.

749 Siehe auch Ausführungen bei *Stender*, Kartellgeldbußen, S. 73.

jedermann und insbesondere für den Grundrechtsträger erkennbar sein.[750] Um eine solche gesetzliche Grundlage handelt es ist bei Art. 23 Abs. 2 S. 2 VO 1/2003, da dieser die Voraussetzungen einer demokratisch legitimierten Rechtsnorm erfüllt.[751]

Mutter- und Tochtergesellschaft werden wettbewerbsrechtlich als eine wirtschaftliche Einheit und folgend als ein Unternehmen angesehen. Dieses Unternehmen ist Täter des Kartellrechtsverstoßes.[752] Das Konzept der wirtschaftlichen Einheit schafft die Basis für die Einbeziehung der Muttergesellschaften in die bußgeldrechtliche Verantwortlichkeit für einen Kartellrechtsverstoß der Tochtergesellschaft.[753]

Um den Anforderungen des Art. 52 GRCh gerecht zu werden, muss daher eine Bußgeldverfügung, die sich gegen die Muttergesellschaft richtet und diese aufgrund des Konzepts der wirtschaftlichen Einheit für einen Kartellrechtsverstoß der Tochtergesellschaft bebußt, von Art. 23 Abs. 2 S. 2 VO 1/2003 erfasst sein.

Art. 23 Abs. 2 S. 2 VO 1/2003 richtet sich an die „Unternehmen" und nicht an die jeweiligen Gesellschaften, die an der Zuwiderhandlung beteiligt waren. Um dem Gesetzesvorbehalt gerecht zu werden, muss der Wortlaut keine Definition einzelner Begrifflichkeiten enthalten. Auch bedarf es nicht notwendigerweise einer Definition im Gesetz an anderer Stelle. Ausreichend ist in diesem Fall der Rückgriff auf die von den Unionsorganen entwickelte Definition des Unternehmensbegriffs und insbesondere die dazu ergangene Rechtsprechung sowie Art. 101, 102 AEUV, auf die der Wortlaut des Art. 23 Abs. 2 S. 1 VO 1/2003 verweist.[754]

---

750 *Becker,* in Schwarze (Hrsg.), EU-Kommentar, Art. 52 GRCh, Rn. 4.

751 Vgl. hierzu die Einleitung des Verordnungstextes der Verordnung (EG) Nr. 1/2003 des Rates vom 16.12.2002, ABl. L1 vom 4.1.2003, S. 1.

752 So auch *Bauer/Reisner,* WuW 2007, 737, 738 f.; *Dannecker/Fischer-Fritsch*, EG-Kartellrecht in der Bußgeldpraxis, S. 260, 265; *Hamann*, Unternehmens als Täter, S. 190; *Koch*, ZHR 171 (2007), 554, 557 ff.; *Lipowsky*, Zurechnung von Wettbewerbsverstößen, S. 51, 57 ff., 60, 117; *Pohlmann*, Der Unternehmensverbund, S. 29, 36 ff., 355 f., 362; *Steinle*, FS Bechtold, 541, 543; *Stender*, Kartellgeldbußen, S. 74.

753 *Ebenda*.

754 Siehe auch *Kellerbauer*, WuW 2014, 1173, 1178; *Kokott/Dittert*, WuW 2012, 670, 676. A. A. *Stender*, Kartellgeldbußen, S. 74 und ferner *Thomas*, KSzW 2011, 10, 12, dieser spricht vom Vorliegen einer Sippenhaft, wonach jedes Teilglied der wirtschaftlichen Einheit für jede Zuwiderhandlung des anderen Teilglieds gesamtschuldnerisch einzustehen habe. Die *Beteiligung* an der Zuwiderhandlung stellt sich in der Praxis als *Beteiligung* an einem anderen Unternehmen dar, dieses lässt sich dem Wortlaut des Art. 23 Abs. 2 S. 2 VO 1/2003 allerdings nicht entnehmen.

Auch der von Art. 23 Abs. 2 VO 1/2003 geforderte Vorsatz bzw. die Fahrlässigkeit im Zusammenhang mit Teilnahme oder Mitwirkung an der Tat führt nicht zum einer Verletzung des Gesetzesvorbehalts.[755] Die Europäische Kommission kann gegen Unternehmen eine Geldbuße verhängen, wenn diese vorsätzlich oder fahrlässig gegen die Wettbewerbsregeln in Art. 101, 102 AEUV verstoßen haben. „Vorsätzlich“ und „fahrlässig“ bezieht sich jedoch wieder nur auf das „Unternehmen“ und nicht auf einzelne Gesellschaften.[756]

Im Ergebnis ist somit festzustellen, dass für die Bußgeldverfügungen, die aufgrund des Konzepts der wirtschaftlichen Einheit auch die nicht an der Zuwiderhandlung beteiligte Muttergesellschaft in die Bebußung einbezieht, eine ausreichende Ermächtigungsgrundlage existiert. Es liegt kein Verstoß gegen den Gesetzesvorbehalt nach Art. 52 Abs. 1 S. 1 GRCh vor.

III. Nulla poena sine lege

Der Grundsatz der Bestimmtheit *(nulla poena sine lege stricta)*, insbesondere in seiner Ausprägung in Art. 7 EMRK und Art. 49 GRCh, ist Ausfluss des allgemeinen Grundsatzes der Gesetzmäßigkeit von Straftaten.[757] Danach darf niemand wegen einer Handlung verurteilt werden, die zur Zeit ihrer Begehung nicht nach innerstaatlichem oder internationalem Recht strafbar war. Strafnormen müssen die jeweilige Tat sowie die angedrohte Sanktion hinreichend klar bestimmen – und zwar sowohl im Hinblick auf das strafbare Verhalten als auch auf die daraus resultierende Rechtsfolge.[758] Diese Vorgabe sichert dem Normadressaten die

755 A. A. *Stender*, Kartellgeldbußen, S. 74.

756 Nach Auffassung der Unionsorgane ist eine konkrete Mitwirkungshandlung oder jedenfalls Kenntnis der Muttergesellschaft in Bezug auf die Zuwiderhandlung der Tochtergesellschaft gerade nicht erforderlich, vgl. EuGH, Urt. v. 20.1.2011, Rs. C-90/09 P, ECLI:EU:C:2011:21, Tz. 102 f. – General Química; Urt. v. 29.9.2011, Rs. C-521/09 P, ECLI:EU:C:2011:620, Tz. 88 – Elf Aquitaine; Urt. v. 5.3.2015, verb. Rs. C-93/13 u. a., ECLI:EU:C:2015:150, Tz. 40 – Kommission/Versalis SpA u. a.; EuG, Urt. v. 2.2.2012, Rs. T-77/08, ECLI:EU:T:2012:47, Tz. 77 – Dow Chemical; KOMM., Entsch. v. 5.12.2007, COMP/38.629, Tz. 463 – Chloropren-Kautschuk.

757 Zur Anwendung des Grundsatzes der Gesetzmäßigkeit im Hinblick auf Straftaten im europäischen Wettbewerbsrecht EuGH, Urt. v. 28.6.2005, verb. Rs. C-189/02 P u. a., ECLI:EU:C:2001:420, Tz. 215 ff. – HFB/Isoplus; EuG, Urt. v. 27.9.2006, Rs. T-43/02, ECLI:EU:T:2006:270, Tz. 71 ff. – Jungbunzlauer; Urt. v. 8.7.2008, Rs. T-99/04, ECLI:EU:T:2008:256, Tz. 139 – AC-Treuhand.

758 Vgl. EuGH, Urt. v. 12.12.1996, Rs. C-74/95, ECLI:EU:C:1996:491, Tz. 25 – Strafverfahren gegen X.

Möglichkeit, seine Handlungen individuell nach dem Gesetz auszurichten.[759] Der Bestimmtheitsgrundsatz gilt nicht nur für das Strafrecht im engeren Sinne, sondern auch für die „Verhängung von Sanktionen durch die Verwaltung“ und umfasst wettbewerbsrechtliche Geldbußen.[760]

Die bußgeldrechtliche Zurechnung aufgrund des Konzepts der wirtschaftlichen Einheit ist normativ nicht geregelt.[761] Die Verantwortlichkeit der Muttergesellschaft knüpft an den Unternehmensbegriff an. Nach Art. 101, 102 AEUV sind ausdrücklich nicht „juristische Personen“, sondern „Unternehmen“ Adressaten des Kartellverbots, und eben gegen diese „Unternehmen“ darf die Europäische Kommission gemäß Art. 23 Abs. 2 S. 1 lit. a VO 1/2003 verhängen.[762]

Es existiert bekanntermaßen auch keine Legaldefinition des Unternehmens im Primär- oder Sekundärrecht der Europäischen Union. Allerdings sind unbestimmte und konkretisierungsbedürftige Rechtsbegriffe für den Strafgesetzgeber zumeist unerlässlich und deshalb auch rechtlich zulässig.[763] Nach der Rechtsprechung des EuGH und des EGMR ist es für die Bestimmtheit der Norm ausreichend, *„wenn der Rechtsunterworfene anhand des Wortlauts der einschlägigen Bestimmung und nötigenfalls mit Hilfe ihrer Auslegung durch die Gerichte erkennen kann, welche Handlungen und Unterlassungen seine strafrechtliche Verantwortlichkeit begründen“*[764]. Eine Sanktionierung der Muttergesellschaft ist daher auch basierend auf einer richterlichen Rechtsfortbildung möglich.

---

759 *Kreicker*, in Sieber/Satzger/Heintschel-Heinegg (Hrsg.), Europäisches Strafrecht, § 51, Rn. 84; *Renzikowski*, in Pabel/Schmahl (Hrsg.), Internationaler Kommentar zur Europäischen Menschenrechtskonvention, Art. 7, Rn. 53.

760 Aberle, Sanktionsdurchgriff, S. 198; Blome, Rechtsträgerprinzip und wirtschaftliche Einheit, S. 389; *Heinichen*, ZIS 2012, 68, 69.

761 Diesen Aspekt sieht *Stender*, Kartellgeldbußen, S. 9 ff sehr kritisch. Siehe auch *de Bronett*, EWS 2012, 113, 122; *Thomas*, KSzW 2011, 10, 13.

762 Vgl. *Kokott/Dittert*, WuW 2012, 670, 676.

763 So auch *Braun/Kellerbauer*, NZKart 2015, 211, 212; *Kokott/Dittert*, WuW 2012, 670, 676.

764 EuGH, Urt. v. 3.5.2007, Rs. C-303/05, ECLI:EU:C:2007:261, Tz. 50 – Advocaten voor de Wereld unter Verweis auf EGMR, Urt. v. 22.6.2000, Nr. 32492/96, 32547/96, 32548/96, 33209/96, 33210/96, § 145 – Coeme a. o. v. Belgium. So auch EuGH, Urt. v. 22.5.2008, Rs. C-266/06 P, ECLI:EU:C:2008:295, Tz. 39 – Evonik Degussa. Siehe zudem *Alber*, in Tettinger/Stern (Hrsg.), Europäische Grundrechtscharta, Art. 49, Rn. 6; *Renzikowski*, in Pabel/Schmahl (Hrsg.), Internationaler Kommentar zur Europäischen Menschenrechtskonvention, Art. 7, Rn. 52; *Jarass*, Charta der Grundrecht der EU, Art. 49, Rn. 11; *Lenaerts*, NZKart 2013, 175, 180 m. w. N.

Es bedurfte einer Auslegung des Unternehmensbegriffs im Sinne der Art. 101, 102 AEUV durch die Gerichte.[765] Im Zusammenhang mit der wirtschaftlichen Einheit gab es dabei ein paar wechselhafte Entscheidungen der Unionsgerichte. Nach früherer Rechtsprechung bestand die wirtschaftliche Einheit zwischen Mutter- und Tochtergesellschaft nicht strukturell, sondern nur jeweils im Hinblick auf ein gemeinsames einheitliches Verhalten in bestimmten wirtschaftlichen Beziehungen.[766] Entscheidend war, dass eine Kausalität des Handelns der Muttergesellschaft für das Handeln der Tochtergesellschaft bzw. eine Komplementarität beider Verhalten. Insbesondere seit der *Akzo Nobel*-Rechtsprechung vertretenen Auffassung des EuGH, dass der Bezugspunkt der fehlenden Autonomie der Tochtergesellschaft nicht das konkrete Marktverhalten, sondern vielmehr die allgemeine Geschäftspolitik der Tochtergesellschaft ist,[767] stellt insofern einen Bruch mit der früheren Auffassung dar.

Der Bestimmtheitsgrundsatz ist dadurch jedoch nicht verletzt.[768] Die Änderungen in der Spruchpraxis führten nicht dazu, dass dem Konzept der wirtschaftlichen Einheit und erst recht nicht dem Unternehmensbegriff ein wesentlich anderer Inhalt geben worden ist und es eines Gesetzgebungsaktes bedurfte.[769] Es handelte sich dabei vielmehr nur um eine Anpassung des Bezugspunkts für das Autonomiedefizit der Tochtergesellschaft im Rahmen der bestimmenden Einflussnahme der Muttergesellschaft.[770]

Die Tatsache, dass Rechtsbegriffe nicht legal definiert sind, stellt zwar keine Ermächtigung für die Gerichte dar, den Inhalt des Begriffs nach politischer oder anderer Einsicht beliebig zu bestimmen. Es muss jedoch auch im Rahmen des Rechtsstaatsprinzips möglich bleiben, Zweifelsfragen zu klären und Vorschriften

765 Vgl. EuGH, Urt. v. 22.5.2008, Rs. C-266/06 P, ECLI:EU:C:2008:295, Tz. 39 – Evonik Degussa. *Kokott/Dittert*, WuW 2012, 670, 676.

766 Vgl. EuGH, Urt. v. 6.3.197, Rs. C-6/73, ECLI:EU:C:1974:18, Tz. 37, 41 – ICI/CSC; Urt. v. 14.12.2006, Rs. C-217/05 P, ECLI:EU:C:2006:784, Tz. 40 – CEEES/Kommission. Vgl. ferner *de Bronett*, EWS 2012, 113, 115.

767 EuGH, Urt. v. 10.9.2009, Rs. C-97/08 P, ECLI:EU:C:2009:536, Tz. 58 – Akzo Nobel.

768 A.A. *Blome*, Rechtsträgerprinzip und wirtschaftliche Einheit, S. 392; *de Bronett*, EWS 2012, 113, 122; *Stender*, Kartellbußen, S. 80.

769 *Ebenda*. Nach Ansicht von *Blome* und *de Bronett* endet das Mandat der Unionsgerichte zur richterlichen Rechtsfortbildung zur Wahrung der rechtstaatlichen Tatbestandsgarantie, wenn ein unbestimmter Rechtsbegriff erst einmal definiert wurde. Dann kann nur dirch einen neuen Gesetzgebungsakt davon abgewichen werden.

770 Vgl. *de Bronett*, EWS 2012, 113, 122.

an sich verändernde Umstände anzupassen.[771] Ein Verstoß gegen den strafrechtlichen Bestimmtheitsgrundsatz liegt daher nur dann vor, wenn ein Tatbestand aufgrund seiner Formulierung erhebliche Möglichkeiten bietet, ihn willkürlich auszulegen.[772] Eine solche Willkür kann im Hinblick auf die Auslegung des Unternehmensbegriffs nicht angenommen werden. Vielmehr wird der Unternehmensbegriff in der ständigen Rechtsprechung seit nunmehr 30 Jahren präzise bestimmt.[773]

Damit die wirtschaftliche Einheit genügend klare Strukturen und Konturen aufweist und dem Bestimmtheitsgrundsatz genügt,[774] muss diese sich nicht zwingend aus abschließend definierten Faktoren zusammensetzen. So erfolgt der Nachweis einer wesentlichen Voraussetzung der wirtschaftlichen Einheit, die bestimmende Einflussnahme der Muttergesellschaft, zwar häufig nur unter Heranziehung von Indizien. In diesem Zusammenhang greifen die Unionsorgane nicht auf einen abgeschlossenen „Indizienkatalog" zurück.[775] Unter Rückgriff auf die gefestigte Rechtsprechung zur wirtschaftlichen Einheit ist es für eine Muttergesellschaft ausreichend erkennbar, ob ihr im Falle eines kartellwidrigen Verhaltens der Tochtergesellschaft eine Sanktionsentscheidung der Europäischen Kommission droht oder nicht. Eine Verletzung des Grundsatzes *nulla poena sine lege stricta* ist folglich nicht gegeben.

---

771 Vgl. auch EGMR, Urt. v. 22.3.2001, Nr. 34044/96 u. a.; NJW 2001, 3035, Tz. 50 – Streletz, Keßler und Krenz/Deutschland.

772 *Eser*, in Meyer (Hrsg.), Charta der Grundrechte der Europäischen Union, Art. 49, Rn. 21.

773 Vgl. hierzu die Ausführungen in Teil 1 § 1 I. *Braun/Kellerbauer*, NZKart 2015, 211, 212; *Kellerbauer*, WuW 2014, 1173, 1178.

774 Dass es sich bei der wirtschaftlichen Einheit um ein Haftungskonzept ohne klare Strukturen und Konturen handelt und daher ein Verstoß gegen den Bestimmtheitsgrundsatz vorliegt wird von *Thomas*, KSzW 2011, 10, 13; *ders.*, JZ 2011, 485, 495 vertreten. Diese Ansicht teilen auch *Bechtold/Bosch*, ZweR 2011, 160, 167; *Blome*, Rechtsträgerprinzip und wirtschaftliche Einheit, S. 392; *Brettel/Thomas*, ZweR 2009, 25, 29; *Heinichen*, Unternehmensbegriff und Haftungsnachfolge, S. 104.

775 Nach Ansicht von *Blome* ist in Bezug auf den Nachweis eines Autonomiedefizits der Tochtergesellschaft durch die Entwicklung eines *„schier unüberblickbare*[n] *Strauß möglicher Indizien"* mitunter der Eindruck entstanden, dass *„das Verhalten betroffener Unternehmen* […] *weitgehend irrelevant dafür* [ist*], ob im Ergebnis eine wirtschaftliche Einheit besteht oder nicht"*. Vgl. *Blome*, Rechtsträgerprinzip und wirtschaftliche Einheit, S. 392.

IV. Das Schuldprinzip

Das Haftungskonzept der wirtschaftlichen Einheit steht darüberhinaus im Einklang mit dem Grundsatz der persönlichen Verantwortlichkeit, der seinerseits im Schuldprinzip *(nulla poena sine culpa)* verankert ist und ebenfalls im europäischen Kartellrecht Anwendung findet.[776]

In der Regelung des Art. 23 VO 1/2003 hat der Grundsatz der persönlichen Verantwortlichkeit seinen Ausdruck in dem Schuldvorwurf der fahrlässigen oder vorsätzlichen Zuwiderhandlung gefunden.[777] Nach dem Grundsatz muss grundsätzlich diejenige natürliche und juristische Personen einstehen, die das an dem Kartell beteiligten Unternehmen zum Zeitpunkt der Zuwiderhandlung leitete.[778]

---

776 Siehe auch EuG, Urt. v. 17.5.2011, Rs. T-299/08, ECLI:EU:T:2011:217, Tz. 178 – Elf Aquitaine, Urt. v. 4.7.2006, Rs. T-304/02, ECLI:EU:T:2006:184, Tz. 118 – Hoeck Loos; GA *Colomer*, Schlussanträge v. 11.2.2003, Rs. C-204/00, ECLI:EU:C:2005:85, Tz. 63 ff. – Aalborg Portland; GA *Kokott*, Schlussanträge v. 23.4.2009, Rs. C-97/08, ECLI:EU:C:2009:262, Tz. 39 – Akzo Nobel. Sowie zudem *Aberle*, Sanktionsdurchgriff und wirtschaftliche Einheit, S. 109; *Böse*, Strafen und Sanktionen, S. 150; *Dannecker/Fischer-Fritsch*, Das EG-Kartellrecht in der Bußgeldpraxis, S. 278 f.; *Engels*, Unternehmensvorsatz und Unternehmensfahrlässigkeit, S. 71 ff.; *Hamann*, Unternehmen als Täter, S. 171 f.; *Hofstetter/Ludescher*, World Competition 33, no. 1 (2010), 55, 56, 63; *Mansdörfer/Timmerbeil*, EuZW 2011, 214, 216; *Thomas*, Unternehmensverantwortlichkeit, S. 193.

777 GA *Kokott*, Schlussanträge v. 28.2.2013, Rs. C-681/11, ECLI:EU:C:2013:126, Tz. 40 ff. – Schenker&Co. u.a.; *dies.*, Schlussanträge vom 23.4.2009, Rs. C-97/08, ECLI:EU:C:2009:262, Tz. 39 Fn. 27 – Akzo Nobel. So auch *Hackel*, Konzerndimensionales Kartellrecht, S. 124 f.; *Hofstetter/Ludescher*, World Competition 33, no. 1 (2010), 55, 56; *Körner*, Die Gesamtschuld im Kartellbußgeldrecht, S. 9 f.; *Voet van Vormizeele*, WuW 2010, 1008, 1013. Ganz grundsätzlich siehe GA *Lenz*, Schlussanträge v. 11.6.1992, Rs. C-143/91, ECLI:EU:C:1992:260, Tz. 11 – Van der Tas; GA *Colomer*, Schlussanträge v. 24.1.2008, Rs. C-55/07 u.a, ECLI:EU:C:1977:186, Tz. 56 – Michaeler u. a.

778 EuGH, Urt. v. 16.11.2000, Rs. C-248/98 P, ECLI:EU:C:2000:625, Tz. 71 – KNP BT; Urt. v. 16.11.2000, Rs. C-279/98 P, ECLI:EU:C:2000:259, Tz. 78 – Cascades; Urt. v. 16.11.2000, Rs. C-286/98 P, ECLI:EU:C:2000:630, Tz. 37 – Stora Kopparbergs Bergslags; Urt. v. 16.11.2000, Rs. C-297/98 P, ECLI:EU:C:2000:633, Tz. 27 – SCA Holding; EuG, Urt. v. 14.12.2006, verb. Rs. T-259/02 u.a., ECLI:EU:T:2006:396, Tz. 324 – Lombard Club; Urt. 14.5.1998, Rs. T-327/94, ECLI:EU:T:1998:96, Tz. 63 – SCA Holding; GA *Kokott*, Schlussanträge vom 23.4.2009, Rs. C-97/08, ECLI:EU:C:2009:262, Tz. 39 – Akzo Nobel. Siehe zudem *Hackel*, Konzerndimensionales Kartellrecht, S. 125.

Der Betreiber und Leiter eines Unternehmens hat regelmäßig den maßgeblichen Einfluss auf dessen Marktverhalten.[779]

1. *Die originäre Unternehmensschuld*

Als Täter des Kartellrechtsverstoß ist die Schuld des Unternehmens zu ermitteln. Dogmatisch kommen zwei Wege für die Begründung eines Unternehmensverschulden in Betracht:[780]

Zum einen könnte ebenfalls wie das Handeln der natürlichen Personen auch das Verschulden dieser natürlichen Personen dem Unternehmen als eigenes Verschulden zugerechnet werden.[781]

Zum anderen könnte es sich nicht um ein zugerechnetes Fremdverschulden einer natürlichen Person handeln, sondern ein originäres Verschulden des Unternehmens, das sich im Versagen des Unternehmens als Organisation begründet.[782]

a. *Schuldfähigkeit des Unternehmens*

Die Europäische Kommission belässt es regelmäßig bei der knappen Feststellung, das Unternehmen habe vorsätzlich bzw. fahrlässig gehandelt.[783] Sie bejaht damit die Schuldfähigkeit des Unternehmens, ohne dies näher zu begründen.[784]

Für die Schuldfähigkeit von Unternehmen spricht die nach der von *Otto Gierke* entwickelten „Theorie der realen Verbandspersönlichkeit". Danach kann

---

779 Vgl. GA *Kokott*, Schlussanträge vom 23.4.2009, Rs. C-97/08, ECLI:EU:C:2009:262, Tz. 39 – Akzo Nobel; *Hackel*, Konzerndimensionales Kartellrecht, S. 125.

780 So *Hamann*, Unternehmen als Täter, S. 169.

781 *Ebenda*. Vgl. *de Bronett*, Kommentar, Art. 23 VO 1/2003, Rn. 44; *Dreher*, ZweR 2004, 75, 84 f.; *Kindler*, Das Unternehmen als haftender Täter, S. 226 f.; *Köhler*, WRP 2011, 277, 281; *Sura*, in Langen/Bunte, Art. 23 VO 1/2003, Rn. 37.

782 *Ebenda*. So auch *Dannecker/Fischer-Fritsch*, Das EG-Kartellrecht in der Bußgeldpraxis, S. 289; zustimmend *Otto*, in Tiedemann/Otto, Literaturbericht Wirtschaftsstrafrecht (Teil I), ZStW 102 (1990), S. 94.

783 KOMM Entsch. v. 30.4.1982, ABl. L 117, S. 27 – AEG Telefunken; Entsch. v. 28.10.1988, ABl. 1988 L 316, S. 34 – Dansk Pelsdyravlerforening; Entsch. v. 13.12.1989, ABl. 1990 L 21, S. 71 – Bayo-n-ox). Siehe auch *Dannecker/Fischer-Fritsch*, Das EG-Kartellrecht in der Bußgeldpraxis, S. 279; *Hamann*, Unternehmen als Täter, S. 169; *Hofstetter/Ludescher*, World Competition 33, no.1, 2010, 55, 61.

784 *Dannecker/Fischer-Fritsch*, Das EG-Kartellrecht in der Bußgeldpraxis, S. 289; *Hamann*, Unternehmen als Täter, S. 169; *Theurer*, Geldbußen, S. 65 ff.; *Tiedemann*, NJW 1993, 23, 30 m. w. N.

ein Unternehmen aufgrund seiner Geschlossenheit als reales Ganzes einen Willen bilden und durch die Begründung eines eigenen Unternehmenswillens entscheiden, ob es sich dem Unrecht beugt oder normenkonform verhält.[785]

Soweit aus dem Schuldprinzip abgeleitet wird, ein Unternehmen (Verband) könne überhaupt nicht schuldfähig sein, gleichgültig, ob die Unternehmensschuld nun durch Zurechnung begründet oder als Organisationsverschulden auffasst,[786] beziehen sich die Einwände in erster Linie auf den mit einer Kriminalstrafe verbundenen Schuldvorwurf, dieser wird als zwingend menschengebunden angesehen.[787]

Die sogenannte „corporate criminal liability" ist seit Langem umstritten.[788] Allerdings zeigt sowohl ein Blick in die Rechtsordnungen anderer Mitgliedsstaaten als auch in die Gesetzgebung der Europäische Union, dass eine Strafbarkeit von Unternehmen längst bejaht wird. Einige Mitgliedsstaaten haben bereits seit den 70er-Jahren Gesetze erlassen, in denen eine Unternehmensstrafbarkeit geregelt wird.[789] Auf europäischer Ebene wird ebenfalls eine Strafbarkeit von Unternehmen befürwortet. Dieses Verständnis kommt beispielsweise in der Richtlinie 2008/99/EG über den strafrechtlichen Schutz der Umwelt, die bis zum 26.12.2010 von den Mitgliedsstaaten umzusetzen war, zum Ausdruck. Die Richtlinie ergänzt das Arsenal der Sanktionen gegen rechtswidrige Eingriffe in die Umwelt durch Kriminalstrafen, und zwar ebenfalls für juristische Personen.[790]

---

785 Vgl. *Gierke*, Genossenschaftstheorie, S. 22 ff., 743 ff. Siehe ferner *Ackermann*, Die Strafbarkeit juristischer Personen, S. 49; *Ehrhardt*, Unternehmensdelinquenz und Unternehmensstrafe, S. 42; *Kindler*, Das Unternehmen als haftenden Täter, S. 212; *Schnitzer*, Entwurf eines Verbandstrafgesetzbuches, S. 87 f. m. w. N.

786 Insbesondere vertreten von *Savigny*, System des heutigen Römischen Rechts, S. 312. Ferner auch *Engisch*, Einheit der Rechtsordnung, 16; *Hetzer*, Kriminalistik 2008, 284, 285; *Hirsch*, ZStW 1995, 285, 288; *Kindler*, Das Unternehmen als haftenden Täter, S. 20; *Leipold*, ZRP 2013, 34, 35; *Trüg*, StraFo 2011, 471, 472; *Vogel*, StV 2012, 427, *Wessing*, ZHW 2012, 301, 305.

787 *Hamann*, Unternehmen als Täter, S. 172.

788 Siehe dazu *Ost/Kallfaß/Roesen*, NZKart 2016, 447 ff.; *Schnitzer*, Entwurf eines Verbandstrafgesetzbuches, S. 15 ff.

789 So z. B. in den Niederlanden in 1976, in Schweden im Jahr 1986, in Norwegen 1991, in Frankreich 1994, in Finnland im Jahr 1995, in Dänemark in 1996, in der Schweiz 2002, in Österreich 2006 und in Tschechien im Jahre 2012, vgl. *Dannecker*, GA 2001, 577, 578 f.; *Schnitzer*, Entwurf eines Verbandstrafgesetzbuches, S. 24 ff. Auch der UK Bribery Act von 2010, das Antikorruptionsgesetz des Vereinigten Königreiches, geht von einer originären Unternehmensstrafbarkeit aus.

790 Vgl. *Behrens*, EuZW 2011, 161.

In Bezug auf das europäische Wettbewerbsrecht enthält der mit der Verhängung einer Geldbuße verknüpfte Schuldvorwurf keinen moralischen, sittlichen Vorwurf. Die Geldbuße ist daher schon gar nicht als Kriminalstrafe zu qualifizieren, sondern mit der Geldbuße des deutschen Ordnungswidrigkeitenrechts vergleichbar. Das deutsche Ordnungswidrigkeitengesetz senkt gezielt das kriminalstrafrechtliche Schulderfordernis und stuft es zu einer stärker an rechtlichen Bezügen ausgerichteten "Verantwortlichkeit" ab.[791] Dadurch wird allgemein die Möglichkeit eröffnet, anstelle der als persönliche sittliche Fehlleistung verstandenen menschlichen Schuld im klassischen Sinne einen an sozialen und rechtlichen Kategorien ausgerichteten Schuldbegriff im weiteren Sinne zu setzen.[792]

Das wettbewerbsrechtliche Unternehmen als wirtschaftliche und soziale Realität ist daher schuldfähig.

b. Zugerechnetes Fremdverschulden vs. originäres Verschulden

Die Verantwortlichkeit für die Begehung von Zuwiderhandlungen im Kartellrecht ist persönlicher Natur.[793] In diesem Sinne darf der Täter nur bestraft werden, wenn ihm selbst die Tat vorgeworfen werden kann.[794] Um dem Schuldprinzip Rechnung zu tragen, muss demnach dem Täter ein eigenes Verschulden vorgeworfen werden, nur hierfür und nicht für das Verschulden anderer hat er einzustehen.[795] Das Schuldprinzip spricht somit eher für die Annahme einer eigenen, nicht nur als eigen zugerechnete Unternehmenschuld.[796]

Bei Unternehmen handelt es außerdem um eigenständige Subjekte der sozialen Realität.[797] Das Unternehmen kann durch die Begründung eines eigenen Unternehmenswillen entscheiden, ob es sich dem Unrecht beugt oder normkonform verhält.[798]

---

791 *Tiedemann*, NJW 1988, 1169, 1172.

792 *Ebenda.*

793 EuGH, Urt. v. 8.7.1999, Rs. C-49/92 P, ECLI:EU:C:1999:356 – Anic Partecipazioni. Vgl. ferner EuG, Urt. v. 14.12.2006, Rs. T-259/02 u.a., ECLI:EU:T:2006:396, Tz. 333 – Lombardclub. Vgl. auch *Kellerbauer/Weber*, EuZW 2014, 688, 688.

794 *Hamann*, Unternehmen als Täter, S. 171 m.w.N.

795 *Ebenda.*

796 *Ebenda.*

797 *Bertossa*, Unternehmensstrafrecht, S. 34 ff.; *Dannecker*, GA 2011, 101, 111; *Eidam*, wistra 2003, S. 104 f.; *Lütolf*, Strafbarkeit der juristischen Person, S. 124 ff. Siehe ferner *Schnitzer*, Entwurf eines Verbandstrafgesetzbuches, S. 89 m. w. N.

798 *Gierke*, Genossenschaftstheorie, S. 22 ff., 743 ff.

Für ein eigenes Verschulden des Unternehmens ist schließlich anzuführen, dass die in Art. 101, 102 AEUV nominierten Verhaltenspflichten sich an das Unternehmen richten. Daher sollte der Vorwurf einer Pflichtverletzung auch direkt den Normadressaten, somit das Unternehmen treffen. Der Regelungszweck und die Ausgestaltung der europäischen Wettbewerbsvorschriften sprechen folglich für die Annahme eines originären Unternehmensverschulden.[799]

c. *Organisationsverschulden als eigenes Verschulden des Unternehmens*

Als direktes eigenes Verschulden des Unternehmens kommt ein Versagen des Unternehmens als Organisation in Betracht. Es handelt sich dabei um einen eigenen sozialen Vorwurf, der die "Verantwortlichkeit" des Unternehmens begründet und der gegen das Unternehmen selbst erhoben werden kann.[800] Das Organisationsversagen stellt mithin den materiellen Grund dafür dar, dass die Unternehmensträger bzw. Organe bei dem Geschäftsbetrieb des Unternehmens einen Kartellrechtsverstoß begehen und dass das Unternehmen hierfür verantwortlich gemacht wird.[801] Die Unternehmensträger bzw. Organe werden für das Unternehmen nach außen tätig und ihnen wird die Funktion eingeräumt verantwortlich für das Unternehmen zu handeln.[802] Auf Unternehmensebene erscheint daher jede Zuwiderhandlung der Unternehmensträger bzw. Organe als Fehler des Unternehmens und der Kartellrechtsverstoß (als Anknüpfungstat) ist insoweit als Zuwiderhandlung des Unternehmens anzusehen.[803]

2. *Persönliche Verantwortlichkeit und wirtschaftliche Einheit*

Der EuGH stellte klar, dass die wirtschaftliche Einheit, die gegen Kartellrecht verstoßen hat auch nach dem Grundsatz der persönlichen Verantwortung dafür

---

799 Diese Ansicht teilt auch *Hamann*, Unternehmen als Täter, S. 173. A.A. *Ransiek*, NZWiSt 2012, 45, 47; *Vadillo*, Die strafrechtliche Verantwortlichkeit juristischer Personen im europäischen Rechtsdenken – aus spanischer und rechtsvergleichender Sicht, in Schünemann/Suárez, S. 297 f. Vgl. auch *Dannecker/Fischer-Fritsch*, Das EG-Kartellrecht in der Bußgeldpraxis, S. 279 f.; *Stender*, Kartellbußen, S. 84. Ausführlich dazu auch *Aberle*, Wirtschaftliche Einheit und Sanktionsdurchgriff, S. 110 ff.

800 *Tiedemann*, NJW 1988, 1169, 1172.

801 Vgl. *Dannecker*, GA 2001, 101, 117; *Hamann*, Unternehmen als Täter, S. 169 ff., *Tiedemann*, NJW 1988, 1169, 1172.

802 Vgl. *Hirsch*, ZStW 1995, 285, 312 f.

803 *Tiedemann*, NJW 1988, 1169, 1172.

einzustehen muss.[804] Ebenso argumentiert auch das EuG mit einer Verantwortung der wirtschaftlichen Einheit.[805] Täter des Kartellrechtsverstoßes ist die wirtschaftliche Einheit.[806] Das Verschulden kann und muss nur für diese wirtschaftliche Einheit, nicht für einzelne juristische Personen festgestellt werden, da die Schuld dem Täter, nicht aber für einen bestimmten Teil des Täters nachzuweisen ist.[807]

Die wirtschaftliche Einheit besitzt im Gegensatz zum Unternehmen, sofern es sich um ein „Einzelunternehmen" handelt, keine Rechtsfähigkeit.[808] Eine mangelnde Rechtssubjektivität schließt die Schuldfähigkeit jedoch nicht aus.[809] Unter Zugrundelegung des wettbewerbsrechtlichen Unternehmensbegriff handelt es sich bei der wirtschaftlichen Einheit nicht um ein „rechtliches Nichts",[810] sondern um ein eigenständiges Subjekt der wirtschaftlichen und sozialen Realität. Die wirtschaftliche Einheit stellt nur eine besondere Variante des Unternehmens dar, nicht jedoch eine eigene Kategorie.[811]

---

804 EuGH, Urt. 8.7.1999, Rs. C-49/92 P, ECLI:EU:C:1999:356 – Anic Partecipazioni; Urt. v. 16.11.2000, Rs. C-279/98 P, ECLI:EU:C:2000:259, Tz. 78 – Cascades; Urt. v. 14.7.2005, Rs. C-65/02, ECLI:EU:C:2005:454, Tz. 82 – ThyssenKrupp; Urt. v. 11.12.2007, Rs. C-280/06, ECLI:EU:C:2007:775, Tz. 39 – ETI u. a.; Urt. v. 10.9.2009, Rs. C-97/08; ECLI:EU:C:2009:536, Tz. 56f., 77 – Akzo Nobel; Urt. v. 29.3.2011, Rs. C-201/09, ECLI:EU:C:2011:190, Tz. 95 – ArcelorMittal Luxembourg; Urt. v. 29.9.2011, Rs. C-520/09, ECLI:EU:C:2011:619, Tz. 42 – Arkema; Urt. 29.9.2011, Rs. C-521/09 P, ECLI:EU:C:2011:620, Tz. 53 – Elf Aquitaine; Urt. v. 11.7.2013, Rs. C-440/11 P., ECLI:EU:C:2013:514, Tz. 37 – Stichting Administratiekantoor Portielje; *Aberle*, Sanktionsdurchgriff und wirtschaftliche Einheit, S. 113; *de Bronett*, Kommentar, Art. 23 VO 1/2003, Rn. 25; *Hackel*, Konzerndimensionales Kartellrecht, S. 125 f.; *Kersting*, Der Konzern 2011, 445, 448; *Kling*, ZWeR 2011, 169, 177; *Köhler*, WRP 2011, 277, 278; *Kokott/Dittert*, WuW 2012, 670, 671; *Thomas*, JECLaP 2012, 3(1), 11, 15f.

805 EuG, Urt. v. 27.10.2010, Rs. T-24/05, ECLI:EU:T:2010:453, Tz. 124 – AOI; siehe zudem EuG, Urt. v. 17.5.2011, Rs. T-299/08, ECLI:EU:T:2011:217, Tz. 179 – Elf Aquitaine; Urt. v. 9.9.2011, Rs. T-25/06, ECLI:EU:T:2011:442, Tz. 82 – AOI.

806 Wie oben bereits festgestellt, siehe insbesondere Erster Teil.

807 Vgl. *Hamann*, Unternehmen als Täter, S. 192.

808 Es sich beim Unternehmen nur eine juristische Person oder Einzelkaufmann handelt.

809 Vgl. auch *Engelhardt*, Sanktionierung von Unternehmen, S. 676A.A. *Aberle*, Sanktionsdurchgriff und wirtschaftliche Einheit, S. 116. Nach *Aberle* kann einer wirtschaftlichen Einheit ohne Rechtsfähigkeit keine Verantwortung zugeschrieben werden. Vgl. auch *de Bronett*, EWS 2012, 113, 120, 122, *Heinrich*, Wirtschaftliche Haftungseinheit, S. 79 ff., und *Thomas*, JZ 2011, 485, 494.

810 So *Aberle*, Sanktionsdurchgriff und wirtschaftliche Einheit, S. 116

811 *Ebenda*, S. 193 f.

Die wirtschaftliche Betrachtungsweise, die bei der Bestimmung des materiell-kartellrechtlichen Unternehmensbegriffs dazu zwingt, von Konzepten wie der Rechtsfähigkeit oder der juristischen Person zugunsten der wirtschaftlichen Einheit abzusehen, hat ebenfalls auf der Sanktionsebene seine Berechtigung.[812] Denn die Sanktion für den Kartellrechtsverstoß soll, auch wenn sie aus Vollzugsgründen letztendlich an juristische Personen adressiert wird, grundsätzlich der wirtschaftlichen Einheit gelten.[813] Die wirtschaftliche Einheit stellt somit das wirtschaftliche Subjekt des Verhaltens dar, das vom Kartellrecht in präventiver Hinsicht gesteuert werden soll.[814] Da diese Einheit gegen die materiellen Verhaltensvorgaben verstößt, trägt sie hierfür auch selbst Verantwortung.

3. *Die persönliche Verantwortlichkeit der Muttergesellschaft*

Nach dem Grundsatz der persönlichen Verantwortlichkeit muss das Rechtssubjekt einstehen, das das an dem Kartell beteiligten Unternehmen zum Zeitpunkt der Zuwiderhandlung leitete.[815] Die bußgeldrechtliche Verantwortlichkeit der Muttergesellschaft begründet sich nicht auf ein eigenes schuldhaftes Verhaltens oder eine Verschuldenszurechnung der Tochtergesellschaft.[816] Die

812 Vgl. *Ackermann*, ZweR 2010, 329, 346. Diese Ansicht teilen zudem *Ackermann*, ZweR 2012, 3, 18; *Braun/Kellerbauer*, NZKart 2015, 211, 212; *Kellerbauer*, WuW 2014, 1173, 1179; *Kellerbauer/Weber*, EuZW 2011, 666, 668; *Kersting*, Der Konzern 2011, 445, 448; ders. WuW 2014, 1156, 1156 f.; *Köhler*, WRP 2011, 277, 281.

813 Vgl. *Ackermann*, ZweR 2010, 329, 346.

814 *Ebenda*. Diese Ansicht unterstützt auch *Kersting*, Der Konzern, 2011, 445, 448. Nach ihm muss sich das Wettbewerbsrecht an den Auswirkungen auf den Wettbewerb orientieren. Diese Auswirkungen entstünden dabei durch das Auftreten der wirtschaftlichen Einheit und nicht durch das Auftreten der einzelnen Gesellschaften, die zusammen die wirtschaftliche Einheit bildeten.

815 EuGH, Urt. v. 16.11.2000, Rs. C-248/98 P, ECLI:EU:C:2000:625, Tz. 71 – KNP BT; Urt. v. 16.11.2000, Rs. C-279/98 P, ECLI:EU:C:2000:259, Tz. 78 – Cascades; Urt. v. 16.11.2000, Rs. C-286/98 P, ECLI:EU:C:2000:630, Tz. 37 – Stora Kopparbergs Bergslags; Urt. v. 16.11.2000, Rs. C-297/98 P, ECLI:EU:C:2000:633, Tz. 27 – SCA Holding; EuG, Urt. v. 14.12.2006, verb. Rs. T-259/02 u.a., ECLI:EU:T:2006:396, Tz. 324 – Lombard Club; Urt. 14.5.1998, Rs. T-327/94, ECLI:EU:T:1998:96, Tz. 63 – SCA Holding; GA *Kokott*, Schlussanträge vom 23.4.2009, Rs. C-97/08, ECLI:EU:C:2009:262, Tz. 39 – Akzo Nobel. Siehe zudem *Hackel*, Konzerndimensionales Kartellrecht, S. 125.

816 *Kersting*, Der Konzern 2011, 445, 451 f. (m. w. N.). So auch *Ackermann*, ZweR 2011, 329, 346 f.; *ders.*, ZweR 2012, 3, 18; *Hofstetter/Ludescher*, FS von Büren, S. 485, 487; Kellerbauer, WuW 2014, 1173, 1179; *ders./Weber*, EuZW 2011, 666, 666; *Köhler*, WRP 2011, 277, 281; *Kokott/Dittert*, WuW 2012, 670, 672; *Ost*, NZKart 2013, 25, 26.

Muttergesellschaft ist verantwortlich für den Kartellrechtsverstoß des von ihr geführten Unternehmens, weil sie als Leiterin des Unternehmens den maßgeblichen Einfluss auf dessen Marktverhalten ausübt.[817] Das Konzept der wirtschaftlichen Einheit muss daher unter der Berücksichtigung des Schuldprinzips auch für die Begründung der bußgeldrechtlichen Verantwortung der Muttergesellschaft geeignet sein.

Die Voraussetzung für die Verhängung einer Kartellgeldbuße ist ein schuldhaft begangener Verstoß.[818] Eine Beteiligung an der Tochtergesellschaft, die den Kartellrechtsverstoß unmittelbar begangen hat, stellt weder einen fahrlässigen noch gar ein vorsätzlichen eigenen Verstoß der Muttergesellschaft gegen das Kartellrecht dar.[819] Der Grundsatz der persönlichen Verantwortlichkeit in der Beziehung zur Muttergesellschaft ist jedoch nicht erst gewahrt, wenn diese die Zuwiderhandlung persönlich begangen bzw. einen eigenen schuldhaften Tatbeitrag geleistet hat.[820] Es genügt, dass das wettbewerbrechtliche Unternehmen schuldhaft gegen die Wettbewerbsregeln verstoßen hat. Zusammen mit ihrer Tochtergesellschaft ist die Muttergesellschaft als gemeinsame Rechtsträger dieses Unternehmens für den Verstoß verantwortlich.

Das Konzept der wirtschaftlichen Einheit bildet die notwendige Verbindung zur bußgeldrechtlichen Verantwortung der Rechtsträger. Die Muttergesellschaft haftet nach dem Prinzip: *„Wer gemeinsam eine im Wettbewerb stehende wirtschaftliche Einheit trägt, haftet auch gemeinsam für die wettbewerbsrechtlichen Handlungen dieser wirtschaftlichen Einheit.“*[821]

---

817 Vgl. *Hackel*, Konzerndimensionales Kartellrecht, S. 126.

818 *Kling*, ZWeR 2011, 170, 178. Vgl. zudem *Bechtold/Bosch*, ZweR 2011, 160, 166; *Thomas*, KSzW 2011, 10, 12; *ders.*, JZ 2011 485, 493.

819 Insoweit ist *Thomas*, KSzW 2011, 10, 12 zuzustimmen.

820 A.A. *Bechtold/Bosch*, ZweR 2011, 160, 166; *de Bronett*, EWS 2012, 113; *Kling*, ZweR 2011, 170, 178; *Stender*, Kartellgeldbußen, S. 90 ff.; *Thomas*, KSzW 2011, 10, 12; *ders.*, JZ 2011 485, 493. Siehe auch *Meyering* WuW 2010, 157, 165. *Thomas*, JZ 2011, 485, 493, 494 stellt darauf ab, dass nur individuelle juristische Personen nach der EMRK und der GRCh den Schutz des Schuldgrundsatzes genießen und eben nicht die wirtschaftliche Einheit Grundrechtsträgerin sein kann. Die juristische Person wäre somit in ihrem zustehenden Grundrecht verletzt, wenn nicht ihr gegenüber der Schuldgrundsatz gewahrt werde. Siehe auch *Bosch*, ZHR 2013, 454, 458 f. m. w. N.; *Soyez*, EuZW 2007, 596, 597.

821 *Kersting*, Der Konzern 2011, 445, 449; ders., WuW 2014, 1156, 1156 f. Dieser verweist weiter auf EuG, Urt. v. 3.3.2011, verb. Rs. T-122/07 u. a., ECLI:EU:T:2011:70, Tz. 151 – Siemens AG Österreich. Siehe zudem *Murach*, Der Konzern 2009, 482, 483.

Es handelt sich dabei nicht um eine verschuldensunabhängige Haftung („strict liability"), denn die Muttergesellschaft ist zusammen mit allen unter ihrem bestimmenden Einfluss stehenden Tochtergesellschaften die juristische Verkörperung dieses Unternehmens.[822]

Durch die Einflussnahme auf ihre Tochtergesellschaft, lenkt die Muttergesellschaft das Marktverhalten in der Regel nach ihrem Interesse und profitiert insoweit davon. Als Muttergesellschaft obliegt ihr die Leitung, da sie die Fäden in der Unternehmensgruppe zieht. Ihre Verantwortung für in dieser Unternehmensgruppe begangene Zuwiderhandlungen kann die Muttergesellschaft daher nicht kurzerhand auf die Tochtergesellschaft abwälzen.[823]

Im Ergebnis stellt die wirtschaftliche Einheit einen geeigneten Nexus zwischen dem schuldhaft begangenen Verstoß des Unternehmens und der bußgeldrechtlichen Verantwortung der Muttergesellschaft unter Berücksichtigung des Schuldprinzips dar.

V. Zusammenfassung

Die Verantwortlichkeit der Muttergesellschaft für die Kartellrechtsverstöße der Tochtergesellschaft steht grundsätzlich mit rechtsstaatlichen Grundsätzen in Einklang. Von zentraler Bedeutung sind in diesem Zusammenhang die unionsrechtlichen Gesetzesvorbehalte, der Grundsatz *nulla poena sine lege* und das Schuldprinzip.

Eine Vereinbarkeit mit dem ungeschriebenen unionsrechtlichen Gesetzesvorbehalt ist sowohl im Hinblick auf den Unternehmensbegriff als auch in Bezug auf die Zurechnung rechtswidrigen Verhaltens des Tochterunternehmens an die Muttergesellschaften gegeben. Denn die Sanktionen sichern lediglich die Entscheidung der Gemeinschaft im Zusammenhang mit der Ausrichtung der Gemeinschaftspolitik ab, tangieren den Wesentlichkeitsvorbehalt jedoch nicht.

Zudem ist aufgrund einer ausreichenden Ermächtigungsgrundlage kein Verstoß gegen den Gesetzesvorbehalt nach Art. 52 Abs. 1 S. 1 GRCh ersichtlich.

822 GA *Kokott*, Schlussanträge v. 23.4.2009, Rs. C-97/08, ECLI:EU:C:2009:262, Tz. 98 – Akzo Nobel. Der EuGH geht auch von einer verschuldensabhängigen Haftung aus, vgl. EuGH, Urt. v. 10.9.2009, Rs. C-97/08 P, ECLI:EU:C:2009:536, Tz. 77 – Akzo Nobel. In der Rechtssache ArcelorMittal Luxembourg stellt der EuGH auf den Unternehmensbegriff ab, vgl. EuGH, Urt. v. 29.3.2011, Rs. C-201/09, ECLI:EU:C:2011:190, Tz. 101 – ArcelorMittal Luxembourg.

823 So auch GA *Kokott*, Schlussanträge v. 23.4.2009, Rs. C-97/08, ECLI:EU:C:2009:262, Tz. 99 – Akzo Nobel.

Danach muss jede Beschränkung der in der Grundrechtscharta geregelten Grundrechte und Grundfreiheiten gesetzlich geregelt sein. Der Gesetzesvorbehalt des Art. 52 GRCh findet in diesem Fall Anwendung, da ein Eingriff in das Eigentumsrecht nach Art. 17 GRCh bejaht werden kann. Als gesetzliche Ermächtigung für den Eingriff kann Art. 23 Abs. 2 S. 2 VO 1/2003 herangezogen werden. Aus dieser Norm lässt sich hinreichend erkennen, dass ebenfalls der Muttergesellschaft, die nicht unmittelbar an der kartellrechtswidrigen Handlung beteiligt war, ein Bußgeld auferlegt werden kann.

Ein Verstoß gegen den Bestimmtheitsgrundsatz, insbesondere in seiner Ausprägung in Art. 7 EMRK und Art. 49 GrCh, ist nicht anzunehmen. Nach diesem Grundsatz müssen Strafnormen die jeweilige Tat sowie die angedrohte Sanktion hinreichend klar bestimmen – und zwar sowohl im Hinblick auf das strafbare Verhalten als auch auf die daraus resultierende Rechtsfolge. Freilich sind weder der Unternehmensbegriff noch die wirtschaftliche Einheit legal definiert bzw. überhaupt normativ geregelt. Willkürliche Auslegungsmöglichkeiten, die einen Verstoß begründen können, sind aufgrund der gefestigten Rechtsprechung jedoch abzulehnen.

Schließlich ist die aktuelle Praxis der Sanktionierung der Muttergesellschaft für die Kartellrechtsverstöße der Tochtergesellschaft auch mit dem Schuldprinzip vereinbar. Die persönliche Verantwortlichkeit des Unternehmens als originäre Unternehmensschuld liegt aufgrund eines Organisationsverschuldens vor. Die wirtschaftliche Einheit stellt somit das wirtschaftliche Subjekt des Verhaltens dar, das vom Kartellrecht in präventiver Hinsicht gesteuert werden soll. Da diese Einheit gegen die materiellen Verhaltensvorgaben verstößt, trägt sie hierfür auch selbst die Verantwortung. Die Muttergesellschaft wiederrum ist verantwortlich, weil sie als Leiterin des Unternehmens maßgeblich Einfluss auf dessen Marktverhalten nimmt. Das Konzept der wirtschaftlichen Einheit bildet die notwendige Verbindung zwischen dem schuldhaft begangenen Verstoß des Unternehmens und der bußgeldrechtlichen Verantwortung der Rechtsträger.

§ 5 Das Auswahlermessen der Europäischen Kommission

Die Möglichkeit der Verhängung einer „kartellrechtlichen Gesamtgeldbuße“, für die die Rechtsträger einer wirtschaftlichen Einheit gesamtschuldnerisch haften, wirft eigenständige dogmatische und rechtsstaatliche Fragen auf, die hier nur kurz angesprochen werden können. Der Fokus wird auf die Ausübung eines Auswahlermessens der Europäischen Kommission bei mehreren potenziellen Bußgeldadressaten gelegt.

I. Die gesamtschuldnerische Haftung der Rechtsträger einer wirtschaftlichen Einheit

Bilden mehrere Gesellschaften eine wirtschaftliche Einheit und somit ein einziges Unternehmen im Sinne der Art. 101, 102 AEUV, so können sie nach Ansicht der Unionsorgane gesamtschuldnerisch für eine Gesamtgeldbuße herangezogen werden.[824] Die Gesamtgeldbuße kann einheitlich gegen mehrere oder alle Gesellschaften dieser wirtschaftlichen Einheit festgesetzt werden.[825]

Die ersten Entscheidungen der Europäischen Kommission, die Mitglieder einer wirtschaftlichen Einheit als Gesamtschuldner zu behandeln, stammen aus den 1970er-Jahren.[826] In seinem *ICI/CSC*-Urteil hat der EuGH die Zulässigkeit einer gesamtschuldnerischen Haftung aller Gesellschaften einer wirtschaftlichen Einheit bekräftigt.

Ziel der gesamtschuldnerischen Haftung mehrerer Gesellschaften war es vor allem, die Durchsetzbarkeit kartellrechtlicher Bußgeldentscheidungen außerhalb des europäischen Wirtschaftsraumes zu gewährleisten.[827] Mangels Unterscheidung zwischen dem Täterunternehmen und dem bußgeldrechtlich verantwortlichen Unternehmensträger zum damaligen Zeitpunkt bestand insbesondere bei Konzernsachverhalten die Gefahr erheblicher Sanktionsdefizite, wenn ein Teil der kartellbeteiligten Gesellschaften in Drittstaaten ansässig und

---

824 Vgl. *Heinichen*, Unternehmensbegriff und Haftungsnachfolge, S. 147. Zu den Anforderungen an eine gesamtschuldnerische Haftung und zu dem Modell der Gesamtschuld siehe *Aberle*, Sanktionsdurchgriff und wirtschaftliche Einheit, S. 124 ff; *Blome*, Rechtsträgerprinzip und Wirtschaftliche Einheit, S. 177 ff.; *Heinrich*, Wirtschaftliche Haftungseinheit, S. 88.

825 Siehe *Heinichen*, Unternehmensbegriff und Haftungsnachfolge, S. 147. Allerdings haften die Gesellschaften teilweise mit verschiedenen Höchstgrenzen. Vgl. KOMM., Entsch. v. 5.12.2007, COMP. 38.629, Tz. 655 – Chloropren-Kautschuk.

826 Siehe KOMM., Entsch. v. 14.12.1972, ABl. EG Nr. L 299, 51, Art. 1, 3, S. 57 – Zoja/CSC-ICI. Es wird angenommen, dass zur Begründung einer gesamtschuldnerischen Haftung der Art. 55 Code pénal in seiner 1972 gültigen Fassung als Vorlage diente. Diese Norm sah eine gesamtschuldnerische Haftung aller an einer Straftat Beteiligten für eine festgelegte Geldstrafe vor. Vgl. hierzu *Heinichen*, Unternehmensbegriff und Haftungsnachfolge, S. 141 (Fn. 441). *Zieschang*, Das Sanktionensystem in der Reform des französischen Strafrechts, S. 66. Siehe zudem KOMM., Entsch. v. 8.12.1977, ABl. EG 1978 Nr. L 22, 23, Art. 1, 2, S. 34 f. – Hugin/Liptons; KOMM., Entsch. v. 25.11.1980 Nr. L 377, 16, Art. 3, S. 27 – Johnson&Johnson. Dazu auch *Aberle*, Sanktionsdurchgriff und wirtschaftliche Einheit, S. 124; *Heinichen*, Unternehmensbegriff und Haftungsnachfolge, S. 141.

827 Vgl. *Heinichen*, Unternehmensbegriff und Haftungsnachfolge, S. 141 f.

somit dem Vollstreckungszugriff der europäischen Kommission entzogen war.[828] Die Anordnung der gesamtschuldnerischen Haftung ermöglichte es der Europäischen Kommission, in einem solchen Fall auf die im europäischen Wirtschaftsraum ansässigen Konzerngesellschaften zuzugreifen.[829]

Die Praxis wurde in den Folgejahren eingestellt und wird erst seit den 1990er-Jahren wieder seitens der Europäischen Kommission fortgesetzt.[830] Die gesamtschuldnerische Haftung ist in aktuellen Entscheidungen vom EuGH bestätigt worden.[831]

Heute ist es gängige Praxis der Unionsorgane, dass gegen Gesellschaften, die im Zeitraum der Zuwiderhandlung eine wirtschaftliche Einheit und somit ein Unternehmen im Sinne der Art. 101, 102 AEUV bilden, eine einzige Gesamtgeldbuße festgesetzt und die gesamtschuldnerische Haftung angeordnet wird.[832]

---

828 *Ebenda.*

829 *Ebenda*, S. 142.

830 Erstmals wieder in der Karton-Entscheidung der Europäischen Kommission, vgl. KOMM., Entsch. v. 13.7.1994, ABl. EG 1994 Nr. l 243, 1, Tz. 174 – Karton. Im Ergebnis bestätigt durch EuG, Urt. v. 14.5.1998, verb. Rs. T-339/94 u. a., ECLI:EU:T:1998:100, Tz. 59 – Metsä-Serla u. a.; EuGH, Urt. v. 16.11.2000, Rs. C-294/98 P, ECLI:EU:C:2000:632, Tz. 27 f. – Metsä-Serla u. a. Nach ihrer Karton-Entscheidung hat die Europäische Kommission wiederholt eine gesamtschuldnerische Haftung der Gesellschaften einer wirtschaftlichen Einheit angeordnet, wobei sie teilweise unterschiedliche Begrifflichkeiten für dieses Haftungsprinzip verwendete. Vornehmlich spricht die Europäische Kommission von „gesamtschuldnerisch haftenden" Gesellschaften, so beispielsweise in KOMM., Entsch. v. 21.10.1998, ABl. EG 1999 Nr. L 24, 1, Art. 3 – Fernwärmetechnik-Kartell; Entsch. v. 7.6.2000, ABl. EG 2001 Nr. L 152, 24, Tz. 445 – Aminosäuren; Entsch. v. 20.9.2000, ABl. EG 2001 Nr. L 59, 1, Art. 3 – Opel. In einzelnen Fällen sprach die Europäische Kommission auch nur von einer „gemeinsamen Geldbuße", so in KOMM., Entsch. v. 21.12.1994, ABl. EG 1994, Nr. L 378, 45, Art. 2 – Tretorn u. a., oder einer „gesamtschuldnerischen Bebußung", so argumentierte die Europäische Kommission in EuG, Urt. v. 14.5.1998, verb. Rs. T-339/94 u. a., ECLI:EU:T:1998:100, Tz. 38 – Mestä-Serla u. a. Nach *Heinichen* haben die unterschiedlichen Formulierungen keine Auswirkungen auf die Voraussetzungen und Rechtsfolgen der gesamtschuldnerischen Haftung. Siehe hierzu auch *Heinichen*, Unternehmensbegriff und Haftungsnachfolge, S. 142 f.; *Steinle*, EWS 2004, 118, 123; *Zimmer/Paul*, WuW 2007, 970, 971.

831 So unter anderem in EuGH, Urt. v. 10.9.2009, Rs. C-97/08, ECLI:EU:C:2009:536, Tz. 61 – Akzo Nobel; Urt. v. 20.1.2011, C-90/09, ECLI:EU:C:2011:21, Tz. 40 – General Química. Siehe auch *Aberle*, Sanktionsdurchgriff und wirtschaftliche Einheit, S. 124; *Köhler*, WRP 2011, 277, 278.

832 Siehe neben den in der vorherigen Fußnote genannten Entscheidungen auch EuG, Urt. v. 12.12.2007, Rs. T-112/05, ECLI:EU:T:2007:381, Tz. 62 – Akzo Nobel; Urt.

Für die 10%ige Bußgeldobergrenze des Art. 23 Abs. 2 S. 2 VO 1/2003 ist der Gesamtumsatz des Vorjahres aller Gesellschaften der wirtschaftlichen Einheit maßgeblich.[833]

II. Die Auswahl der Bußgeldadressaten

1. Die Beanspruchung eines Auswahlermessens der Europäischen Kommission

Mangels Rechtspersönlichkeit des Unternehmens im Sinne des Wettbewerbsrechts obliegt es den Gesellschaften der wirtschaftlichen Einheit für die Zahlung der Gesamtgeldbuße einzustehen.[834]

Die Europäische Kommission bestimmt demzufolge die finalen Bußgeldadressaten aus dem Kreise der der wirtschaftlichen Einheit angehörenden Gesellschaften. Im Hinblick auf die Auswahl der Bußgeldadressaten kann die Europäische Kommission dabei für sich ein Auswahlermessen beanspruchen.[835]

Neben der unmittelbar an der Zuwiderhandlung beteiligten Tochtergesellschaft kann die Europäische Kommission – alternativ oder kumulativ – weitere Gesellschaften zur Verantwortung ziehen.[836] Zudem ist die Europäische Kommission bei der Verhängung eines Bußgelds gegen mehrere Gesellschaften eines

---

v. 31.3.2009, Rs. T-405/06, ECLI:EU:T:2009:90, Tz. 91 – Arcelor Mittal; KOMM., Entsch. v. 12.11.2008, Tz. 590 f. – Autoglas; Entsch. v. 7.10.2009, Tz. 178 – Leitungstransformatoren; GA *Mazák*, Schlussanträge v. 14.9.2010, Rs. C-90/09 P, ECLI:EU:C:1991:182, Tz. 32 – General Química u. a.

833 EuG, Urt. v. 15.3.2000, verb. Rs. T-25/95 u. a., ECLI:EU:T:2000:77, Tz. 540 – Cimenteries CBR u. a.; Urt. v. 20.3.2002, Rs. T-9/99, ECLI:EU:T:2002:70, Tz. 528 – HFB. Siehe auch *Heinichen*, Unternehmensbegriff und Haftungsnachfolge, S. 144.

834 Vgl. EuG, Urt. v. 3.3.2011, Rs. T-122/07, ECLI:EU:T:2011:70, Tz. 134 – Siemens Österreich: *„Da schließlich das Gebilde, das gegen Art. 81 EG und Art. 53 EWR-Abkommen verstoßen hat, ein Unternehmen im Sinne des Wettbewerbsrechts ist, das als solches keine Rechtspersönlichkeit hat, muss die Europäische Kommission in ihrer Entscheidung, mit der sie diese Zuwiderhandlung ahndet und Geldbußen verhängt, die einzelnen Gesellschaften im Unternehmen bestimmen, an die die Entscheidung zu richten ist und die für das Unternehmen für die Zahlung der Geldbußen einstehen müssen.“*

835 EuGH, Urt. v. 29.9.2011, Rs. C-521/09 P, ECLI:EU:C:2011:620, Tz. 121 – Elf Aquitaine unter Verweis auf EuGH, Urt. v. 24.9.2009, verb. Rs. C-125/07 P u. a., ECLI:EU:C:2009:576, Tz. 82 – Erste Bank Group u. a. Siehe dazu auch die Ausführungen von *Blome*, Rechtsträgerprinzip und Wirtschaftliche Einheit, S. 172 ff.; *Heinrich*, Wirtschaftliche Haftungseinheit, S. 96 ff.

836 *Braun/Kellerbauer*, NZKart 2015, 175, 180 f.

verbundenen Unternehmens nicht verpflichtet, die unmittelbar tatbeteiligte Gesellschaft „vorrangig“ zu sanktionieren.[837]

Im Umkehrschluss bedeutet dies, dass bei Vorliegen einer wirtschaftlichen Einheit nicht zwangsweise die Anordnung einer gesamtschuldnerischen Haftung aller Mitglieder der Letzteren erfolgen muss. Möglich ist auch, dass nur ein Teil der ihr zugehörigen Gesellschaften für die Haftung herangezogen wird.

2. *Kommissionspraxis*

Anhang einer Auswahl von Entscheidungen soll nun im Folgenden die Praxis der Unionsorgane im Hinblick auf die Adressatenauswahl näher dargestellt werden.

a. *Muttergesellschaft und 100%ige Tochtergesellschaft*

In der Praxis hat die Europäische Kommission zumeist die unmittelbar tatbeteiligte Gesellschaft und, soweit möglich, deren Muttergesellschaft, jedoch nur ausnahmsweise zwischengeschaltete Gesellschaften belangt.[838] Ein einheitliches Bild ist allerdings nicht zu erkennen.

Trotz der Annahme eines einheitlichen Unternehmens richtete die Europäische Kommission in der Entscheidung *Sperry New Holland* vom 16.12.1985 die Geldbuße weder gesamtschuldnerisch gegen unterschiedliche juristische Personen noch gegen die Muttergesellschaft, sondern ausschließlich gegen die Tochtergesellschaft SNH NV.[839] Auch in der Sache *Polypropylen* vom 23.4.1986 wurde das Bußgeld nicht an den Shell-Konzern bzw. die Konzernmutter adressiert, sondern an eine europäische Tochtergesellschaft. Diese war für die Koordinierung und strategische Planung zuständig und aus diesem Grund in besonderem Maße für das wettbewerbswidrige Verhalten verantwortlich.[840]

---

837 EuGH, Urt v. 18.7.2013, Rs. C-499/11 P, ECLI:EU:C:2013:482, Tz. 49 – Dow Chemical u.a. unter Verweis auf EuGH, Urt. v. 24.9.2009, verb. Rs. C-125/07 P u. a., ECLI:EU:C:2009:576, Tz. 81, 82 – Erste Bank Group u. a. Vgl. auch *Braun/Kellerbauer*, NZKart 2015, 175, 181.

838 *Arbault/Sakkers*, in Faull/Nikpay, Rn. 8559 ff.; *Kellerbauer/Weber*, EuZW 2011, 666, 668; *Ost/Kallfaß/Roesen*, NZKart 2016, 447, 448 (m. w. N.).

839 KOMM., Entsch. v. 16.12.1985, IV/30.839, ABl. EG 1985, Nr. L 376/21, Art. 4, 5 – Sperry New Holland.

840 KOMM., Entsch. v. 23.4.1986, IV/31.149, ABl. EG 1986 Nr. L 230/1, Tz. 102 – Polypropylen. Siehe zudem KOMM., Entsch. v. 2.12.1986, IV/31.128, ABl. EG 1987 Nr. L 3/17, S. 25 f. – Fettsäuren.

In anderen früheren Entscheidungen wiederum adressierte die Europäische Kommission ihre jeweilige Entscheidung, trotz Bestehens einer wirtschaftlichen Einheit, häufig allein an die Muttergesellschaft. So verhielt es sich beispielsweise in den Entscheidungen *Betonstahlmatten*[841] vom 2.8.1989, *Karton*[842] vom 13.7.1994 oder *Interbrew und Alken-Maes*[843] vom 5.12.2001.[844]

In ihrer Entscheidung *Cholinchlorid* vom 9.12.2004 setzte die Europäische Kommission dann eine Geldbuße gesamtschuldnerisch gegen die Muttergesellschaft Akzo Nobel N.V. sowie gegen die Tochtergesellschaften Akzo Nobel Nederland B.V., Akzo Nobel Chemicals International B.V., Akzo Nobel Chemicals B.V. und Akzo Nobel Functional Chemicals B.V. fest.[845]

b. Gemeinschaftsunternehmen

Verstößt ein Gemeinschaftsunternehmen gegen Wettbewerbsverbote, kommen sowohl das handelnde Gemeinschaftsunternehmen als auch die Muttergesellschaften als Adressaten einer Bußgeldentscheidung in Betracht.

Eine einheitliche Praxis der Europäischen Kommission im Falle eines paritätischen Gemeinschaftsunternehmens ist nicht ersichtlich. In der Entscheidung *Chloropren-Kautschuk* vom 5.12.2007 hafteten die beiden Muttergesellschaften DuPont und Dow gesamtschuldnerisch für das Verhalten der Tochtergesellschaft DDE.[846] Dem Gemeinschaftsunternehmen DDE selbst wurde kein Bußgeld auferlegt. Im Fall *Kerzenwachse* vom 1.10.2008 adressierte die Europäische Kommission die Entscheidung dann jedoch an das Gemeinschaftsunternehmen sowie an seine Muttergesellschaften.[847] Dazu führt die Europäische Kommission aus, dass sie: *„diese Entscheidung an die Rechtssubjekte* [richtet], *deren Vertreter die* [...] *begangene Zuwiderhandlung unter anderem durch Teilnahme an technischen Treffen begangen haben. Außerdem ist diese Entscheidung an die Muttergesellschaften dieser Rechtssubjekte gerichtet. Gemeinsam sind diese Rechtssubjekte Bestandteile der Unternehmen, welche die Zuwiderhandlung gegen Artikel 81*

---

841 KOMM., Entsch. v. 2.8.1989, IV/31.553, ABl. EG 1989 Nr. 260/1, Tz. 195 lit. d – Betonstahlmatten.

842 KOMM., Entsch. v. 13.7.1994, IV/C/33.833, ABl. EG Nr. L 243/1, Tz. 157 – Karton.

843 KOMM., Entsch. v. 5.12.2001, IV/37.614, ABl. EG 2003 Nr L 200/1, Tz. 330 – Interbrew und Alken-Maes.

844 Siehe dazu auch *Aberle*, Sanktionsdurchgriff und wirtschaftliche Einheit, S. 45 f., *Danneker/Fischer-Fritsch*, EG Kartellrecht in der Bußgeldpraxis, S. 264 ff. (m. w. N.).

845 KOMM., Entsch. v. 9.12.2004, C.27.533, ABl. EG Nr. L 190/22, Tz. 34 – Cholinchlorid.

846 KOMM., Entsch. v. 5.12.2007, COMP/38629, Tz. 420 – Chloropren-Kautschuk.

847 KOMM., Entsch. v. 1.10.2008, COMP/39181, Tz. 341 – Kerzenwachse.

EG-Vertrag begangen haben."[848] Zunächst sollte daher das Gemeinschaftsunternehmen Shell Deutschland Oil GmbH für seine Beteiligung am Kartell haftbar gemacht werden.[849] Darüber hinaus hafteten die RWE-Gruppe und die Shell-Gruppe gesamtschuldnerisch für das Verhalten des Gemeinschaftsunternehmens, da sie gemeinsam einen bestimmenden Einfluss auf das Gemeinschaftsunternehmen ausgeübt und wirksam kontrolliert hatten.[850]

Eine gesamtschuldnerische Haftung aller Gesellschaften der wirtschaftlichen Einheit im Falle eines nicht paritätischen Gemeinschaftsunternehmens wurde im Verfahren *Gasisolierte Schaltanlagen* vom 24.1.2007 angenommen. Die Europäische Kommission adressierte die Bußgeldentscheidung sowohl an das Gemeinschaftsunternehmen JAEPS als auch an die beiden Mütter Hitachi Ltd. und die Fuji-Gruppe.[851]

c. *Schwestergesellschaften*

Selbst wenn es einen gemeinsamen mittelbaren Anteilseigner gibt, wird häufig die Bußgeldentscheidung lediglich an eine Schwestergesellschaft gerichtet, obwohl alle Schwestergesellschaften an der Zuwiderhandlung beteiligt waren. Dieses liegt insbesondere nahe, wenn sich die Anteile gleichgeordneter Gesellschaften überwiegend im Besitz natürlicher Personen – meist einer Familie – befinden[852] oder eine Schwestergesellschaft das operative Geschäft koordiniert[853].

Aus den jeweiligen Entscheidungen geht jedoch zumeist nicht klar hervor, aus welchem Grund das Bußgeld gerade an diese eine Schwestergesellschaft gerichtet worden ist und nicht (auch) an die andere Schwestergesellschaft.[854]

---

848 *Ebenda.*

849 *Ebenda*, Tz. 507.

850 *Ebenda*, Tz. 515.

851 KOMM., Entsch. v. 21.1.2007, COMP/F/38.899, Tz. 403 – Gasisolierte Schaltanlagen.

852 KOMM., Entsch. v. 21.10.1998, IV/35.691, ABl. EG Nr. L 24/1, Tz. 158 ff. Art. 3, 5 – Fernwärmetechnik-Kartell.

853 KOMM., Entsch. v. 23.4.1986, IV/31.149, ABl. EG 1986 Nr. L 230/1, Tz. 102 – Polypropylen.

854 So zum Beispiel in der Rechtssache Aristrain, in der es seitens des Gerichts nur heißt, die Europäische Kommission habe lediglich auf einen gesamtschuldnerisch haftenden Mitschuldner als Adressaten verzichtet. Vgl. EuG, Urt. v. 11.3.1999, Rs. T-156/94, ECLI:EU:T:2004:261, Tz. 142 f. – Aristrain. Anders in der Rechtssache *Versalis* (wobei natürlich darüber gestritten kann, ob das Folgende als Begründung ausreicht), dort begründete der Gerichtshof die Adressatenauswahl damit, dass *„bei einer Sanktion gegen ein Unternehmen, das rechtlich fortbesteht, aber keine wirtschaftliche Tätigkeit mehr ausübt, die Gefahr besteht, dass sie keine Abschreckungswirkung hat"*, und

3. *Ermessenskriterien der Europäischen Kommission*

Welche konkreten Kriterien die Europäische Kommission ihrem Ermessen zugrunde legt, ist nicht bekannt.

In der Literatur sind mögliche Kriterien, die bei der Ermessensausübung durch die Europäische Kommission generell eine Rolle spielen könnten, bereits eingehend untersucht worden.[855] Allerdings zeichnen die Entscheidungen der Europäischen Kommission, wie oben aufgezeigt, kein einheitliches Bild.

Während teilweise Gerechtigkeitserwägungen die Adressatenwahl zu bestimmen scheinen, deuten andere Stellungnahmen darauf hin, dass die Europäische Kommission sich von Praktikabilitätszwecken leiten lässt.[856]

Insbesondere in älteren Entscheidungen ergibt sich der Eindruck, die Europäische Kommission habe sich für die Anordnung einer gesamtschuldnerischen Haftung aller Gesellschaften einer wirtschaftlichen Einheit von dem Kriterium der moralischen Verantwortlichkeit leiten lassen.[857] So soll bei einer im moralischen Sinn existierenden Solidarität zwischen den Gesellschaften während der Zuwiderhandlung auch sozusagen eine Solidarität bei der Strafe bestehen.[858]

In jüngerer Zeit spielen für die Europäische Kommission gleichwohl eher wirtschaftliche Erwägungen eine Rolle. Die Muttergesellschaften sollen sich als wirtschaftliche Profiteure der Kartellverstöße nicht der Verantwortung entziehen können.[859] Zum Ausdruck kommt der Kerngedanke, dass derjenige, der den Nutzen hat, auch die Verantwortung tragen soll, auch durch das EuG in seiner

---

dass *„Unternehmen Sanktionen einfach dadurch entgehen könnten, dass ihre Identität durch Umstrukturierungen, Übertragungen oder sonstige Änderungen rechtlicher oder organisatorischer Art verändert wird“*. Vgl. EuGH, Urt. v. 13.6.2013, Rs. C-511/11 P, ECLI:EU:C:2013:386, Tz. 19. – Versalis.

855 Vgl. dazu *Dannecker/Fischer-Fritsch*, Das EG-Kartellrecht in der Bußgeldpraxis, S. 261 ff.; *Körner*, Gesamtschuld im Kartellbußgeldrecht; *Lipowsky*, Die Zurechnung von Wettbewerbsverstößen, S. 165 ff.; *Menz*, Wirtschaftliche Einheit und Kartellverbot, S. 124 ff.; *Papakiriakou*, Das Europäische Unternehmensstraffrecht, S. 197 ff.; *Wils*, European Law Review 25 (2000), 99, 113 ff.

856 Vgl. *Körner*, Gesamtschuld im Kartellbußgeldrecht, S. 81.

857 *Ebenda*, S. 81 f.

858 Vgl. hierzu KOMM., Entsch. v, 21.12.1994, ABl. 1994 L 378/45, Tz. 76 – Treton. In dieser Entscheidung hatte die Europäische Kommission zwischen der Muttergesellschaft mit ausländischem Sitz und der inländischen Tochtergesellschaft eine Gesamtschuld angeordnet, da die Zuwiderhandlung untereinander ausgemacht worden war.

859 So auch *Braun/Kellerbauer*, NZKart 2015, 175, 177; *Körner*, Gesamtschuld im Kartellbußgeldrecht, S. 82. Siehe zu dem Kriterium der Verantwortlichkeit auch *Lipowsky*, Die Zurechnung von Wettbewerbsverstößen, S. 165 ff.

Entscheidung *Dow Chemical* vom 2.2.2012: „*Accordingly, since any gains resulting from illegal activities accrue to the shareholders, it is only fair that those who have the power of supervision should assume liability for the illegal business activities of their subsidiaries.*“[860]

Darüber hinaus ist anzunehmen, dass reine Zweckmäßigkeitserwägungen eine Rolle spielen, beispielsweise, wenn nicht in der Europäischen Union ansässige Gesellschaften an der Zuwiderhandlung beteiligt sind.[861] In diesen Fällen stand die Vollstreckungssicherung im Vordergrund.[862] Jedoch ordnet die Europäische Kommission nicht immer notwendigerweise eine gesamtschuldnerische Haftung aller der wirtschaftlichen Einheit angehörigen Gesellschaften an. So hatte sie in ihrer Entscheidung *Farbstoffe* vom 24.7.1969, in der die hauptverantwortlichen Muttergesellschaften ihren Sitz in Drittstaaten hatten, dennoch davon abgesehen, deren in der Gemeinschaft ansässige Tochtergesellschaften zusätzlich bußgeldrechtlich zur Verantwortung zu ziehen.[863]

Als ein weiterer Zweckmäßigkeitsgrund, der die Anordnung einer Gesamtschuld der Muttergesellschaften und des Tochterunternehmens begründet, kommt die Insolvenz der unmittelbar an der Zuwiderhandlung beteiligten Gesellschaft in Betracht.[864] Zudem stellt die Gefahr einer Vereitelung der Begleichung der Geldbuße durch die Verlagerung des Kartellgeldbußgeldrisikos auf gering kapitalisierte Gesellschaften einen Zweckmäßigkeitsgrund dar.[865]

Für die zukünftige Ermessensausübung durch die Europäische Kommission könnte die Rechtsprechung des EuGH in der Rechtssache *Dow Chemical* vom 18.7.2013 eine Rolle spielen.[866] In dieser Rechtssache hatte der Gerichtshof dem Ermessen der Europäischen Kommission Schranken auferlegt und sich dabei auf

860 EuG, Urt. v. 2.2.2012, Rs. T-77/08, ECLI:EU:T:2012:47, Tz. 101 – Dow Chemical. So auch *Körner*, Gesamtschuld im Kartellbußgeldrecht, S. 82.

861 So beispielsweise in KOMM., Entsch. v. 8.12.1977, ABl. 1978 L 22/23, Tz. 1 – Hugin/Liptons.

862 *Körner*, Gesamtschuld im Kartellgeldbußgeldrecht, S. 83 m. w. N. Siehe dazu auch *Lipowsky*, Die Zurechnung von Wettbewerbsverstößen, S. 167 ff.

863 KOMM., Entsch. v. 24.7.1969, ABl. 1969 L 195/11, 17 – Farbstoffe. Siehe auch *Körner*, Gesamtschuld im Kartellbußgeldrecht, S. 83.

864 Vgl. EuGH, Urt. v. 10.4.2014, verb. Rs. C-231/11 P u. a., ECLI:EU:C:2014:256, Tz. 59 – Siemens.

865 Vgl. KOMM., Entsch. v. 13.7.1994, ABl. 1994 L 243/1, Tz. 174 Abs. 2 – Karton; EuG, Urt. v. 11.7.2014, T-541/08, ECLI:EU:T:2014:628, Tz. 448 – Paraffinwachs (Sasol)

866 EuGH, Urt. v. 18.7.2013, Rs. C-499/11 P, ECLI:EU:C:2013:482, Tz. 46 ff. – Dow Chemical u.a. Diese Ansicht teilt auch *Körner*, Gesamtschuld im Kartellbußgeldrecht, S. 84.

Art. 105 Abs. 1 S. 1 AEUV gestützt.[867] Danach ist die Europäische Kommission verpflichtet, auf die Verwirklichung der in den Art. 101, 102 AEUV niedergelegten Grundsätze zu achten. Der EuGH zieht daraus die Schlussfolgerung, dass die Verhängung einer Geldbuße im Fall der festgestellten Zuwiderhandlung eines Unternehmens im wettbewerbsrechtlichen Sinne die Regel ist.[868] Dies bedeutet wiederum, dass grundsätzlich sowohl die Tochter- als auch die Muttergesellschaft Inanspruch genommen werden sollen.[869]

Allerdings stellte der Gerichtshof in einer zeitlich nach der *Dow Chemical*-Entscheidung ergangenen Rechtsprechung fest, dass sich aus der bisherigen Rechtsprechungspraxis nicht ergibt, dass die Europäische Kommission immer gezwungen ist, gegen sämtliche persönlich haftende Personen eine Gesamtschuld anzuordnen.[870] Hintergrund war die Ausführung des EuG, dass falls mehrere Gesellschaften persönlich haftbar seien, diese als gesamtschuldnerisch verantwortlich anzusehen seien.[871] Die Europäische Kommission hatte dem Gericht einen Eingriff in ihr Ermessen in Bezug auf die Auswahl der Haftungssubjekte vorgeworfen.[872]

Demzufolge ist davon auszugehen, dass sich die Europäische Kommission auch in Zukunft auf ihr Auswahlermessen berufen wird.[873]

III. Stellungnahme

Aufgrund der nach Ansicht der Unionsorgane bestehenden materiellen Verantwortlichkeit der wirtschaftlichen Einheit ist davon auszugehen, dass im Grundsatz alle Rechtsträger, die das Unternehmen bilden, gesamtschuldnerisch für die Folgen der Zuwiderhandlung einstehen müssen.[874]

---

867 *Ebenda.*

868 Vgl. auch *Körner*, Gesamtschuld im Kartellbußgeldrecht, S. 84.

869 *Ebenda.*

870 EuGH, Urt. v. 10.4.2014, verb. Rs. C-231/11 P u. a., ECLI:EU:C:2014:256, Tz. 50 – Siemens.

871 EuG, Urt. v. 3.3.2011, verb. Rs. T-122/07 u. a., ECLI:EU:T:2011:70, Tz. 150 – Siemens. Vgl. auch *Körner*, Gesamtschuld im Kartellbußgeldrecht, S. 85.

872 Die Aussage des EuG wird überdies in der Literatur im Sinne einer Ermessensreduzierung auf Null verstanden, vgl. *Fischer*, ÖZK 2011, 99, 104. Siehe zudem *Körner*, Gesamtschuld im Kartellbußgeldrecht, S. 85.

873 Diese Ansicht teilen auch *Braun/Kellerbauer*, NZKart 2015, 175, 180 f.; *Körner*, Gesamtschuld im Kartellbußgeldrecht, S. 85.

874 *Ost/Kallfaß/Roesen*, NZKart 2016, 447, 448 (m. w. N.).

Eine gesamtschuldnerische Haftung aller Rechtsträger des Unternehmens ist vor dem Hintergrund des Konzepts der wirtschaftlichen Einheit sinnvoll. Methodisch erfolgt dieses durch die Festsetzung einer Gesamtgeldbuße, für deren Bezahlung alle Gesellschaften der wirtschaftlichen Einheit gesamtschuldnerisch haften.[875] Bilden mehrere Gesellschaften eine wirtschaftliche Einheit und damit ein Unternehmen im Sinne der Art. 101, 102 AEUV, liegt es nahe, diese Gesellschaften auch bußgeldrechtlich als Einheit zu behandeln.[876] Andernfalls würden sich die Rechtsträger des Normadressaten von den Rechtsträgern des Bußgeldadressaten desselben Unternehmens unterscheiden. Überdies gewährleistet die gesamtschuldnerische Haftung eine umfassende Vollstreckbarkeit kartellrechtlicher Bußgeldentscheidungen, insbesondere wenn ein Teil der kartellbeteiligten Gesellschaften einer wirtschaftlichen Einheit in Drittstaaten ansässig ist und somit dem Vollstreckungszugriff der Europäischen Kommission entzogen ist.[877] Schließlich ist durch die Anordnung einer gesamtschuldnerischen Haftung sichergestellt, dass die Europäische Kommission bei der zwangsweisen Durchsetzung ihrer Bußgeldentscheidungen vollumfänglich auf das finanzstärkste Mitglied der wirtschaftlichen Einheit zugreifen kann.[878]

Sowohl bei der Adressatenwahl möglicherweise zugrunde gelegte Gerechtigkeitserwägungen als auch Praktikabilitätszwecke sind nachvollziehbare Ermessenskriterien. Diese Kriterien zugrunde legend, ist es der Europäische Kommission zuzusprechen, dass diese je nach Sachverhalt das Bußgeld nur an die Muttergesellschaft, als Leiterin der wirtschaftlichen Einheit, oder an alle Rechtsträger adressiert. Grundsätzlich ist die Tochtergesellschaft weiterhin für ihr wettbewerbsschädigendes Verhalten verantwortlich.[879] Die Tatsache, dass die Muttergesellschaft für das Verhalten ihrer Tochtergesellschaft verantwortlich ist, befreit die Tochtergesellschaft in keinem Fall von ihrer Verantwortlichkeit.[880]

Es ist die folgende Schlussfolgerung zu ziehen: Bei Bestehen einer wirtschaftlichen Einheit haften alle Rechtsträger derselben gesamtschuldnerisch. Denn dieses ist zum einen dienlich für die Rechtssicherheit, und zum anderen trägt allein die gesamtschuldnerische Haftung der wirtschaftlichen Interpretation des Unternehmensbegriffs entsprechend Rechnung.

---

875 Vgl. *Heinichen*, Unternehmensbegriff und Haftungsnachfolge, S. 145.
876 *Ebenda.*
877 *Ebenda.*
878 *Ebenda.*
879 KOMM., Entsch. v. 24.1.2007, COMP/F/38.899, Tz. 335 – Gasisolierte Schaltanlagen.
880 *Ebenda.*

IV. Zusammenfassung

Falls mehrere Gesellschaften eine wirtschaftliche Einheit und demzufolge ein einziges Unternehmen im Sinne von Art. 101, 102 AEUV bilden, kann gegen mehrere oder alle Gesellschaften eine Gesamtgeldbuße festgesetzt und die gesamtschuldnerische Haftung angeordnet werden.

In Bezug auf die Auswahl des Bußgeldadressaten besitzt die Europäische Kommission ein Auswahlermessen. Sie kann neben der unmittelbar am Kartellrechtsverstoß beteiligten Tochtergesellschaft – alternativ oder kumulativ – weitere Gesellschaften zur Verantwortung ziehen.

Die Praxis der Europäischen Kommission hat gezeigt, dass sie teilweise nur an die Tochter- oder Muttergesellschaft(en) die Geldbuße adressiert, in der letzten Zeit allerdings zumeist gegen die Tochtergesellschaft und ihre Muttergesellschaft(en) eine gesamtschuldnerische Haftung anordnet.

Welche konkreten Kriterien die Europäische Kommission ihrem Ermessen zugrunde legt, ist nicht bekannt. Als mögliche Kriterien kommen moralische und wirtschaftliche Erwägungen in Betracht sowie Zweckmäßigkeitsgründe.

§ 6 Der gesamtschuldnerische Innenausgleich

Als weitere Anschlussfrage zur Haftung für Kartellrechtsverstöße stellt sich das Problem eines möglichen Regressanspruchs der einzelnen Gesellschaften, wenn die Geldbuße bereits durch eine Gesellschaft der wirtschaftlichen Einheit erfüllt wurde.

I. Die Relevanz des gesamtschuldnerischen Innenausgleichs

Für die gesamtschuldnerisch zur Verantwortung gezogenen Gesellschaften des Unternehmensverbunds stellt sich die Frage, wer im Innenverhältnis letztlich wirtschaftlich und finanziell die Bußgeldsanktion zu tragen hat.[881] Im Falle der Begleichung der Geldbuße durch eine einzige Gesellschaft können möglicherweise daraus folgend Ausgleichsansprüche gegenüber den übrigen Gesellschaften entstehen. Allerdings ist diese Frage praktisch von untergeordneter Bedeutung, solange es nicht zu Veränderungen in der Zusammensetzung des Unternehmens kommt.[882] Denn innerhalb des Unternehmensverbunds ist die

---

881 Vgl. *Braun/Kellerbauer*, NZKart 2015, 211, 215. Siehe zum Innenausgleich auch *Blome*, Rechtsträgerprinzip und Wirtschaftliche Einheit, S. 177 ff.; *Heinrich*, Wirtschaftliche Haftungseinheit, S. 103 ff.

882 *Braun/Kellerbauer*, NZKart 2015, 211, 215; *Köhler*, WRP 2011, 277, 279.

Verteilung der Last in Bezug auf die Geldbuße in der Regel so möglich, dass sie den geringsten Schaden anrichtet.[883]

Der gesamtschuldnerische Innenausgleich gewinnt jedoch an Bedeutung, wenn die betroffenen Gesellschaften bei Verhängung oder Vollstreckung der Geldbuße nicht länger Teil der wirtschaftlichen Einheit sind,[884] etwa aufgrund einer erfolgten Veräußerung der unmittelbar an der Zuwiderhandlung beteiligten Tochtergesellschaft nach Begehung der Zuwiderhandlung an eine andere Muttergesellschaft.[885] Denn haben Veräußerer und Erwerber bezüglich kartellrechtlicher Altlasten keine Regelung im Unternehmensverkauf geschlossen, träfe ausschließlich den Erwerber die wirtschaftliche Last der Geldbuße, wenn im Innenverhältnis allein die Tochtergesellschaft haften sollte.[886] Umgekehrt hätte der Veräußerer die wirtschaftliche Last allein zu tragen, würde im Innenverhältnis allein die Muttergesellschaft haften.[887]

II. Das anwendbare Recht für den gesamtschuldnerischen Innenausgleich

In seinem Urteil *Siemens Österreich* vom 3.3.2011 hat das EuG entschieden, dass es der Europäischen Kommission obliegt, die Haftungshöhe der einzelnen Gesellschaften des verbundenen Unternehmens bereits in der jeweiligen Bußgeldverfügung konkret festzulegen.[888] Die Europäische Kommission kann nicht beim Außenverhältnis der gesamtschuldnerischen Verantwortlichkeit haltmachen, sondern muss auch das Innenverhältnis mitberücksichtigen. Falls die Europäische Kommission keine ausdrückliche Entscheidung trifft, so ist dieses als eine Haftung nach gleichen Teilen („nach Köpfen") auszulegen.

Der Auffassung des EuG ist der EuGH nicht gefolgt.[889] Denn weder der Wortlaut des Art. 23 Abs. 2 der VO 1/2003 noch der Zweck des Gesamtschuldmechanismus lässt die Annahme zu, dass sich die Sanktionsbefugnis der Europäischen Kommission über die Bestimmung des Außenverhältnisses der Gesamtschuld

883 GA *Kokott*, Schlussanträge v. 18.7.2013, C-501/11 P, ECLI:EU:C:2013:248, Tz. 217 – Schindler Holding.

884 *Braun/Kellerbauer*, NZKart 2015, 211, 215; *Kliebisch*, Gemeinschaftsunternehmen, S. 383f.

885 *Ebenda.*

886 *Ebenda.*

887 *Ebenda.*

888 EuG, Urt. v. 3.3.2011, verb. Rs. T-122/07 u. a., ECLI:EU:T:2011:70, Tz. 157–159 – Siemens Österreich.

889 EuGH, Urt. v. 10.4.2014, C-231/11 P, ECLI:EU:C:2014:256, Tz. 39 ff., 64 – Siemens.

hinaus auf die Bestimmung der Anteile der Gesamtschuldner im Rahmen des Innenverhältnisses erstreckt.[890] Bei der Frage des Innenausgleichs handelt es sich um ein nachgelagertes Problem, für den das europäische Wettbewerbsrecht keinerlei Regeln zur Lösung vorsehe.[891] Daher obliegt die Beantwortung der Frage vielmehr den nationalen Gerichten nach Maßgabe des jeweiligen nationalen Rechts.[892] In Betracht kommt für das deutsche Recht die Anwendung des § 426 BGB (analog).[893]

III. Kriterien für den gesamtschuldnerischen Innenausgleich

Der Gerichtshof verlangt von den mitgliedstaatlichen Gerichte allerdings die „Beachtung des Unionsrechts", ohne dieses näher in Bezug auf die Durchführung des Innenausgleichs zu präzisieren. Der EuGH erwähnte lediglich, dass zum einen der Haftungshöchstbetrag durch das Unionsrecht determiniert ist und zum anderen in der Kommissionsentscheidung enthaltene Anhaltspunkte für die Bestimmung der Haftungsanteile relevant sind.

Die nähere Betrachtung solcher Anhaltspunkte zeigt, dass diese sowohl für eine Verantwortlichkeit der Mutter- als auch der Tochtergesellschaft sprechen. Die tatsächliche Ausübung des bestimmenden Einflusses etwa kann für eine alleinige oder zumindest überwiegende Verantwortlichkeit der Muttergesellschaft im Innenverhältnis sprechen.[894] Gleiches ist anzunehmen, wenn allein danach gefragt wird, wem die Vorteile aus der Zuwiderhandlung letztlich zugeflossen sind.[895]

Demgegenüber ist jedoch zu beachten, dass sich der bestimmende Einfluss der Muttergesellschaft nach Ansicht der Unionsorgane gerade nicht auf die konkrete Zuwiderhandlung, sondern auf die Geschäftspolitik der Tochtergesellschaft im denkbar weiten Sinne bezieht und es überdies Angestellte dieser

---

890 *Ebenda*, Tz. 58.

891 *Ebenda*, Tz. 60 ff.

892 *Ebenda.*

893 Siehe dazu die ausführlichen Ausführungen von *Ahrens*, Sanktionsdurchgriff und wirtschaftliche Einheit, S. 135 ff.; *Büren*, ZweR 2011, 285, 291, 295; *Dreher*, FS Möschel, S. 149, 151 ff.; *Jüchser*, WuW 2012, 1048 ff.; *Kellerbauer/Weber*, EuZW 2011, 666, 669; *Kliebisch*, Gemeinschaftsunternehmen, S. 382 ff.; *Köhler*, WRP 2011, 277, 279; *Körner*, Gesamtschuld im Kartellbußgeldrecht, S. 103 f., 210 ff.; kritisch *Thomas*, FS Möschel, S. 673, 684 f.; *ders.*, KSzW 2011, 10, 14.

894 So OLG München, Urt. v. 9.2.2012 – U 3283/11 Kart. Vgl. auch *Braun/Kellerbauer*, NZKart 2015, 211, 216.

895 Vgl. auch *Braun/Kellerbauer*, NZKart 2015, 211, 216; *Köhler*, WRP 2011, 277, 283, 287.

letzteren waren, die den Kartellrechtsverstoß begangen haben.[896] Dieses spricht für eine überwiegende Verantwortlichkeit der Tochtergesellschaft.[897] Schließlich darf ebenfalls nicht außer Acht gelassen werden, dass die verhängte Geldbuße die wirtschaftliche Leistungsfähigkeit des Unternehmens im Sinne einer wirtschaftlichen Einheit abbilden soll. Die wirtschaftliche Leistungsfähigkeit des Unternehmens spiegelt sich im Falle einer wirtschaftlichen Einheit aber in aller Regel nicht in der Tochtergesellschaft, sondern in der Muttergesellschaft wider.[898]

Eine Entscheidung des OLG München, das im Innenverhältnis eine alleinige Verantwortlichkeit der Muttergesellschaft angenommen hatte, wurde vom BGH wieder aufgehoben.[899] Das OLG hatte als alleiniges Argument angeführt, dass der Muttergesellschaft die wirtschaftlichen Erfolge aus dem kartellrechtswidrigen Verhalten zugeflossen sind oder sich zumindest im Wert der Gesellschafteranteile widergespiegelt haben. Der BGH dagegen verlangte eine umfassende Berücksichtigung aller Umstände des Einzelfalls und nannte als Kriterien neben individuellen Verursachungs- und Verschuldensbeiträgen insbesondere die Tatsachen, die für die Bemessung der Geldbuße eine Rolle gespielt haben.[900]

IV. Zusammenfassung

Für die gesamtschuldnerisch zur Verantwortung gezogenen Gesellschaften des Unternehmensverbunds stellt sich die Frage eines möglichen Regressanspruchs, wenn die Geldbuße bereits durch eine Gesellschaft der wirtschaftlichen Einheit erfüllt wurde. Ein relevanter Ausgleichsfall besteht insbesondere, wenn die am Kartellrechtsverstoß beteiligte Tochtergesellschaft nach der Zuwiderhandlung an eine andere Muttergesellschaft veräußert wird. Denn in einem solchen Fall wird es entscheidend, ob die frühere Muttergesellschaft oder die veräußerte Tochtergesellschaft für die Geldbuße aufkommen muss.

Nach Auffassung des EuG obliegt es der Europäischen Kommission, eine konkrete Haftungsquote für das Innenverhältnis festzulegen, andernfalls

896 *Braun/Kellerbauer*, NZKart 2015, 211, 216.

897 *Ebenda.*

898 *Ebenda.*

899 OLG München, Urt. v. 9.2.2012 – U 3283/11 Kart; aufgehoben durch BGH, Urt. v. 18.11.2014 – KZR 15/12.

900 BGH, Urt. v. 18.11.2014 – KZR 15/12, Tz. 44 ff. Vgl. auch *Braun/Kellerbauer*, NZKart 2015, 211, 216.

gilt die Haftung nach Köpfen. Dieser Auffassung ist der EuGH nicht gefolgt, denn es ist Sache der mitgliedstaatlichen Gerichte nach Maßgabe des jeweiligen nationalen Rechts die Haftungsquoten festzulegen. Gleichwohl ist für die Bestimmung der Haftungsquote Unionsrecht zu beachten, insbesondere durch Berücksichtigung der in den Kommissionsentscheidungen enthaltenen Anhaltspunkten, die für die Verantwortlichkeit der Mutter- als auch der Tochtergesellschaft sprechen.

Dritter Teil: Die wirtschaftliche Einheit als Adressatin von Schadensersatzansprüchen

Neben der gesamtschuldnerischen Bußgeldhaftung der Muttergesellschaften für Kartellverstöße der Tochtergesellschaften kommt auch eine Haftung im Rahmen der privaten Kartellrechtsdurchsetzung in Betracht.

Ausgehend von Art. 1 Abs. 1 der kartellrechtlichen Schadensersatzrichtlinie, der von dem durch die Zuwiderhandlung eines Unternehmens gegen des Wettbewerbsrecht verursachten Schaden spricht, stellt sich daher die Frage auf mitgliedstaatlicher Ebene, ob der im europäischen Wettbewerbsrecht entwickelte Unternehmensbegriff und demzufolge auch das Konzept der wirtschaftlichen Einheit in ähnlicher Weise für Schadensersatzansprüche wegen Verletzung der Art. 101, 102 AEUV gelten.[901]

§ 1 Die kartellrechtliche Schadensersatzrichtlinie

I. Problemstellung

Wettbewerbsbeschränkungen, die nicht mit Effizienzvorteilen verbunden sind, können enorme wirtschaftliche Schäden verursachen.[902] Bei der behördlichen Durchsetzung des Kartellrechts spielt allerdings das Interesse der Kartellgeschädigten an Kompensation so gut wie keine Rolle. Denn das Ziel der behördlichen Kartellrechtsdurchsetzung ist primär die Abschreckung und Sanktionierung von Kartellrechtsverstößen.[903] Nach Ansicht des EuGH muss es gleichwohl auch für die Kartellgeschädigten möglich sein, einen wirksamen Schadensersatzanspruch geltend zu machen. Nach seinem Urteil *Courage/Crehan* vom 20.9.2001 leitet sich ein individueller Anspruch auf Schadensersatz unmittelbar aus den europäischen Wettbewerbsvorschriften ab.[904] Nachfolgend, insbesondere in

---

901 Vgl. *Weitbrecht*, WuW 2015, 959, 964. Die Anwendbarkeit des Konzepts der wirtschaftlichen Einheit im Rahmen der Schadensersatzhaftung generell befürwortend *Montesa/Givaja*, World Competition 29 (4), 2006, 555, 557.

902 *Haus/Serafimova*, BB 2014, 2883, 2883.

903 Vgl. *Bourgeois/Strievi*, World Competition 33 (2010), 241, 242; *Wils*, World Competition 32, 2009, 3, 12 f.

904 EuGH, Urt. v. 20.9.2001, Rs. C-453/99, ECLI:EU:C:2001:465, Tz. 26 f. – Courage/Crehan. Dazu *Komninos*, CMLRev. 39 (2002), 447 ff.; *Monti*, ELRev 27 (2002), 282 ff.

der Rechtssache *Manfredi* vom 13.7.2006, konkretisierte der Gerichtshof, dass „jedermann“ berechtigt ist, Schäden aus Kartellrechtsverstößen geltend zu machen.[905]

Kartellschadensersatzklagen haben in den letzten Jahren zunehmend an praktischer Bedeutung gewonnen.[906] Eine durch die Europäische Kommission in Auftrag gegebene Studie der Kanzlei Ashurst aus dem Jahre 2004 hatte indes ergeben, dass die tatsächlichen Möglichkeiten, in den Mitgliedsstaaten Ansprüche mit Erfolg geltend zu machen, sehr unterschiedlich und im Ergebnis nicht zufriedenstellend waren.[907]

Nach einem „Grünbuch“[908] von 2005 und einem „Weißbuch“[909] von 2008 zu Schadensersatzklagen im Wettbewerbsrecht sowie einem zurückgezogenen Entwurf einer Richtlinie von 2009[910] hatte die Europäische Kommission zur Stärkung der wirksamen Durchsetzung von Schadensersatzansprüchen wegen Kartellrechtsverstößen im Juni 2013 einen neuen Vorschlag für eine Richtlinie unterbreitet.[911] Die Richtlinie über bestimmte Vorschriften für Schadensersatzklagen nach einzelstaatlichem Recht wegen Zuwiderhandlungen gegen

---

905 EuGH, Urt. v. 13.7.2006, Rs. C-295/04 u. a., ECLI:EU:C:2006:461, Tz. 61 – Manfredi. So auch EuGH, Urt. v. 6.6.2013, Rs. C-536/11, ECLI:EU:C:2013:366, Tz. 21 ff. – Donau Chemie; Urt. v. 5.6.2014, Rs. C-557/12, ECLI:EU:C:2014:1317, Tz. 20 ff. – Kone. Dazu *Afferni*, ERCL 2007, 179, 180 ff.; *Bulst*, ZEuP 2008, 178 ff.; *Wurmnest*, GRP 2007, 118, 123.

906 Vgl. auch Monopolkommission, XX. Hauptgutachten, 2012/13, Rn. 940.

907 Ashurst, Study on the conditions of claims for damages in case of infringement of EC competition rules, http://ec.europa.eu/competition/antitrust/actionsdamages/comparative_report_clean_en.pdf (zuletzt abgerufen am 12.12.2017) Nach der Studie ist die private Durchsetzung der Europäischen Wettbewerbsnormen im Stand der „totalen Unterentwicklung“. So auch *Wurmnest*, in Remien (Hrsg.), Schadensersatz, S. 30.

908 Grünbuch zu Schadensersatzklagen wegen Verletzung des EG-Wettbewerbsrechts v. 19.12.2005, KOMM (2005) 672 entg.; dazu etwa *Eilmansberger*, CMLRev44 (2007), 431 ff.

909 Weißbuch zu Schadensersatzklagen wegen Verletzung des EG-Wettbewerbsrechts v. 2.5.2008, KOMM (2008) 165 entg. Zu den Bemühungen der Kommission um eine Effektivierung der privaten Rechtsdurchsetzung *Bulst*, in Behrens/Hartmann-Rüppel/Herrlinger (Hrsg.), Schadensersatzklagen gegen Kartellmitglieder, 2010, 11 ff.; *Ritter*, WuW 2008, 762 ff.; *Zimmer/Logemann*, ZEuP 2009, 489 ff.

910 Dazu *Rabe*, ZEuP 2010, 3 f.; *Wagner von Papp*, EWS 2009, 445, 450.

911 Zum Entwurf siehe u. a. *Bien*, NZKart 2013, 12 ff; *Fiedler*, BB 2013, 2179 ff.; *Hempel*, NZKart 2013, 494 ff.; *Howard*, ECLR 2014, 51; *Gussone/Schreiber*, WuW 2013, 1040 ff.; *Mederer*, EuZW 2013, 847 ff.; *Vollrath*, NZKart 2013, 434 ff. Vgl. *Haus/Serafimova*, BB 2014, 2883, 2883.

wettbewerbsrechtliche Bestimmungen der Mitgliedsstaaten und der Europäischen Union haben das Europäische Parlament und der Rat schließlich am 26.11.2014 verabschiedet.[912]

II. Anwendbarkeit der kartellrechtlichen Schadensersatzrichtlinie

Die neue Richtlinie musste nach ihrem Inkrafttreten binnen zweier Jahre in das nationale Recht der Mitgliedsstaaten umgesetzt werden. Eine Umsetzung in das mitgliedsstaatliche Recht hatte daher bis zum 27.12.2016 zu erfolgen.[913] Dazu bedurfte es einer verbindlichen nationalen Gesetzgebung, die bloße Änderung einer Rechtsprechung bzw. Verwaltungspraxis war nicht ausreichend.[914] Auf deutscher Ebene erfolgte die Umsetzung der Richtlinie durch das Neunte Gesetz zur Änderung des Gesetzes gegen Wettbewerbsbeschränkungen. Der Bundestag hat am 9.3.2017 die 9. GWB-Novelle verabschiedet und die Novelle ist am 9.6.2017 in Kraft getreten.

III. Anspruchsgegner

Die kartellrechtlich Schadensersatzrichtlinie gestaltet die Vorgaben der Art. 101 f. AEUV mit Blick auf die zivilrechtliche Haftung für Wettbewerbsverstöße weiter aus.[915] Ob eine Haftung der Muttergesellschaften zu bejahen ist, hängt zunächst von der Frage der Regelung des Anspruchsgegners in der kartellrechtlichen Schadensersatzrichtlinie ab. Daher werden im Folgenden nur die dafür einschlägigen Bestimmungen näher untersucht.

Art. 1 Abs. 1 der kartellrechtlichen Schadensersatzrichtlinie enthält die Bestimmung, wer Täter der Zuwiderhandlung und gleichzeitig Passivlegitimierter des Schadensersatzanspruchs ist. Die Schadensersatzrichtlinie geht wie die Art. 101 f. AEUV im Grundsatz von der Einstandspflicht der Unternehmen aus, welche den Wettbewerbsverstoß begangen haben.[916] Danach kann der

---

912 Richtlinie 2014/104/EU des Europäischen Parlaments und des Rates v. 26.11.2014, ABl. 2014 L 349/1 (im Folgenden Kartellschadensersatzrichtlinie genannt). Dazu auch *Calisti/Haasbeck/Kubik*, NZKart 2014, 466 ff.; *Kersting*, WuW 2014, 564 ff.; *Kühne/Woitz*, DB 2015, 1028 ff.; *Makatsch/Mir*, EuZW 2015, 7 ff.; *Schweitzer*, NZKart 2014, 335 ff.; *Stauber/Schaper*, NZKart 2014, 346 ff.; *Beninca*, WuW 2014, 791.

913 Vgl. auch Artikel 21 der kartellrechtlichen Schadensersatzrichtlinie.

914 Vgl. *Haus/Serafimova*, BB 2014, 2883, 2883; *Ruffert*, in Calliess/Ruffert, EUV/AEUV, 4. Aufl. Art. 288, Tz. 26 ff. (m. w. N.).

915 Vgl. *Rummel/Weck*, ZWeR 2017, 166, 173.

916 *Rummel/Weck*, ZWeR 2017, 166, 173.

vollständige Ersatz des Schadens gegen das Unternehmen oder die Unternehmensvereinigung, durch dessen/deren Zuwiderhandlung der Schaden entstanden ist, geltend gemacht werden. Der Schadensersatzanspruch richtet sich somit ausdrücklich gegen das Unternehmen bzw. die Unternehmensvereinigung.[917]

§ 2 Übernahme des europäischen Unternehmensbegriffs und Haftungskonzepts der wirtschaftlichen Einheit in das nationale Kartellschadensersatzrecht

Der EuGH stellte in der Rechtsache *Kone* ausdrücklich klar, dass die Ausgestaltung der privaten Rechtsdurchsetzung von Kartellrechtsverstößen Sache des nationalen Gesetzgebers ist.

> *„In Ermangelung einer einschlägigen Unionsregelung ist die Regelung der Modalitäten für die Ausübung dieses Rechts* […] *Aufgabe der innerstaatlichen Rechtsordnung des einzelnen Mitgliedstaats*“[918].

Allerdings gilt dies unter dem Vorbehalt, dass dadurch eine effektive und diskriminierungsfreie Durchsetzung der Art. 101 f. AEUV im Rahmen von Schadensersatzklagen nicht ausgeschlossen wird.[919] Der Kartellschadensersatz ergänzt vielmehr die Sanktionierung der Bußgelder und trägt zur Durchsetzung des Wettbewerbsrechts bei.[920]

Überwiegend werden die Übernahme des europäischen Unternehmensbegriffs in das jeweilige mitgliedstaatliche Recht und damit einhergehend die Haftung von Muttergesellschaften befürwortet.[921] Allerdings gibt es auch vehemente

917 Vgl. auch *Kersting*, WuW 2014, 564, 565.

918 EuGH, Urt. v. 5.6.2014, Rs. C-557/12, ECLI:EU:C:2014:1317, Tz. 20 ff. – Kone. Siehe auch EuGH, Urt. v. 13.7.2006, Rs. C-295/04 u. a., ECLI:EU:C:2006:461, Tz. 64 – Manfredi.

919 *Ebenda*, *„wobei der Äquivalenz- und Effektivitätsgrundsatz zu beachten sind“*. Siehe auch *Rummel/Weck*, ZweR 2017, 166, 168 f.

920 EuGH, Urt. v. 20.09.2001, Rs. C-453/99, ECLI:EU:C:2001:465, Tz. 25–27 – Courage/Crehan; Urt. v. 13.7.2006, Rs. C-295/04 u. a., ECLI:EU:C:2006:461, Tz. 60 – Manfredi; Urt. v. 27.2.2014, Rs. C-365/12 P, ECLI:EU:C:2014:112, Tz. 104 – ENBW. Vgl. auch *Rummel/Weck*, ZWeR 2017, 166, 173.

921 So beispielsweise *Haus/Serafimova*, BB 2014, 2883, 2884; *Haus/Wachs*, RAW 2014, 88, 92 f.; *Kersting*, WuW 2014, 564, 565; *ders.*, WuW 2014, 1156, 1171; *Keßler*, VuR 2015, 83, 85; *Kühne/Woitz*, DB 2015, 1028, 1028 f.; *Lettl*, WRP 2015, 537, 537; *Makatsch/Mir*, EuZW 2015, 7, 8; *Roth*, GWR 2015, 73, 73; *Vollrath*, NZKart 2013, 434, 438; *Wurmnest*, in Remien, Schadensersatz, S. 48 ff. Im Speziellen in Bezug auf die Änderungen durch die 9. GWB-Novelle: *Jungbluth*, Zum Stand der Umsetzung

Gegenstimmen, die eine derartige funktionale Auslegung des Unternehmensbegriffs ablehnen.[922]

Im Folgenden ist daher zum derzeit sehr divergierende Meinungsbild in Literatur und Wissenschaft Stellung zu nehmen.[923]

Ganz grundsätzlich sei darauf hingewiesen, dass es sich im Hinblick auf diese Problematik vor allem um einen Diskurs auf deutscher Ebene handelt. Die Bedenken gegen den unionsrechtlichen Unternehmensbegriff werden in anderen Mitgliedstaaten anscheinend kaum geteilt.[924] Es ist somit davon auszugehen, dass jedenfalls nach Umsetzung der Richtlinie die Muttergesellschaften verbundener Unternehmen in anderen Mitgliedsstaaten auch passivlegitimiert sein werden.[925]

I. Derzeitiger Meinungsstand

In Bezug auf die Umsetzung europarechtlichter Vorgaben zum Kartellschadensersatzrecht werden im Wesentlichen zwei Positionen vertreten.[926]

---

der Schadensersatzrichtlinie in deutsches Recht, 4. L&A Wettbewerbstag 2016, Folien 3–4, abrufbar unter http://hbfm.link/823; *ders.*, wird zit. in Zusammenfassung der Diskussion beim Forum Unternehmensrecht am 22.2.2016, abrufbar unter http://hbfm.link/824 (jeweils zuletzt abgerufen am 12.12.2017); *Kersting/Preuß*, WuW 2016, 394, 395; *Weck*, WuW 2016, 404, 405.

922 Siehe z.B. von *Hülsen/Kasten*, NZKart 2015, 296, 298; *Inderst/Thomas*, Schadensersatz bei Kartellverstößen, S. 75 ff.; *Kasten/Traugott*, CCZ 2015, 157, 163; *Klotz*, Wirtschaftliche Einheit und Konzernhaftung im Kartellzivilrecht, S. 109 ff.; *Stauber/Schaper*, NZKart 2014, 346, 346.

923 Wobei der Fokus auf dem Meinungsbild auf deutscher Ebene liegen wird. Allerdings besitzen die Argumente mitgliedsstaatsübergreifend Relevanz.

924 Vgl. *Anonym*, 51 Common Market Law Review (2014), 1333, 1338 ff.; *Cauffmann*, 20 MJ 4 (2013), 623, 624; *Cisotta*, 10 Competition Law Review (2014), 81, 98 ff.; *Howard*, Journal of European Competition Law&Practice, 2013, Vol. 4, no. 6, 455, 457; *Peyer*, in Litigation and Arbitration in EU Competition Law, 34, 36 ff.; *Veronese*, 5 JECLaP (2014), 563 ff. So auch *Klotz*, Wirtschaftliche Einheit und Konzernhaftung im Kartellzivilrecht, S. 107 f.; *Weitbrecht*, WuW 2015, 959, 965.

925 *Weitbrecht*, WuW 2015, 959, 965.

926 Nach *Rummel/Weck* gibt es noch eine weitere Position, nach der das europäische Recht zwar grundsätzlich die Haftung des Unternehmens erfordert, aber durchaus Raum für nationale Regeln zu Verschulden und Zurechnung lässt. Siehe *Rummel/Weck*, ZweR 2017, 166, 179 m. w. N. Sie gleicht daher in weiten Teilen der ersten Position.

Nach der ersten Position fordert die Kartellschadensersatzrichtlinie die Haftung des Unternehmens als wirtschaftliche Einheit.[927] Diese Ansicht wird mit dem Wortlaut der Richtlinie, aber auch mit ihrem Normzweck, der in der Sicherstellung einer ausreichenden Kompensation bestehe, begründet. Zur effektiven Umsetzung der Schadensersatzrichtlinie bedarf es der Zugrundlegung des europarechtlichen Verständnisses der Unternehmenseinheit sowie seiner Rechtsfolgen.[928] Das haftungsbegründende Verhalten sei demzufolge in vollem Umfang der Unternehmenseinheit zuzurechnen.[929]

Nach der zweiten Position wird die Übernahme des europäischen Unternehmensbegriffs abgelehnt und auch weiterhin einen Gleichlauf mit den außerhalb des Wettbewerbsrechts bestehenden Haftungsgrundsätzen gefordert.[930] Die Schadensersatzrichtlinie gebe nur eine Haftung von Unternehmensteilen in Form rechtlicher Einheit vor. Es bestehe aber weder nach der Rechtsprechung des EuGH noch nach der Richtlinie ein Erfordernis, dass das Unternehmen zivilrechtlich als wirtschaftliche Einheit hafte.[931] Zudem existiere keine zivilrechtliche Haftung im europäischen Kartellrecht, die für die Übertragung in das mitgliedstaatliche Recht hätte Modell stehen können.[932]

II. Stellungnahme

Der zweiten Position, die die Übernahme des europäischen Unternehmensbegriffs sowie die Rechtsfolgen ablehnt, ist zuzugeben, dass sich in der Rechtsprechung des EuGH keine eindeutige Festlegung dahin gehend findet, dass im

---

927 *Blome*, Rechtsträgerprinzip und Wirtschaftliche Einheit, S. 344 ff.; *Haus/Serafimova*, BB 2014, 2883, 2884; *Kersting*, WuW 2014, 564, 565; *ders.*, WuW 2016, 329; *Kersting/Preuß*, WuW 2016 394, 395; *Keßler*, VuR 2015, 83, 85; *Kühne/Woitz*, DB 2015, 1028 f.; *Lettl*, WRP 2015, 537, 537; *Makatsch/Mir*, EuZW 2015, 7, 8; *Petrasincu*, WuW 2016, 330 ff.; *Roth*, GWR 2015, 73, 73; *Vollrath*, NZKart 2013, 434, 438. So auch Monopolkommission, XX. Hauptgutachten, 2012/13, Rn. 951. Siehe auch *Rummel/Weck*, ZweR 2017, 166, 179.

928 *Ebenda.*

929 Vgl. Rehbinder, in L/M/R (2016), § 33 GWB, Rn. 42. Siehe auch *Rummel/Weck*, ZweR 2017, 166, 179.

930 Vgl. auch Ausführungen von *Rummel/Weck*, ZWeR 2017, 166, 180.

931 Vgl. *von Hülsen/Kasten*, NZKart 2015, 296, 299 ff.; *Suchsland/Rossmann*, WuW 2015, 973, 977 ff.; *Thomas/Legner*, NZKart 2016, 155, 156 ff. Siehe auch Ausführungen von *Rummel/Weck*, ZWeR 2017, 166, 180.

932 *Inderst/Thomas*, Schadensersatz bei Kartellverstößen, S. 75 ff.; *Thomas/Legner*, NZKart 2016, 155, 156.

Kartellschadensersatz stets die wirtschaftliche Einheit als Haftungsadressat heranzuziehen ist. Ein völliger Gleichlauf zwischen Bußgeldrecht und Schadensersatzrecht ist nicht offenbar nicht zwingend erforderlich.[933]

Dennoch kann diese Position nicht überzeugen. Denn die europäische Rechtsprechung erfordert eine wirksame Durchsetzung der Art. 101 f. AEUV gegenüber dem ganzen Unternehmen und nicht nur gegenüber einzelnen unternehmenszugehörigen Rechtsträgern.[934] Dies findet auch Anwendung im Rahmen von Schadensersatzklagen, für welche die kartellrechtliche Schadensersatzrichtlinie die Vorgaben der Art. 101 f. AEUV weiter ausgestaltet.[935] Ferner ist die genannte Position kaum mit dem Wortlaut und dem Zweck der kartellrechtlichen Schadensersatzrichtlinie zu vereinbaren, die dem Kläger die Möglichkeit verschaffen soll, „vollständigen Ersatz" von jedem am Kartellrechtsverstoß beteiligten Unternehmen zu erhalten.[936] Daher ist die erste Position vorzugswürdig und die Übernahme des europäischen Unternehmensbegriffs sowie des Haftungskonzepts der wirtschaftlichen Einheit in das nationale Recht erforderlich.

Dafür spricht auch der Wortlaut der Richtlinie: dem Wortlaut des Art. 1 Abs. 1 der kartellrechtlichen Schadensersatzrichtlinie ist zu entnehmen, dass der europäische Unternehmensbegriff in die Rechtsordnung des jeweiligen Mitgliedsstaates übernommen werden soll.[937]

Zwar ist der Begriff des Unternehmens in Art. 1 Abs. 1 der kartellrechtlichen Schadensersatzrichtlinie nicht näher definiert und auch nicht im Laufe des Entstehungsverfahrens der Richtlinie erörtert worden. Dafür bestand aber auch keine Notwendigkeit, denn der europäische Unternehmensbegriff ist für den Bereich des Kartellrechts eine Selbstverständlichkeit.[938] Im Gegenteil, eine solche Erörterung wäre in einer europäischen Richtlinie vielmehr erforderlich gewesen, wenn dem Begriff gerade nicht ein europäisches Verständnis zugrunde zu legen wäre.

---

933 Vgl. dazu *Rummel/Weck*, ZWeR 2017, 166, 180.

934 *Ebenda.*

935 Siehe insbesondere EuGH, Urt. v. 20.09.2001, Rs. C-453/99, ECLI:EU:C:2001:465, Tz. 36 – Courage/Crehan; Urt. v. 5.6.2014, Rs. C-557/12, ECLI:EU:C:2014:1317, Tz. 37 – Kone.

936 Vgl. dazu *Rummel/Weck*, ZWeR 2017, 166, 180.

937 So auch *Haus/Serafimova*, BB 2014, 2883, 2884; *Kersting*, WuW 2014, 564, 565; *Kersting/Preuß*, WuW 2016 394, 395; *Keßler*, VuR 2015, 83, 85; *Kühne/Woitz*, DB 2015, 1028 f.; *Lettl*, WRP 2015, 537, 537; *Makatsch/Mir*, EuZW 2015, 7, 8; *Roth*, GWR 2015, 73, 73; *Vollrath*, NZKart 2013, 434, 438.

938 *Petrasincu*, WuW 2016, 330, 330. A. A. *Suchsland/Rossmann*, WuW 2015, 973, 979.

Art. 1 der kartellrechtlichen Schadensersatzrichtlinie beschreibt zunächst nur den Gegenstand und Anwendungsbereich der Richtlinie. Nähere Begriffsbestimmungen erfolgen in Art. 2. In Art. 2 Nr. 2 wird explizit darauf hingewiesen, dass unter dem Begriff des „Rechtsverletzers" das Unternehmen zu verstehen ist und nicht etwa die jeweiligen juristischen Personen als Unternehmensträger. Allerdings wird der Begriff des Rechtsverletzers definiert und nicht darüber hinaus der Begriff des Unternehmens.[939] Eine nähere Erörterung des Unternehmensbegriffs war aber aus den oben genannten Gründen auch im Rahmen des Art. 2 nicht erforderlich. Ferner wird neben dem Rechtsverletzer auch der „Geschädigte" näher beschrieben (Art. 2 Nr. 6 der kartellrechtlichen Schadensersatzrichtlinie). Bei dem Geschädigten soll es sich im Gegensatz zum Rechtsverletzer um jede Person handeln, die einen durch eine Zuwiderhandlung gegen das Wettbewerbsrecht verursachten Schaden erlitten hat. Da es sich bei dem Geschädigten um einen bisher nicht etablierten Begriff im europäischen Kartellrecht handelt, wird auf diesen Begriff näher in Artikel 3 der kartellrechtlichen Schadensersatzrichtlinie sowie in Erwägungsgrund Nr. 3 eingegangen. Wäre eine solche Klarstellung auch im Rahmen des Begriffs des Rechtsverletzers notwendig gewesen, ist anzunehmen, dann wären zumindest die Erwägungsgründe darauf eingegangen.[940]

Die Übernahme des europäischen Haftungskonzepts der wirtschaftlichen Einheit in das mitgliedstaatliche Recht ist außerdem aufgrund des Effektivitäts- und Äquivalenzprinzips erforderlich.[941] Eine explizite Verpflichtung der Mitgliedstaaten, alle geeigneten Schritte zu unternehmen, um die Wirksamkeit des Unionsrechts sicherzustellen, ergibt sich längst aus Art. 4 der kartellrechtlichen Schadensersatzrichtlinie.

Die Prinzipien sollen verhindern, dass die Mitgliedstaaten die vom Unionsrecht gewährten Rechte über den Umweg nationaler Vorschriften unterlaufen. Die nationalen Vorschriften und Verfahren für Schadensersatzklagen aufgrund

---

939 So *Kasten/Traugott*, CCZ 2015, 157, 163; *Klotz*, Wirtschaftliche Einheit und Konzernhaftung im Kartellzivilrecht, S. 109 m.w.N., 110. So auch *Thomas/Legner*, NZKart 2016, 155, 156.

940 Erwägungsgrund Nr. 3 der kartellrechtlichen Schadensersatzrichtlinie weist darauf hin, dass der Schadensersatzanspruch nach Unionsrecht auch für Zuwiderhandlungen gegen die Artikel 101 und 102 AEUV durch öffentliche Unternehmen und durch Unternehmen, denen von den Mitgliedstaaten oder ausschließliche Rechte im Sinne des Artikels 106 AEUV gewährt wurden. Vgl. Richtlinie 2014/104/EU, Abl. EU 2014 Nr. L 349/7.

941 So auch *Weitbrecht*, WuW 2015, 964, 965.

von Verstößen gegen Art. 101, 102 AEUV dürfen demzufolge für potenzielle Geschädigte nicht weniger günstig sein als nach Art und Schwere vergleichbarer Verstöße gegen nationales Recht (Äquivalenzgebot). In Einklang mit dem Effektivitätsgrundsatz müssen die nationalen Regeln für die Geltendmachung von Schadensersatzansprüchen zudem so gestaltet sein, dass sie die Ausübung der unionsrechtlich gewährten Rechte weder „praktisch unmöglich machen“ noch „übermäßig erschweren“.[942]

Sowohl die Bußgeldsanktion als auch die Geltendmachung eines Schadensersatzanspruchs sind Rechtfolgen des Kartellrechtsverstoßes, die auf die Kartelltäter alternativ oder kumulativ zukommen können. Es handelt sich um zwei unterschiedliche Formen der Haftung für einen vorsätzlich bzw. fahrlässig begangenen Verstoß. Insofern ist eine gewisse Ähnlichkeit zu bejahen, sodass die Schadensersatzhaftung im Verhältnis zur Bußgeldhaftung unter Berücksichtigung des Effektivitäts- und Äquivalenzprinzips zu betrachten ist.

Die Notwendigkeit, dass die Adressaten im Bußgeldrecht und im Schadensersatzrecht identisch sein sollen, ergibt sich aus dem Verhältnis zur konkreten Bußgeldentscheidung.[943] Denn in der Praxis basieren die Schadensersatzklagen in Form einer sogenannten *„Follow-on-Klage“* in der Regel auf bereits bestandskräftigen Bußgeldentscheidungen der Wettbewerbsbehörden. Die Bußgeldforderung adressiert die Europäische Kommission bei Vorliegen einer wirtschaftlichen Einheit neben der am Kartellrechtsverstoß direkt beteiligten Tochtergesellschaft regelmäßig auch an die Muttergesellschaft. Wenn auf nationaler Ebene jedoch nur ein untergeordneter Teil der europarechtlich für den Kartellrechtsverstoß verantwortlichen wirtschaftlichen Einheit auch zivilrechtlich in die Verantwortung genommen werde, besteht die Gefahr von Vermögensverschiebungen zum Nachteil der Geschädigten.[944]

Eine Besonderheit der Kartellschadensersatzhaftung besteht darin, dass Entscheidungen der Kartellbehörden nur hinsichtlich der Feststellung eines Verstoßes bindend sind.[945] Noch nicht geklärt ist, wie weit die Feststellungswirkung

---

942 EuGH, Urt. v. 20.9.2001, Rs. C-453/99, ECLI:EU:C:2001:465, Tz. 26 ff. – Courage/Crehan; Urt. v. 13.7.2006, verb. Rs. C-295/04 u. a., ECLI:EU:C:2006:461, Tz. 60 ff. – Manfredi; Urt. v.14.6.2011, Rs. C-360/09, ECLI:EU:C:2011:389, Tz. 28 ff. – Pfleiderer; Urt. v. 6.6.2013, Rs. C-536/11, ECLI:EU:C:2013:366, Tz. 21 ff. – Donau Chemie.

943 A.A. *Suchsland/Rossmann*, WuW 2015, 973, 980.

944 *Kersting*, WuW 2014, 1156, 1171.

945 *Rummel/Weck*, ZWeR 2017, 166, 181. Nach *Bürger* bindet die Bußgeldentscheidung zwar die Gerichte beim Schadensersatzprozess an den Verstoß, nicht jedoch an das Verschulden, *Bürger*, WuW 2011, 139, 140.

reicht. Vor allem ist ungeklärt, ob auch eine Bindung an die Feststellungen in der Bußgeldentscheidung zu Verantwortlichkeit bzw. Verschulden besteht.[946] Eine Bindungswirkung kartellrechtlicher Entscheidungen in Bezug auf ein Verschulden der Muttergesellschaft besteht sicherlich nicht.[947] Dafür besteht jedoch auch keine Notwendigkeit, denn die Muttergesellschaft haftet nicht wegen einer Zurechnung von Verschulden, sondern wegen ihrer Zugehörigkeit zum tatbeteiligten Unternehmen.[948]

Allerdings darf der Effektivitätsgrundsatz angesichts der Kompetenzverteilung zwischen Europäischer Union und Mitgliedsstaaten bei der Kartellschadensersatzhaftung nicht so weit gehen, dass die den Mitgliedsstaaten zugesprochenen Kompetenzen vereitelt werden. Bei der Umsetzung der kartellrechtlichen Schadensersatzrichtlinie mussten die Mitgliedsstaaten dem Anwendungsvorrang des Primärrechts Rechnung tragen. Die Schadensersatzrichtlinie gestaltete die Vorgaben der Art. 101 f. AEUV mit Blick auf die zivilrechtliche Haftung für Wettbewerbsverstöße weiter aus. In Bezug auf die Frage, wer für den Kartellverstoß konkret in Anspruch genommen wird und gegen wen die Haftung (formell) durchzusetzen ist, liegt die Kompetenz jedoch bei den Mitgliedsstaaten.[949] Nach Art. 299 AEUV erfolgt die Zwangsvollstreckung von Entscheidungen der Europäischen Kommission nach den Vorschriften des Zivilprozessrechts des Staates, in dessen Hoheitsgebiet sie stattfindet. Die Übernahme des europäischen Unionsbegriffs und damit einhergehend die Anwendbarkeit des Konzepts der wirtschaftlichen Einheit könnte mit Haftungsvoraussetzungen des nationalem Zivilrechts nicht in Einklang stehen. Die Auslegung der Richtlinie im Sinne der ersten Position stellt einen tief greifenden Eingriff in die mitgliedstaatlichen Rechtsordnungen dar.[950] Jedoch betrifft diese Problematik eine rein *kartell*-zivilrechtliche Haftung und keine allgemein zivilrechtliche Haftung.[951]

---

946 *Ebenda*. Vgl. auch *Kainer/Persch*, WuW 2016, 2, 5 unter Verweis auf *Weitbrecht*, NJW 2012, 881, 883.

947 So auch *Bürger*, WuW 2011, 139, 140.

948 So auch *Rummel/Weck*, ZWeR 2017, 166, 184.

949 Vgl. *Rummel/Weck*, ZWeR 2017, 166, 168 f.

950 Vgl. *Klotz*, Wirtschaftliche Einheit und Konzernhaftung im Kartellzivilrecht, S. 110. Siehe ferner *Gehring/Kasten/Mäger*, CCZ 2013, 1, 5; *von Hülsen/Kasten*, NZKart 2015, 296, 303; *Inderst/Thomas*, Schadensersatz bei Kartellverstößen, S. 78; *Scheidtmann*, WRP 2010, 499, 505; *Suchsland/Rossmann*, WuW 2015, 973, 979, *Thomas/Legner*, NZKart 2016, 155, 155.

951 So auch *Kersting*, WuW 2014, 1156, 1172. Natürlich darf es nicht durch Erschaffung besonderer Zivilrechtsordnungen zu einer Aushebelung des allgemeinen Zivilrechts im Sinne des BGB kommen.

Nur kartellrechtlich treten die Rechtsträger einer wirtschaftlichen Einheit tatsächlich als Einheit nach außen auf.[952] Allgemein zivilrechtlich, insbesondere im Vertrags- und sonstigen Deliktsrecht, steht jede Gesellschaft weiterhin für sich und haftet auch nur für sich.[953]

Die Haftung des Unternehmens als wirtschaftliche Einheit entspricht zudem dem Sinn und Zweck des Kartellschadensersatzrechts. Nach Artikel 3 Abs. 1 der kartellrechtlichen Schadensersatzrichtlinie sollen die Mitgliedsstaaten gewährleisten, dass jede natürliche oder juristische Person den vollständigen Ersatz des durch einen Kartellrechtsverstoß verursachten Schadens verlangen und erwirken kann. Insbesondere das Erwirken des vollständigen Schadensersatzes kann aber durch geschickte Umstrukturierungen des Unternehmens vereitelt werden. Daher ist die eigentlich bußgeldrechtliche Problematik der Haftungsentziehung durch Umstrukturierungen auch im Rahmen der kartellrechtlichen Schadensersatzhaftung relevant.[954] Diese Problematik kann durch die Übernahme europäischen Haftungskonzepts der wirtschaftlichen Einheit in das mitgliedstaatliche Recht gelöst werden.[955]

Neben dem Ausgleich des Vermögensschadens, den der Geschädigte durch den Kartellrechtsverstoß erlitten hat, besteht im Wesentlichen der Zweck des Kartellschadensersatzrechts im Schutz des Wettbewerbs und folglich in der Abschreckung der Unternehmen vor der Begehung von Kartellrechtsverstößen. Die Haftung des Unternehmens als wirtschaftliche Einheit ist für das Erreichen dieses Zwecks in jedem Fall förderlich.

Zuletzt spricht ein wettbewerbs- und rechtspolitischer Aspekt für eine Übernahme der Haftung des Unternehmens als wirtschaftliche Einheit: Bei einem

---

952 *Ebenda.* Für das deutsche Recht schlägt Kersting daher eine Behandlung der wirtschaftlichen Einheit als Außengesellschaft bürgerlichen Rechts vor. Der Verstoß der Tochtergesellschaft lasse sich dann über § 31 BGB der wirtschaftlichen Einheit zurechnen. Alle Rechtsträger der wirtschaftlichen Einheit, nämlich die Gesellschafter der Außen-GbR, würden nach § 128 HGB analog haften. Im Ergebnis hafte die Muttergesellschaft nicht als Gesellschafterin der Tochter, sondern als Gesellschafterin der Außen-GbR. Vgl. *Kersting*, WuW 2014, 1156, 1170 ff.

953 *Ebenda.* So auch bereits *Kersting*, WuW 2011, 445, 452.

954 Siehe dazu Ansicht von LG Berlin, 6.8.2013, 16 O 193/11 Kart, WuW 2014, 1240, 1250 f. – Fahrtreppen. Siehe ferner *Kersting*, Der Konzern 2011, 445, 457; *ders.*, WuW 2014, 1156, 1170; *ders.*, WuW 2014, 564, 565; *Kersting/Preuß*, WuW 2016, 394, 395; *Kersting/Preuß*, Umsetzung der Kartellschadensersatzrichtlinie, S. 43; sowie *Ackermann*, ZweR 2010, 329, 343, *Wurmnest*, in: Remien, Schadensersatz, S. 27 ff.

955 So im Ergebnis auch *Kersting/Preuß*, Umsetzung der Kartellschadensersatzrichtlinie, S. 43; *Weitbrecht*, WuW 2015, 959, 966.

grenzüberschreitenden Kartell hat der Kläger nach der Regelung des Art. 8 Nr. EuGVVO[956] die Wahl zwischen all jenen Jurisdiktionen, in denen mindestens ein Beklagter ansässig ist.[957] Im Anwendungsbereich der Rom-II-Verordnung[958] ist es dem Kläger überdies möglich, mit der Jurisdiktion zugleich die dort geltende *lex fori* für das materielle Schadensersatzrecht zu wählen (Art. 6 Abs. 3 lit. b).[959] Die Übernahme des europäischen Haftungskonzepts der wirtschaftlichen Einheit ist zum einen klägerfreundlich und unterstützt daher die Attraktivität eines Rechtsstandorts. Zum anderen kann dadurch ein ausgewogenes prozessuales und materiellrechtliches Umfeld geschaffen werden, indem kartellbeteiligte Unternehmen auf der anderen Seite nicht unangemessen belastet werden.[960]

---

956 Verordnung (EU) Nr. 1215/2012 des Europäischen Parlaments und des Rates vom 12.12.2012 über die gerichtliche Zuständigkeit und die Anerkennung und Vollstreckung von Entscheidungen in Zivil- und Handlungssachen, ABl. 2012 L 351/1.

957 *Weitbrecht*, WuW 2015, 959, 960.

958 Verordnung (EG) Nr. 864/2007 des Europäischen Parlaments und des Rates vom 11.7.2007 über das auf außervertragliche Schuldverhältnisse anzuwendende Recht, ABl. 2007 L 199/40.

959 *Weitbrecht*, WuW 2015, 959, 960.

960 Die Schaffung eines ausgewogenen prozessualen und materiellrechtlichen Umfelds für Kläger und Beklagte in diesem Zusammenhang sieht *Weitbrecht* auch als wesentliches Ziel bei der Umsetzung der kartellrechtlichen Schadensersatzrichtlinie. Vgl. *Weitbrecht*, WuW 2015, 959, 961.

Schluss

§ 1 Zusammenfassung und Ergebnisse

I. Die Gesellschaftsgruppen als Normadressat

I.

Die Wettbewerbsverbote des europäischen Kartellrechts, namentlich vor allem Art. 101, 102 AEUV, richten sich ausschließlich an Unternehmen. In diesem Zusammenhang ist zwischen dem Unternehmen als Normadressat, als Bußgeldadressat und als Adressat privater Schadensersatzforderungen zu unterscheiden.

II.

Dem Unternehmensbegriff ist ein funktionales Verständnis zugrunde zu legen. Danach handelt es sich bei einem Unternehmen im Sinne der Art. 101, 102 AEUV um „jede eine wirtschaftliche Tätigkeit ausübende Einheit, unabhängig von ihrer Rechtsform und Art der Finanzierung". Dabei ist die Rechtsfähigkeit des Unternehmens nicht als konstitutives Merkmal anzusehen. Insbesondere mangels einheitlicher Rechtsordnungen der Mitgliedsstaaten besteht andernfalls die Gefahr, dass die nach nationalem Recht vorzunehmende Prüfung der Rechtsfähigkeit zu divergierenden Ergebnissen und in der Folge zu einer uneinheitlichen Anwendung des Wettbewerbsrechts führen könnte.

III.

Der praktisch bedeutsamste Anwendungsfall des von den Unionsorganen entwickelten Konzepts der wirtschaftlichen Einheit ist die Zusammenfassung einer Muttergesellschaft und ihrer (nahezu) 100%ige Tochtergesellschaft. Eine zunehmende Rolle spielen auch Gemeinschaftsunternehmen. In mittlerweile zahlreichen Entscheidungen wurde eine wirtschaftliche Einheit eines paritätischen Gemeinschaftsunternehmens mit seinen beiden Muttergesellschaften sowie eines Gemeinschaftsunternehmens mit seinen Mehrheits- und Minderheitsgesellschaftern angenommen. Schließlich wurden auch Schwestergesellschaften zu einer wirtschaftlichen Einheit zusammengefasst, wenngleich diese Gesellschaften in der Regel mittelbar über einen gemeinsamen Anteilseigner verbunden waren.

IV.

Eine wirtschaftliche Einheit ist zu bejahen, wenn die Muttergesellschaft die Möglichkeit besitzt, bestimmenden Einfluss auf die Tochtergesellschaft auszuüben, und eine tatsächliche Einflussnahme auch erfolgt. Das Merkmal des bestimmenden Einflusses wiederum ist anzunehmen, wenn die Tochtergesellschaft trotz eigener Rechtspersönlichkeit ihr Marktverhalten nicht autonom bestimmt, sondern im Wesentlichen Weisungen der Muttergesellschaft befolgt, und zwar vor allem wegen deren wirtschaftlicher, organisatorischer und rechtlicher Bindungen.

Im Falle eines Gemeinschaftsunternehmens stellt sich die Frage, ob das Autonomiedefizit im Widerspruch zum Postulat der unternehmerischen Eigenständigkeit im Sinne von Art. 3 Abs. 4 FKVO steht. Ein solcher Widerspruch ist zu verneinen, da die bestimmende Einflussnahme auf das Gemeinschaftsunternehmen nicht zwingend eine vollumfängliche Einwirkung voraussetzt. Gleichzeitig reicht für die Annahme der Selbstständigkeit des Gemeinschaftsunternehmens im Sinne der FKVO aus, wenn dieses seine Geschäftspolitik und unternehmerische Entscheidungen eigenständig am Markt ausrichten kann.

V.

Einige Besonderheiten bzgl. der grundsätzlichen Möglichkeit, Einfluss auszuüben, ergeben sich vor allem bei Gemeinschaftsunternehmen.

Bei einem paritätischen Gemeinschaftsunternehmen besitzt keine Muttergesellschaft für sich genommen einen ausreichenden Einfluss, um das Gemeinschaftsunternehmen alleine zu kontrollieren. Überdies können die Muttergesellschaften nur Entscheidungen mit Hilfe von Vetorechten blockieren. Es wird spricht insofern von einer negativen Einflussmöglichkeit gesprochen. Eine gemeinsame Einflussnahme der Muttergesellschaften auf das Marktverhalten des Gemeinschaftsunternehmens ist mithin möglich, sofern eine Interessengleichheit besteht. Die gemeinsame Gründung und Einbringung von Geschäftsbereichen in das Gemeinschaftsunternehmen sprechen für das Bestehen einer solchen Interessengleichheit. Dennoch hegen die Muttergesellschaften regelmäßig weiterhin auch individuelle Interessen. Daher ist insbesondere aufgrund der paritätischen Anteile am gemeinsamen Unternehmen eine höhere Anfälligkeit für Konfliktsituationen und in der Folge ein möglicher Stillstand der Handlungsfähigkeit des Gemeinschaftsunternehmens anzunehmen.

VI.

Die Untersuchung hat gezeigt, dass zur Begründung einer wirtschaftlichen Einheit insbesondere strukturelle und persönliche Verflechtungen eine Rolle spielen, beispielweise durch eine kapitalmäßige Verbundenheit, eine Vereinbarung über Stimmrechte, durch die Verpflichtung der Tochtergesellschaft gegenüber den Muttergesellschaften, Berichts- und Rechenschaftspflichten nachzukommen, sowie durch die Wahrnehmung von Aufgaben und Ämtern im Vorstand, in der Geschäftsführung, im Aufsichtsrat oder in anderen Leitungsgremien in der Tochtergesellschaft durch Organmitglieder oder Angestellte der Muttergesellschaften.

Im Falle von Schwestergesellschaften nahm eine Schwestergesellschaft konzerninterne Koordinationsfunktionen wahr, die auch Auswirkungen auf die andere Schwester hatten.

VII.

Grundsätzlich obliegt es der Europäischen Kommission, die Möglichkeit der Einflussnahme und die tatsächliche Ausübung eines bestimmenden Einflusses zu beweisen. Bei (nahezu) 100%igem Kapitalbesitz der Muttergesellschaft an ihrer Tochter darf deren Ausübung eines bestimmenden Einflusses auf die Letztere nach ständiger Entscheidungspraxis der Unionsorgane vermutet werden. In diesem Fall muss die Muttergesellschaft diese Vermutung widerlegen. Allerdings tangiert die Vermutungsregel rechtsstaatliche Prinzipien, denn sie hat eine Beweislastumkehr zur Folge. Ferner stellen die Unionsorgane zu hohe Anforderungen an die Widerlegung der Vermutung. Als Nachweis muss ein Gegenbeweis und nicht erst der Beweis des Gegenteils genügen. Schließlich führt auch ein Begründungsmangel der Europäischen Kommission in Bezug auf die Widerlegung vorgebrachter Nachweise der Muttergesellschaften nicht zu einer Ergebniskorrektur.

Hinsichtlich der Anforderungen an den Nachweis der tatsächlichen Einflussnahme auf ein paritätisches Gemeinschaftsunternehmen sollte wegen des zwingenden Bestehens der Interessengleichheit genauer differenziert werden. Orientierungspunkt ist die Entstehung des Gemeinschaftsunternehmens. So muss sich bei einem von den Muttergesellschaften nicht gemeinsam gegründeten Gemeinschaftsunternehmen die Interessengleichheit in der Ausübung der Leitungsmacht deutlich, bestenfalls durch konkrete Entscheidungen der Muttergesellschaften, manifestieren. Darüber hinaus kann bei einem Gemeinschaftsunternehmen ohne paritätische Beteiligung nicht bereits aus der jeweiligen Anteilshöhe der Muttergesellschaften eine tatsächliche Einflussnahme abgeleitet werden. Abzulehnen ist jedoch bei Gemeinschaftsunternehmen eine Anwendbarkeit der widerlegbaren Vermutung der bestimmenden Einflussnahme, außer es liegt eine Situation vor, die mit derjenigen eines Alleingesellschafters vergleichbar wäre.

II. Die Gesellschaftsgruppen als Bußgeldadressat

I.

Verstößt ein Unternehmen vorsätzlich oder fahrlässig gegen die Wettbewerbsregeln der Art. 101, 102 AEUV, hat dieses Unternehmen nach dem Grundsatz der persönlichen Verantwortung für die Zuwiderhandlung einzustehen.

II.

Nach übereinstimmender Auffassung der Unionsorgane ist der bußgeldrechtliche Unternehmensbegriff im Gegensatz zum täterschaftlichen Unternehmensbegriff nicht funktional-wirtschaftlich zu verstehen. Zunächst ist das Täterunternehmen zu ermitteln und sodann die juristische Person als Rechtsträgerin des Unternehmens.

III.

Zur Begründung der Verantwortlichkeit der Muttergesellschaften wird wieder das Konzept der wirtschaftlichen Einheit und deren Voraussetzungen herangezogen.

Der EuGH hat die wirtschaftliche Einheit als das wettbewerbsrechtlich verantwortliche Subjekt identifiziert. Allerdings kann der wirtschaftlichen Einheit mangels Rechtssubjektivität selbst nicht direkt eine Geldbuße auferlegt werden. Zurechnungssubjekt für die Rechtsfolgen des Wettbewerbsverstoßes sind die Rechtsträger der wirtschaftlichen Einheit. Die Muttergesellschaft begründet sich darauf, dass sie als „Leitungsperson" zum Zeitpunkt der Zuwiderhandlung für das Handeln der wirtschaftlichen Einheit und somit des Unternehmens verantwortlich war.

IV.

Die kartellrechtliche Verantwortlichkeit der Muttergesellschaften muss sich, aufgrund der Nähe des Sanktionscharakters der Geldbuße zum Strafrecht, am Maßstab der straf- und strafverfahrensrechtlichen Garantien unionsrechtlicher Art messen lassen. Von zentraler Bedeutung sind in diesem Zusammenhang die unionsrechtlichen Gesetzesvorbehalte, der Grundsatz *nulla poena sine lege* und das Schuldprinzip. Eine grundsätzliche Vereinbarkeit mit den Rechtsstaatsprinzipien liegt vor.

Sowohl die Vereinbarkeit mit dem ungeschriebenen unionsrechtlichen Gesetzesvorbehalt als auch mit dem Gesetzesvorbehalt nach Art. 52 Abs. 1 S. 1 GRCh ist zu bejahen. Zum einen wird der Wesentlichkeitsvorbehalt nicht tangiert, zum anderen ist aus der § 23 Abs. 2 S. 2 VO 1/2003, letztlich auch wegen des Unternehmensbegriffs, hinreichend erkennbar, dass ebenso gegen die Muttergesellschaften, die nicht unmittelbar an der kartellrechtswidrigen Handlung beteiligt waren, ein Bußgeld verhängt werden kann.

Ein Verstoß gegen den Bestimmheitsgrundsatz, insbesondere im Sinne von Art. 7 EMRK, Art. 49 GrCh, ist nicht ersichtlich. Obwohl weder das Unternehmen noch die wirtschaftliche Einheit legal definiert sind, sind willkürliche Auslegungsmöglichkeiten durch die gefestigte Rechtsprechung zu verneinen.

Schließlich ist die aktuelle Praxis der Sanktionierung der Muttergesellschaften für die Kartellrechtsverstöße des Gemeinschaftsunternehmens überdies mit dem

Schuldprinzip vereinbar. Die persönliche Verantwortlichkeit des Unternehmens als originäre Unternehmensschuld liegt aufgrund eines Organisationsverschuldens vor. Die wirtschaftliche Einheit stellt somit das wirtschaftliche Subjekt des Verhaltens dar, das vom Kartellrecht in präventiver Hinsicht gesteuert werden soll. Da diese Einheit gegen die materiellen Verhaltensvorgaben verstößt, trägt sie hierfür auch selbst die Verantwortung. Die Muttergesellschaft wiederrum ist verantwortlich, weil sie als Leiterin des Unternehmens maßgeblich Einfluss auf dessen Marktverhalten nimmt. Im Ergebnis bildet das Konzept der wirtschaftlichen Einheit die notwendige Verbindung zwischen dem schuldhaft begangenen Verstoß des Unternehmens und der bußgeldrechtlichen Verantwortung der Rechtsträger.

V.

Der Europäischen Kommission wird im Hinblick auf die Auswahl des Entscheidungsadressaten, die im Unternehmen für die Zuwiderhandlung zur Verantwortung gezogen werden, ein Ermessen zugebilligt. Sie ist nicht verpflichtet, alle der für einen Wettbewerbsverstoß sanktionsfähigen Gesellschaften auch tatsächlich gesamtschuldnerisch mit einer Bußgeldsanktion zu belegen. In jüngster Zeit wird allerdings zumeist gegen die Tochtergesellschaft und ihre Muttergesellschaft eine gesamtschuldnerische Haftung angeordnet. Die konkreten Kriterien, die die Europäische Kommission ihrer Ermessensentscheidung zugrunde legt, sind nicht bekannt. Als mögliche Kriterien kommen moralische und wirtschaftliche Erwägungen in Betracht sowie Zweckmäßigkeitsgründe.

VI.

Für die gesamtschuldnerisch zur Verantwortung gezogenen Gesellschaften des Unternehmensverbunds stellt sich die Frage eines möglichen Regressanspruchs, wenn die Geldbuße bereits durch eine Gesellschaft der wirtschaftlichen Einheit gezahlt worden ist. Entgegen der Ansicht des EuG, dass die Europäische Kommission eine konkrete Haftungsquote im Innenverhältnis festlegen solle, hat der EuGH entschieden, dass dies grundsätzlich Sache der mitgliedstaatlichen Gerichte sei.

III. Die Gesellschaftsgruppen als Adressat privater Schadensersatzansprüche

I.

Die Ausgestaltung der privaten Rechtsdurchsetzung von Kartellverboten ist im Allgemeinen Sache des nationalen Gesetzgebers. Allerdings ist der europäische Unternehmensbegriff und damit einhergehend die Haftung der

Muttergesellschaften nach dem Konzept der wirtschaftlichen Einheit zu übernehmen.

II.

Nach Art. 1 Abs. 1, Art. 2 Nr. 2 der kartellrechtlichen Schadensersatzrichtlinie ist das Unternehmen der Adressat des Schadensersatzanspruchs bzw. der Rechtsverletzer. Eine nähere Erörterung des Begriffsverständnisses in der Richtlinie bzw. den Erwägungsgründen war entbehrlich, da der europäische Unternehmensbegriff mittlerweile für den Bereich des Kartellrechts eine Selbstverständlichkeit darstellt. Mangels eines einheitlichen Begriffsverständnisses des Unternehmens auf mitgliedstaatlicher Ebene ist eine Mindestharmonisierung unentbehrlich.

III.

Überdies ist auch die Übernahme des europäischen Haftungskonzepts der wirtschaftlichen Einheit geboten. Dieses ergibt sich zum einen aus dem europäischen Begriffsverständnis des Unternehmens und zum anderen aus dem Effektivitäts- und Äquivalenzprinzip. Andernfalls könnte der Geschädigte gegebenenfalls nicht auf alle Bußgeldadressaten als potenzielle Anspruchsgegner zurückgreifen. Eine gemeinsame Haftung von Mutter- und Tochtergesellschaften ist zudem im Sinne des Präventionsgedankens zum Schutz des Wettbewerbs und darüber hinaus für die Gewährleistung, dass jede natürliche oder juristische Person den vollständigen Ersatz des Schadens erwirken kann, förderlich.

§ 2 Fazit

Die Untersuchung des kartellrechtlichen Konzepts der wirtschaftlichen Einheit hat zum einen gezeigt, dass ein dynamischer Prozess vorliegt, der sich auch in Bezug auf Rechtsfragen auswirkt und eine ständige Anpassung an neue Entwicklungen fordert. Definiert und konkretisiert wird die wirtschaftliche Einheit durch die Rechtspraxis der Unionsorgane. Die Rechtspraxis ist daher der wesentliche Orientierungspunkt für die Unternehmen und ihre Rechtsträger. Anhand der circa dreißigjährigen Rechtsprechungspraxis lässt sich mittlerweile ein recht konkretes Bild von den einzelnen Voraussetzungen der wirtschaftlichen Einheit zeichnen. Ein festes Dogma besteht allerdings nicht.

Im Weiteren liegt eine Hauptproblematik darin, dass die europäische Rechtsprechungspraxis auf deutsches Recht trifft. Die Haftungsbegründung erfolgt nach europäischem Kartellrecht, dessen Durchsetzung wiederum erfolgt nach deutschem Recht.

Die Diskussionen, die um das Konzept der wirtschaftlichen Einheit geführt werden, rühren insbesondere aus dem Versuch, die europäische Rechtspraxis mit deutschem Recht in Einklang zu bringen. So kommt es im Bußgeldrecht zu erheblichen systematischen Spannungen.[961] Auf der einen Seite steht die funktionale Betrachtungsweise des europäischen Kartellrechts, die sich stark an wirtschaftlichen Zusammenhängen orientiert.[962] Auf der anderen Seite steht die formale Betrachtungsweise des deutschen Gesellschaftsrechts, die in dogmatisch fester Tradition auf die Eigenständigkeit verschiedener juristischer Personen Wert legt.[963] Aus der Perspektive des deutschen Gesellschaftsrechts werden das Rechtsträgerprinzip und das Trennungsprinzip missachtet.

Solche Konflikte zwischen den Anschauungen in verschiedenen Rechtsgebieten sind in gewissem Maße unvermeidbar. Es bedarf auch nicht einer absoluten Lösung dieser Spannungen, denn die Untersuchung hat gezeigt, dass das Haftungskonzept des europäischen Kartellrechts im verfassungsrechtlichen Sinne rechtmäßig ist.

Eine wettbewerbspolitische Anmerkung: Die vorherigen Ausführungen sollen nicht zu der Schlussfolgerung führen, dass das Konzept der wirtschaftlichen Einheit, insbesondere im Hinblick auf die handwerkliche Umsetzung und Reichweite, nicht in der Zukunft weiter diskutiert und konkretisiert werden sollte. So sollte im Rahmen der Bußgeldhaftung weiter an der Schaffung eines Gleichgewichts zwischen dem Sinn und Zweck des Kartellrechts und den Interessen der Unternehmen gearbeitet werden, um die positiven Auswirkungen auf die Effizienz und Innovationskraft in der Volkswirtschaft weiterhin zu fördern.

Der vorrangige Sinn und Zweck des Kartellrechts, und dieses spiegelt sich auch in der Anwendung des Konzepts der wirtschaftlichen Einheit wider, ist die Sicherung des funktionierenden Wettbewerbs. Die Einbeziehung der Muttergesellschaften in die Haftung und in der Folge in die Berechnungsgrundlage des Bußgeldes dient u. a. der Abschreckung vor der Begehung von Kartellrechtsverstößen. Um die wirtschaftlichen Gegebenheiten zu erfassen und um die Wettbewerbsverbote wirksam durchzusetzen, ist die derzeitige Anwendung des Konzepts und in der Folge die Begründung der Verantwortung der Muttergesellschaften auch sinnvoll.

---

961 Vgl. auch *Podszun*, Die 9. Novelle des Gesetzes gegen Wettbewerbsbeschränkungen (GWB), S. 2.

962 *Ebenda*, S. 9.

963 *Ebenda*.

In diesem Zusammenhang darf die Europäische Kommission sich nicht zu einem über-wohlmeinenden Diktator entwickeln.[964] So muss den Privilegien des Kartellrechts bzw. bestimmten Substituten auch ein Gegengewicht gegenüberstehen. Im Rahmen des Nachweises muss darauf geachtet werden, dass die Vermutungsregel tatsächlich eine Beweiserleichterung darstellt und nicht die Notwendigkeit für Muttergesellschaften besteht, einen Gegenbeweis erbringen zu müssen. Die Entscheidungen und somit auch das jeweilige herangezogene Indiz müssen dezidiert begründet werden.

Die Untersuchung hat ferner gezeigt, dass die Verantwortung der Muttergesellschaft sich nicht auf ein etwaiges persönliches Verschulden gründet. Sofern das Tochterunternehmen einen Kartellrechtsverstoß begangen hat und eine wirtschaftliche Einheit vorliegt, kann sich die Muttergesellschaft der Haftung praktisch nicht entziehen. Die Verneinung der bestimmenden Einflussnahme der Muttergesellschaft auf die Tochtergesellschaft ist eher theoretischer Natur. Dies führt zu Unmut aufseiten der Unternehmen und wird auch in der Literatur häufig kritisiert.[965]

Ein wettbewerbspolitischer Ansatz im Sanktionsrecht sollte in der Zukunft eine verstärkte Fokussierung auf die Prävention von Kartellrechtsverstößen sein. In Betracht kommt eine stärkere Berücksichtigung von Compliance-Maßnahmen der Muttergesellschaft, z. B. durch eine Bußminderung.[966]

Eine Muttergesellschaft, die tatsächlich sehr viel investieren, um Kartellrechtsverstöße bei sich selbst und bei ihrer Tochtergesellschaft zu vermeiden bzw. diese schnell aufzudecken, sollte privilegiert werden. Ein Compliance-System an sich schützt richtigerweise nicht vor der Bußgeldhaftung. In dem Fall, dass die Muttergesellschaft aufzeigen kann, dass sie ein gutes Compliance-System etabliert hat und ein grober Verstoß der Tochtergesellschaft gegen die Compliance-Regeln vorliegt, sollte das hohe Engagement sich bußmindernd für die Muttergesellschaft auswirken.

---

964 Ein wohlwollender Diktator ist in der Wirtschaftswissenschaft ein theoretisches Modell, das einen (fiktiven) Staatslenker bezeichnet, der völlig ohne Eigeninteressen ausschließlich das Ziel der Nutzenmaximierung der Wirtschaftssubjekte verfolgt, vgl. dazu auch *Homann,/Suchanek*, Ökonomik: eine Einführung, S. 159 f.

965 *Bechtold/Bosch*, ZweR 2011, 160, 166; *de Bronett*, EWS 2012, 113; *Kling*, ZweR 2011, 170, 178; *Stender*, Kartellgeldbußen, S. 90 ff.; *Thomas*, KSzW 2011, 10, 12; *ders.*, JZ 2011, 485, 493.

966 *Podszun*, Die 9. Novelle des Gesetzes gegen Wettbewerbsbeschränkungen (GWB), S. 15; *Brettel/Thomas*, Compliance und Unternehmensverantwortlichkeit, S. 67 ff.

Dadurch würde zum einen ein weiterer Anreiz geschaffen werden, präventiv Kartelle zu unterbinden bzw. diese schnell aufzudecken. Zum anderen könnte dadurch das Gefühl der Machtlosigkeit der Muttergesellschaften in Bezug auf die Haftung reduziert werden. Dieser Aspekt bedarf jedoch noch intensiver Prüfung, insbesondere im Hinblick auf die handwerkliche Umsetzung, denn freilich sollte die unmittelbar am Kartellrechtsverstoß beteiligte Gesellschaft von der Privilegierung ausgenommen werden.

Literaturverzeichnis

Aberle, Lukas, Sanktionsdurchgriff und wirtschaftliche Einheit im deutschen und europäischen Kartellrecht, Köln 2013, Carl-Heymanns Verlag (zitiert: *Aberle*, Sanktionsdurchgriff und wirtschaftliche Einheit)

Ackermann, Bruni, Die Strafbarkeit juristischer Personen im deutschen Recht und ausländischen Rechtsordnungen, Frankfurt am Main/New York 1984, Peter Lang Verlag (zitiert: *Ackermann*, Die Strafbarkeit juristischer Personen)

Ackermann, Thomas, Prävention als Paradigma: Zur Verteidigung eines effektiven kartellrechtlichen Sanktionssystems, ZWeR 2010, S. 329–352

ders., Kartellbußen als Instrument der Wirtschaftsaufsicht, ZWeR 2012, S. 3–19

Afferni, Giorgio, Case: ECJ-Manfredi v Lloyd Adriatico, ERCL 2007, S. 179–190

Ahrens, Börris, Gemeinschaftsunternehmen als wirtschaftliche Einheit, EuZW 2013, S. 899–902

Anonym, Editorial Comments, „One bird in the hand..." The Directive on damages actions for breach of the competition rules, 51 Common Market Law Review (2014), S. 1333–1342

Bahnmüller, Marc, Strafrechtliche Unternehmensverantwortlichkeit im europäischen Gemeinschafts- und Unionsrecht, Frankfurt a.M., Tübingen 2004 (zitiert: *Bahnmüller*, Strafrechtliche Unternehmensverantwortlichkeit)

Bauer, Günter/*Reisner*, Nina, Erweiterte Zurechnung des Verhaltens Dritter bei der Festsetzung von Geldbußen im EG Kartellrecht?, WuW 2007, S. 737–746

Bechtold, Rainer, Zwischenbilanz zum EG-Fusionskontrollrecht, EuZW 1994, S. 653–659

Bechtold, Rainer/*Bosch*, Wolfgang, Der Zweck heiligt nicht alle Mittel, ZweR 2011, S. 160–169

Bechtold, Stefan/*Jickeli*, Joachim/*Rohe*, Mathias, Recht, Ordnung und Wettbewerb: Festschrift zum 70. Geburtstag von Wernhard Möschel, Baden-Baden 2011, Nomos Verlagsgesellschaft (zitiert: *Bearbeiter*, in FS Möschel)

Behrens, Peter, EU führt Strafbarkeit juristischer Personen ein, EuZW 2011, S. 161

ders., Parental liability for subsidiary's infringements of Article 101 TFEU - An analysis of recent case-law., in: Kaal, Wulf A./Schwartze, Andreas/Schmidt, Matthias (Hrsg.), Recht im ökonomischen Kontext, Festschrift zu Ehren von Christian Kirchner, S. 455–463, Tübingen 2014, Mohr Siebeck (zitiert: *Behrens*, FS Kirchner)

ders., Europäisches Marktöffnungs- und Wettbewerbsrecht, Heidelberg 2017, C.F. Müller GmbH

Bellamy, Christopher W./*Child*, Graham D., European Community Law of Competition, Editors Roth, Peter/Rose, Viviane, 6. Edition. London 2008, Oxford University Press (zitiert: *Bellamy/Child*)

Belsley, Michael D., Comment, The Vatican Merger Defense: Should Two Catholic Hospitals Seeking to Merge be Considered a Single Entity For Purposes of Antitrust Merger Analysis?, Nw. U. L. Rev. 90, 1996, S. 720–787

Benicke, Christoph, Zum Unternehmensbegriff des Europäischen Wettbewerbsrechts, EWS 1997, S. 373–379

Beninca, Jürgen, Gründlichkeit vor Schnelligkeit! Zur Verzögerung der Richtlinie zur privaten Rechtsdurchsetzung im Kartellrecht, WuW 2014, S. 791

Bertossa, Carlo Antonio, Unternehmensstrafrecht – Strafprozess und Sanktionen, Bern 2003, Stämpfli Verlag (zitiert: *Bertossa*, Unternehmensstrafrecht)

Bien, Florian, Perspektiven für eine europäische Gruppenklage bei Kartellverstößen? – Die Opt Out – Class Actions als Äquivalent der Vorteilsabschöpfung, NZKart 2013, S. 12–17

Blome, Max-Niklas, Rechtsträgerprinzip und Wirtschaftliche Einheit, Haftungssubjekte im Wettbewerbsrecht, Baden-Baden 2016, Nomos Verlagsgesellschaft

Böni, Franz/*Wassmer*, Alex, Gemeinschaftsunternehmen – Black Box für Kartellabsprachen?, WuW 2014, S. 681–690

Bornkamm, Joachim, Hoheitliches und unternehmerisches Handeln der öffentlichen Hand im Visier des europäischen Kartellrechts – Der autonome Unternehmensbegriff der Art. 81, 82 EG-, in: Müller, Gerda/Osterloh, Eilert/Stein, Torsten (Hrsg.): Festschrift für Günther Hirsch, München 2008, Verlag C.H. Beck, S. 231 ff. (zitiert: *Bornkamm*, FS Hirsch)

Bosch, Wolfgang, Haftung für kartellrechtswidriges Handeln der Tochtergesellschaft – Neue Rechtslage nach dem Urteil in der Rechtssache Elf Aquitaine/Kommission?, ZWeR 2012, S. 368–379

ders., Verantwortung der Konzernobergesellschaft im Kartellrecht, ZHR 2013, S. 454–474

Böse, Martin, Strafen und Sanktionen im Europäischen Gemeinschaftsrecht, Köln 1996, Carl Heymann Verlag (zitiert: *Böse*, Strafen und Sanktionen)

Bourgeois, Jacques H.J./*Strievi*, Stéphanie, EU Competition Remedies in Consumer Cases: Thinking Out of the Shopping Bag, World Competition 33, no. 2 (2010), S. 241–255

Braun, Ellen/*Galle*, René, Effektivere gerichtliche Kontrolle von EU-Kommissionsentscheidungen in Kartellbußgeldsachen: Trendwende in der EuG-Rechtsprechung?, CCZ 2013, S. 109–112

Braun, Dominik/*Kellerbauer*, Manuel, Das Konzept der gesamtschuldnerischen Verantwortlichkeit von Konzerngesellschaften bei Zuwiderhandlungen gegen das EU Wettbewerbsrecht – Teil 1, NZKart 2015, S. 175–181

dies., Das Konzept der gesamtschuldnerischen Verantwortlichkeit von Konzerngesellschaften bei Zuwiderhandlungen gegen das EU Wettbewerbsrecht – Teil 2, NZKart 2015, S. 211–216

Brettel, Hauke/*Thomas*, Stefan, Unternehmensbußgeld, Bestimmtheitsgrundsatz und Schuldprinzip im novellierten deutschen Kartellrecht, ZWeR 2009, S. 25–64

dies., Compliance und Unternehmensverantwortlichkeit im Kartellrecht, Tübingen 2016, Mohr Siebeck (zitiert: *Brettel/Thomas*, Compliance und Unternehmensverantwortlichkeit)

Brinker, Ingo, Die Zukunft des Kartellrechts, NZKart 2013, S. 2–11

Bulst, Friedrich Wenzel, The *Provimi* Decision of the High Court: Beginnings of Private Antitrust Litigation in Europe, EBOR 4 (2003), S. 623–650

ders., Zum Manfredi-Urteil des EuGH: Entscheidung des Europäischen Gerichtshofs vom 13.7.2006, ZEuP 2008, S. 178–195

ders., in Behrens, Peter/ Hartmann-Rüppel, Marco/ Herrlinger, Justus (Hrsg.), Schadensersatzklagen gegen Kartellmitglieder, S. 11–34, Baden-Baden 2010, Nomos Verlagsgesellschaft (zitiert: *Bulst*, in Behrens/Hartmann-Rüppel/ Herrlinger)

Büren, Eckart, Einer für ale, alle für einen? – Gesamtschuldnerische Bußgeldhaftung im europäischen Kartellrecht: Grundlage, Ausgestaltung und Konsequenzen, ZweR 2011, S. 285–311

Bürger, Christian, Die Haftung der Konzernmutter für Kartellrechtsverstöße ihrer Tochter nach deutschem Recht, WuW 2011, S. 130–140

Burnley, Richard, Group Liability for Antitrust Infringements: Responsibility and Accountability, World Competition 33, no. 4, 2010, S. 595–614

Calisti, Daniele/*Haasbeek*, Luke/*Kubik*, Filip, The Directive on Antitrust Damages Actions: Towards a stronger competition culture in Europe, founded on the combined power of public and private enforcement of the EU Competition rules, NZKart 2014, S. 466–473

Calliess, Christian/*Ruffert*, Matthias, EUV/AEUV, Das Verfassungsrecht der Europäischen Union mit Europäischer Grundrechtecharta, Kommentar, München 2016, Verlag C.H. Beck (zitiert: *Bearbeiter*, in Calliess/Ruffert)

Cauffmann, Caroline, The European Commission Proposal for a Directive on Antitrust Damages: A First Assessment, 20 MJ 4 (2013), S. 623–634

Cisotta, Roberto, Some Considerations on the Last Developments on Antitrust Damages Actions and Collective Redress in the European Union, Competition Law Review, Vol. 10 (2014), S. 81–105

Dannecker, Gerd, Kollektive Verantwortlichkeit als neue Aufgabe im Spiegel der aktuellen europäischen Entwicklung, GA 2001, 101–130

ders., Kollektive Verantwortlichkeit als neue aufgabe im spiegel der aktuellen europäischen Entwicklung GA 2001, S. 577–596.

Dannecker, Gerhard/*Fischer-Fritsch*, Jutta, Das EG-Kartellrecht in der Bußgeldpraxis, Köln 1989, Carl Heymanns Verlag (zitiert: *Dannecker/Fischer-Fritsch*, EG-Kartellrecht in der Bußgeldpraxis)

de Bronett, Georg-Klaus, „Unternehmen" als „wirtschaftliche Einheiten" – Das neue EU-Kartellrecht nach der Rechtsprechung des EuGH in der Rs. C-97/08 P – „Akzo Nobel", EWS 2012, S. 113–124

ders., Europäisches Kartellverfahrensrecht, Kommentar zur VO 1/2003, 2. Auflage, Köln 2012, Carl Heymann Verlag (zitiert: *de Bronett*, Kommentar)

Dreher, Meinrad, Kartellrechtscompliance, Voraussetzungen und Rechtsfolgen unternehmens- oder verbandsinterner Maßnahmen zur Einhaltung des Kartellrechts, ZweR 2004, S. 75–106

Ehrhardt, Anne, Unternehmensdelinquenz und Unternehmensstrafe – Sanktionen gegen juristische Personen nach deutschem und US-amerikanischen Recht, Berlin 1994, Duncker & Humblot (zitiert: *Ehrhardt*, Unternehmensdelinquenz und Unternehmensstrafe)

Eidam, Gerd, Die Verbandsgeldbuße des § 30 Abs. 4 OWiG – eine Bestandsaufnahme, wistra 2003, S. 447–456

Eilmansberger, Thomas, The Green Paper on Damages Actions for Breach of the EC Antitrust Rules and Beyond: Reflections on the Utility and Feasability of Stimulating Private enforcement through Legislative Action, CMLRev44 (2007), S. 431–478

Elfring, Claus, „Deadlock" beim paritätischen Equity Joint Venture, NZG 2012, S. 895–900

Emmerich, Volker, Kartellrecht, 13. Auflage, München 2014, Verlag C.H. Beck (zitiert: *Emmerich*)

ders., Volker/*Habersack*, Mathias, Konzernrecht, 10. Auflage, München 2013, Verlag C.H. Beck (zitiert: *Emmerich/Habersack*)

Engelhardt, Marc, Sanktionierung von Unternehmen und Compliance, 2. Auflage, Berlin 2012, Duncker & Humblot (zitiert: *Engelhart*, Sanktionierung von Unternehmen)

Engels, Hartmut, Unternehmensvorsatz und Unternehmensfahrlässigkeit im Europäischen Kartellrecht, Berlin 2002, Berlin Verlag Arno Spitz GmbH (zitiert: *Engels*, Unternehmensvorsatz und Unternehmensfahrlässigkeit)

Engisch, Karl, Einheit der Rechtsordnung, Heidelberg 1935, Wissenschaftliche Buchgesellschaft

Fassbender, Bardo, Der einheitliche Gesetzesvorbehalt der EU-Grundrechtecharta und seine Bedeutung für die deutsche Rechtsordnung, NVwZ 2010, S. 1049–1054

Faull, Jonathan /*Nikpay*, Ali, The EC Law of Competition, Oxford 2014, Oxford University Press (zitiert: *Bearbeiter*, in Faull/Nikpay)

Fett, Torsten/*Spiering*, Christoph (Hrsg.), Handbuch Joint Venture, 2. Auflage, Heidelberg 2015, C.F. Müller GmbH (zitiert: *Bearbeiter*, in Fett/Spiering)

Fiedler, Lilly, Der aktuelle Richtlinienvorschlag der Kommission – der große Wurf für den kartellrechtlichen Schadensersatz?, BB 2013, S. 2179–2186

Fischer, Kerstin, Gesamtschuldnerische Haftung von Unternehmen für die Zahlung von Geldbußen bei Kartellverstößen: Bedeutung der GIS-Rechtsprechung des EUG für die Kartellrechtspraxis, ÖZK 2011, S. 99–105

Frankfurter Kommentar, Kartellrecht (Loseblatt), Bd. 2: EG-Kartellrecht (Teil 1), Köln 2011, Verlag Dr. Otto Schmidt (zitiert: Bearbeiter, in FK)

Frenz, Walter/*Lülsdorf*, Tanja, Kontinuität und Zurechnung im Kartellrecht, EWS 2012, S. 504–508.

Funck, Gerhard, Konzerneinheit und Kartellverbot, Die Kartellrechtliche Beurteilung von konzerninternen Verträgen, Heidelberg 1964 (zitiert: *Funck*, Konzerneinheit und Kartellverbot)

Furse, Mark, Competition Law of the UK and EC, London 1999, Blackstone Press Limited (zitiert: *Furse*, Competition Law)

Gehring, Stefan/*Kasten*, Boris/*Mäger*, Thomas, Unternehmensrisiko Compliance? Fehlanreize für Kartellprävention durch EU-wettbewerbsrechtliche Haftungsprinzipien für Konzerngesellschaften, CCZ 2013, S. 1–11

Geiger, Rudolph/*Khan*, Daniel-Erasmus/*Kotzur*, Markus, EUV/AEUV, München 2010, Verlag C.H. Beck (zitiert: *Bearbeiter*, in Geiger/Khan/Kotzur)

Gersdorf, Hubertus/*Paal*, Boris, Kommentar BeckOK Informations- und Medienrecht, Gesdorf/Peel, 17. Auflage, München 2014, Verlag C.H. Beck (zitiert: *Bearbeiter*, in BeckOK InfoMedienR)

Gerwing, Bernd, Kooperative Gemeinschaftsunternehmen im EWG-Kartellrecht unter besonderer Berücksichtigung der Abgrenzungsfrage, Köln 1994, Carl Heymann Verlag (zitiert: *Gerwing*, Gemeinschaftsunternehmen im EWG-Kartellrecht)

Gierke, Otto von, Die Genossenschaftstheorie und die Deutsche Rechtsprechung, Berlin 1963 (zitiert: *Gierke*, Genossenschaftstheorie)

Gleiss, Alfred/*Hirsch*, Martin/*Burkert*, Thomas O.J., Kommentar zum EG-Kartellrecht, Band 1: Art. 85 und Gruppenfreistellungsverordnungen, 4. Auflage, Heidelberg 1993, Recht und Wissenschaft (zitiert: *Gleiss/Hirsch*)

Goyder, Daniel G., EC Competition Law, 5. Auflage, Oxford 2009, Oxford University Press

Grabitz, Eberhard/*Hilf*, Meinhard/*Nettesheim*, Martin (Hrsg.), Das Recht der Europäischen Union, Band II EUV/EGV, 58. EL, München Stand 2016, Verlag C.H. Beck (zitiert: *Bearbeiter*, in Grabitz/Hilf)

Groeben, Hans von der/*Schwarze*, Jürgen/*Hatje*, Armin, Europäisches Unionsrecht, 7. Auflage, Baden-Baden 2015, Nomos Verlagsgesellschaft (zitiert: *Bearbeiter*, in von der Groeben/Schwarze/Hatje)

Grützner, Thomas/*Jakob*, Alexander, Compliance von A-Z, 2. Auflage, München 2015, Verlag C.H. Beck (zitiert: *Bearbeiter*, in Grützner/Jakob, Compliance von A-Z)

Gussone, Peter/*Schreiber*, Tilmann M., Private Kartellrechtsdurchsetzung, WuW 2013, S. 1040–1057

Haberkorn, Kurt, Behandlung von Konzernunternehmen nach Art. 65 des Montanunionvertrages, NJW 1960, S. 86–87

Hackel, Stefan Siegfried, Konzerndimensionales Kartellrecht – Grundsatzfragen der Zurechnung und Haftung bei Bußgeldbescheiden gegen verbundene Unternehmen, Baden-Baden 2012, Nomos Verlagsgesellschaft (zitiert: *Hackel*, Konzerndimensionales Kartellrecht)

Hagen, Wolfgang, Der Unternehmensverbund im Beihilfenrecht der Art. 87 ff. EG, Baden-Baden 2007, Nomos Verlagsgesellschaft (zitiert: *Hagen*, Unternehmensverbund)

Hamann, Hartmut, Das Unternehmen als Täter im europäischen Wettbewerbsrecht, Pfaffenweiler 1992, Centaurus-Verlagsgesellschaft (zitiert: *Hamann*, Unternehmen als Täter)

Haus, Florian/*Serafimova*, Mariya, Neues Schadensersatzrecht für Kartellverstöße – die EU-Richtlinie über Schadensersatzklagen, BB 2014, S. 2883–2890

ders./Wachs, Stephan, Kartellschäden in der Automobilindustrie, RAW 2014, S. 88–99

Harms, Wolfgang, Konzerne im Recht der Wettbewerbsbeschränkungen, Köln 1968, Carl Heymanns Verlag (zitiert: *Harms*, Konzerne)

ders., Die Entwicklung des Wettbewerbsrechts der Konzerne und Gemeinschaftsunternehmen in der EWG, in: Forschungsinstitut für Wirtschaftsverfassung und Wettbewerb e.V. (Hrsg.): Wettbewerbsordnung im Spannungsfeld von Wirtschafts- und Rechtswissenschaft, Festschrift für Gunther Hartmann, S. 165–186, Köln 1976, Carl Heymann Verlag, (zitiert: *Harms*, in FS Hartmann)

Hawk, Barry E./*Huser*, Henry L., „Controlling" the Shifting Sands: Minority Shareholdings Under EEC Competition Law, Fordham International Law Journal 1993, Vol. 17, Issue 2, S. 294–330

Heinichen, Christian, Unternehmensbegriff und Haftungsnachfolge im Europäischen Kartellrecht, Baden-Baden 2011, Nomos Verlagsgesellschaft (zitiert: *Heinichen*, Unternehmensbegriff und Haftungsnachfolge)

ders., Kartellbußgeldhaftung des Rechtsnachfolgers im Lichte des Analogieverbots, ZIS 2012, S. 68–76

Heinrich, Max, Rechtsfragen der wirtschaftlichen Haftungseinheit des europäischen Kartellbußgeldrechts, Baden-Baden 2016, Nomos Verlagsgesellschaft (zitiert: *Heinrich*, Wirtschaftliche Haftungseinheit)

Hempel, Rolf, War da nicht noch etwas? – Zum kollektiven Rechtsschutz im Kartellrecht, NZKart 2013, S. 449–500

Hetzer, Wolfgang, Korruption als Betriebsmodus? Unternehmensstrafbarkeit in der Europäischen Union, Kriminalistik 2008, S. 284–292

Hilf, Meinhard/*Classen*, Kai-Dieter, Der Vorbehalt des Gesetzes im Recht der Europäischen Union, in Osterloh, Lerke/Schmidt, Karsten/Weber, Hermann (Hrsg.), Staat, Wirtschaft, Finanzverfassung – Festschrift für Peter Selmer zum 70. Geburtstag, Berlin 2004, Duncker & Humblot GmbH (zitiert: *Hilf/ Classen*, in FS Selmer)

Hirsch, Hans Joachim, Strafrechtliche Verantwortlichkeit von Unternehmen, ZStW 1995, S. 288–323

Hofstetter, Karl/*Ludescher*, Melanie, Der Konzern als Adressat von Bussen im EU-Kartellrecht, Kunz, Peter/Herren, Dorothea/ Cottier, Thomas/Mattteotti, René (Hrsg.), Wirtschaftsrecht in Theorie und Praxis, Festschrift für Roland von Büren, S. 485–509, Basel 2009, Helbing Lichtenhahn Verlag (zitiert: *Hofstetter/Ludescher*, FS von Büren)

dies., Fines against Parent Companies in EU Antitrust Law: Setting Incentives for 'Best Practice Compliance', World Competition 33, no. 1 (2010), S. 55–76

Homann, Karl/*Suchanek*, Andreas, Ökonomik: eine Einführung, 2. Auflage, Tübingen 2005, Mohr Siebeck Verlag

Howard, Anneli, Too little, too late? The European Commission's Legislative Proposals on Anti-Trust Damages Actions, Journal of European Competition Law&Practice, 2013, Vol. 4, no. 6, S. 455–464

dies., The Draft Directive on Competition Law Damages – What does it mean for infringers and victims?, E.C.L.R, no. 35 (2014), S. 51–55

Huber, Ulrich, Konzerninterne Vereinbarungen im EWG-Kartellrecht nach der Kommissionsentscheidung im Fall Christiani & Nielsen, AWD des BB 1969, S. 429–433

Hülsen, Philipp von/*Kasten*, Boris, Passivlegitimation von Konzernen im Kartell-Schadensersatzprozess? – Gedanken zur Umsetzung der Richtlinie 2014/104/EU, NZKart 2015, S. 296–307

Immenga, Ulrich/*Mestmäcker*, Ernst-Joachim (Hrsg.), Wettbewerbsrecht, Kommentar zum Europäischen Kartellrecht, Band 1. EU/Teil 1, 5. Auflage, München 2012, Verlag C.H. Beck (zitiert: *Bearbeiter*, in Immenga/Mestmäcker)

Inderst, Roman/*Thomas*, Stefan, Schadensersatz bei Kartellverstößen, Düsseldorf 2015, Handelsblatt Fachmedien GmbH

Jäger, Renate, Mitregierungsvarianten an Gemeinschaftsunternehmen, EuZW 1995, S. 203–205

Jarass, Hans D., Der grundrechtliche Eigentumsschutz im EU-Recht, NVwZ 2006, S. 1089–1095

ders., Charta der Grundrechte der Europäischen Union, 2. Auflage, München 2013, Verlag C.H. Beck

Jones, Alison, The Boundaries of an Undertaking in EU Competition Law, European Competition Journal 2012, 8(2), S. 301–331

Joshua, Julian/*Botteman*, Yves/*Atlee*, Laura, „You can't beat the percentage" – The Parental Liability Presumption in EU Cartel Enforcement, in The European Antitrust Review 2012, Global Competition Review Special Report, S. 4–9

Jüchser, Alexander, Gesamtschuldnerausgleich zwischen Mutter- und Tochtergesellschaft im Fall des Schadensersatzes nach deutschem und europäischen Kartellrecht, WuW 2012, S. 1048–1056

Jungbluth, Armin, Zum Stand der Umsetzung der Schadensersatzrichtlinie in deutsches Recht, 4. L&A Wettbewerbstag 2016, Folien 3–4, abrufbar unter http://hbfm.link/823

ders., wird zit. in Zusammenfassung der Diskussion beim Forum Unternehmensrecht am 22.2.2016, abrufbar unter http://hbfm.link/824

Kainer, Friedemann/*Persch*, Johannes, Die CDC-Entscheidung des OLG Düsseldorf: Kollektiver Rechtsschutz und europarechtliches Effektivitätsprinzip, WuW 2016, S. 2–7

Kapp, Thomas/*Wegner*, Anne, Das Gemeinschaftsunternehmen – Kartellrechtliche Herausforderungen von der Wiege bis zur Bahre, CCZ 2015, S. 198–209

Karl, Matthias, Der Zusammenschlussbegriff in der Europäischen Fusionskontrollverordnung; Baden-Baden 1996, Nomos Verlagsgesellschaft (zitiert: *Karl*, Der Zusammenschlussbegriff)

Kasten, Boris/*Traugott*, Andreas, Das ICC Toolkit zur kartellrechtlichen Compliance auf Deutsch und das ICC KMU-Toolkit („SME Toolkit") - Eine Einführung und „Gebrauchsanleitung" -, CCZ 2015, S. 157–167

Kellerbauer, Manuel, Die Einordnung der Rechtsprechung der EU-Gerichte zur gemeinschaftlichen Haftung für Kartellbußen in Konzernen in das Recht der EU und der EMRK, WuW 2014, S. 1173–1184

Kellerbauer, Manuel/*Weber*, Olaf, Die gesamtschuldnerische Haftung für Kartellgeldbußen und ihre Grenzen: Das Urteil Siemens VA Tech, EuZW 2011, S. 666–669

dies., Joint and several liability for fines imposed under EU competition law: recent developments, EuZW 2014, S. 688–694

Kersting, Christian, Wettbewerbsrechtliche Haftung im Konzern, Der Konzern 2011, S. 445–459

ders., Die neue Richtlinie zur privaten Rechtsdurchsetzung im Kartellrecht, WuW 2014, S. 564–575

ders., Die Rechtsprechung des EuGH zur Bußgeldhaftung in der wirtschaftlichen Einheit, WuW 2014, S. 1156–1173

ders., Kartellopfer in der Gerechtigkeitslücke, WuW 2016, S. 329

Kersting, Christian/*Preuß*, Nicola, Umsetzung der Kartellschadensersatzrichtlinie (2014/104/EU), Baden-Baden 2015, Nomos Verlagsgesellschaft (zitiert: *Kersting/Preuß*, Umsetzung der Kartellschadensersatzrichtlinie)

dies., Umsetzung der Kartellschadensersatzrichtlinie durch die 9. GWB-Novelle, WuW 2016, S. 394–403

Keßler, Jürgen, Die europäische Richtlinie über Schadensersatz im Wettbewerbsrecht - Cui bono?, VuR 2015, S. 83–92

Killing, J. Peter, How to Make a Global Joint Venture Work, Harvard Business Review, 61. Jg., Nr. 3, 1982, S. 120–127

Kindler, Steffi, Das Unternehmen als haftender Täter - Ein Beitrag zur Frage der Verbandsstrafe im deutschen Strafrechtssystem - Lösungswege und Entwicklungsperspektiven de lege lata und de lege ferenda, Baden-Baden 2008, Nomos Verlagsgesellschaft (zitiert: *Kindler*, Das Unternehmen als haftender Täter)

Kliebisch, René, Das Gemeinschaftsunternehmen im Kartell- und Konzernrecht, Jena 2014, Jenaer Wissenschaftlicher Verlagsgesellschaft (zitiert: *Kliebisch*, Gemeinschaftsunternehmen)

Kling, Michael, Die Haftung der Konzernmutter für Kartellverstöße ihrer Tochterunternehmen, WRP 2010, S. 506–518

ders., Wirtschaftliche Einheit und Gemeinschaftsunternehmen – Konzernprivileg und Haftungszurechnung, ZWeR 2011, S. 169–191

Klotz, Marius, Wirtschaftliche Einheit und Konzernhaftung im Kartellzivilrecht, Köln 2016, Carl Heymanns Verlag

Klumpe, Gerhard/*Thiede*, Thomas, Regierungsentwurf zur 9. GWB-Novelle: Änderungsbedarf aus Sicht der Praxis, BB 2016, S. 3011–2018

Koch, Jens, Der kartellrechtliche Sanktionsdurchgriff im Unternehmensverbund, ZHR 2007, S. 554–580

Köhler, Helmut, „Gemeinsame Kontrolle" von Unternehmen aufgrund von Minderheitsbeteiligungen im Europäischen Kartellrecht, EuZW 1992, S. 634–639

ders., EU-Kartellgeldbußen gegen Mutter- und Tochtergesellschaft: Gesamtschuldnerische Haftung und Ausgleich im Innenverhältnis, WRP 2011, S. 277–287

Kokott, Juliane/*Dittert*, Daniel, Die Verantwortlichkeit von Muttergesellschaften für Kartellvergehen ihrer Tochtergesellschaften im Lichte der Rechtsprechung der Unionsgerichte, WuW 2012, S. 670–683

Komninos, Assimakis P., New Prospects for Private Enforcement of EC Competition Law: Courage v. Crehan and the Community Right to Damages, CMLRev. 39 (2002), S. 447–487

Könen, Daniel, Die Passivlegitimation des Kartellschadensersatzes nach der 9. GWB-Novelle, NZKart 2017, S. 15–20

König, Christian/*Schreiber*, Kristina, Europäisches Wettbewerbsrecht, 1. Auflage, Tübingen 2010, Mohr Siebeck Verlag (zitiert: *König/Schreiber*)

Korah, Valentine, An introductory guide to EC competition law and practice, 8. Auflage, Oxford 2004, Hard Publishing (zitiert: *Korah*, EC competition law and practice)

Körner, Julia, Die Gesamtschuld im europäischen Kartellbußgeldrecht, Köln 2016, Carl Heymanns Verlag (zitiert: *Körner*, Gesamtschuld im Kartellbußgeldrecht)

Kühne, Armin/*Woitz*, Stefan, Die neue EU-Kartellschadensersatzrichtlinie: „Follow-on"-Klagen auf Schadensersatz werden gefährlicher, DB 2015, S. 1028–1032

Lange, Knut Werner, Kartellrechtlicher Unternehmensbegriff und staatliches Wirtschaftshandeln in Europa, WuW 2002, S. 953–961

Langefeld-Wirth, Klaus (Hrsg.), Joint Ventures im internationalen Wirtschaftsverkehr, Praktiken und Vertragstechniken internationaler Gemeinschaftsunternehmen, Heidelberg 1990, Verlag Recht und Wirtschaft GmbH (zitiert: *Bearbeiter*, in Langefeld-Wirth)

Langen, Eugen/*Bunte*, Hermann-Josef (Hrsg.), Kartellrecht Kommentar, Band 2 Europäisches Kartellrecht, 12. Auflage, Köln 2014, Luchterhand Verlag (zitiert: *Bearbeiter*, in Langen/Bunte)

Leipold, Klaus, Unternehmensstrafrecht – Eine rechtspolitische Notwendigkeit?, ZRP 2013, S. 34–37

Lenaerts, Koen, Due Process in Competition Cases, NZKart 2013, S. 175–182

Lenz, Carl Otto/*Borchardt*, Klaus-Dieter (Hrsg.), EU-Verträge Kommentar, 5. Auflage, Köln 2010, Bundesanzeiger Verlag (zitiert: *Bearbeiter*, in Lenz/Borchardt)

Leo, Hans-Christoph, Konzerninterne Marktregelungen im Lichte des EWG-Kartellrechts, in: Möhring, Philipp/Nipperdey, Hans Carl (Hrsg.), Kartellrundschau, Heft 8 Aktuelle Probleme des EWG-Kartellrechts, Köln 1966 (zitiert: *Leo*, Kartellrundschau)

Lessenich, Christof, Unternehmensbegriff und Zurechnung – Grundlagen und Reichweite der Unternehmen, Sinzheim 2000, Pro Universitate Verlag (zitiert: *Lessenich*, Unternehmensbegriff)

Lettl, Tobias, Kartellschadensersatz nach der Richtlinie 2014/104/EU und deutsches Kartellrecht, WRP 2015, S. 537–545

Lipowsky, Ursula, Die Zurechnung von Wettbewerbsverstößen zwischen verbundenen Unternehmen im EWG-Wettbewerbsrecht, München 1987, Verlag V. Florentz (zitiert: *Lipowsky*, Zurechnung von Wettbewerbsverstößen)

Loewenheim, Ulrich/*Meessen*, Karl M./*Riesenkampff*, Alexander (Hrsg.) Kartellrecht Kommentar, 2. Auflage, München 2009, Verlag C.H. Beck (zitiert: *Bearbeiter*, in L/M/R)

dies., Kartellrecht Kommentar, 3. Auflage, München 2016, Verlag C.H. Beck (zitiert: *Bearbeiter*, in L/M/R (2016))

Lohse, Andrea, Gemeinschaftsunternehmen nach Inkrafttreten der neuen Fusionskontrollverordnung, ZHR 159 (1995), S. 164–206

Lorenzmeier, Stefan, Kartellrechtliche Geldbußen als strafrechtliche Anklage im Sinne der Europäischen Menschenrechtskonvention, ZIS 2008, S. 20–30

Lütolf, Sandra Hilda, Strafbarkeit der juristischen Person, Zürich 1997, Schulthess Polygraph Verlag

Mäger, Thorsten, (Hrsg.), Europäisches Kartellrecht, 2. Auflage, Baden-Baden 2011, Nomos Verlagsgesellschaft (zitiert *Bearbeiter*, in Mäger, Europäisches Kartellrecht)

Makatsch, Tilman/*Mir*, Arif Sascha, Die neue EU-Richtlinie zu Kartellschadensersatzklagen – Angst vor der eigenen „Courage“?, EuZW 2015, S. 7–12

Mansdörfer, Marco/*Timmerbeil*, Sven, Das Modell der Verbandshaftung im europäischen Kartellbußgeldrecht, EuZW 2011, S. 214–218

Mederer, Wolfgang, Richtlinienvorschlag über Schadensersatzklagen im Bereich des Wettbewerbsrechts, EuZW 2013, S. 847–851

Meeßen, Gero, Anspruch auf Schadensersatz bei Verstößen gegen EU-Kartellrecht - Konturen eines Europäischen Kartelldeliktsrechts?, Tübingen 2011, Mohr Siebeck Verlag (zitiert: *Meeßen*, Anspruch auf Schadensersatz)

Menz, Michael, Wirtschaftliche Einheit und Kartellverbot, Berlin 2004, Duncker & Humblot (zitiert: *Menz*, Wirtschaftliche Einheit und Kartellverbot)

Merlino, Pietro, Edison: A Glimpse of Hope for Parent Companies Seeking to Rebut the Parental Liability Presumption?, Journal of European Competition Law and Practice 2014, Vol. 5, No. 7, S. 463–466

Mestmäcker, Ernst-Joachim/*Schweitzer*, Heike, Europäisches Wettbewerbsrecht, 3. Auflage, München 2014, Verlag C.H. Beck (zitiert: *Mestmäcker/Schweitzer*)

Meyer, Jürgen (Hrsg.), Charta der Grundrechte der Europäischen Union, Baden-Baden 2014, Nomos Verlagsgesellschaft (*Bearbeiter*, in Meyer (Hrsg.), Charta der Grundrechte der Europäischen Union)

Meyering, Bernd, Uferlose Haftung im Bußgeldverfahren, WuW 2010, S. 157–169

Montag, Frank, Strukturelle kooperative Gemeinschaftsunternehmen, RIW 1994, S. 918–926

Montesa, Aitor/*Givaja*, Ángel, When Parents Pay for their Children's Wrongs: Attribution of Liability for EC Antitrust Infringements in Parent-Subsidiary Scenarios, World Competition 29, 2006, S. 555–574

Monti, Giorgio, Anticompetitive agreements: the innocent party's right to damages, E.L.Rev. 27 (2002), S. 282–302

Muders, Christian, Zur Haftung juristischer Verbände für das Verhalten natürlicher Personen im europäischen Kartellrecht, wistra 2011, S. 405–412

Mundt, Andreas, Die Bußgeldleitlinien des Bundeskartellamtes, WuW 2007, S. 458–470.

Mügge, Michael, Der Begriff des Unternehmens im deutschen und europäischen Kartellrecht, Hamburg 2002 (zitiert: *Mügge*, Der Begriff des Unternehmens)

Müller-Michaels, Olaf, Grundrechtlicher Eigentumsschutz in der Europäischen Union; Das Eigentumsgrundrecht in der Rechtsordnung der EU, in der EMRK und in den Verfassungen Deutschland, Italiens und Irlands, Berlin 1997, Duncker & Humblot (zitiert: *Müller-Michaels*, Grundrechtlicher Eigentumsschutz in der Europäischen Union)

Münchener Kommentar zum Aktienrecht, Band 1: §§ 1–75, München 2017, Verlag C.H.Beck (zitiert: Bearbeiter, in MüKo AktG)

Münchener Kommentar zum Europäischen und Deutschen Wettbewerbsrecht, Band 1 Europäisches Wettbewerbsrecht, München 2007, Verlag C.H. Beck (zitiert: *Bearbeiter*, in MünchKomm EU WettbR)

Münchener Kommentar zum Gesetz betreffend die Gesellschaften mit beschränkter Haftung, Band 2: §§ 35–52, München 2015, Verlag C.H. Beck (zitiert: *Bearbeiter*, in MüKo GmbHG)

Murach, Jens-Olrik, Anm. zum Akzo Nobel-Urteil, Der Konzern 2009, S. 482–483

Nehl, Hanns Peter, Kartellrecht: Konzernhaftung – ENI, EuZW 2013, S. 547–555

Odudu, Okeoghene, Meaning of Undertaking within 81 EC, Cambrige Yearbook of European Legal Studies 2004, S. 211–241

Oesterle, Michael-Jörg, Joint-Ventures in Rußland: Bedingungen – Probleme – Erfolgsfaktoren, Wiesbaden 1993, Betriebswirtschaftlicher Verlag Dr. Th. Gabler GmbH (zitiert: *Oesterle*, Joint-Ventures in Rußland)

Ost, Konrad, Aufsichtspflichten im Konzern und die 8. GWB-Novelle, NZKart 2013, S. 25–27

ders.,/Kallfaß, Gunnar/*Roesen*, Katrin, Einführung einer Unternehmens-verantwortlichkeit im deutschen Kartellsanktionsrecht – Anmerkungen zum Entwurf der 9. GWB-Novelle, NZKart 2016, S. 447–458

Orlikowski-Wolf, Sandra Maria, Rechtsnachfolge von Unternehmen im europäischen Kartellrecht. Ein Lösungsvorschlag aus deutscher Sicht, Baden-Baden 2013, Nomos Verlagsgesellschaft (zitiert: *Orlikowski-Wolf*, Rechtsnachfolge von Unternehmen)

Pabel, Katharina/*Schmahl*, Stefanie (Hrgs.), Internationaler Kommentar zur Europäischen Menschenrechtskonvention, Loseblattsammlung Stand 2014 (17. Ergänzungslieferung), Köln, Wolters Kluwer Deutschland GmbH (zitiert: *Bearbeiter*, in Pabel/Schmahl (Hrsg.), Internationaler Kommentar zur Europäischen Menschenrechtskonvention)

Papakiriakou, Theodores, Das Europäische Unternehmensstrafrecht in Kartellsachen, Herbolzheim 2002, Centaurus Verlag (zitiert: *Papakiriakou*, Unternehmensstrafrecht)

Petrasincu, Alex, Kartellschadensersatz nach dem Referentenentwurf der 9. GWB-Novelle, WuW 2016, S. 330–336

Peyer, Sebastian "The Antitrust Damages Directive – Much Ado About Nothing?", in Roberto Cisotta, Roberto/Marquis, Mel (eds), Litigation and Arbitration in EU Competition Law, Cheltenham 2015, Edward Elgar (zitiert: *Peyer*, in Litigation and Arbitration in EU Competition Law)

Podszun, Rupprecht, Die 9. Novelle des Gesetzes gegen Wettbewerbsbeschränkungen (GWB), https://www.bundestag.de/blob/489168/efff-fe1ad50da2f28f43442b2d8be7c1/podszun-data.pdf (zuletzt abgerufen am 12.12.2017)

Pohlmann, Petra, Der Unternehmensverbund im Europäischen Kartellrecht, Berlin 1999, Duncker & Humblot (zitiert: *Pohlmann*, Der Unternehmensverbund)

dies., Doppelkontrolle von Gemeinschaftsunternehmen im europäischen Kartellrecht, WuW 2003, S. 473–491

Potrafke, Christian, Kartellrechtswidrigkeit konzerninterner Vereinbarungen und darauf beruhender Verhaltensweisen, Baden-Baden 1991, Nomos Verlagsgesellschaft (zitiert: *Potrafke*, Kartellrechtwidrigkeit konzerninterner Vereinbarungen)

Rabe, Hans-Jürgen, Kollektivklagen, ZEuP 2010, 1–6

Raffée, Hans/*Eisele*, Jürgen, Joint Ventures – nur die Hälfte floriert, Harvard Business Manager 1994, S. 17–25

Raiser, Thomas/*Veil*, Rüdiger, Recht der Kapitalgesellschaften, 5. Auflage, 2010 München, Verlag Franz Vahlen (zitiert: *Raiser/Veil*)

Ransiek, Andreas, Zur strafrechtlichen Verantwortung von Unternehmen, NZWiSt 2012, S. 45–51

Reichert, Roland, Festbeiträge und Europäisches Kartellrecht, Düsseldorf 2004, http://docserv.uni-duesseldorf.de/servlets/DerivateServlet/Derivate-2870/870.pdf (zuletzt abgerufen am 12.12.2017)

Rengeling, Hans-Werner/*Szczekalla*, Peter, Grundrechte in der Europäischen Union – Charta der Grundrechte und Allgemeine Rechtsgrundsätze, 1. Auflage, Köln 2004, Carl Heymann Verlag (zitiert: *Rengeling/Szczekalla*, Grundrechte in der Europäischen Union)

Rieckhoff, Henning, Der Vorbehalt des Gesetzes im Europarecht, Tübingen 2007, Mohr Siebeck Verlag

Ritter, Jan-Stephan, Private Durchsetzung des Kartellrechts-Vorschläge des Weißbuchs der Europäischen Kommission, WuW 2008, S. 762–774

Röder, Sonja, Der Gesetzesvorbehalt der Charta der Grundrechte der Union im Lichte einer europäischen Wesentlichkeitstheorie, Baden-Baden 2007, Nomos Verlagsgesellschaft

Roth, Günter/*Altmeppen*, Holger, Gesetz betreffend die Gesellschaften mit beschränkter Haftung, Kommentar, 8. Auflage, München 2015, Verlag C.H. Beck (zitiert: *Bearbeiter*, in Roth/Altmeppen)

Roth, Hans-Peter, Neue EU-Richtlinie erleichtert künftig Schadensersatzklagen bei Verstößen gegen das Kartellrecht, GWR 2015, S. 73–75

Roth, Wulf-Henning, Zum Unternehmensbegriff im europäischen Kartellrecht, in: *Brinker*, Ingo/*Scheuing*, Dieter H./*Stockmann*, Kurt, Recht und

Wettbewerb, Festschrift für Rainer Bechtold, München 2006, Verlag C.H. Beck, S. 393–408 (zitiert: *Roth*, FS Bechtold)

Ruge, Reinhard, Goldene Aktien und EG-Recht, EuZW 2002, S. 421–424

Rütsch, Claus-Jörg, Strafrechtlicher Durchgriff bei verbundenen Unternehmen?, Köln 1987, Peter Deubner Verlag (zitiert: *Rütsch*, Strafrechtlicher Durchgriff)

Schaumburg, Harald (Hrsg.), Internationale Joint Ventures, Management – Besteuerung – Vertragsgestaltung, Stuttgart 1999, Schäffer-Poeschel Verlag (zitiert: *Bearbeiter*, in Schaumburg)

Scheidtmann, André, Schadensersatzansprüche gegen eine Muttergesellschaft wegen Verstößen einer Tochtergesellschaft gegen Europäisches Kartellrecht?, WRP 2010, 499–505

Schmidt, Karsten (Hrsg.), Vielfalt des Rechts-Einheit der Rechtsordnung?, Berlin 1994, Duncker & Humblot (zitiert: *Bearbeiter*, in Schmidt)

Schnitzer, Anna, Der Entwurf eines Verbandsstrafgesetzbuches: Rechtspolitische Illusion oder zukünftige Rechtswirklichkeit?, Frankfurt am Main 2016, Peter Lang GmbH (zitiert: *Schnitzer*, Der Entwurf eines Verbandsstrafgesetzbuches)

Schnitzler, Sebastian, Kommt das Bundeskorruptionsregister nun doch?, http://www.lto.de/recht/hintergruende/h/referentenentwurf-einfuehrung-wettbewerbsregister-korruption/ (zuletzt abgerufen am 12.12.2017)

Schroeder, Dirk, Schnittstellen der Kooperations- und Oligopolanalyse im Fusionskontrollrecht, WuW 2004, S. 893–906

Schulte, Norbert/*Pohl*, Dirk, Joint-Venture-Gesellschaften, 4. Auflage, Köln 2015, RWS Verlag Kommunikationsforum GmbH

Schulte, Knut/*Schwindt*, Karl-Heinz/*Kuhn*, Christian, Joint Ventures, Nationale und internationale Gemeinschaftsunternehmen, München 2009, Verlag C.H.Beck (zitiert: *Bearbeiter*, in Schulte/Schwindt/Kuhn)

Schünemann, Bernd/*Suárez*, González (Hrsg.), Bausteine des europäischen Wirtschaftsrechts – Madrid – Symposium für Klaus Tiedemann, Köln 1994, Carl Heymann Verlag (zitiert: *Bearbeiter, Titel*, in Schünemann/Suárez)

Schwarze, Jürgen, Der Grundrechtsschutz für Unternehmen in der Europäischen Grundrechtecharta, EuZW 2001, S. 517–524

ders., Europäische Kartellbußgelder im Lichte übergeordneter Vertrags- und Verfassungsgrundsätze, EuR 2009, S. 171–199

ders. (Hrsg.) EU-Kommentar, 3. Auflage, Baden-Baden 2012, Nomos Verlagsgesellschaft (zitiert: *Bearbeiter*, in Schwarze)

ders./ Weitbrecht, Andreas, Grundzüge des europäischen Kartellverfahrensrechts, Baden-Baden 2004, Nomos Verlagsgesellschaft

Schweitzer, Heike, Die neue Richtlinie für wettbewerbsrechtliche Schadensersatzklagen, NZKart 2014, S. 335–345

Sieber, Ulrich/*Satzger*, Helmut/*Heintschel-Heinegg*, Bernd von (Hrsg.), Europäisches Strafrecht, 2. Auflage, Baden-Baden 2014, Nomos Verlagsgesellschaft (zitiert: *Bearbeiter*, in Sieber/Satzger/Heintschel-Heinegg (Hrsg.), Europäisches Strafrecht)

Spitzer, Nanni Felicitas, Die Steuerung von Joint Ventures: Notwendigkeit, Zulässigkeit und Grenzen, Hamburg 2015, Verlag Dr. Kovac GmbH (zitiert: *Spitzer*, Die Steuerung von Joint Ventures)

Solek, Lukas/*Wartinger*, Stefan, Parental Liability: Rebutting the Presumption of Decisive Influence, Journal of European Competition Law&Practice Vol. 6, No. 2, 2015, S. 73–84

Soyez, Volker, Die Bußgeldleitlinien der Kommission – mehr Fragen als Antworten, EuZW 2007, S. 596–600

Stauber, Peter/*Schaper*, Hanno, Die Kartellschadensersatzrichtlinie – Handlungsbedarf für den deutschen Gesetzgeber? NZKart 2014, S. 346–353

Steinle, Christian C., Kartellgeldbußen gegen Konzernunternehmen nach dem „Aristrain"-Urteil des EuGH, EWS 2004, S. 118–124

ders. Lassen sich Kartellverstöße „ausgliedern"? Unternehmensumstrukturierungen und die Bußgeldhaftung nach EG-Kartellrecht, in Brinker, Ingo/Scheuing, Dieter/Stockmann, Kurt (Hrsg.), Recht und Wettbewerb, Festschrift für Rainer Bechtold, S. 541–558, München 2006, Verlag C.H. Beck (zitiert: *Steinle*, FS Bechtold)

Stender, Solvei, Kartellgeldbußen gegen Muttergesellschaften von paritätischen Gemeinschaftsunternehmen, Köln 2016, Carl Heymanns Verlag (zitiert: *Stender*, Kartellgeldbußen)

Stewart, Jennifer, Comment, The Intra-Enteprise Conspiracy Doctrine After Copperweld Corp. V. Independence Corp., Colum. L. Rev. 86, 1986, S. 198–212

Suchsland, Ulrike/*Rossmann*, Nadine, Verpflichtet die Kartellschadensersatzrichtlinie zur Übernahme des europäischen Unternehmensbegriffs in das deutsche Recht?, WuW 2015, S. 973–981

Tegen, Thomas, Joint Venture-Vertrag und Projektgesellschaft im amerikanischen und deutschen Recht, Frankfurt am Main 1998, Peter Lang Vertrag (zitiert: *Tegen*, Joint Venture-Vertrag)

Temple Lang, John, How can the problem of the liability of a parent company for price fixing by a wholly-owned subsidiary be resolved?, Fordham International Law Journal 2014, Vol. 37, S. 1481–1524

Tettinger, Peter J., Die Charta der Grundrechte der Europäischen Union, NJW 2001, S. 1010–1015 *ders./Stern*, Klaus, Kölner Gemeinschafts-Kommentar zur Europäischen Grundrechte-Charta, 1. Auflage, München 2006, C.H. Beck Verlag (zitiert: *Bearbeiter*, in Tettinger/Stern (Hrsg.), Europäische Grundrechte-Charta)

Theurer, Fabian, Geldbußen im EU-Wettbewerbsrecht, Frankfurt am Main 2009, Peter Lang Verlag (zitiert: *Theurer*, Geldbußen)

Thomas, Stefan, Unternehmensverantwortlichkeit und –umstrukturierung nach EG-Kartellrecht, München 2005, Verlag C.H. Beck (zitiert: *Thomas*, Unternehmensverantwortlichkeit)

ders., Konzernprivileg und Gemeinschaftsunternehmen – Die kartellrechtliche Beurteilung konzerninterner Wettbewerbsbeschränkungen mit Gemeinschaftsunternehmen, ZweR 2005, S. 236–259

ders., Der Schutz des Wettbewerbs in Europa – welcher Zweck heiligt alle Mittel, JZ 2011, S. 485–495

ders., Die wirtschaftliche Einheit im EU-Kartellrecht, KSzW 2011, S. 10–14

ders., Guilty of a Fault that one has not Committed. The Limits of the Group-Based Sanction Policy Carried out by the Commission and the European Courts in EU-Antitrust Law, Journal of European Competition Law&Practice (2012) Vol. 3 No. 1, S. 11–28

ders./Legner, Sarah, Die wirtschaftliche Einheit im Kartellzivilrecht, NZKart 2016, S. 155–160.

Tiedemann, Klaus, Die „Bebußung" von Unternehmen nach dem 2. Gesetz zur Bekämpfung der Wirtschaftskriminalität, NJW 1988, S. 1169–1174

ders., Europäisches Gemeinschaftsrecht und Strafrecht, NJW 1993, S. 23–31

Tiedemann, Klaus/*Otto*, Harro, Literaturbericht: Wirtschaftsstrafrecht (Teil I), ZStW 102 (1990), S. 94.

Triantafyllou, Dimitris: Vom Vertrags- zum Gesetzesvorbehalt: Beitrag zum positiven Rechtsmäßigkeitsprinzip in der EG, Baden-Baden 1996, Nomos Verlagsgesellschaft (zitiert: *Triantafyllou*, Vom Vertrags- zum Gesetzesvorbehalt)

Trüg, Gerson, Sozialkontrolle durch Strafrecht – Unternehmensstrafrecht, StraFo 2011, S. 471–485

Veronese, Barbara, European Public and Private Antitrust Enforcement: It Takes Two to Tango, Journal of European Competition Law & Practice (2014) 5 (8), S. 563–567

Voet van Vormizeele, Philipp, Die EG-kartellrechtliche Haftungszurechnung im Konzern im Widerstreit zu den nationalen Gesellschaftsrechtsordnungen, EWS 2010, S. 1008–1019

Vogel, Joachim, Unrecht und Schuld in einem Unternehmensstrafrecht, StV 2012, S. 427–432

Vollrath, Christian, Das Maßnahmenpaket der Kommission zum wettbewerbsrechtlichen Schadensersatzrecht, NZKart 2013, S. 434–446

Wagner- von Papp, Florian, Der Richtlinienentwurf zu kartellrechtlichen Schadensersatzklagen, EWS 2009, S. 445–454

Weck, Thomas, Ein Gebot der Fairness – Übernahme des EU-Unternehmensbegriffs ins deutsche Kartellrecht, WuW 2016, S. 404–410

Wegner, Carsten, Systematik der Zumessung unternehmensbezogener Geldbußen, Frankfurt am Main 2000, Peter Lang GmbH

Weitbrecht, Andreas, Schadensersatzansprüche der Unternehmer und Verbrauhcer wegen Kartellverstößen, NJW 2012, 881–886.

ders., Die Umsetzung der EU-Schadensersatzrichtlinie, WuW 2015, S. 959–972

Weiß, Carsten, Der Unternehmensbegriff im europäischen und deutschen Kartellrecht, Baden-Baden 2012, Nomos Verlagsgesellschaft (zitiert: *Weiß*, Der Unternehmensbegriff)

Wessing, Jürgen, Braucht Deutschland ein Unternehmensstrafrecht?, ZHW 2012, S. 301–305

Wiedemann, Gerhard, Personengesellschaften in der Fusionskontrolle, ZHR 146 (1982), S. 296–329.

Winckler, Antoine, Fines: New Case Extending Company Liability in the Name of the'Economic Unit' Concept and Reversing Prior Case Law on Admissible Arguments, Journal of European Competition Law&Practice Vol. 2, No. 1 (2011), S. 34–35

ders., Parent's Liability: New Case Extending the Presumption of Liability of a Parent Company for the Conduct of its Wholly Owned Subsidiary, Journal of European Competition Law&Practice Vol. 2, No. 3 (2011), S. 231–233

Wils, Wouter P.J., The undertaking as subject of E.C. competition law and the imputation of infringements to natural or legal persons, E.L.Rev. 25 (2000), S. 99–116

ders., The Relationship between Public Antitrust Enforcement and Private Actions for Damages, World Competition 32, no. 1 (2009), S. 3–26

Wirtz, Markus/*Brenner*, Tobias, Bestimmender Einfluss der Muttergesellschaft wird auch bei überwiegender Inhaberschaft an der Tochtergesellschaft vermutet, GWR 2011, S. 291

Wurmnest, Wolfgang, Die Entwicklung des Gemeinschaftsdeliktsrechts (2004–2006), GRP 2007, S. 118–131

ders., Schadensersatz wegen Verletzung des EU-Kartellrechts, in Remien, Oliver (Hrsg.), Schadensersatz im europäischen Privat- und Wirtschaftsrecht,

S. 27–53, Tübingen 2012, Mohr Siebeck Verlag (zitiert: *Wurmnest*, in Remien, Schadensersatz)

Zäch, Roger, Grundzüge des Europäischen Wirtschaftsrechts, 2. Auflage, Zürich 2005, Schulthess Verlag (zitiert: *Zäch*, Europäisches Wirtschaftsrecht)

Zieschang, Frank, Das Sanktionensystem in der Reform des französischen Strafrechts im Vergleich mit dem deutschen Strafrecht, Berlin 1992, Duncker & Humblot (zitiert: *Zieschang*, Das Sanktionssystem in der Reform des französischen Strafrechts)

Zimmer, Daniel J./ *Paul*, Thomas, Kartellbußgeldrechtliche Haftung und Haftungs-befreiung im Konzern, WuW 2007, S. 970–980

Zimmer, Daniel J./ *Logemann*, Hans, Der private Rechtsschutz im Kartellrecht: Zum Weißbuch der Kommission über Schadensersatzklagen wegen Verletzung des EG-Wettbewerbsrechts, ZEuP 2009, S. 489–516

Zuleeg, Manfred, Die Europäische Gemeinschaft als Rechtsgemeinschaft, NJW 1994, S. 545–549

Entscheidungsverzeichnis

Entscheidungen des Gerichtshofs der Europäischen Union

EuGH, Urteil vom 22.03.1961, verb. Rs. C-42/59 u.a, ECLI:EU:C:1961:5 – SNUPAT

EuGH, Urteil vom 13.07.1962, verb. Rs. C-17/61 u. a., ECLI:EU:C:1962:30 – Klöckner Werke AG und Hoesch AG

EuGH, Urteil vom 13.07.1962, Rs. C-19/61, ECLI:EU:C:1962:31 – Mannesmann

EuGH, Urteil vom 17.12.1970, Rs. C-25/70, ECLI:EU:C:1970:115 – Köster

EuGH, Urteil vom 14.07.1972, Rs. C-48/69, ECLI:EU:C:1972:70 – Imperial Chemical Industries („ICI")

EuGH, Urteil vom 14.07.1972, Rs. C-52/69, ECLI:EU:C:1972:73 – Geigy

EuGH, Urteil vom 21.03.1973, Rs. C-6/72, ECLI:EU:C:1975:50 – Continental Can

EuGH, Urteil vom 06.03.1974, Rs. C-6/73, ECLI:EU:C:1974:18 – Istituto Chemioterapico Italiano und Commercial Solvents („ICI/CSC")

EuGH, Urteil vom 31.10.1974, Rs. C-15/74, ECLI:EU:C:1974:114 – Centrafarm

EuGH, Urteil vom 16.12.1975, Rs. C-40/73, ECLI:EU:C:1975:174 – Suiker Unie

EuGH, Urteil vom 12.07.1979, Rs. C-32/78, ECLI:EU:C:1979:191 – BMW Belgium

EuGH, Urteil vom 07.06.1983, Rs. C-100/80, ECLI:EU:C:1983:158 – Musique Diffusion francaise

EuGH, Urteil vom 25.10.1983, Rs. C-107/82, ECLI:EU:C:1983:293 – AEG Telefunken

EuGH, Urteil vom 12.07.1984, Rs. C-170/83, ECLI:EU:C:1984:271 – Hydrotherm

EuGH, Urteil vom 16.6.1987, Rs. C-46/86, ECLI:EU:C:1987:287 – Romkes/Officier van justitie

EuGH, Urteil vom 04.05.1988, Rs. C-30/87, ECLI:EU:C:1988:225 – Bodson/Pompes Funèbres

EuGH, Urteil vom 13.07.1989, Rs. C-5/88, ECLI:EU:C:5:88 – Wachauf/Bundesamt für Ernährung und Forstwirtschaft

EuGH, Urteil vom 17.10.1989, verb. Rs. C-97/87 u. a., ECLI:EU:C:1989:380 – Dow Chemical Ibérica SA u. a.

EuGH, Urteil vom 21.09.1989, verb. Rs. C-46/87 und C-277/88, ECLI:EU:C:1989:337 – Hoechst AG

EuGH, Urteil vom 23.04.1991, Rs. C-41/90, ECLI:EU:C:1989:337 – Höfner u. Elsner

EuGH, Urteil vom 27.10.1992, Rs. C-240/90, ECLI:EU:C:1992:408 – Deutschland

EuGH, Urteil vom 17.02.1993, verb. Rs. C-159/91 u. a., ECLI:EU:C:1993:63 – Poucet und Pistre

EuGH, Urteil vom 19.01.1994, Rs. C-364/92, ECLI:EU:C:1994:7 – SAT Fluggesellschaft/Eurocontrol

EuGH, Urteil vom 13.7.1995, Rs. C-156/93, ECLI:EU:C:1995:238 – Europäisches Parlament/Kommission

EuGH, Urteil vom 08.07.1999, Rs. C-199/92, ECLI:EU:C:1999:358 – Hüls

EuGH, Urteil vom 16.11.1995, Rs. C-244/94, ECLI:EU:C:1995:392 – Federation Francaise des Societes de Assurance u. a. (FFSA)

EuGH, Urteil vom 12.12.1996, Rs. C-74/95, ECLI:EU:C:1996:491 – Strafverfahren gegen X

EuGH, Urteil vom 11.12.1997, Rs. C-55/96, ECLI:EU:C:1997:603 – Job Centre II

EuGH, Urteil vom 18.06.1998, Rs. C-35/96, ECLI:EU:C:1998:303 – CNSD

EuGH, Urteil vom 08.07.1999, Rs. C-49/92 P, ECLI:EU:C:1999:356 – Anic Partecipazioni

EuGH, Urteil vom 21.09.1999, Rs. C-67/96, ECLI:EU:C:1999:430 – Albany

EuGH, Urteil vom 13.04.2000, Rs. C-292/97, ECLI:EU:C:2000:202 – Karlsson u. a.

EuGH, Urteil vom 16.11.2000, Rs. C-279/98 P, ECLI:EU:C:2000:259 – Cascades

EuGH, Urteil vom 16.11.2000, Rs. C-294/98 P, ECLI:EU:C:2000:632 – Metsä-Serla

EuGH, Urteil vom 16.11.2000, Rs. C-248/98 P, ECLI:EU:C:2000:625 – KNP BT

EuGH, Urteil vom 16.11.2000, Rs. C-286/98, ECLI:EU:C:2000:630 – Stora Kopparbergs Bergslags

EuGH, Urteil vom 16.11.2000, Rs. C-297/98 P, ECLI:EU:C:2000:633 – SCA

EuGH, Urteil vom 20.09.2001, Rs. C-453/99, ECLI:EU:C:2001:465 – Courage/Crehan

EuGH, Urteil vom 25.10.2001, Rs. C-475/99, ECLI:EU:C:2001:577 – Ambulanz Glöckner

EuGH, Urteil vom 22.01.2002, Rs. C-218/00, ECLI:EU:C:2002:36 – Cisal/INAIL

EuGH, Urteil vom 19.02.2002, Rs. C-309/99, ECLI:EU:C:2002:98 – Wouters;

EuGH, Urteil vom 24.10.2002, Rs. C-82/01 P, ECLI:EU:C:2002:617 -Aéroports de Paris

EuGH, Urteil vom 02.10.2003, Rs. C-196/99, ECLI:EU:C:2003:529- Aristrain

EuGH, Urteil vom 07.01.2004, Rs. C-204/00 P, ECLI:EU:C:2004:6- Aalborg Portland

EuGH, Urteil vom 16.03.2004, verb. Rs. C-264/01 u. a., ECLI:EU:C:2004:150 - AOK-Bundesverband u. a.

EuGH, Urteil vom 28.06.2005, verb. Rs. C-189/02 P u. a., ECLI:EU:C:2001:420 - Dansk Rorindustri

EuGH, Urt. v. 28.6.2005, verb. Rs. C-202/02 P u. a., ECLI:EU:C:2001:420, Tz. 215 ff. - HFB/Isoplus

EuGH, Urteil vom 10.01.2006, Rs. C-222/04, ECLI:EU:C:2006:8 - Cassa di Risparmio di Firenze

EuGH, Urteil vom 11.07.2006, Rs. C-205/03 P, ECLI:EU:C:2006:453 - FENIN

EuGH, Urteil vom 13.07.2006, Rs. C-295/04 u. a., ECLI:EU:C:2006:461 - Manfredi

EuGH, Urteil vom 14.12.2006, Rs. C-217/05, ECLI:EU:C:2006:784 - Confederación Espanola de Empresarios de Estaciones de Servicio (CEEES)

EuGH, Urteil vom 03.05.2007, Rs. C-303/05, ECLI:EU:C:2007:261 - Advocaten voor de Wereld

EuGH, Urteil vom 11.12.2007, Rs. C-280/06, ECLI:EU:C:2007:775 - ETI

EuGH, Urteil vom 11.12.2007, Rs. C-280/06; ECLI:EU:C:2007:775 - Autoritá Garante

EuGH, Urteil vom 22.05.2008, Rs. C-266/06 P, ECLI:EU:C:2008:295 - Evonik Degussa

EuGH, Urteil vom 01.07.2008, Rs. C-49/07, ECLI:EU:C:2008:376 - MOTOE

EuGH, Urteil vom 05.03. 2009, Rs. C-350/07, ECLI:EU:C:2009:127 - Kattner Stahlbau.

EuGH, Urteil vom 26.03.2009, Rs. C-113/07, ECLI:EU:C:2009:191 - SELEX

EuGH, Urteil vom 03.09.2009, Rs. C-322/07 P, ECLI:EU:C:2009:500 - Papierfabrik August Koehler u. a./Kommission

EuGH, Urteil vom 10.09.2009, Rs. C-97/08 P, ECLI:EU:C:2009:536 - Akzo Nobel

EuGH, Urteil vom 24.09.2009, verb. Rs. C-125/07 P u. a., ECLI:EU:C:2009:576 - Erste Group Bank

EuGH, Urteil vom 01.07.2010, Rs. C-407/08 P, ECLI:EU:C:2010:389 - Knauf Gips

EuGH, Urteil vom 20.01.2011, Rs. C-90/09 P, ECLI:EU:C:2011:21 - General Química

EuGH, Urteil vom 29.03.2011, Rs. C-201/09 P, ECLI:EU:C:2011:190 – Arcelor-Mittal Luxembourg

EuGH, Urteil vom 14.06.2011, Rs. C-360/09, ECLI:EU:C:2011:389 – Pfleiderer

EuGH, Urteil vom 29.09.2011, Rs. C-521/09 P, ECLI:EU:C:2011:620 – Elf Aquitaine

EuGH, Urteil vom 29.09.2011, Rs. C-520/09 P, ECLI:EU:C:2011:619 – Arkema

EuGH, Urteil vom 19.07.2012, Rs. C-628/10 P, ECLI:EU:C:2012:479 – Alliance One International („AOI")

EuGH, Urteil vom 08.05.2013, Rs. C-508/11P, ECLI:EU:C:2013:289 – ENI SpA

EuGH, Urteil vom 06.06.2013, Rs. C-536/11, ECLI:EU:C:2013:366 – Donau Chemie

EuGH, Urteil vom 13.06.2013, Rs. C-511/11 P, ECLI:EU:C:2013:386 – Versalis

EuGH, Urteil vom 11.7.2013, Rs. C-440/11 P, ECLI:EU:C:2013:514 – Stichting Administratiekantoor Portielje

EuGH, Urteil vom 18.07.2013, Rs. C-501/11 P, ECLI:EU:C:2013:522 – Schindler Holding

EuGH, Urteil vom 18.7.2013, Rs. C-499/11 P, ECLI:EU:C:2013:482 – Dow Chemical u.a

EuGH, Urteil vom 26.09.2013, Rs. C-172/12 P, ECLI:EU:C:2013:601 – EI du Pont de Nemours/Kommission („DuPont")

EuGH, Urteil vom 26.09.2013, Rs. C-179/12 P, ECLI:EU:C:2013:605 – Dow Chemical Company/Kommission („Dow")

EuGH, Urteil vom 26.11.2013, Rs. C-58/12 P, ECLI:EU:C:2013:770 – Groupe Gascogne.

EuGH, Urteil vom 27.2.2014, Rs. C-365/12 P, ECLI:EU:C:2014:112 – ENBW

EuGH, Urteil vom 10.04.2014, Rs. C-231/11 P bis C-233/11 P, ECLI:EU:C:2014:256 – Kommission/Siemens

EuGH, Urteil vom 05.06.2014, Rs. C-557/12, ECLI:EU:C:2014:1317 – Kone

EuGH, Urteil vom 05.03.2015, verb. Rs. C-93/13 u. a., ECLI:EU:C:2015:150 – Kommission/Versalis SpA u. a.

EuGH, Urteil vom 24.06.2015, verb. Rs. C-293/13 u.a. P, ECLI:EU:C:2015:416 – Fresh Del Monte Produce

EuGH, Urteil vom 18.01.2017, Rs. C-623/15 P, ECLI:EU:C:2017:21 – Toshiba

Schlussanträge der Generalanwälte am Europäischen Gerichtshof

GA Bot, Schlussanträge v. 26.10.2010, verb. Rs. C-201/09 P u. a., ECLI:EU:C:2010:634 - ArcelorMittal Luxembourg

GA Colomer, Schlussanträge v. 11.02.2003, Rs. C-217/00 P, ECLI:EU:C:2003:83 - Buzzi Unicem

GA Colomer, Schlussanträge v. 11.02.2003, Rs. C-204/00, ECLI:EU:C:2005:85 - Aalborg Portland

GA Colomer, Schlussanträge v. 24.01.2008, Rs. C-55/07 u.a, ECLI:EU:C:1977:186 - Michaeler u. a.

GA Léger, Schlussanträge v. 13.12.1994, Rs. C-310/93 P, ECLI:EU:C:1994:408 - British Gypsum

GA Lenz, Schlussanträge v. 11.06.1992, Rs. C-143/91, ECLI:EU:C:1992:260 - Van der Tas

GA Kokott, Schlussanträge v. 03.07.2007, Rs. C-280/06, ECLI:EU:C:2007:404 - ETI

GA Kokott, Schlussanträge v. 03.07. 2007, Rs. C-280/06, ECLI:EU:C:2007:404 - Autoritá Garante

GA Kokott, Schlussanträge v. 23.04.2009, Rs. C-97/08, ECLI:EU:C:2009:262- Akzo Nobel

GA Kokott, Schlussanträge v. 12.01.2012, Rs. C-628/10, ECLI:EU:C:2012:11 - Alliance One International („AOI").

GA Kokott, Schlussanträge v. 29.11.2012, Rs. C-440/11 P, ECLI:EU:C:2012:763 - Stichting Administratiekantoor Portielje

GA Kokott, Schlussanträge v. 28.2.2013, Rs. C-681/11, ECLI:EU:C:2013:126 - Schenker&Co. u.a.

GA Kokott, Schlussanträge v. 18.04.2013, Rs. C-501/11 P, ECLI:EU:C:2013:248 - Schindler Holding

GA Mazák, Schlussanträge v. 11.02.2010, Rs. C-407/08 P, ECLI:EU:C:2010:70 - Knauf Gips

GA Mazák, Schlussanträge v. 14.09.2010, Rs. C-90/09 P, ECLI:EU:C:1991:182 - General Química

GA Mengozzi, Schlussanträge vom 17.02.2011, Rs. C-521/09 P, ECLI:EU:C:2011:89 - Elf Aquitaine

GA Mengozzi, Schlussanträge vom 19.09.2013, verb. Rs. C-231/11 P u. a., ECLI:EU:C:2013:578 - Siemens Österreich

GA Mengozzi, Schlussanträge v. 03.09.2015, Rs. C-155/14 P, ECLI:EU:C:2015:529 (BeckRS 2015, 81105) - Evonik Degussa und AlzChem

GA Mischo, Schlussanträge v. 18.05.2000, Rs. C-286/98 P, ECLI:EU:C:2000:263 – Stora Kopparbergs Bergslags

GA Slynn, Schlussanträge vom 02.10.1984, Rs. C-123/83, ECLI:EU:C:1984:300 – BNIC/Clair

GA Stax-Hackl, Schlussanträge v. 26.09.2002. Rs. C-196/99, ECLI:EU:C:2002:537 – Aristrain

GA Warner, Schlussanträge v. 22.01.1974, verb. Rs. C-6/73 u. a., ECLI:EU:C:1974:5 – ICI/CSC

Entscheidungen des Gerichts der Europäischen Union

EuG, Urteil vom 17.12.1991, Rs. T-6/89, ECLI:EU:T:1991:74 – Enichem Anic

EuG, Urteil vom 10.03.1992, Rs. T-11/89, ECLI:EU:T:1992:33 – Shell

EuG, Urteil vom 06.10.1994, Rs. T-83/91, ECLI:EU:T:1994:246 – Tetra Pak

EuG, Urteil vom 14.05.1998, verb. Rs. T-339/94 u. a., ECLI:EU:T:1998:100 – Metsä-Serla u. a

EuG, Urteil vom 14.05.1998, Rs. T-352/94, ECLI:EU:T:1998:103 – Mo Och Domsjö

EuG, Urteil vom 14.05.1998, Rs. T-347/94, ECLI:EU:T:1998:101 – Mayr-Melnhof

EuG, Urteil vom 14.05.1998, Rs. T-354/94, ECLI:EU:T:1998:104 – Stora Kopparbergs Bergslags

EuG, Urteil vom 14.05.1998, Rs. T-308/94, ECLI:EU:T:1998:90 – Cascades

EuG, Urteil vom 14.05.1998, Rs. T-327/94, ECLI:EU:T:1998:96 – SCA Holding

EuG, Urteil vom 11.03.1999, Rs. T-137/94, ECLI:EU:T:1999:46 – Arbed

EuG, Urteil vom 11.03.1999, Rs. T-156/94, ECLI:EU:T:2004:261 – Aristrain

EuG, Urteil vom 20.04.1999, verb. Rs. T-305/94 u. a., ECLI:EU:T:1999:80 – Limburgse Vinyl Maatschappij

EuG, Urteil vom 15.03.2000, verb. Rs. T-25/95 u. a., ECLI:EU:T:2000:77 – Cimenteries CBR u. a.

EuG, Urteil vom 20.03.2002, Rs. T-9/99, ECLI:EU:T:2002:70 – HFB

EuG, Urteil vom 30.09.2003, Rs. T-203/01, ECLI:EU:T:2003:250 – Michelin

EuG, Urteil vom 11.12.2003, Rs. T-66/99, ECLI:EU:T:2003:337 – Minoan Lines

EuG, Urteil vom 29.04.2004, verb. Rs. T-236/01 u. a., ECLI:EU:T:2004:118 – Tokai Carbon u. a.

EuG, Urteil vom 17.09.2005, Rs. T-325/01, ECLI:EU:T:2005:322 – Daimler-Chrysler

EuG, Urteil vom 04.07.2006, Rs. T-304/02, ECLI:EU:T:2006:184 – Hoek Loos

EuG, Urteil vom 27.09.2006, Rs. T-314/01, ECLI:EU:T:2006:266 – Avebe
EuG, Urteil vom 27.09.2006, Rs. T-43/02, ECLI:EU:T:2006:270 – Jungbunzlauer
EuG, Urteil vom 27.09.2006, Rs. T-330/01, ECLI:EU:T:2006:269 – Akzo Nobel
EuG, Urteil vom 12.12.2006, Rs. T-155/04, ECLI:EU:T:2006:387 – SELEX
EuG, Urteil vom 14.12.2006, verb. Rs. T-259/02 u. a., ECLI:EU:T:2006:396 – Lombard Club
EuG, Urteil vom 26.04.2007, verb. Rs. T-109/02 u. a., ECLI:EU:T:2007:115 -Bolloré SA u. a
EuG, Urteil vom 12.12.2007, Rs. T-112/05, ECLI:EU:T:2007:381 – Akzo Nobel
EuG, Urteil vom 08.07.2008, Rs. T-52/03, ECLI:EU:T:2008:253 – Knauf
EuG, Urteil vom 08.07.2008, Rs. T-99/04; ECLI:EU:T:2008:256 – AC-Treuhand
EuG, Urteil vom 08.10.2008, Rs. T-69/04, ECLI:EU:T:2008:415 – Schunk
EuG, Urteil vom 18.12.2008, Rs. T-85/06, ECLI:EU:T:2008:598 – General Química u. a.
EuG, Urteil vom 31.03.2009, Rs. T-405/06, ECLI:EU:T:2009:90 – Arcelor Mittal
EuG, Urteil vom 30.04.2009, Rs. T-12/03, ECLI:EU:T:2009:130 – Itochu
EuG, Urteil vom 09.09.2009, Rs. T-301/04, ECLI:EU:T:2009:317 – Clearstream
EuG, Urteil vom 30.09.2009, Rs. T-175/05, ECLI:EU:T:2009:369 – Akzo Nobel
EuG, Urteil vom 30.09.2009, Rs. T-168/05, ECLI:EU:T:2009:367 – Arkema.
EuG, Urteil vom 30.09.2009, Rs. T-161/05, ECLI:EU:T:2009:366 – Hoechst
EuG, Urteil vom 27.10.2010, Rs. T- 24/05, ECLI:EU:T:2010:453 – AOI
EuG, Urteil vom 03.03.2011, verb. Rs. T-122/07 u. a., ECLI:EU:T:2011:70 – Siemens Österreich
EuG, Urteil vom 24.03.2011, Rs. T-376/06, ECLI:EU:T:2011:107 – Legris Industries
EuG, Urteil vom 17.5.2011, Rs. T-299/08, ECLI:EU:T:2011:217 – Elf Aquitaine
EuG, Urteil vom 16.06.2011, Rs. T-196/06, ECLI:EU:T:2011:281 – Edison
EuG, Urteil vom 16.06.2011, Rs. T-209/08, ECLI:EU:T:2011:287 – Stichting Administratiekantoor Portielje
EuG, Urteil vom 16.06.2011, Rs. T-185/06, ECLI:EU:T:2011:275 – L'Air liquide
EuG, Urteil vom 16.06.2011, Rs. T-197/06, ECLI:EU:T:2011:282 – FMC
EuG, Urteil vom 12.07.2011, Rs. T-132/07, ECLI:EU:T:2011:344 – Fuji Electric System
EuG, Urteil vom 13.7.2011, Rs. T-138/07, ECLI:EU:T:2011:362 – Schindler
EuG, Urteil vom 09.09.2011, Rs. T-25/06, ECLI:EU:T:2011:442 – AOI

EuG, Urteil vom 15.09.2011, Rs. T-234/07, ECLI:EU:T:2011:476 – Koninklijke Grolsch

EuG, Urteil vom 16.11.2011, Rs. T-72/06, ECLI:EU:T:2011:671 – Groupe Gascogne SA

EuG, Urteil vom 02.02.2012, Rs. T-76/08, ECLI:EU:T:2012:46 – EI DuPont de Nemours and Company („DuPont")

EuG, Urteil vom 02.02.2012, Rs. T-77/08, ECLI:EU:T:2012:47 – Dow Chemical Company („Dow Chemical").

EuG, Urteil vom 06.03.2012, Rs. T-64/06, ECLI:EU:T:2012:102 – FLS Plast A/S

EuG, Urteil vom 27.6.2012, Rs. T-372/10, EU:T:2012:325 – Bolloré/Kommission

EuG, Urteil vom 27.09.2012, Rs. T-343/06, ECLI:EU:T:2012:478 – Shell Petroleum

EuG, Urteil vom 27.9.2012, Rs. T-361/06, EU:T:2012:491 – Ballast Nedam NV

EuG, Urteil vom 12.12.2012, Rs. T-392/09, ECLI:EU:T:2012:674 – Garantovaná

EuG, Urteil vom 14.03.2013, Rs. T-587/08, ECLI:EU:T:2013:129 – Fresh Del Monte Produce

EuG, Urteil vom 17.05.2013, Rs. T-146/09, ECLI:EU:T:2016:411 – Parker

EuG, Urteil vom 13.09.2013, Rs. T-566/08, ECLI:EU:T:2013:423 – Total Raffinage Marketing

EuG, Urteil vom 16.09.2013, verb. Rs. T-379/10 u. a, ECLI:EU:T:2013:457 – Kerameg Keramische Werke AG u. a.

EuG, Urteil vom 11.07.2014, Rs. T-543/08, ECLI:EU:T:2014:627 – RWE Dea AG

EuG, Urteil vom 11.07.2014, Rs. T-541/08, ECLI:EU:T:2014:628 – Sasol u. a.

EuG, Urteil vom 09.09.2015, Rs. T-104/13, ECLI:EU:T:2015:610 – Toshiba

Entscheidungen der Europäischen Kommission

KOMM., Entsch. v. 18.06.1969, 69/195/EWG, 22.548 – Christiani & Nielsen

KOMM., Entsch. v. 16.07.1969, 69/240/EWG, 26.623 – Internationales Chininkartell

KOMM., Entsch. v. 24.07.1969, 69/243/EWG, 26.267 – Farbstoffe

KOMM., Entsch. v. 09.12.1971, 72/21/EWG, 26.811 – Continental Can

KOMM., Entsch. v. 14.12.1972, 72/457/EWG, 26.911 – Zoja/CSC

KOMM., Entsch. v. 17.12.1975, 76/353/EWG, 26.699 – Chiquita

KOMM., Entsch. v. 09.06.1976, 76/642/EWG, 29.020 – Hoffmann La Roche

KOMM., Entsch. v. 08.12.1977, 78/68/EWG, 29.132 – Hugin-Liptons

KOMM., Entsch. v. 20.12.1977, 78/163/EWG, 28.282 – The Distillers Company

KOMM., Entsch. v. 12.12.1978, 79/68/EWG, 29.430 – Kawasaki

KOMM., Entsch. v. 05.09.1979, 79/934/EWG, 29.021 – BP-Kemi/DDSF

KOMM., Entsch. v. 14.12.1979, 80/256/EWG, 29.595 – Pioneer

KOMM., Entsch. v. 25.11.1980, 88/1283/EWG, 29.702 – Johnson & Johnson

KOMM., Entsch. v. 27.11.1981, 82/203/EWG, 30.188 – Moet et Chandon

KOMM., Entsch. v. 06.01.1982, 82/267/EWG, 28.748 – AEG Telefunken

KOMM., Entsch. v. 23.11.1984, 85/74/EWG, 30.907 – Peroxyd-Produkte

KOMM., Entsch. v. 14.12.1984, 85/79/EWG, 30.809 – John Deere

KOMM., Entsch. v. 06.08.1984, 84/405/EWG, 30.350 – Zink Producer Group

KOMM., Entsch. v. 14.12.1985, 85/609/EWG, 30.698 – ECS/AKZO

KOMM., Entsch. v. 16.12.1985, 85/617/EWG, 30.839 – Sperry New Holland

KOMM., Entsch. v. 23.4.1986, 86/398/EWG, 31.149 – Polypropylen

KOMM., Entsch. v. 02.12.1986, 87/1/EWG, 31.128 – Fettsäuren

KOMM., Entsch. v. 22.12.1987, 88/138 EWG, 30.787/31 – Eurofix-Bauco/Hilti

KOMM., Entsch. v. 21.12.1988, 89/190/EWG, 31.865 – PVC

KOMM., Entsch. v. 21.12.1988, 89/191/EWG, 31.866 – LDPE

KOMM., Entsch. v. 21.12.1988, 89/113/EWG, 30.979/31.394 – Decca Navigator System

KOMM., Entsch. v. 2.8.1989, 89/515/EWG, 31.553 – Betonstahlmatten

KOMM., Entsch. v. 10.12.1990, 90/C 321/04, M.025 – Ajomari-Prioux SA/Wiggins Teaple Appleton plc.

KOMM., Entsch. v. 16.1.1991, 91/50/EWG, 32.732 – Ijsselcentrale

KOMM., Entsch. v. 06.02.1991, 91/C 37/05, M.058 – Baxter/Nestlé/Salvia

KOMM., Entsch. v. 15.5.1991, 91/335/EWG, 32.186 – Gosme/Martell

KOMM., Entsch. v. 13.4.1992, 92/C 120/11, M.168 – Flachglas/Vegla

KOMM., Entsch. v. 27.4.1992, 92/C 113/11, M.207 – Eureko

KOMM., Entsch. v. 14.7.1992, 92/C199/16, M.229 – Thomas Cook/LTU/WestLB

KOMM., Entsch. v. 28.7.1992, 92/C 227/05, M.117 – KOIPE-TABACALERA/ELOSUA

KOMM., Entsch. v. 25.9.1992, 89/4064/EWG, M.258, – CCIE/GTE

KOMM., Entsch. v. 12.10.1992, 92/C 279/08, M.265 – VTG/BPTL

KOMM., Entsch. v. 22.6.1993, 93/554/EWG, 31.898 – Zera/Montedison

KOMM., Entsch. v. 05.07.1993, 93/C188/07, M.285 – Pasteur-Mérieux/Merck

KOMM., Entsch. v. 03.08.1993, 93/C 225/03, M.343 – Societé Générale de Belgique/Générale de Banque

KOMM., Entsch. v. 14.2.1994, ABl. EG 1994 Nr. L 116, 1 (54) – Stahlträger

KOMM., Entsch. v. 16.2.1994, 94/215/EGKS, – Trägerhersteller

KOMM., Entsch. v. 07.03.1994, 94/C 121/03, M.397 – Ford/Hertz

KOMM., Entsch. v. 13.07.1994, 94/601/EG, 33.833 – Karton

KOMM., Entsch. v. 28.11.1994, 95/C 57/06, M.526 – Sappi/DLJMB/UBS/Warren

KOMM., Entsch. v. 02.12.1994, 95/C 65/05, M.527 – Thomson CSF/Deutsche Aerospace

KOMM., Entsch. v. 21.12.1994, 94/987/EG, 32.948–34.590 – Tretorn u. a.

KOMM., Entsch. v. 09.01.1995, 95/C 37/04, M.537 – Sidmar/Klöckner II

KOMM., Entsch. v. 11.05.1995, 95/C 163/05, M.560 – EDS/Lufthansa

KOMM., Entsch. v. 22.06.1995, 95/C 193/04, M.587 – Hoechst/Marion Merrel Dow

KOMM., Entsch. v. 27.07.1995, 95/C 207/07, M.612 – RWE-DEA/Enichem Augusta

KOMM., Entsch. v. 10.08.1995, 95/C 188/04, M.617 – Crédit Local de France/ Hypothekenbank in Berlin

KOMM., Entsch. v. 07.07.1995, 95/C 246/02, M.585 – Voest Alpine Industrieanlagenbau GmbH/Davy International Ltd.

KOMM., Entsch. v. 05.02.1996, 96/C 69/04, M.686 – Nokia/Autoliv

KOMM., Entsch. v. 21.02.1996, 96/C 104/04, IV/M.663 – Dow/DuPont

KOMM., Entsch. v. 07.10.1996, 94/C374/08, IV/M.791 – British Gas Trading Ltd/Group 4 Utility Services

KOMM., Entsch. v. 10.06.1997, 97/C238/06, IV/M.911 – Clariant/Hoechst

KOMM., Entsch. v. 17.06.1997, 97/C232/04, IV/M.845 – BASF/Hoechst

KOMM., Entsch. v. 21.10.1998, 1999/60/EG, 35.691 – Fernwärmetechnik-Kartell

KOMM., Entsch. v. 11.11.1998, K (1998) 3434, IV/M.1157 – Skanska/Scancem

KOMM., Entsch. v. 16.11.1998, 89/4064/EWG, IV/M.1331 – ING/BHF

KOMM., Entsch. v. 11.02.2000, 2000/C89/03, M.1801 – Neusiedler/American Israeli Paper Mills/JV

KOMM., Entsch. v. 07.06.2000, 2001/418/EG, 36.545 – Aminosäuren

KOMM., Entsch. v. 20.09.2000, K (2000) 2707, 36.653 – Opel

KOMM., Entsch. v. 29.04.2004, C (2004) 3598, 36.756 – Natriumglukonat

KOMM., Entsch. v. 22.11.2001, 2002/2/EG, 37.512 – Vitamine

KOMM., Entsch. v. 05.12.2001, K (2001) 3915, 37.614 – Interbrew und Alken-Maes

KOMM., Entsch. v. 20.12.2001, K (2001) 4526, M.2389 – Shell/DEA

KOMM., Entsch. v. 11.06.2002, 2004/138/EG, 36.571 – Österreichische Banken („Lombard Club")

KOMM., Entsch. v. 02.07.2002, K (2002) 2267, 37.519 – Methionin

KOMM., Entsch. v. 24.07.2002, 2003/207/EG, 36.700 – Industriegase und medizinische Gase

KOMM., Entsch. v. 30.10.2002, K (2002) 4283, 37.784 – Kunstauktionshäuser

KOMM., Entsch. v. 30.10.2002, K (2002) 4072, 36.321 – Nintendo

KOMM., Entsch. v. 27.11.2002, K (2005) 4570, 37.152 – Gipsplatten

KOMM., Entsch. v. 27.11.2002, K (2002) 4557, 37.978 – Methylglukamin

KOMM., Entsch. v. 17.12.2002, K (2002) 5083, 37.667 – Graphitspezialerzeugnisse

KOMM., Entsch. v. 03.12.2003, K (2003) 4457, 38.359 – Elektronische und mechanische Kohlenstoff- und Graphitprodukte

KOMM., Entsch. v. 10.12.2003, K (2003) 4570, 37.857 – Organische Peroxide

KOMM., Entsch. v. 16.12.2003, K (2003) 4820, 38.240 – Industrierohre

KOMM., Entsch. v. 20.01.2004, K (2004) 4717, 38.238 – Rohtabak Spanien

KOMM., Entsch. v. 03.09.2004, K (2004) 2826, 38.069 – Kupferinstallationsrohre

KOMM., Entsch. v. 09.12.2004, K (2004) 4717, 37.533 – Cholinchlorid

KOMM., Entsch. v. 19.01.2005, C (2004) 4876, 37.773 – Monochloressigsäure

KOMM., Entsch. v. 15.06.2005, A.37.503.F3 – Astra Zeneca

KOMM., Entsch. v. 14.09.2005, K (2005) 3452, 38.337 – Garne

KOMM., Entsch. v. 20.10.2005, K (2005) 4012, C.38.281/B2 – Rohtabak Italien

KOMM., Entsch. v. 30.11.2005, C (2005) 4634, 38.354 – Industrielle Sackverpackungen

KOMM., Entsch. v. 21.12.2005, C (2005) 5592, 38.443 – Kautschukchemikalien

KOMM., Entsch. v. 03.05.2006, K (2006) 1766, F/38.620 – Wasserstoffperoxid

KOMM., Entsch. v. 31.05.2006, K (2006) 2098, F/38.645 – Methacrylate

KOMM., Entsch. v. 13.09.2006, C (2006) 4090, 38.456 – Niederländisches Bitumenkartell

KOMM., Entsch. v. 20.09.2006, K (2006) 4180, F-1/38.121 – Rohrverbindungen

KOMM., Entsch. v. 29.11.2006, F/38.638 – Synthetikkautschuk

KOMM., Entsch. v. 24.1.2007, C (2006) 6762, 38.899 – Gasisolierte Schaltanlagen

KOMM., Entsch. v. 21.2.2007, C (2007) 512, 38.823 – Aufzüge und Rolltreppen
KOMM., Entsch. v. 18.4.2007, F/38.456 – Niederländischer Biermarkt
KOMM., Entsch. v. 3.10.2007, 38.432 – Spanisches Bitumenkartell
KOMM., Entsch. v. 20.11.2007, 38.432 – Videobänder
KOMM., Entsch. v. 28.11.2007, C (2007) 5791, 39.165 – Flachglas
KOMM., Entsch. v. 5.12.2007, C (2007) 5910, 38.629 – Chloropren-Kautschuk
KOMM., Entsch. v. 11.3.2008, 38.543 – Internationale Umzugsdienste
KOMM., Entsch. v. 11.6.2008, C (2008) 2626, 38.695 – Natriumchlorat;
KOMM., Entsch. v. 23.7.2008, 2008/C222/04, M.5250 – Porsche/Volkswagen
KOMM., Entsch. v. 1.10.2008, K (2008) 5476, 39.181 – Kerzenwachse
KOMM., Entsch. v. 15.10.2008, K (2008) 5955, 38.188 – Bananen
KOMM., Entsch. v. 12.11.2008, C (2008) 6815, 39.125 – Autoglas
KOMM., Entsch. v. 28.1.2009, 2009/C168/05, 39.406 – Marineschläuche
KOMM., Entsch. v. 17.6.2009, 2009/C173/02, M.5469 – Renova Industries/Sulzer
KOMM., Entsch. v. 22.7.2009, C (2009) 5791, 39.396 – Calciumcarbid
KOMM., Entsch. v. 7.10.2009, K (2009) 7601, 39.129 – Leitungstransformatoren
KOMM., Entsch. v. 29.11.2006, COMP/F/38.638, Tz. 42 – Butadien-Kautschuk und Emulsionsstyrol-Butadienkautschuk

MIX
Papier | Fördert gute Waldnutzung
FSC® C083411

Kolibri 360 GmbH
Ferdinand-Jühlke-Straße 7
99095 Erfurt, Deutschland
produktsicherheit@kolibri360.de

Druck:
CPI Druckdienstleistungen GmbH
im Auftrag der
Kolibri 360 GmbH
Ferdinand-Jühlke-Str. 7
99095 Erfurt